A FAVOR DE ALTHUSSER

revolução e ruptura na teoria marxista

Luiz Eduardo Motta

A FAVOR DE ALTHUSSER
revolução e ruptura na teoria marxista

SÃO PAULO

2021

Copyright © EDITORA CONTRACORRENTE
Alameda Itu, 852 | 1º andar |
CEP 01421 002
www.loja-editoracontracorrente.com.br
contato@editoracontracorrente.com.br

EDITORES
Camila Almeida Janela Valim
Gustavo Marinho de Carvalho
Rafael Valim
Walfrido Warde
Silvio Almeida

EQUIPE EDITORIAL
Coordenação de projeto: Juliana Daglio
Revisão: Andressa Varonesi
Revisão técnica: João Machado
Diagramação: Pablo Madeira
Capa: Maikon Nery
Preparação de texto: Amanda Dorth

EQUIPE DE APOIO
Fabiana Celli
Carla Vasconcellos
Fernando Pereira
Lais do Vale
Valéria Pucci
Regina Gomes

Dados Internacionais de Catalogação na Publicação (CIP)
(Câmara Brasileira do Livro, SP, Brasil)

Motta, Luiz Eduardo
  A favor de Althusser : revolução e ruptura na
teoria marxista / Luiz Eduardo Motta. -- São Paulo :
Editora Contracorrente, 2021.
  ISBN 978-65-88470-90-9
1. Ciências sociais 2. Filosofia 3. Marxismo I. Título.

21-83611   CDD-300

Índices para catálogo sistemático:
1. Ciências sociais   300
Aline Graziele Benitez – Bibliotecária – CRB-1/3129

@editoracontracorrente
Editora Contracorrente
@ContraEditora

Dedico este livro à memória de minha mãe
Marília Barreiros da Motta... saudades.

Sumário

AGRADECIMENTOS ... 11

APRESENTAÇÃO DA SEGUNDA EDIÇÃO ... 13

PREFÁCIO ... 21

INTRODUÇÃO ... 25

CAPÍTULO I – QUEM (AINDA) TEM MEDO DE
LOUIS ALTHUSSER? ... 33

    1.1 Quem foi Louis Althusser? ... 36

    1.2 Existe uma filosofia marxista? ... 46

    1.3 A polêmica sobre o humanismo no marxismo ... 51

    1.4 A dialética destruidora ... 65

    1.5 Althusser e o stalinismo ... 73

    Conclusão ... 85

CAPÍTULO II – PLURALIDADE CONTRADITÓRIA E
SOBREDETERMINAÇÃO ... 87

    2.1 A influência do pensamento de Mao Tsé-Tung no
marxismo althusseriano ... 88

    2.2 A contradição sobredeterminante ... 98

    Conclusão ... 113

CAPÍTULO III - SOBRE O CONCEITO DE IDEOLOGIA 117

3.1 A constituição do conceito de ideologia na teoria marxista 121

3.2 A ideologia enquanto imaginário das relações com o mundo real 138

3.3 Laclau: da teoria da ideologia marxista ao pós-marxismo discursivo 159

Conclusão 179

CAPÍTULO IV - A RESPEITO DA QUESTÃO DA DEMOCRACIA NO MARXISMO 183

4.1 O desenvolvimento do conceito de Estado em Marx (ou Marx rompendo com o jovem Marx) 185

4.2 - Reforma ou revolução? Ditadura ou democracia? O debate da II Internacional 197

4.3 Ditadura do proletariado ou socialismo democrático? 210

Conclusão 234

CAPÍTULO V - *POUR MARX* E *LIRE LE CAPITAL*: CONVERGÊNCIAS E (SOBRETUDO) DIVERGÊNCIAS ENTRE AS DUAS OBRAS FUNDADORAS DA ESCOLA ALTHUSSERIANA 241

5.1 *Pour Marx* e *Lire le Capital* na contramão do humanismo teórico 243

5.2 As divergências teóricas entre *Pour Marx* e *Lire le Capital* 247

5.3 A presença de *Pour Marx* nos textos dos anos 70 252

CAPÍTULO VI - A RECEPÇÃO DE ALTHUSSER NO BRASIL: O GRUPO DA *REVISTA TEMPO BRASILEIRO* 259

6.1 O grupo Tempo Brasileiro e a difusão do pensamento de Althusser no Brasil 259

6.2 As polêmicas inflamadas nas revistas culturais pelo grupo Tempo Brasileiro 275

Conclusão ... 292

CAPÍTULO VII – MARXISMO E CIÊNCIAS SOCIAIS ... 295

7.1 A formação de uma nova ciência: o materialismo histórico, ou a ciência da história ... 297

7.2 A objetividade do processo histórico e a luta de classes ... 304

7.3 A questão do método ... 314

Conclusão ... 320

CAPÍTULO VIII – SOBRE "QUEM TEM MEDO DE LOUIS ALTHUSSER?", DE CARLOS HENRIQUE ESCOBAR ... 323

REFERÊNCIAS BIBLIOGRÁFICAS ... 341

AGRADECIMENTOS

Desde já quero expressar o meu agradecimento a Fernando Pereira e a Rafael Valim pelo convite para relançar este livro – e de forma ampliada, além de revisto – pela editora Contracorrente, que, como o próprio nome já diz, navega em direção contrária ao avanço do conservadorismo e ao marxismo idealista e metafísico que sempre se contrapôs à divulgação da obra de Althusser no Brasil.

Antes de encerrar, quero expressar também os seguintes agradecimentos:

A meus amigos e inspiradores Armando Boito Jr., João Quartim de Moraes, Lúcio Flávio de Almeida e Márcio Bilharinho Naves, pelo incentivo a esta publicação.

Aos companheiros da Fundação Maurício Grabois, especialmente a Elias Jabbour.

Aos amigos e companheiros da UFRJ, UFF, UFRRJ, Uerj, Unirio e, em especial, a Aluizio Alves Filho, Beatriz Bissio, Caio Bugiato, Carlos Montaño, Carlos Henrique Aguiar Serra, Cleusa Santos, Cristiano Monteiro, Flávia Guerra, Fred Tavares, Gisele Araújo, Hélio Mattos, Inês Patrício, Josué Medeiros, Luís Manuel Fernandes, Luiz Felipe Osório, Marcelo Pereira Fernandes, Marco Aurélio Santana, Marcos Dantas, Marcio Malta, Marildo Menegat, Maurício Mota, Monica Bruckman,

Muniz Ferreira, Paulo D'Ávila, Pedro Lima, Rogério Dultra, Silene de Moraes, Thaís Aguiar, Valter Duarte, Vitor Iorio, Victor Leandro Gomes, Wallace Moraes e Wilson Vieira.

Aos amigos e amigas Alysson Mascaro, Anderson Deo, André Batista Lemos, André Lucídi, Angela Lazagna, Angélica Oliveira Fortes, Antonio Mazzeo, Carlos Serrano, Carlos Alberto Pinheiro, Danilo Enrico Martuscelli, Diego Lanciote, Eduardo Vasconcellos, Fábio Palácio, Felipe Melônio, Fernando Vieira, Gonzalo Rojas, Gabriela Martins, Isabela Costa, Heitor Cesar Oliveira, Irlam Farias, Jair Pinheiro, Jaqueline Gomes, Joana Coutinho, João Batista Damasceno, João Batista Lemos, José Roberto Brom de Luna, Juliana De Lana, Klaus Scarmeloto, Léo Andrada, Luana Caroline Kawamura, Luciana Lourenço, Luiz Carlos Oliveira e Silva, Márcia Machado, Marcelo Rodríguez Arriagada, Marcelo Starcenbaum, Marcos Azevedo, Marcos Del Roio, María José Quesada Arancibia, Juliana de Paula Magalhães, Milton Pinheiro, Paula Marcelino, Pedro Fernandes, Pedro Karczmarczyk, Pedro Leão Costa Neto, Rodrigo Weisz, Ricardo Costa Oliveira, Ricardo (Meteoro) Vaz Mello, Sávio Cavalcante, Simone Abreu, Taylise Leite, Tatiana Berringer, Theófilo Rodrigues, Vicente Riccio e Zeto Bórquez.

A Augusto Buonicore, Geraldo Lanna Filho, Gisele Reis Cruz, Gustavo Leite Jr., Luís Antônio Cardoso, Luiz Antonio Machado da Silva, Marcelo Lacombe, Marielle Franco, Ronaldo Coutinho e Theotônio dos Santos, que embora não estejam mais entre nós permanecem vivos em nossas lembranças.

E a todos que têm estudado Althusser e o marxismo althusseriano nas diversas redes sociais e acadêmicas no Brasil.

APRESENTAÇÃO DA SEGUNDA EDIÇÃO

A publicação deste livro em 2014 tinha como objetivo, além de suprir uma lacuna bibliográfica sobre Althusser, refutar antipatia e preconceito que se constituíram sobre a escola althussseriana ao longo de décadas (mais precisamente dos anos 70 até a década passada), estabelecendo um tabu ao tratar e incorporar as contribuições de Althusser e de seus seguidores. Porém, de 2014 para cá muita água rolou. Por um lado, foi surpreendente a receptividade e a quantidade de resenhas sobre este livro: sete ao todo. Por outro, a tendência crescente sobre a obra de Althusser, já presente no lançamento do livro, deu um salto quantitativo: diversos artigos, dissertações e teses sobre Althusser e seus seguidores ampliaram-se significativamente, além de novas traduções e publicações da sua obra. Isso foi muito significativo para nós que, ao longo dos anos, vínhamos tratando da contribuição da escola althusseriana para o pensamento marxista no Brasil.[1]

---

[1] Destaco as publicações de Vittorio Morfino (MORFINO, Vittorio, "A causalidade estrutural em Althusser". *Lutas Sociais*, nº 33, vol. 18, São Paulo: 2014, pp. 102-116; e MORFINO, Vittorio. *El materialismo de Althusser*. Santiago: Palinodia, 2014) e de Natalia Romé (ROMÉ, Natalia. *La posición materalista*: el pensamiento de Louis Althusser entre la práctica teórica y la práctica política. La Plata: Edulp, 2015), na América Latina, editadas no mesmo contexto do meu livro.

Foi fundamental para isso o papel exercido pelos centros de pesquisa marxistas fundamentados no marxismo althusseriano, como o Cemarx, da Unicamp, por intermédio de Armando Boito Jr., Décio Saes, João Quartim de Moraes e Márcio Bilharinho Naves, o Neils, da PUC-SP, sob a liderança de Lúcio Flávio de Almeida, e o grupo de pesquisadores sobre direito, Estado e filosofia em torno de Alysson Leandro Mascaro. Esse conjunto de intelectuais de São Paulo deu fôlego no pior momento da estigmatização da obra de Althusser. E os frutos colhidos no decorrer dos anos tiveram, como efeito, a emergência de novos pesquisadores e estudiosos da obra de Althusser nos mais diversos campos de pesquisa, como relações internacionais, ciência política, sociologia, direito, filosofia e linguística.[2]

---

[2] Desde a publicação do meu livro, em 2014, o número de publicações sobre Althusser, ou de pesquisas empíricas fundamentadas nos conceitos da escola althusseriana, teve um grande crescimento. Cito os seguintes livros que foram publicados até 2020: DAN, Evelin Mara Cáceres. *O discurso sobre a anormalidade nas práticas jurídicas*. Rio de Janeiro: Lumen Iuris, 2014; KASHIURA, Celso Naoto. *Sujeito de direito e capitalismo*. São Paulo: Outras Expressões 2014; NAVES, Márcio Bilharinho. *A questão do Direito em Marx*. São Paulo: Outras Expressões, 2014 ; o relançamento do livro ALMEIDA, Lúcio Flávio de. *Ideologia nacional e nacionalismo*. São Paulo: Educ, 1995; BERRINGER, Tatiana. *A burguesia brasileira e a política externa nos governos FHC e Lula*. Paraná: Appris, 2015; FIGUEIRA, Luiz Fernando Bulhões. *O althusserianismo em linguística*: a Teoria do Discurso de Michel Pêcheux. São Paulo: Paco Editorial, 2015; KOGAWA, João Mateus. *Linguística e marxismo*: condições de emergência para uma Teoria do Discurso francesa no Brasil. São Paulo: Unifesp, 2015; MARTUSCELLI, Danilo Enrico. *Crises políticas e capitalismo neoliberal no Brasil*. Paraná: CRV, 2015; PINHEIRO, Jair (Coord.). *Ler Althusser*. São Paulo: Oficina Universitária, 2016; ABRAHÃO, Lucília Maria (*et al.*). *Ler Althusser hoje*. São Carlos: Edufscar, 2017; FARIAS, Francisco. *Estado burguês e classes dominantes no Brasil (1930-1964)*. Paraná: CRV, 2017; OLIVEIRA, Marcos Alcyr Brito de. *Sujeito de direito e marxismo*: da crítica humanista à crítica anti-humanista. São Paulo: Alfa Omega, 2017; OSÓRIO, Luiz Felipe. *Imperialismo, Estado e relações internacionais*. São Paulo: Ideias & Letras, 2018; MAGALHÃES, Juliana Paula. *Marxismo, humanismo e direito*: Althusser e Garaudy. São Paulo: Ideias & Letras, 2018; DAVOGLIO, Pedro. *Althusser e o Direito*. São Paulo: Ideias & Letras, 2018; BOITO JR., Armando. *Reforma e crise política no Brasil*: os conflitos de classe nos governos do PT. São Paulo: Unesp, 2018; PERES, Igor. *Epistemologia e sociedade em Louis Althusser*: uma leitura. Internet: Novas Edições, 2018; MARTUSCELLI, Danilo Enrico. *Classes dominantes, política e capitalismo contemporâneo*. São Paulo: Em Debate, 2018; TREIN, Franklin. *Marx entre Hegel e Althusser*. Paraná: Appris, 2019; PARANÁ, Edemilson. *Bitcoin*: a utopia tecnocrática do dinheiro apolítico. São Paulo: Autonomia Literária,

APRESENTAÇÃO DA SEGUNDA EDIÇÃO

Em relação às sete resenhas a meu livro – um fato incomum em se tratando de um livro sobre um autor marxista no Brasil –, no geral foram todas favoráveis. As resenhas são de autoria de Maurício Vieira Martins,[3] Alexandre Marinho Pimenta,[4] Pedro Davoglio,[5] Carlos Serrano,[6] Danilo

---

2020; MANGOLIN, Cesar. *Comunismo*. Internet: Fibra, 2020; MASCARO, Alysson; MORFINO, Vittorio. *Althusser e o materialismo aleatório*. São Paulo: Contracorrente, 2020; LEITE, Taylisi. *Crítica ao feminismo liberal*: valor-clivagem e marxismo feminista. São Paulo: Contracorrente, 2020. Além desses livros, foram traduzidos e publicados três livros de Althusser: ALTHUSSER, Louis. *Por Marx*. São Paulo: Unicamp, 2015; ALTHUSSER, Louis. *Teoria marxista e análise concreta*. São Paulo: Expressão Popular, 2017 (organizado por Thiago Barison e que contém dois textos de Althusser: "Teoria, prática teórica e formação teórica: ideologia e luta ideológica" e "Sobre o trabalho teórico: dificuldades e recursos" – e um artigo de Balibar – "As ideologias pseudomarxistas da alienação"); e ALTHUSSER, Louis. *Iniciação à filosofia para os não filósofos*. São Paulo: Martins Fontes, 2019. Sobre Althusser, foram traduzidos LIRIA, Carlos Fernández. *O marxismo hoje*: a herança de Gramsci e Althusser. São Paulo: Salvat, 2015; GILLOT, Pascale. *Althusser e a psicanálise*. São Paulo: Ideias & Letras, 2018; ANDERSON, Perry. *Teoria, política e história*: um debate com E. P. Thompson. Campinas: Unicamp, 2018; além do relançamento, e com nova tradução, da obra POULANTZAS, Nicos. *Poder político e classes sociais*. Campinas: Unicamp, 2019. Também devem ser destacados os dossiês publicados sobre Althusser e Poulantzas: Althusser teve um número dedicado à sua obra na revista *Lutas Sociais,* vol. 18, n° 33 (2014/2015), enquanto Poulantzas teve dois dossiês, o primeiro na revista *Quaestio Iuris*, vol. 7, n° 2 (2014) e o segundo no *Cadernos Cemarx*, n° 11 (2019). Outros canais de divulgação da escola althusseriana também consolidaram-se nos últimos anos, a exemplo dos sites *LavraPalavra* (https://lavrapalavra.com/) e *Cem Flores* (https://cemflores.org/).

3 MARTINS, Maurício Vieira. "A favor de Althusser". *Marxismo21*, 2014. Disponível em: https://marxismo21.org/a-favor-de-althusser-revolucao-e-ruptura-na-teoria--marxista/. Acessado em: 30.11.2021.

4 PIMENTA, Alexandre Marinho. "Motta, Luiz Eduardo - A favor de Althusser: revolução e ruptura na Teoria Marxista". *Revista Brasiliense de Pós-Graduação em Ciências Sociais*, vol. 13, n° 1, 2018.

5 DAVOGLIO, Pedro. "A favor de Althusser: revolução e ruptura na Teoria Marxista". *Margem Esquerda*, n° 23, 2014.

6 FERREIRA, Carlos Serrano. "Resenha de A favor de Althusser: revolução e ruptura na Teoria Marxista, de Luiz Eduardo Motta". *Novos Temas*, vol. 6, 2014.

Enrico Martuscelli,[7] Lucas Barbosa Pelissari,[8] Jair Pinheiro.[9] Agradeço a todos pelos seus comentários e críticas a meu livro, o que me estimulou a me aprofundar ainda mais nos estudos da escola althusseriana.

Pedro Davoglio foi dos resenhistas o que melhor sintetizou o propósito do meu livro, e destaco esta passagem:

> *A favor de Althusser*, portanto, que vem representar entre nós o amplo movimento mundial de retomada do pensamento althusseriano, é de máxima importância tanto biográfica quanto política. E seu autor parece perfeitamente instruído do cruzamento dessas duas conjunturas, bem como do papel que nela pretende desempenhar. Isso se revela numa extraordinária disposição bélica contra os inimigos eleitos do althusserianismo: Thompson, Bensaid, Mandel, Lukács, Losurdo, que vão sendo eliminados mais ou menos sumariamente, um após o outro, sem disporem do privilégio de uma refutação mais sistemática. De outro lado, presta-se um tributo à memória e aos feitos teóricos dos resistentes althusserianos brasileiros, cujos nomes Motta esmera-se em inventariar no decorrer do livro. Aqui, o intuito de traçar linhas de demarcação, fincando estacas que balizam o campo teórico da pesquisa marxista, se sobrepõe ao tempo pesado do desenvolvimento do conceito. Assim, Motta, que tem formação em ciência política, aparece, pela sua prática, como filósofo, operador ousado da "luta de classes na teoria".[10]

---

[7] MARTUSCELLI, Danilo Enrico. "A favor de Althusser: revolução e ruptura na Teoria Marxista". *Crítica Marxista*, n° 40, 2015.

[8] PELISSARI, Lucas Barbosa. "A favor de Althusser: revolução e ruptura na Teoria Marxista [Luiz Eduardo Motta]". *Cadernos Cemarx*, n° 8, 2016.

[9] PINHEIRO, Jair. "A favor de Althusser: revolução e ruptura na Teoria Marxista (Luiz Eduardo Motta)". *Novos Rumos*, vol. 53, n° 2, 2016.

[10] Destaco também esse comentário a meu livro por Alexandre Pimenta em sua resenha: "poderíamos definir o livro de Motta como uma biografia teórica e política de Althusser, com imersões bem fundamentadas no campo da filosofia, da teoria social, da ciência política, abarcando assim as principais temáticas de Althusser ao longo de sua obra. A proposta central é apresentar a singularidade e a riqueza do pensamento de Althusser e sua relação não só com o campo marxista, mas com o campo da filosofia e das ciências sociais em geral. Da mesma forma, e complementarmente, poderíamos defini-lo como um *manifesto antiantialthusseriano*. O seu título, *A favor de*

APRESENTAÇÃO DA SEGUNDA EDIÇÃO

A despeito das críticas despropositadas de Losurdo a Althusser, não o incluiria nessa lista de "inimigos", já que se trata de um aliado na sua visceral crítica ao pensamento liberal e na defesa das lutas anti-imperialistas e de libertação nacional, e mesmo Bensaid, pois, ao que parece, ele mudou as suas posições dogmáticas em relação a Althusser em seus últimos anos de vida. O maior problema ainda se encontra em alguns seguidores de Thompson, e mesmo de Lukács, que reproduzem as mesmas ladainhas que teciam sobre a escola althusseriana décadas atrás, sem se remeter aos textos dos anos 70, e mesmo aos póstumos, e muito menos se referem aos textos recentes de estudiosos da obra de Althusser. Exemplar disso é o artigo recentemente publicado na revista *Germinal*,[11] "A concepção materialista da história: divergências entre Thompson e Althusser", cujos autores Amarilio Ferreira Jr. e Marisa Bittar repetem os mesmos jargões envelhecidos e cheirando a mofo do livro de Thompson. Não somente omitem as publicações (disponíveis em português) sobre o debate Thompson x Althusser, como o dossiê Thompson[12] publicado na revista *Crítica Marxista*, nº 39 (2014), o livro de Stuart Hall *Da diáspora*[13] e o recentemente traduzido livro de Perry Anderson *Teoria, política e história*,[14] assim como, já dito acima, todo o material produzido por Althusser nos anos 70, além de seus textos

---

Althusser, traz uma clara referência à obra althusseriana de 1965, *Pour Marx*, que no Brasil ganhou duas traduções: *Análise crítica da teoria marxista* (por conta da censura) e só depois *A favor de Marx*. E, assim como o franco-argeliano pretendia trazer à tona o legado ainda vivo de Marx das deformações e leituras enviesadas, Motta se esforçou com sucesso em retomar o central da contribuição de Althusser, de forma aberta e não dogmática, frente a todo tipo de vulgarização que este autor sofreu no correr dos anos – provinda, diversas vezes, de autores que desonestamente se basearam apenas em leituras de segunda mão".

11 FERREIRA JR., Amauri; BITTAR, Marisa. "A concepção materialista da História: divergências entre Thompson e Althusser". *Germinal*, vol. 11, nº 1, 2019.

12 O dossiê contém os artigos de Pedro Benitez Martín "Thompson versus Althuser", Nicolás Iñigo Carrera "A lacuna entre E. P. Thompson e Karl Marx" e Antonio Luigi Negro "E. P. Thompson no Brasil: recepção e usos". A organização e a apresentação do dossiê é de Armando Boito Jr.

13 HALL, Stuart. *Da diáspora*. Belo Horizonte: UFMG, 2003.

14 ANDERSON, Perry. *Teoria, política e história*: um debate com E. P. Thompson. Campinas: Unicamp, 2018.

inéditos e dos trabalhos recentes de estudiosos da escola althusseriana, nacionais e estrangeiros.

Com relação à resenha de Danilo Martuscelli respondi implicitamente no texto "*Pour Marx* e *Lire le Capital*: convergências e divergências",[15] que foi incorporado nesta nova edição. Como deixo bem claro, retomo a posição de Althusser dos anos 70, quando ele enfatizou as contradições (a luta de classes) sobre o processo e sobre as estruturas, implodindo a questão genética da estrutura sobre as contradições ao retomar os princípios do primado das contradições definidos por Mao Zedong. Já em relação à resenha de Maurício Vieira Martins, fui questionado pela ausência de uma crítica mais sistemática a Thompson, e creio que a resenha de Davoglio — citada acima — demarcou bem isso. As críticas a Thompson já estavam expostas no material que listei no parágrafo anterior, e o meu objetivo principal ao escrever este livro foi retomar a radicalidade política e conceitual de Althusser dentro do campo marxista, além de refutar (mesmo que genericamente) os preconceitos que — infelizmente — ainda vigoram sobre a contribuição dele ao pensamento marxista, a despeito da publicação do meu livro e de tantos artigos, livros e teses/dissertações que têm tratado e recuperado a enorme contribuição da Escola althusseriana. Ademais, a minha crítica a Gerratana no capítulo I, sobre a questão do "stalinismo" em Althusser, responde implicitamente às distorções presentes no livro de Thompson. Com relação a ter dado um trato sistemático a Poulantzas (como também dei a Laclau, omitido por Vieira Martins em seu comentário), vai ao encontro da minha proposta, qual seja, o diálogo de Althusser com os seus interlocutores dentro do seu campo teórico. Se, com efeito, Laclau se afasta do marxismo em 1985 (ainda que tenha mantido um diálogo com a obra de Althusser), Poulantzas, por seu turno, se manteve dentro do marxismo e permaneceu inserido na Escola althusseriana. O comentário de Vieira Martins é mais cabível ao texto de Ferreira Jr. e Bittar, que se negaram a estudar sistematicamente a obra do

---

[15] Publicado originalmente na *Crítica Marxista*, nº 44 (2017) e no livro *Actas del Coloquio Internacional 50 años de Lire le Capital* (2017), organizado por Natália Romé, Marcelo Starcerbaum e Pedro Kaczmarczyk com o título "Para uma ruptura teórica e política: a obra inicial de Althusser em Pour Marx e Lire le Capital".

APRESENTAÇÃO DA SEGUNDA EDIÇÃO

autor criticado, já que não era meu objetivo neste livro sistematizar uma crítica aos "críticos" de Althusser.

Mas Maurício Vieira Martins tem razão quando destaca em sua resenha, nessa passagem:

> pois bem, reconhecida a singularidade do trabalho teórico, seria preciso acrescentar que uma das contribuições mais fecundas da teoria do conhecimento de Marx é precisamente mostrar que determinadas categorias de análise só podem ser produzidas devido a uma complexificação sem precedentes assumida pelo próprio real.

Com efeito, há uma certa incompreensão por parte de alguns leitores de Althusser acerca dessa problemática, pois o próprio Althusser adverte em *Lire le Capital* sobre o primado do real sobre o abstrato, haja vista que ele antecede e sucede o produto do conhecimento. As ideologias/noções teóricas, ou do senso comum, partem de um lugar que é o real e não pura e simplesmente das ideias, e cabe à produção teórica marxista transformar essas noções em conceitos científicos. Aliás, o próprio Marx afirma isso na primeira parte de *A ideologia alemã*,[16] em seu confronto ao idealismo filosófico. A teoria apreende o real mas o seu produto final – o concreto pensado – não é o *real* e tampouco interfere nele. A Revolução Russa e a Chinesa não triunfaram precisando de uma teoria marxista sistemática em relação aos conceitos de Estado e, sobretudo, ao de ideologia, que sem dúvida avançaram no decorrer das décadas do século passado, a exemplo das contribuições de Althusser e de Poulantzas a respeito dessas problemáticas. Retomei essas questões nos capítulos que inseri nesta nova edição, no já citado "*Pour Marx* e *Lire le Capital*: convergências e divergências" e no capítulo "Marxismo e ciências sociais".[17] Além desses dois textos, incluí o artigo "A recepção de Althusser no Brasil: o grupo da Revista Tempo Brasileiro", mas,

---

16 MARX, Karl; ENGELS, Friedrich. *A ideologia alemã*. São Paulo: Boitempo, 2011.

17 Versão condensada deste capítulo foi publicada no livro *Karl Marx*: desbravar um mundo novo no século XXI (2018) organizado por Adalberto Monteiro e pelo saudoso Augusto Buonicore.

distintamente das publicações pretéritas desse trabalho,[18] incluí nesse texto a contribuição de Manoel Barros da Motta e de Severino Cabral Filho, pois não a tratei anteriormente devido aos limites editoriais do número de páginas do artigo. Complementando esse texto, inseri um dos meus primeiros trabalhos sobre a escola althusseriana, "Sobre 'Quem tem medo de Louis Althusser?' de Carlos Henrique Escobar", publicado em 2011 no n° 44 da extinta revista *Achegas*. Esse artigo, juntamente com os outros trabalhos que publiquei sobre Nicos Poulantzas naquele contexto, abriu-me as portas para um público que estava ávido por conhecer a contribuição da escola althusseriana nos campos da filosofia e das ciências sociais. Além disso, foi a oportunidade de tirar do limbo um dos autores mais prolíficos na divulgação e nos estudos da escola althusserina no Brasil, Carlos Henrique Escobar, que injustamente não se fazia mais presente no debate intelectual da esquerda brasileira, a despeito de sua importância e de suas intervenções políticas e teóricas entre os anos 60-80.[19]

---

[18] Este texto foi primeiramente publicado a convite de Marcelo Rodriguez Arriagada e Marcelo Starcenbaum na coletânea organizada por eles, *Lectura de Althusser en América Latina* (2018), publicada no Chile. O título original é "La recepcíon de Althusser en Brasil: el grupo de la Revista Tempo Brasileiro", posteriormente publicado em português na revista *Novos Rumos,* vol. 54 (2018).

[19] Felizmente, desde a publicação desse artigo, o nome de Carlos Henrique Escobar voltou a despertar interesse intelectual em uma nova geração de intelectuais. Destaco as pesquisas de João Marcos Mateus Kogawa no campo da linguística, vide seu artigo KOGAWA, J. M. M. "O projeto semiológico saussuriano e a recepção da análise do discurso no Brasil". *Linguagem: estudos e pesquisas,* vol. 17, n° 2, 2013; e a dissertação LEITE, Felipe Melonio. *A heresia (pós) epistemológica do político*: abertura discursiva e normatividade no althusserianismo autocrítico, no materialismo do encontro e no pós-althusserianismo. UFF, 2019. (Tese de Mestrado).

PREFÁCIO

Faço prefácio ao livro do Luiz Eduardo Motta com emoção, mas também surpreso comigo mesmo. É a quarta vez que tento fazê-lo. Não por motivos vindos do livro que prefácio – ótimo, preciso, oportuno em todos os sentidos –, mas porque, ao avaliá-lo, estou também me avaliando. Se aproveito o prefácio para dizer que este livro é o livro que anos atrás tentei fazer e não consegui já digo de imediato que pensamos e avaliamos da mesma maneira e que refletimo-nos quase um no outro.

O livro de Luiz Eduardo Motta tem o mérito de hoje agrupar (com sutileza e rico em informações) o trabalho de Marx, as questões que ficaram em aberto e também, ou sobretudo, a maneira como Althusser as respondeu.

Em 1964, Althusser, com o *Pour Marx* e o *Lire le Capital,* revia o marxismo exigindo dele um novo rigor. Marxismo que estudaríamos e usaríamos contra o stalinismo, todo ele ocupado com um Estado policial, com a extorsão violenta do trabalhador russo nos paradigmas de uma "acumulação primitiva do capital". Em contradição, pois, com os princípios teóricos e práticos do marxismo que foi corretamente concebido nas teses de uma revolução em termos internacionais. O livro de Luiz Motta se situa nessa ampla retomada do marxismo e sobretudo do marxismo acompanhado pelo rigor, já notório, do filósofo e companheiro francês Louis Althusser.

O marxismo – preocupado com a fidelidade ao pensamento de Marx e motivado pelo seu desdobramento (que Marx mesmo reclamava dos seus seguidores) – significou em meios da década de 1960, com Althusser, a inspiração de novas práticas que iriam colocar o stalinismo em questão.

Althusser entre nós – e no momento em que os stalinistas no Brasil e no mundo empenhavam-se em evitar a existência de outros partidos comunistas e marxistas – foi como um "achado", pois era rigoroso na leitura do pensamento marxista e deixava pressentir toda uma tendência que um dia – mesmo se demorado – se defrontaria com as políticas defendidas pela URSS.

No Brasil, o trabalho desenvolvido pelo Grupo do Rio em cima dos textos de Althusser tomou diferentes formas – todas elas, acho eu, heroicas frente a teóricos e "comissários" stalinistas que no seu entreguismo, na sua irrestrita obediência ao Estado policial dirigido por Stalin e Beria, decretaram "neutralidade" (e por vezes parceria) com a ditadura militar. O nosso motivo aqui, nas décadas de 1960 e 1970, era organizar uma esquerda não stalinista (que sobretudo não se declarasse "neutra" frente aos militares assassinos e torturadores da ditadura militar) e talvez, mais do que isso, que reencontrasse o marxismo teoricamente em crise.

Como comunistas – muitos como eu expulsos do PCB porque liam tudo e até "demais", como disse me repreendendo um deles –, comunistas althusserianos, combinávamos diferentes empenhos (desde o confronto com o golpe militar de 1964), tais como também escrever e divulgar o pensamento de Althusser. A isso deve-se somar o defender-se das infâmias e sabotagens dos stalinistas e da repressão infiltrados na luta armada (e sobretudo sobreviver).

Luiz Eduardo Motta é, nesse sentido – ainda que em outra época –, um "companheiro", e um companheiro cujo empenho teórico e político defronta-se (sobretudo em nível da formulação de um materialismo filosófico e na formulação também de uma atividade política nova) com dificuldades e riscos que ainda não sabemos completamente medir.

PREFÁCIO

Não se trata apenas de pensar este momento histórico – as direções políticas de esquerda corretas num contexto onde já não existem a URSS e os partidos comunistas e se formulam as formas novas que o capital tomará em sua voracidade de acumular riqueza. Trata-se, entre outras coisas, de penetrar mais a fundo no pensamento de Althusser – que soube se recriar, como também se destruir para melhor avançar – que nos obriga a vivenciar a reflexão limiar de uma sua última filosofia que, por sua integridade, nos dirige a partilhar da criação de uma filosofia materialista e dos reflexos que recobrem a questão do Estado.

Luiz Eduardo Motta nos relata a recepção difícil, no Brasil, do pensamento de Althusser, e ele mesmo nomeia as figuras notoriamente mais resistentes na França e no mundo ao esforço desse intelectual francês de estabelecer as noções de fundo marxistas. Cabe lembrar o uso amplo e impróprio da reflexão de Luckács e Gramsci pelos stalinistas brasileiros no esforço arbitrário de criticar e de caracterizar o marxismo de Althusser como um propósito equívoco no interior da esquerda, ao mesmo tempo positivista e idealista.

É justo assinalar o talento de Luiz Eduardo Motta em relatar um a um os acontecimentos e as divergências que recobriam o avanço do próprio Althusser em meio à crítica reformista e stalinista que o acompanhava de perto. O que porém o conjunto dessas críticas não previa é que a crítica ao seu pensamento tomaria (já em 1968, com *Lenin e a filosofia*, depois em 1970, com *Ideologia e aparelhos ideológicos do Estado*, com "Resposta a John Lewis"e "Elementos de autocrítica", em 1972, e, enfim, com a "Sustentação em Amiens", em 1975) uma dimensão criativa e também sua, de autocrítica, em que seu pensamento crescia.

Nunca foi fácil se escolher como "comunista" nas décadas recentes num mundo em que os stalinistas eram a "esquerda", em que tudo que se fazia valer era suposto como "reacionário" e no qual o marxismo relutava frente à urgência de uma teoria política e de uma filosofia materialista que lhe faltavam.

O Brasil parece ser, no que concerne a uma política de esquerda – e da Revolução –, paradoxalmente virgem. Apesar de uns raros momentos do PCB, do PCdoB, da IV Internacional, de 1960-1970-1980, da luta armada, do vanguardismo althusseriano e até mesmo (em que pese o "oportunismo" vergonhoso da liderança petista) do PT. Sob certa forma, a luta propriamente começa (mais do que recomeça), e nesse contexto livros como o de Luiz Eduardo Motta auferem a dimensão do leme, do impulso, do caráter.

Aprendi o que pensava já saber no seu livro, me vejo em você, sem me preocupar em nos igualarmos, mas em sermos "companheiros" e perceber hoje que temos uma tarefa parecida em momentos políticos e históricos diferentes.

Carlos Henrique Escobar.
Aveiros, novembro de 2013

INTRODUÇÃO

Meu primeiro contato com a obra de Althusser deu-se no início da segunda metade dos anos 80, embora minha lembrança mais distante seja mais precisamente do ano de 1980, quando vi pela primeira vez a bela capa (vermelha, com uma estátua de Marx) da segunda edição brasileira do livro *Pour Marx* (*A favor de Marx*). Pensei naquele momento que um dia viria a ler aquele livro, mas não era o momento – e nem a prioridade – de um recém-militante comunista que estava engatinhando em suas primeiras leituras.

O nome da Althusser retornou à minha vida intelectual e política quando comecei a graduação de Ciências Sociais no IFCS-UFRJ, e por dois caminhos. Primeiramente, por intermédio do professor de Ciência Política Aluizio Alves Filho, cujas aulas sobre Marx fundamentavam-se nos argumentos de Althusser da ruptura epistemológica na obra de Marx e no conceito de aparelhos ideológicos. Em segundo, de modo indireto, pelos textos de Carlos Henrique Escobar, que à época se aproximara de um membro da minha família e deu alguns de seus livros da sua fase intelectual, em que se baseava na teoria de Althusser.

Foi no ano de 1986, entretanto, que resolvi estudar de fato a obra de Althusser; de conhecer afinal de contas o que ela nos dizia, a nós de uma geração pós-anistia e que militávamos no campo da esquerda e tínhamos no marxismo a nossa referência político-teórica. O primeiro contato foi o livro *A favor de Marx* seguido de seus textos de autocrítica reunidos no livro *Posições 1*. O grande "salto", porém, para me aprofundar em sua obra, foi por meio de um artigo do Escobar de 1979, publicado no jornal *Leia Livros,* intitulado "Quem tem medo de Louis Althusser?".[20] Esse texto, apresentado a mim – e também a Marco Aurélio Santana, hoje meu colega no IFCS-UFRJ – por Aluizio Alves, em sua sala no instituto, durante uma tarde, veio a ser um grande estímulo para ler politicamente Althusser e demarcar aqueles que se opunham a suas teses e que estavam plenamente identificados por posições reformistas diante das mudanças que ocorriam no país. Os nomes em destaque no texto de Escobar eram os de Fernando Henrique Cardoso e José Arthur Giannotti e expressavam, naquele contexto, a forte oposição uspiana às posições do marxismo althusseriano. Num segundo plano eram citados sutilmente os intelectuais vinculados ao PCB e ao "eurocomunismo", que também anunciavam a sua adversidade a Althusser.

Naquele contexto, por estar muito próximo a uma organização marxista-leninista clandestina, a qual apostava na ruptura com o capitalismo, as posições políticas de Althusser e de seus seguidores, especialmente Balibar e a sua defesa do conceito de ditadura do proletariado, davam a substância necessária para a minha militância e para a minha interpretação da teoria de Marx, Engels e Lenin (e, num segundo plano, Gramsci e Mao). Fato interessante é que o despertar dessa corrente marxista não se restringiu a mim, mas a vários colegas dos cursos de Ciências Sociais e de História. Cumpre destacar que, se o marxismo althusseriano despertava paixão e interesse, por outro lado percebia-se que ele também provocava uma intensa ira – tal como o artigo de Escobar afirmava – por parte de correntes marxistas (o que não seria incomum se se restringisse apenas aos liberais conservadores) identificadas com o humanismo, com o reformismo e com o dogmatismo stalinista e trotskista.

O mais paradoxal de tudo isso era que os supostos "críticos" desconheciam por completo a teoria de Althusser e de seu grupo, ou,

---

20 ESCOBAR, Carlos Henrique. "Quem tem medo de Louis Althusser?". *Achegas. net*, n° 44, 2011.

INTRODUÇÃO

no máximo, uma leitura simplista dos aparelhos ideológicos e de sua distinção entre ciência e ideologia. Os rótulos eram abundantes: positivista, stalinista, estruturalista, teoricista, formalista, funcionalista. Era impressionante o quanto havia de resistência ao marxismo althusseriano associado ao desconhecimento de seus conceitos mais centrais (autonomia relativa entre as instâncias, contradição sobredeterminante, determinação em última instância do econômico, ideologia e imaginário, primado do real sobre o abstrato, primado das relações de produção sobre as forças produtivas, aparelhos de Estado e práticas, sujeito descentrado e luta de classes como motor da história). Ademais, nos anos 80, o marxismo althusseriano não ocupava o mesmo lugar de destaque que tivera nos anos 60 e 70 em nossa formação social.

Alguns de seus principais divulgadores e estudiosos ou não mais trabalhavam com a sua teoria e incorporaram outras perspectivas – como Foucault –, a exemplo de Escobar, ou não estavam mais vivos, como Luiz Pereira e Eginardo Pires. O marxismo althusseriano conseguiu sobreviver na Unicamp, no campo das ciências sociais, por meio dos trabalhos de Décio Saes, Armando Boito Jr. e Márcio Bilharinho Naves, e. na filosofia, por meio de João Quartim de Moraes. Fora de Campinas, cito os nomes de Lúcio Flávio de Almeida (PUC-SP) e Walter José Evangelista (UFMG). Pouco se produziu sob a perspectiva althusseriana na década de 1980, se comparada às anteriores. As exceções são os livros de Manuel Maurício de Albuquerque,[21] Armando Boito Jr.,[22] Décio Saes[23] e os textos de Lúcio Flávio de Almeida (1982), Manoel Barros da Motta e Severino Bezerra Cabral Filho,[24] Luiz Fernando

---

21 ALBUQUERQUE, Manoel Maurício de. *Pequena história da formação social brasileira*. Rio de Janeiro: Graal, 1981.

22 BOITO JR., Armando. *O golpe de 1954*: a burguesia contra o populismo. São Paulo: Brasiliense 1982.

23 SAES, Décio. *A formação do Estado burguês no Brasil (1888-1891)*. São Paulo: Paz e Terra, 1985.

24 MOTTA, Manuel Barros da; CABRAL FILHO, Severino Bezerra. "Althusser, pedagogo, político e estratega da teoria". *In*: ALTHUSSER, Louis. *Posições 2*. Rio de Janeiro: Graal, 1980.

Franklin de Matos e Michel Lahud[25] e Walter José Evangelista.[26] Já nos anos 90, nem para o marxismo althusseriano nem para as demais correntes marxistas o momento foi positivo: o domínio liberal era total no meio acadêmico.[27] E não somente para Marx e o marxismo, mas também para Rousseau e para Foucault (este, na segunda metade dessa década). As raras exceções eram Bourdieu e Gramsci. Não foi casual que eu trabalhasse muito com ambos nesse contexto de maré adversa ao marxismo, sobretudo ao de corte althusseriano. Consegui – por meio de alguns conceitos bourdieunianos – transpor determinados conceitos althusserianos, como ideologia (em poder simbólico) e o de práticas, para conseguir "legitimar" os meus argumentos no "campo das ciências sociais".

Entretanto, no final da segunda metade dos anos 90, além do marxismo – que aos poucos ia recuperando o seu espaço na academia e no mundo político –, comecei a estudar com mais rigor a teoria do Estado capitalista de Poulantzas, devido às questões em torno da reforma do aparelho de Estado e da chamada "globalização", que afetava o papel do Estado capitalista, podendo então retomar, ainda que indiretamente, os meus estudos sobre o marxismo althusseriano. Ainda naquele contexto desconhecia a retomada do interesse por Althusser na Europa mediante o achado de seus textos inéditos, provocada por sua autobiografia *O futuro dura muito tempo*. Esse era o único trabalho de Althusser de que eu obtivera conhecimento e, na verdade, pouco me atraía em razão das distorções que dele faziam seus detratores, a exemplo da descarada acusação a ele de que teria confessado que "nunca lera a obra de Marx".[28]

---

25 MATOS, Luiz Fernando Franklin de; LAHUD, Michel. *Matei minha mulher:* o caso Althusser. São Paulo: Kairós, 1981.

26 EVANGELISTA, Walter José. "Althusser e a psicanálise". *In*: ALTHUSSER, Louis. *Freud e Lacan, Marx e Freud*. Rio de Janeiro: Graal, 1985.

27 Dos raros trabalhos escritos sobre Althusser na primeira metade dos anos 90 no Brasil, cito o livro de Escobar *Marx trágico,* de 1993; e, de Lúcio Flávio de Almeida, o artigo "Althusserianismo e estudos sobre ideologia nacional: notas sobre um desencontro", de 1995; e o livro *Ideologia nacional e nacionalismo,* também de 1995.

28 "Vejo muito bem que o que fiz foi apenas tentar transformar os textos teóricos de Marx, frequentemente obscuros e contraditórios, se não cheios de lacunas em

INTRODUÇÃO

Contudo, com meu ingresso no doutorado de Sociologia no antigo Iuperj, e já dispondo de internet, pude perceber que, além do interesse que voltara a despertar o marxismo, autores como Althusser, Poulantzas, Badiou e Rancière voltavam a ser objetos de análise e de discussão (dentro e fora do Brasil). De fato, havia se constituído uma nova geração de alunos de tendência marxista, althusserianos ou não althusserianos. O meu isolamento por fim cessara.

Tal situação se fez ainda mais clara quando participei pela primeira vez da Anpocs, no ano de 2007, e me aproximei do grupo Marxismo e Ciências Sociais, do qual, em grande parte, participavam membros do Cemarx e das revistas *Crítica Marxista* e *Outubro*, sendo que a primeira já vinha acompanhando mais de perto desde a publicação de um dossiê sobre a obra de Poulantzas, no final dos anos 90. A partir daí, e já tendo ingressado na UFF em 2008 (meu ingresso na UFRJ se daria no ano seguinte), comecei a me dedicar aos trabalhos teóricos (e políticos) sobre o marxismo althusseriano. Comecei por Poulantzas, pois já vinha estudando há tempos a sua análise sobre o Estado capitalista e o direito moderno, além de outros aspectos relacionados a sua obra, o que acabou gerando três artigos e apresentações em congressos. Em seguida, comecei a me dedicar a questões relativas à obra de Althusser. Um dos motivos foi ter percebido que, enquanto Poulantzas era bem-aceito pela

---

certos pontos importantes, em inteligíveis em si mesmos e para nós (...). Suprimi de Marx não só tudo que me parecia incompatível com seus princípios materialistas, mas também o que subsistia de ideologia, antes de mais nada as categorias apologéticas da 'dialética', e quiçá da própria dialética, que me pareciam só servir, em suas famosas 'leis', como apologia (justificação) posterior ao fato consumado, do desenrolar aleatório para as decisões da direção do Partido. Esse ponto, que na verdade retificava o pensamento literal de Marx em numerosos pontos, me valeu inúmeros ataques de pessoas ligadas à letra das expressões de Marx. Sim, dou-me conta perfeitamente de que fabriquei uma filosofia para Marx diferente do marxismo vulgar, porém, como ela fornecia ao leitor uma exposição não mais contraditória, mas coerente e inteligível, pensei que o objetivo fora alcançado e que eu também havia me 'apropriado' de Marx, restituindo-lhe suas exigências de coerência e de inteligibilidade. Era, aliás, a única maneira possível de 'quebrar' a ortodoxia da segunda e desastrosa Internacional que Stalin herdara cem por cento" (ALTHUSSER, L. *O futuro dura muito tempo*: seguido de os fatos. São Paulo: Companhia das Letras, 1992, pp. 196/197).

maioria das tendências marxistas (e de fora do marxismo), Althusser ainda evocava ira, temores, receios, desconfiança de diversas correntes dentro do marxismo e por parte das novas gerações que ainda desconheciam sua obra e mantinham a reprodução dos velhos chavões. E em grande parte conhecedores do manual antialthusseriano de Thompson, mas com um profundo desconhecimento dos conceitos de Althusser.[29] Apenas reconhecimento da caricatura que fizeram desse pensador, mas nenhum conhecimento de sua obra, ou daqueles que estiveram próximos a ele.

Contudo, a atual conjuntura, diga-se de passagem, felizmente não era mais a mesma dos anos 80, uma vez que, na contraposição a essa posição dogmática, preconceituosa, e – por que não? – stalinista, uma enxurrada de textos traduzidos de Althusser, ou artigos favoráveis sobre Althusser, de autores estrangeiros e brasileiros, estava sendo publicada – incluindo revistas dedicadas a seu pensamento –, sem falar de diversos seminários, colóquios em diversos países da América, incluindo os EUA, que analisavam a sua obra.

O motivo de ter escrito este livro deve-se ao fato de haver poucos estudos sobre a obra de Althusser. Além dos trabalhos pioneiros de Escobar (particularmente o seu livro de 1979, *Ciência da história e ideologia*) e do amplo e denso estudo de Décio Saes "O impacto da teoria althusseriana da história na vida intelectual brasileira",[30] publicado em 2007, a maior parte dos recentes trabalhos sobre Althusser, e o marxismo althusseriano, são artigos.[31] Por isso, percebi que já era

---

29 "O que Thompson apresentava em sua obra era uma grotesca caricatura de Althusser. Mas, ao menos, Thompson teve a decência intelectual de ler – equivocadamente – a Althusser, o que não ocorreu sempre entre os seus partidários, para quem a autoridade de Thompson era suficiente para julgar e condenar tudo aquilo sobre o que ele lançara a acusação de althusseriano" (MARTÍN, Pedro Benitez. "Thompson versus Althusser". *In*: CAMPO, Juan Pedro García del *et al*. "Leer a Althusser". *Er, revista de filosofía,* Espanha, 2004, p. 174. (Monográfico de Er)).

30 SAES, Décio. "O impacto da teoria althusseriana da história na vida intelectual brasileira". *In*: MORAES, João Quartim de (Coord.). *História do marxismo no Brasil.* vol. 3, 2ª ed. Campinas: Unicamp, 2007.

31 Em destaque cito os artigos de Augusto Cesar de Oliveira (2004), Danilo Martuscelli (2008), Marcos Cassin (2011) e Maurício Vieira Martins (2012).

INTRODUÇÃO

o momento de demarcar uma posição no campo teórico-político do marxismo brasileiro e fazer um livro não apenas sobre Althusser, mas que também abordasse o marxismo althusseriano. Desse modo, além de Althusser são tratadas neste livro as contribuições de Poulantzas, Balibar, Badiou e Laclau (este quando esposava com o althusserianismo), como também dos marxistas althusserianos brasileiros. E este livro foge um pouco dos padrões acadêmicos, já que não se furta a polemizar — ou tomar partido pelo marxismo althusseriano, e também uma posição pela ruptura, a partir dos pressupostos estabelecidos desde Marx, com o liberalismo e as perspectivas teórico-políticas que dominam o campo acadêmico. Porém, não somente com o liberalismo, mas também com as tendências dogmáticas e metafísicas presentes no marxismo, ou os que teimam em associar Marx à mera expressão radical republicana e propenso a diálogo (ou amálgama) com o pensamento liberal.

Este livro foi dividido inicialmente em quatro partes:[32] os capítulos II e III — que tratam, respectivamente, dos conceitos de contradição e de ideologia — já foram apresentados em encontros acadêmicos. O capítulo II foi publicado na revista *Crítica Marxista,* nº 35 e o capítulo III, na revista *Sociologia & Política,* vol. 22. As versões neste livro foram ampliadas e retificadas em relação às publicações originais. Já os capítulos I e IV[33] são totalmente inéditos, escritos pela primeira vez para este livro.

---

[32] Refiro-me à 1ª edição deste livro, publicada em 2014.

[33] Este capítulo foi publicado posteriormente numa versão condensada na *Revista Brasileira de Ciência Política,* vol. 13.

CAPÍTULO I

QUEM (AINDA) TEM MEDO DE LOUIS ALTHUSSER?

"É necessário que se saiba e, mais do que isso, que se diga que a 'questão Althusser' não é dominante, entre nós, uma questão teórica mas sobretudo uma questão política". Essa frase, que iniciou o artigo de Carlos Henrique Escobar publicado no jornal *Leia Livros* em junho de 1979,[34] expressava bem o contexto em que a obra de Louis Althusser repercutiu na formação social brasileira entre a segunda metade dos anos 60 e o início dos 80. Nessa conjuntura, Althusser, juntamente com Gramsci, foi o filósofo marxista mais publicado no Brasil, além de ter sido o principal alvo de diversas análises, contrárias ou não à sua teoria.

Seu pensamento filosófico e político, quando emergiu no início dos anos 60, gerou inúmeras adesões e críticas apaixonadas pela sua leitura inovadora da obra de Karl Marx. Contudo, a partir dos anos 80, sua teoria era dada como "morta" e "ultrapassada", dentro e fora do marxismo, o que resultou num "enterro" de sua teoria, praticamente desaparecida do

---

[34] O nome desse artigo é "Quem tem medo de Louis Althusser?". O presente capítulo inspira-se diretamente nesse título em homenagem a esse veterano divulgador de seu pensamento em nossa formação social, além de retomar algumas de suas observações feitas naquele contexto para a análise da presente conjuntura.

cenário intelectual. Exemplo disso é a passagem do livro dos filósofos conservadores franceses Luc Ferry e Alain Renaut *Pensamento 68* em que afirmam que "o althusserianismo, mesmo através dos discípulos de Althusser, aparece como algo muito ligado a uma época, assim como a música dos Beatles ou os primeiros filmes de Godard, a um passado próximo, mas ultrapassado".[35] No entanto, em meados dos anos 90, sobretudo depois da publicação da sua autobiografia *O futuro dura muito tempo* e de vários textos inéditos, é retomado o interesse pela obra de Louis Althusser, sendo reintroduzido no debate filosófico e político atual. E, como observa Emilio de Ípola, esse processo segue, até o momento, aberto.[36] Continuando com a análise de Ípola, distintamente dos anos 60 e 70 – em que a teoria de Althusser era vista também como uma chave de compreensão para o momento revolucionário pelo qual diversas formações sociais estavam passando –, na atualidade sua obra tem despertado um interesse mais filosófico do que político, mais teórico do que militante.[37] O artigo de

---

35 FERRY, Luc; RENAUT, Alain. *Pensamento 68*. São Paulo: Ensaio, 1988, p. 184.

36 ÍPOLA, Emilio de. *Althusser, el infinito adiós*. Buenos Aires: Siglo XXI, 2007, p. 19.

37 ÍPOLA, Emilio de. *Althusser, el infinito adiós*. Buenos Aires: Siglo XXI, 2007, p. 21. Se no passado a maior parte dos escritos sobre Althusser tinha forte teor crítico e de oposição à sua obra, no presente contexto o caminho é inverso. No passado, poucos foram os trabalhos de relevo em defesa da sua obra, a exemplo dos livros de Roies (1974) e Karsz (1974). Hoje, porém, embora haja muitos escritos sobre a sua teoria, a maior parte desses trabalhos foca em seus últimos escritos, nos quais ele travou um diálogo acentuado com a perspectiva pós-estruturalista, particularmente com Derrida, ou o pós-marxismo (como os de Laclau, Butler e Negri), e com autores marxistas como Zizek. Outro viés tem sido explorar a influência de Spinoza em sua obra, ou de outros pensadores da modernidade tratados por Althusser, como Maquiavel e Rousseau. Dois dos principais veículos de estudos sobre Althusser são a revista eletrônica *Decalages,* dirigida por Warren Montag (http://scholar.oxy.edu/decalages/), e a revista *Demarcaciones,* dirigida por Marcelo Rodriguez Arriagada e Marcelo Starcerbaum (http://revistademarcaciones.cl/) e também os números especiais das revistas *Multitudes* e *ER*. Além de Montag, Arriagada e Starcerbaum, outros intelectuais europeus e da América têm realizado diversos estudos sobre a obra de Althusser, a exemplo de Vittorio Morfino, Belén Castellanos, Jean-Claude Bourdin, Yves Vargas, Roberto Nigro, Pascalle Gillot, Francisco Sampedro, Maria Turchetto, Denis Berger, Bruno Karsenti, Samuel Solomon, Giovanni Di Bendetto, José Antonio Ramírez, Gabriel Albiac, Yoshihiko Ichida, Andrea Cavazzini, Giorgos Fourtounis, Natalia Romé, Pedro Karczmarczyk, Sergio Caletti, Martina Sosa, Javier Burdman, Carolina Ré, Damian Lopez, Eduardo Gruner, Susana Murillo, Mariana

CAPÍTULO I – QUEM (AINDA) TEM MEDO DE LOUIS ALTHUSSER?

Rick Wolff[38] argumenta sobre a importância de Althusser para o marxismo de hoje, devido ao diálogo que proporciona com a psicanálise e o pós-estruturalismo mediante seus conceitos, como sobredeterminação, visa analisar os diferentes contextos revolucionários a partir das alianças de classes e dos projetos alternativos de transformação, numa oposição às concepções reducionistas e mecanicistas do marxismo.

Todavia, velhos fantasmas críticos têm ressurgido desde a década passada, demarcando um verdadeiro dique de contenção à crescente divulgação de seu pensamento não somente na Europa, mas também no continente americano e, em larga escala, reproduzindo os velhos chavões das críticas pregressas, como "positivista", "stalinista", "estruturalista", "formalista" etc., possivelmente motivados pelo impacto que sua obra tem tanto na reflexão como na prática política, principalmente em seus textos dos anos 60 e 70.

O mais paradoxal disso tudo é o fato de que um intelectual como Althusser, que não foi um dirigente político como Lenin, Trotsky, Stalin, Mao ou Gramsci – ainda que tenha sido um ativo militante do PCF –, seja capaz de gerar intensas e apaixonadas polêmicas em torno de sua obra e de seus conceitos. Isso se deveu certamente ao fato de que a sua obra não ficou exclusiva ao espaço universitário mas atingiu um público mais

---

De Gainza, Gonzalo Barciela, Fernanda Navarro, William Lewis, Ben Brewster, Luke Ferreter, Gregory Elliot, Katja Diefenbach, Ivan Trujillo, Diego Lanciote, Danilo Martuscelli, Caio Bugiato, Tatiana Berringer, Angela Lazagna, Luciano Cavini Martorano, Jair Pinheiro, Felipe Melonio, entre outros e outras. Da velha guarda que retomou os estudos sobre Althusser destacam-se Jacques Bidet, François Matheron, Jean-Marie Vicent, Nicole-Edith Thévenin, Yann Moulier Boutang, Pierre Marcherey, Etienne Balibar. No Brasil foram recentemente publicados a coletânea organizada por Márcio Bilharinho Naves *Presença de Althusser,* em 2010, o número XXV dos *Cadernos Espinosanos/Estudos Sobre o século XVII* dedicado a Althusser em 2011, e o livro de Alessandra Devulsky Tisescu *Edelman, althusserianismo, direito e política* publicado em 2011. Ademais, as revistas *Crítica Marxista* e *Lutas Sociais* têm sido os principais veículos de divulgação do marxismo althusseriano, sem contar os diversos grupos de estudos sobre Althusser que vêm se formando no país.

38 WOLFF, Rick. "A note on Althusser's importance for marxism today". *Rethinking marxism*, vol. 10, n° 3, 1998.

1.1 – Quem foi Louis Althusser?

Louis Althusser nasceu na Argélia, mais precisamente na cidade de Birmandreis (atualmente Bir Mourad Raïs), no dia 16 de outubro de 1918, e veio a falecer no dia 22 de outubro de 1990.[39] Seus estudos de filosofia na École Normale Supérieure (ENS) começaram no ano de 1939, mas vieram a ser interrompidos em setembro, quando foi preso pelo exército alemão, passando cinco anos num campo de prisioneiros de guerra. E foi no campo de concentração que Althusser se aproximou do movimento comunista (sua origem era católica), a partir do contato que teve com os militantes do PCF. Após a sua libertação, ele retomou seus estudos de filosofia na ENS, obtendo em 1948 o seu diploma de estudos superiores com uma tese sobre Hegel orientada por Gaston Bachelard. Nesse mesmo ano de 1948, Althusser filiou-se ao PCF.

A despeito da publicação de alguns artigos sobre filosofia política moderna e de epistemologia, sua notoriedade acadêmica emerge em 1959, com a publicação do seu livro *Montesquieu, a política e a história*. Foi, todavia, entre os anos de 1960 e 1965 que Althusser começou a ter reconhecimento internacional, tanto no campo do marxismo como também no meio universitário, a partir da publicação de dois livros seus, no ano de 1965, *Pour Marx* e *Lire le Capital*, sendo o primeiro uma coletânea de seus artigos publicados em revistas e o segundo, um livro coletivo que contou com as contribuições de seus alunos Étienne Balibar, Jacques Rancière, Roger Establet e Pierre Marcherey. Ao lado desses alunos, em torno dele somaram-se outros jovens intelectuais (e alguns eram seus alunos), como François Matheron, Alain Badiou, Nicos Poulantzas, Jacques Bidet, Dominique Lecourt, Règis Debray, Emmanuel Terray, Pierre Raymond,

---

[39] Além da autobiografia de Althusser em *O futuro dura muito tempo,* sua vida foi expressa e analisada nos livros de Boutang (1992), Passos (2006) e Roudinesco (2007).

CAPÍTULO I – QUEM (AINDA) TEM MEDO DE LOUIS ALTHUSSER?

Michel Pêcheux, Christian Baudelot, Yves Duroux, François Régnault, Jacques Alain-Miller, Nicole-Édith Thévenin, Bernard Edelman, além da aproximação do veterano professor de Economia Charles Bettelheim.[40] O impacto de suas teses também acabou por influenciar outros intelectuais, como Maurice Godelier, Michel Miaille, Maria-Antonieta Macciocchi e Christine Buci-Glucksmann, e, ainda, por atrair a atenção internacional de uma nova geração de intelectuais que foram influenciados por seus conceitos, dentre os quais Perry Anderson, Stuart Hall, Paul Hirst, Bernard Hindess, Ernesto Laclau, Emilio de Ípola, Marta Harnecker e Augustín Cueva. É importante ressaltar que os marxistas que seguiram a perspectiva althusseriana não se restringiram apenas aos do campo da filosofia (epistemologia), mas também de diversos campos do conhecimento, como ciência política, antropologia, sociologia, pedagogia, literatura e artes, economia, direito, linguística, psicanálise, história, sem falar em suas intervenções nas análises de conjuntura.

No Brasil, sua obra começou a ter impacto a partir da segunda metade dos anos 60. O ponto de partida foi o artigo de Carlos Henrique Escobar "De um marxismo com Marx", publicado no número 13/14 da *Revista Tempo Brasileiro* em dezembro de 1966. Seguiu-se a esse artigo o polêmico texto de João Quartim de Moraes, "Sobre as 'Origens da dialética do trabalho'", publicado na revista *Teoria e Prática*, n° 3, em abril de 1968, no qual tece uma severa crítica (do ponto de vista althusseriano) à obra de José Arthur Giannotti.[41] No Rio de Janeiro, ao lado de Escobar, e atuando

---

40   Sobre o impacto da teoria de Althusser e de seu grupo na França, veja os dois volumes da obra de François Dosse *História do Estruturalismo,* citado na bibliografia. É importante frisar que a repercussão da sua teoria estendeu-se aos mais distintos campos de pesquisa, indo para além da filosofia, a exemplo da antropologia, ciência política, direito, economia, história, linguística, pedagogia e sociologia.

41   "Mas quando se sabe que um determinado grupo de escritos não corresponde ao pensamento acabado do autor, mas a uma fase posteriormente superada, quando, portanto, é possível separar com segurança os escritos de juventude" dos escritos definitivos, por que ir buscar naqueles germes ainda mal desenhados da teoria que estes exibem clara e distintamente? "Se meu projeto é ler *O capital*, é mais razoável abrir diretamente *O capital* que ir decifrar seus prenúncios nos *Manuscritos* (...). Assim, ainda na hipótese favorável de que a sistematização dos *Manuscritos* conduza a uma formulação rigorosa de materialismo dialético, este 'materialismo dialético' será não

LUIZ EDUARDO MOTTA

juntamente com ele na *Revista Tempo Brasileiro* e em outros veículos de divulgação intelectual, emergiram os nomes de Eginardo Pires, Alberto Coelho de Souza, Marco Aurélio Luz, Severino Bezerra Cabral Filho, Manoel Barros da Motta e o veterano historiador Manuel Maurício de Albuquerque. Em São Paulo, juntamente com Quartim de Moraes, o professor de Sociologia da USP Luiz Pereira representou a principal expressão do marxismo althusseriano, o que o levou a sofrer intensa oposição e marginalização por parte de outros acadêmicos da USP e do Cebrap (Fernando Henrique Cardoso e José Arthur Giannotti, por exemplo). Seguem-se a Luiz Pereira e Quartim de Moraes, Décio Saes e, a partir dele, Armando Boito Jr., Lúcio Flávio de Almeida e Márcio Bilharinho Naves. Distintamente do grupo carioca – voltado mais para as questões epistemológicas apresentadas por Althusser –, o grupo paulista direcionou a teoria do pensador francês e de seus seguidores (principalmente Nicos Poulantzas) para o campo de pesquisa da sociologia, da ciência política, da história e da pedagogia.[42] Para além dos nomes citados, incluem-se na lista dos intelectuais marxistas althusserianos o historiador Théo Santiago e o filósofo Walter José Evangelista.[43]

Apesar de ter logrado receptividade no seio da juventude e reconhecimento por intelectuais de fora do marxismo (como Foucault,

---

o de *O capital*, mas o dos *Manuscritos*, e a nossa ignorância de *O capital* continuará praticamente a mesma" (MORAES, João Quartim de. "Sobre as 'Origens da dialética do trabalho'". *Teoria e Prática*, nº 3, São Paulo, 1968, pp. 84/85).

[42] É importante frisar que alguns dos seguidores de Althusser no Rio de Janeiro foram buscando outros enfoques para além da discussão teórica e epistemológica, a exemplo do historiador Manuel Mauricio de Albuquerque em sua obra *Pequena história da formação social brasileira* (1981?/1986?), e Eginardo Pires, que direcionou a contribuição teórica do marxismo althusseriano para o campo da economia política, como visto no seu livro *Valor e acumulação* (1979). Também se deve ressaltar que Eginardo Pires e Carlos Henrique Escobar fizeram importantes contribuições na segunda metade dos anos 70 no tocante à problemática relacionada à ideologia e aos aparelhos institucionais. Vide o artigo de Eginardo Pires "Ideologia e Estado em Althusser: uma resposta" (1978), os dois livros de Escobar *Discursos, instituições e história* (1975) e *Ciência da história e ideologia* (1978), e também o artigo "Da categoria de cultura: do aparelho cultural do Estado" (1979).

[43] Sobre a recepção do marxismo althusseriano no Brasil veja Saes (2007) e Motta (2011).

CAPÍTULO I – QUEM (AINDA) TEM MEDO DE LOUIS ALTHUSSER?

Derrida e Lacan), houve uma forte reação a suas posições inovadoras no marxismo, principalmente por marxistas que se opuseram a suas posições críticas ao humanismo teórico, e a ruptura entre o jovem Marx filosófico de caráter humanista e o Marx maduro que constituiu a ciência da história. A oposição foi tanto dentro do PCF – através de intelectuais ligados ao Comitê Central, tais quais Lucien Sève e Roger Garaudy – como de fora do PCF (trotskistas, stalinistas, lukacsianos, gramscianos, reformistas, humanistas, liberais). A lista é ampla, mas destacam-se os nomes de Raymond Aron, Michael Löwy, Adolfo Sanchez Vásquez, Edward P. Thompson, Leszek Kolakowski, André Glucksman, Ernest Mandel, Daniel Bensaid, Alex Callinicos.

No Brasil, essa oposição ficou marcada, sobretudo, pelo eixo USP-Cebrap e por intelectuais vinculados ao PCB que seguiam orientação lukasciana, ainda que também estivessem presentes liberais conservadores. Destacam-se nesse grupo os nomes de José Arthur Giannotti, Norma Bahia Pontes, Luciano Zajdsznajder, Caio Prado Jr., Fernando Henrique Cardoso, Tarcísio Padilha, Carlos Nelson Coutinho,[44] Paulo Silveira, Jacob Gorender, Sergio Paulo Rouanet, Ruy Fausto, Pedro Celso Uchôa Cavalcanti, José Guilherme Merquior, José Guilhon Albuquerque e Leandro Konder.

Como bem chama atenção Balibar,

> durante quase vinte anos Althusser foi, mais que qualquer outro, o filósofo marxista que, na França e em outras partes, animava a controvérsia. Não somente suas formulações e posições desencadearam paixões e polêmicas entre os "marxistas" de toda classe, senão que também obrigou a outros intelectuais a tomar a sério o marxismo e a participar com ele nos debates que promovia com seus trabalhos de filosofia, economia, teoria política, psicanálise etc. Por sua causa – quiçá mais do que qualquer outro –, o marxismo não foi simplesmente uma herança do passado,

---

44 Sobre os limites da análise de Carlos Nelson Coutinho sobre a obra de Althusser veja a crítica precisa a esses limites no artigo de João Pedro Luques (2020).

um momento da história das ideias, senão um horizonte e um desafio para o pensamento em ação.[45]

E isso é um fato notável se levarmos em conta que Althusser, como observa Balibar, não era um teórico marxista da sociedade, mas sim um filósofo preocupado com a "transformação da filosofia" do ponto de vista de um comunista. Ademais, como ressalta Balibar, o livro *Pour Marx* tem um paralelo com outra obra fundamental da filosofia marxista: o livro *História e consciência de classe,* do jovem Lukács. A despeito de todas as suas diferenças teóricas, e opostas, ambos os livros "transpiram" o momento da conjuntura revolucionária em que ambas as obras foram lançadas. No caso de Lukács, a Revolução Russa e o momento revolucionário que atravessava a Europa; já em Althusser, a presença de um contexto revolucionário nos países do Terceiro Mundo nas lutas anticoloniais e anti-imperialistas (Vietnã, Argélia, Cuba) e a emergência da China no campo socialista, com a Revolução Cultural. De acordo com Balibar, tanto Lukács como Althusser estão organizados em torno da mesma questão, a do "fim da filosofia". Para Lukács, a filosofia deve realizar-se na história, porque esta representa o advento da unidade do sujeito e do objeto, o advento da consciência de si (autoconsciência) sob a direção do proletariado no processo de fazer a história. Enquanto o livro de Althusser sugere que a prática (seja científica ou revolucionária) é por sempre irredutível à consciência de si. A filosofia enquanto "prática teórica" tem, pois, principalmente a tarefa de criticar a fundo as ilusões da "consciência" em todas as suas formas, de ajudar de alguma maneira aos homens, as forças da história, a superar o ponto de vista da consciência.[46]

Mas, a despeito das acusações do formalismo, ou do "estruturalismo", presentes em Althusser, distintamente de Lukács e de Gramsci,[47]

---

45 BALIBAR, Étienne. *Escritos por Althusser.* Buenos Aires: Nueva Visión, 2004, p. 76.

46 BALIBAR, Étienne. *Escritos por Althusser.* Buenos Aires: Nueva Visión, 2004, p. 82.

47 O pensamento de Lukács e de Gramsci praticamente ficou circunscrito a um grupo de intelectuais vinculados ao PCB nos anos 60, dos quais se destacam Leandro Konder, Carlos Nelson Coutinho, José Paulo Netto e, nos anos 70, Marco Aurélio Nogueira.

CAPÍTULO I – QUEM (AINDA) TEM MEDO DE LOUIS ALTHUSSER?

seu pensamento foi absorvido por organizações da esquerda armada na América Latina. Na Argentina, como observa Marcelo Starcenbaum,[48] Althusser foi ponto de influência e de polêmica no Partido Comunista Revolucionário (PCR), de tendência maoista, e na dissidência armada desse partido, nas Forças Armadas de Libertação (FAL). Na formação social brasileira, as teses de Althusser também foram recepcionadas por militantes maoistas, especialmente pela organização Ação Popular (AP), como observam Gorender[49] e Ridenti (2002). Não é casual que tanto no Brasil como na Argentina militantes maoistas tenham se identificado com o marxismo althusseriano: Althusser, de fato, foi o primeiro grande intelectual marxista europeu a incorporar o pensamento de Mao Tsé-Tung, especialmente a sua contribuição ao conceito de contradição.[50] Além disso, Althusser como também Badiou, Bettelheim,

---

Lukács, particularmente, obteve alguma ressonância em São Paulo por parte do filósofo José Chasin e de seu grupo de alunos. Gramsci, porém, teve um destino diferente em relação ao de Lukács na virada dos anos 70 a 80, sendo amplamente absorvido pelos mais distintos setores da esquerda brasileira, tanto nas organizações partidárias marxistas (PCB, PRC, trotskistas etc.) como também nos partidos de massa (PT e PDT), e nos movimentos sociais em franca ascensão na sociedade civil brasileira. Lukács começou a marcar terreno no conjunto da esquerda brasileira na virada dos anos 80 a 90, sendo amplamente traduzido (não obstante já tivesse tido algumas traduções desde os anos 60, principalmente na área de estética e literatura) no decorrer do século XXI, sobretudo pela editora Boitempo.

48 Como observa Starcenbaum: "surgido no marco do processo de desestalinização do Partido Comunista Francês, o althusserianismo se constituiu rapidamente numa referência teórica importante nos processos de desconstituição dos espaços tradicionais da esquerda argentina e de formação de novas organizações políticas e militares" (Starcenbaum, Marcelo. "Ciência y violência: una lectura de Althusser en la nueva izquierda argentina". *Jornadas Espectros de Althusser*, Buenos Aires, 2011, p. 346).

49 GORENDER, Jacob. *Combate nas trevas*. São Paulo: Ática, 1987.

50 Na Argentina, o pensamento de Althusser foi inserido na esquerda revolucionária por Mauricio Malamud e Luis Maria Aguirre. No Brasil por Vinicius Caldeira Brant, Carlos Walter Aumond, Sergio Menezes e Maria do Carmo Menezes. A AP publicou em 1967 pela editora Sinal o livro *O marxismo segundo Althusser*: polêmica Althusser-Garaudy, que incluía o artigo "Prática teórica, luta ideológica", publicado até então em Cuba e que fora traduzido por Duarte Pereira, de acordo com o seu depoimento a Marcelo Ridenti (2007). O lançamento desse livro coincide com a publicação no mesmo ano da primeira edição do *Pour Marx* pela editora Zahar, especializada em livros de ciências sociais e que abriu espaço para outras publicações

Balibar, Establet, Poulantzas e Rancière eram simpáticos ao maoismo e à experiência da Revolução Cultural Chinesa.

Ademais, Althusser foi o único intelectual marxista inserido no grupo classificado por Perry Anderson (S/D) de "marxismo ocidental", que se imiscuiu com o processo revolucionário cubano e com o fenômeno do foquismo latino-americano.[51] Em sua carta dirigida a seu ex-aluno e discípulo Règis Debray,[52] Althusser concorda com a justa crítica de Debray ao que ele denomina de "metafísica trotskista", pois estes estão continuamente "fora de toda e qualquer história", já que o conceito de revolução permanente considera "qualquer camponês e qualquer operário como socialistas por essência, o fato de crer que bastará uma greve geral insurrecional para tomar o poder", coisa completamente fora da história.[53] E essa concepção não histórica também está presente no texto de Debray quando Althusser afirma

> que a tua análise do conceito de guerrilha é uma análise *abstrata*, na medida em que analisas o conceito de guerrilha (e os seus efeitos) independentemente das condições históricas de existência da guerrilha (...). É apenas na base desta confrontação das condições econômico-políticas, por um lado, e das medidas político-militares, por outro (incluídas as formas de organização da luta armada e política), que se poderá: 1) definir aquilo que constitui a especificação própria da experiência cubana; 2) definir em que simetria aquilo que constitui a situação dos países da América Latina em geral e de tal ou tal país em particular; 3)

---

de Althusser (*Ler O capital*, 2 vols.) e Poulantzas (*As classes sociais no capitalismo de hoje*). A primeira edição foi traduzida com um título ambíguo *Análise crítica da teoria marxista*; a segunda edição desse livro em 1979 mudou para *A favor de Marx*, num sentido mais próximo do título original.

[51] É importante frisar que Charles Bettelheim atuou como consultor em Cuba em 1963, a convite de Che Guevara, e esteve antes na Argélia durante o governo de Ben Bella.

[52] DEBRAY, Régis. *A crítica das armas*. Lisboa: Seara Nova, 1977.

[53] DEBRAY, Régis. *A crítica das armas*. Lisboa: Seara Nova, 1977, p. 295.

CAPÍTULO I – QUEM (AINDA) TEM MEDO DE LOUIS ALTHUSSER?

decidir da primazia de tal ou tal força de organização e de luta e da necessidade de a propor, de a impor, de a alargar.[54]

Mesmo os textos teóricos de Althusser de sua primeira fase, tachados de "formalistas", ou que expressavam um "elitismo burguês" (?!) no dizer de Thompson (1981),[55] em seu panfleto antialthusseriano (uma das críticas mais caricatas e grotescas da teoria de Althusser), nunca foram desprovidos de uma intervenção política no marxismo. A sua exegese da obra de Marx não significa um apelo de fundo religioso, como afirma o intelectual conservador Leszek Kolakowski.[56]

---

54 DEBRAY, Régis. *A crítica das armas*. Lisboa: Seara Nova, 1977, pp. 299-303.

55 THOMPSON, Edward P. *A miséria da teoria*. Rio de Janeiro: Zahar, 1981, p. 11. O que seria esse "elitismo burguês" para Thompson? O fato de Althusser ter uma linguagem complexa pouco acessível à classe trabalhadora e para os militantes de esquerda? Nesse aspecto várias obras de Marx como *O capital*, os *Grundrisse* (São Paulo: Boitempo, 2011) e *A ideologia alemã* poderiam ser incluídos também como "elitistas" já que não são obras de fácil acesso. *Os cadernos filosóficos* e *Materialismo e empiriocriticismo* de Lenin idem. E a obra de Thompson sobre a classe operária britânica e sua defesa do culturalismo tampouco teve inserção no movimento operário e revolucionário, e muito menos pode-se afirmar que são textos de fácil consumo para a classe trabalhadora. Há em Thompson uma implicância vazia sobre o marxismo althusseriano, e, de certa forma, uma transferência, na acepção lacaniana, do *outro* no qual ele (Thompson) se projeta. Ademais, a sua ojeriza pela topologia marxista por esta evocar aspectos determinantes que fugiriam do controle das ações humanas conscientes o levaram a sérios equívocos teóricos para a sua análise da classe operária inglesa. Como bem observa Martín, "o conceito de 'determinação' certamente desvanece em suas mãos, se esvanece em suas mãos (...). Sem dúvida o capítulo 6 de *A formação da classe trabalhadora operária na Inglaterra*, por sinal uma excelente obra, é exemplar para compreendê-lo: nem uma só vez, no capítulo mais estrutural de sua obra, que significativamente leva por título 'Exploração', aparece mencionado o conceito que define a exploração capitalista: 'mais-valia'" (MARTÍN, Pedro Benitez. "Thompson versus Althusser". *In*: CAMPO, Juan Pedro García del *et al*. "Leer a Althusser". *Er, revista de filosofia*, Espanha, 2004, p. 176. (Monográfico de Er)).

56 "A questão 'se o jovem Marx já é o Marx completo' ou afirmação que a um certo momento 'o jovem Marx se tornará Marx' são típicas do pensamento religioso e só têm sentido na suposição de que alguns textos seriam *a priori* a fonte revelada da verdade" (KOLAKOWSKI, Leszek. *O espírito revolucionário e marxismo*: utopia e antiutopia. Brasília: UNB, 1985, p. 106). Essa fixação por aspectos religiosos sempre acompanhou Kolakowski desde os seus tempos de "marxista", afinal ele foi um grande entusiasta do movimento liberal-conservador Solidariedade (no

De acordo com Karsz, a leitura sintomal de Althusser consiste em mostrar as demarcações da obra de Marx já que ver um texto não é uma "operação inocente" pois não se fixa somente no texto enunciado explicitamente, mas naquilo que está subentendido e ausente no texto. Ler é praticar uma problemática, é fazer funcionar um texto. Ler é decodificar e reler o texto a partir do seu deciframento. Se cada texto de Marx representa um pensamento "essencialmente" igual, seremos obrigados em deduzir que Marx já nasceu marxista. Como afirma Karsz,

> é a ilusão das obras completas garantindo a leitura literal: apresentar todos os textos produzidos por Marx ao longo da sua vida – juventude, crise, maturação, maturidade – como textos marxistas porque Karl Marx é efetivamente o autor. E a ilusão se exerce igualmente nos textos que seu autor recusou a publicar durante a sua vida, mas que a leitura literal considera como "marxistas" por causa de sua assinatura. A leitura literal vive no fetichismo do texto e na magia dos nomes [assinaturas].[57]

Depois dessa fase inicial, segue-se a fase denominada de "autocrítica" iniciada em 1968 com o texto "Lenin e a filosofia", seguido pelo artigo "Ideologia e aparelhos ideológicos de Estado", de 1970, e que teve como cume os artigos "Resposta a John Lewis", de 1972, "Elementos de autocrítica", de 1972, e "Sustentação em Amiens", de 1975. Esse conjunto de textos demarca uma distinção da fase anterior: 1) uma crítica ao *teoricismo* dos trabalhos iniciais; 2) a definição de que a filosofia é a luta de classes na teoria; 3) a ênfase no conceito de aparelhos de Estado em relação aos conceitos de instâncias, ou níveis, nos modos de produção ou nas formações sociais. Mesmo tendo revisto as

---

qual escreveu o panfleto "Como é ser conservador, liberal e socialista ao mesmo tempo"), e também da oposição da Igreja Católica polonesa ao "socialismo real" da Polônia. No final de sua vida apoiou pateticamente o chamado *Livro negro do comunismo* e nenhuma menção sequer fez ao *Livro negro do capitalismo,* haja vista que – para Kolakowski – o "mal encarnado" teria a cor "vermelha".

57 KARSZ, Saul. *Théorie et politique*: Louis Althusser. Paris: Fayard, 1974, p. 29.

CAPÍTULO I – QUEM (AINDA) TEM MEDO DE LOUIS ALTHUSSER?

suas posições prévias, a oposição às teses de Althusser permaneciam reproduzindo os mesmos argumentos de outrora (stalinista, dogmático, formalista, estruturalista etc.).

A terceira fase de Althusser foi uma extensão da segunda, nela acentuou ainda mais os traços leninistas da segunda[58] e incorporou mais abertamente o maoismo no aspecto político, além de demarcar uma posição completamente crítica às posições do PCF. Essa fase tem como marco o texto "O 22° Congresso",[59] de 1976, "Enfim, a crise do marxismo", de 1977, "O marxismo como teoria finita", "O marxismo hoje", de 1978, e "O que não pode haver no Partido Comunista", de 1978, além do inédito "Marx nos seus limites", também de 1978. É também nessa fase que Althusser começa a destacar a questão da aleatoriedade que será central na fase seguinte.

Essa sua última fase segue a sua tragédia pessoal. No manicômio onde escreveu a sua autobiografia *O futuro dura muito tempo*,[60] Althusser começou a desenvolver o que ele denominou de *materialismo aleatório*, ou do *encontro*, desenvolvido no texto "As correntes subterrâneas do materialismo do encontro", de 1982, e no livro *Filosofia e marxismo*,[61] de 1988, este um resultado das entrevistas de Althusser para a filósofa mexicana Fernanda Navarro. De fato, essa fase demarca uma diferença das anteriores pela ênfase que ele deu à questão do acaso precedendo às estruturas, e o abandono da determinação em última instância do

---

58 Como dizia Escobar em *Ciência da história e ideologia,* houve por parte de Althusser e de Balibar nos anos 70 uma crescente valorização do enfoque leninista da ciência da história: "no lugar de uma dialética abstrata e de uma teoria da história presa aos termos de combinação do modo de produção, uma redescoberta da dialética no conceito de formação social. Formação social esta que contém diferentes modos de produção, com dominante de um deles, e que invertendo a análise a torna dialeticamente mais rica. E, aliás, mais rica porque trabalha nos temas da luta de classes" (ESCOBAR, Carlos Henrique. *Ciência da história e ideologia.* Rio de Janeiro: Graal, 1978, p. 23).

59 ALTHUSSER, Louis. *O 22° congresso.* Lisboa: Estampa, 1978.

60 ALTHUSSER, Louis. *O futuro dura muito tempo*: seguido de os fatos. São Paulo: Companhia das Letras, 1992.

61 ALTHUSSER, Louis; NAVARRO, Fernanda. *Filosofia y marxismo*. México: Siglo XXI, 1988.

econômico, já que tudo pode determinar, além de reconhecer a inexistência completa de uma filosofia marxista.[62] Para Althusser, se trata de uma filosofia do vazio, pois é uma filosofia que, em vez de partir dos famosos "problemas filosóficos", começa por eliminá-los e por recusar-se a dar sobre si mesma um "objeto" (a filosofia não tem um objeto), para partir do nada. Dá-se, pois, o primado da ausência (não há origem) sobre a presença.[63] Há, de fato, uma aproximação com as posições pós-estruturalistas de Deleuze e Derrida, mas não considero que tenha havido uma "ruptura epistemológica" em sua obra, como defende Armando Boito Jr.[64] Ruptura haveria se Althusser desconsiderasse as suas posições contra a filosofia do sujeito, na sua crítica ao humanismo, e rompesse com a centralidade da luta de classes e renegasse os seus conceitos como aparelhos ideológicos de Estado. Diferentemente disso, Althusser se manteve fiel a essas posições iniciais, embora tenha se afastado de muitas de suas questões centrais dos anos 60, e que se mantiveram nos anos 70.

Isso é perceptível na definição que Althusser deu à problemática da filosofia e do humanismo teórico na teoria marxista ao longo de sua obra, nas suas diversas fases.

1.2 – Existe uma filosofia marxista?

Essa posição crítica de Althusser à filosofia vem diretamente de Marx, e isso estabelece uma distinção radical com a posição de Lukács, que insistia na permanência da prática filosófica em Marx até a sua obra final.[65] Marx, em *A ideologia alemã,* demarca mais de uma vez a

---

62 ALTHUSSER, Louis; NAVARRO, Fernanda. *Filosofia y marxismo.* México: Siglo XXI, 1988, pp. 28/29.

63 ALTHUSSER, Louis; NAVARRO, Fernanda. Filosofia y marxismo. México: Siglo XXI, 1988, p. 33.

64 BOITO JR., Armando. *Estado, política e classes.* São Paulo: Unesp, 2007, p. 42.

65 Esse equívoco de Lukács e de seus seguidores (por sua aversão pela ciência e pelo reducionismo filosófico na teoria de Marx) fica claro nessa passagem: "após o fracasso

CAPÍTULO I – QUEM (AINDA) TEM MEDO DE LOUIS ALTHUSSER?

sua crítica à filosofia pelo seu idealismo e pelo seu caráter metafísico e, de fato, encontrou na prática científica uma nova forma de entender os conflitos de classe e as contradições do mundo social. A construção da ciência da história tenta se desprender da ótica filosófica a que Marx estivera preso nos seus textos iniciais, e tendo como adversários no campo teórico a economia, a história, a antropologia e, depois, a sociologia e a ciência política, áreas tidas de "conhecimento" que grosso modo justificam a reprodução das relações de poder do modo de produção

---

da revolução de 1848, o centro de seus interesses passou a ser a fundação de uma ciência da economia. Isso levou muitos dos admiradores de seus escritos filosóficos juvenis a dizerem que ele se afastara da filosofia para se tornar 'apenas' um especialista em economia (...). Essa conclusão se funda sobre características puramente exteriores, sobre a metodologia imperante na segunda metade do século XIX, que estabelecia uma oposição mecanicamente rígida entre filosofia e ciências singulares positivas, degradando, com isso, a própria filosofia à condição de ciência particular por estar fundada exclusivamente sobre a lógica e a teoria do conhecimento. A partir de tais pontos de vista, a economia do Marx maduro pareceu à ciência burguesa e aos modos de consideração por ela influenciados, inclusive entre adeptos do marxismo, uma ciência particular, em contraste com as tendências filosóficas de seu período juvenil (...). Vemos que Marx não se tornou 'menos filosófico', mas, ao contrário, aprofundou notavelmente, em todos os campos, suas visões filosóficas. Basta pensar na superação – puramente filosófica – da dialética hegeliana" (LUKÁCS, G. *Para uma ontologia do ser social I.* São Paulo: Boitempo, 2012, p. 290). O erro de Lukács é não perceber que de fato há uma virada conceitual e de objeto na obra de Marx e considerar que Marx ainda ficara preso ao discurso filosófico. Marx não se tornara um "economista" como afirma Lukács [e ele omite as obras políticas de Marx como MARX, Karl. *O 18 Brumário e Cartas a Kugelmann.* São Paulo: Paz e Terra, 2010; e *A guerra civil em França* (São Paulo: Boitempo, 2011)], mas sim, de acordo com Althusser, cria uma nova ciência – o materialismo histórico, ou a ciência da história – que tem como objeto os modos de produção e a luta de classes, e analisa articulando as práticas econômicas conjuntamente às práticas ideológicas e políticas. Não se trata de uma ciência "particular" já que ela analisa um todo complexo contraditório determinado pelas lutas de classes. Como observa Althusser: "a revolução teórica de Marx conduz, assim, à conclusão de que *não* existe (salvo para a burguesia, cujos interesses são demasiado evidentes) *Economia Política* e de que, com maior motivo ainda, *não existe economia política marxista.* Isso não quer dizer que não exista nada, mas que Marx suprime esse suposto objeto que era a Economia Política e a substitui por uma *realidade totalmente diferente,* que resulta inteligível a partir de certos princípios totalmente diferentes, os do Materialismo Histórico, *em que a luta de classes é determinante para compreender os problemas chamados econômicos"* (ALTHUSSER, L. *Freud e Lacan, Marx e Freud.* Rio de Janeiro: Graal, 1985, p. 83).

capitalista. Marx percebera que a filosofia não teria respostas sólidas a esses novos campos do conhecimento – e de reprodução das relações de poder –, e a sua resposta foi a formação de um novo campo do saber, que distintamente dos demais tem como escopo a ruptura com o sistema capitalista e a formação de novas práticas políticas, econômicas e ideológicas.

Como foi dito acima, em *A ideologia alemã* Marx aponta os limites da filosofia, como nas seguintes passagens:

> enquanto os franceses e os ingleses se limitam à ilusão política, que se encontra por certo mais próxima da realidade, os alemães se movem no âmbito do "espírito puro" e fazem da ilusão religiosa a força motriz da história. A filosofia hegeliana da história é a última consequência, levada à sua "mais pura expressão", de toda essa historiografia alemã, para a qual não se trata de interesses reais, nem mesmo políticos, mas apenas de pensamentos puros.[66]

Mais adiante, Marx (e Engels) afirma a inexistência da história na filosofia:

> a moral, a religião, a metafísica e qualquer outra ideologia, bem como as formas de consciência a elas correspondentes, são privadas, aqui, de aparência de autonomia que até então possuíam. Não têm história, nem desenvolvimento.[67]

A contrapartida científica é afirmada logo em seguida, na seguinte passagem:

---

[66] MARX, Karl; ENGELS, Friedrich. *A ideologia alemã*. São Paulo: Boitempo, 2011, p. 44.

[67] MARX, Karl; ENGELS, Friedrich. *A ideologia alemã*. São Paulo: Boitempo, 2011, p. 94. É nessa passagem de Marx que Althusser fundamenta o argumento de que a filosofia não tem história.

CAPÍTULO I – QUEM (AINDA) TEM MEDO DE LOUIS ALTHUSSER?

ali onde termina a especulação, na vida real, começa também, portanto, a ciência real, positiva, a exposição da atividade prática, do processo prático de desenvolvimento dos homens. As fraseologias sobre a consciência acabam e o saber real tem de tomar o seu lugar. A filosofia autônoma perde, com a exposição da realidade, seu meio de existência.[68]

Esse é o ponto de partida para Althusser rejeitar a centralidade da filosofia na teoria de Marx, numa posição antitética às interpretações humanistas, ou ontológicas, da obra de Marx. Como observa Balibar, o pensamento teórico de Marx, por várias vezes, "se apresentou não como uma filosofia, mas como uma alternativa à filosofia, uma *não filosofia*, e mesmo uma *antifilosofia*".[69] Já para Bourdin, Althusser não questiona apenas a filosofia de Marx, mas a própria filosofia.[70] O fato é que – como Althusser adverte em *Lenin e a filosofia* –, Marx, depois de 1845, não produziu imediatamente nenhuma filosofia nova, nem, em qualquer dos casos, nenhum novo discurso filosófico. Pelo contrário, não iniciou mais que um longo silêncio filosófico. Marx anunciou desde *As teses sobre Feuerbach* uma declaração de ruptura com toda a filosofia "interpretativa", uma coisa bem diferente de uma nova filosofia: uma ciência nova, a ciência da história, que será esboçada a partir de *A ideologia alemã*.[71] A filosofia não tem objeto específico pois

---

68 MARX, Karl; ENGELS, Friedrich. *A ideologia alemã*. São Paulo: Boitempo, 2011, p. 95.

69 BALIBAR, Étienne. *A filosofia de Marx*. Rio de Janeiro: Zahar, 1995, p. 9. Num texto em parceria com Marcherey, Balibar afirma que "essa concepção radical da morte da filosofia na obra de Marx em 1845 parece definitiva: Marx, ele mesmo, após essa data, não escreverá mais sobre filosofia, já que todas as suas obras de juventude foram, ao contrário, marcadas pela sua formação clássica de filosofia; ele consagrará todo o seu tempo à reparação de *O capital* e à organização do movimento operário" (BALIBAR, Étienne; MARCHEREY, Pierre. "Matérialisme dialectique". *In*: *Encyclopædia Universalis*. 1975, p. 609).

70 BOURDIN, Jean-Claude. "Présentation". *In*: _____. *Althusser: une lecture de Marx*. Paris: PUF, 2008, p. 13.

71 ALTHUSSER, Louis. *Solitude de Machiavel*. Paris: PUF, 1998, p. 114. Em *A transformação da filosofia*: seguido de Marx e Lenin, perante Hegel. Lisboa: Estampa,

se nada acontece, na filosofia, é precisamente porque esta não possui objeto, enquanto que, com efeito, se alguma coisa se passa nas ciências é porque estas têm um objeto do qual podem aprofundar o conhecimento, *o que lhes dá uma história*. Como a filosofia não tem objeto, nada nela pode acontecer. O vazio da sua história não faz mais do que repetir o vazio do seu objeto.[72]

Para Althusser, a tradição que passa por Marx, Lenin e Gramsci aponta que a filosofia da qual necessitava o marxismo não era uma filosofia produzida como "filosofia" mas uma nova prática da filosofia. A filosofia representa a luta de classes. Segundo Althusser,

no cerne da Teoria marxista existe uma ciência: uma ciência inteiramente singular, mas uma ciência. O elemento novo que o marxismo introduz na filosofia é uma nova *prática da filosofia*. *O marxismo não é uma (nova) filosofia da praxis, mas uma prática (nova) da filosofia*. Esta nova prática da filosofia pode transformar a filosofia. E, para além disso, ajudar, à sua maneira a transformar o mundo. Apenas ajudar, porque não são os teóricos, sábios ou filósofos, nem tampouco os "homens", quem faz a história – mas as "massas" ou seja, as classes aliadas numa única luta de classes.[73]

A aversão da perspectiva humanista e ontológica à ciência no marxismo sempre foi um incômodo para Althusser, pois isso ia de encontro não somente à tradição de Marx e Engels mas também da II Internacional (Lenin, Luxemburgo, Bukharin), e mesmo ao marxismo posterior, a exemplo das pesquisas sobre o direito capitalista de Pachukanis e à contribuição de Mao sobre as classes sociais na China. A ciência marxista para Althusser evidentemente tem um caráter revolucionário, como ele bem enfatiza em seu texto "Elementos de autocrítica". A defesa da palavra ciência vai de encontro a todo idealismo subjetivista

---

1981, Althusser diz "Marx não nos deixou nenhum tratado, nenhum discurso de filosofia" (ALTHUSSER, Louis. *Positions*. Paris: Éditions Sociales, 1976, p. 21).

[72] ALTHUSSER, Louis. *Solitude de Machiavel*. Paris, PUF, 1998, p. 128.

[73] ALTHUSSER, Louis. *Solitude de Machiavel*. Paris, PUF, 1998, p. 136.

CAPÍTULO I – QUEM (AINDA) TEM MEDO DE LOUIS ALTHUSSER?

burguês e pequeno burguês que rotulam arbitrariamente que a ênfase do caráter científico do marxismo seria um mero "positivismo". Numa clara crítica à perspectiva ontológica, Althusser afirma que

> nós o devemos contra os ideólogos pequeno-burgueses, marxistas ou não, que se insurgem contra a "reificação" e "a alienação" da objetividade (como outrora Stirner se insurgia contra o "Santo"), sem dúvida porque eles se associam sem nenhum constrangimento à própria oposição que constitui a base da ideologia jurídica e filosófica burguesa, a oposição da *Pessoa* (Liberdade = Vontade = Direito) e da *Coisa*. Sim, temos razão de falar de um núcleo *científico* irrecusável e incontornável no marxismo, aquele do Materialismo Histórico, a fim de traçar uma linha vital de demarcação, nítida, sem equívoco mesmo se for preciso – e é preciso – "trabalhar" até o infinito no seu traçado, para evitar a queda no positivismo e na especulação), entre: *de um lado*, os proletários que têm necessidade de conhecimentos objetivos, verificados e verificáveis, enfim científicos, para triunfar, não em frases, mas nos fatos, de seus adversários de classe; e, *de outro lado*, não somente os burgueses que, evidentemente, recusam ao marxismo qualquer título científico, mas também aqueles que se contentam com uma "teoria" pessoal ou presumível, fabricada por sua imaginação ou seu "desejo" pequeno-burguês, ou que repudiam toda ideia de teoria científica, e até a *palavra* ciência, e mesmo teoria, sob o pretexto de que toda ciência ou mesmo toda teoria, sob o pretexto de que toda ciência ou mesmo toda teoria seriam na essência "reificantes", alienantes, e portanto burguesas.[74]

1.3 – A polêmica sobre o humanismo no marxismo

A problemática do humanismo e a questão do sujeito central da história, com efeito, permaneceram como objeto de reflexão crítica

---

[74] ALTHUSSER, Louis. *Solitude de Machiavel*. Paris, PUF, 1998, pp. 171/172.

nas distintas fases do pensamento de Louis Althusser. Sem dúvida é um eixo temático unificador da sua teoria que passou ao longo dos anos sofrendo mudanças e retificações, mas também ratificações às suas posições pretéritas construídas na primeira metade dos anos 60.

A sua crítica ao chamado "humanismo teórico", de fato, gerou inúmeras distorções de todos os segmentos opostos à sua teoria, nos quais assemelhavam-se bastante às práticas stalinistas como forma de depreciar o adversário em tela.[75] Exemplo disso é tachar Althusser de ser "contrário à humanidade", e de que isso significaria uma adesão incondicional ao stalinismo. Outra deturpação foi a de rotulá-lo como "estruturalista". Ora, essa é uma acusação completamente falsa quando se conhece profundamente a sua obra e suas críticas ao estruturalismo. Ao tratar de estruturas, Althussser segue à risca Marx, já que as estruturas só podem ser entendidas a partir das contradições internas a elas, e não somente sobre os seus efeitos nas lutas de classes, mas também

---

[75] Essa oposição ao humanismo, i.e., ao homem como objeto central da análise teórica convergia Althusser ao *estruturalismo francês* que estava em pleno apogeu nos anos 60. Essa aliança tácita é perceptível na crítica de Lévi-Strauss a Sartre, e na crítica de Foucault às ciências sociais. Lévi-Strauss, em *O pensamento selvagem,* afirma que "o objetivo último das ciências sociais não é constituir o homem mas dissolvê-lo" (LÉVI-STRAUSS, Claude. *O pensamento selvagem.* Campinas: Papirus, 1989, p. 275); já Foucault, por seu turno, dizia que "uma coisa em todo caso é certa: é que o homem não é mais um velho problema nem o mais constante que se tenha colocado ao saber humano. Tomando uma cronologia relativamente curta e um recorte geográfico restrito — a cultura europeia desde o século XVI — pode-se estar seguro de que o homem é aí uma invenção recente. Não foi em torno dele e de seus segredos que, por muito tempo, obscuramente, o saber rondou. De fato, dentre todas as mutações que afetaram o saber das coisas e de sua ordem, o saber das identidades, das diferenças, dos caracteres, das equivalências, das palavras — em suma, em meio a todos os episódios dessa profunda história do *Mesmo* — somente um, aquele que começou há um século e meio e que talvez esteja em via de se encerrar, deixou aparecer a figura do homem. E isso não constitui a liberação de uma velha inquietude, passagem à consciência luminosa de uma preocupação milenar, acesso à objetividade do que, durante muito tempo, ficara preso em crenças ou em filosofias foi o efeito de uma mudança nas disposições fundamentais do saber. O homem é uma invenção cuja recente data a arqueologia de nosso pensamento mostra facilmente. E talvez o fim próximo" (FOUCAULT, Michel. *As palavras e as coisas.* São Paulo: Martins Fontes, 1977, pp. 403/404).

CAPÍTULO I – QUEM (AINDA) TEM MEDO DE LOUIS ALTHUSSER?

suas modificações ocasionadas por essas lutas. Isso é completamente inexistente numa perspectiva estruturalista, como a de Lévi-Strauss.[76]

A posição crítica de Althusser ao "humanismo teórico" segue duas direções: a primeira no campo teórico, enquanto a segunda diz respeito ao aspecto político do humanismo, não obstante ambas as questões estejam imbricadas.

No aspecto teórico significa afirmar que Marx, a partir de 1845, com a ruptura iniciada em *A ideologia alemã*, começou uma nova fase de sua teoria na qual se deslocou do campo da filosofia humanista, isto é, da filosofia de inspiração feuerbachiana/hegeliana, na qual tinha como centro as noções e categorias de homem, alienação, trabalho, essência, liberdade, sujeito, para uma nova perspectiva de caráter científico, a ciência da história, na qual Marx tem como conceitos centrais não mais o homem e o trabalho alienado, e sua busca da recuperação do homem de sua essência alienada para fixar um novo terreno de liberdade, mas sim o mundo produtivo constituído pelas contradições de classes, i.e., pela luta de classes. Assim sendo, a partir de 1845 até o final de sua vida, Marx buscou afirmar e aperfeiçoar os conceitos que emergiram nessa sua nova fase como modo de produção, formação social, superestrutura e infra-estrutura, ditadura do proletariado, determinação em última instância. Essa viragem teórica de Marx estabeleceu um novo léxico conceitual com implicância diretamente no movimento revolucionário

---

[76] Em 1966, Althusser escreveu uma dura crítica ao pensamento de Lévi-Strauss na qual ele teceu uma rígida demarcação entre a teoria do etnólogo e o marxismo. Conforme mostra Althusser, "Lévi-Strauss não sabe absolutamente o que seja um *modo de produção* (...). Não existem 'sociedades primitivas' (este conceito não é científico), mas existem 'formações sociais' (este é um conceito científico) que podemos *provisoriamente* chamar de primitivas, num sentido completamente separado de qualquer contaminação com a ideia de *origem* (de cultura nascente pura, de verdade das relações humanas visíveis, puras, nativas, etc.) (...). A antropologia *não pode existir*. É um conceito que assume apenas a ideologia etnológica na ilusão de que o objeto da etnologia seja constituído por outras realidades das quais se ocupa a ciência da história (as formações sociais, quaisquer que sejam)". Sobre essa crítica de Althusser a Lévi-Strauss veja VANZULLI, Marco. "Althusser sobre Lévi-Strauss e sobre o estatuto da antropologia cultural". *Campos – Revista de Antropologia Cultural*, vol. 6, n° 1-2, UFPR, 2005.

do século XIX: não é mais o homem como categoria central da modernidade burguesa, mas sim a luta de classes e as suas contradições que ocupam esse lugar central no entendimento dos conflitos da sociedade moderna burguesa.

O ponto de partida de Althusser foi o artigo "Marxismo e humanismo" publicado como o último capítulo do livro *A favor de Marx*. Esse artigo foi escrito originariamente para ser publicado numa coletânea organizada por Erich Fromm a convite do filósofo polonês Adam Schaff. No entanto, por destoar completamente das demais contribuições para esse livro, o artigo de Althusser foi vetado por Fromm, embora o agradecesse pelo envio do artigo, que acabou sendo publicado na revista *Cahiers de l'ISEA*, em 1964.[77] A consequência disso foi uma avalanche de críticas e de adversidades a posição anti-humanista de Althusser. Althusser, de fato, estava nadando contra a maré humanista que emergiu no pós-Segunda Guerra com as publicações de Sartre, *O existencialismo é um humanismo*, de Heidegger, *Cartas sobre o humanismo*, e de Merleau Ponty, *Humanismo e terror*, que criticavam o marxismo por ter rejeitado a subjetividade, como observa Raymond Domergue.[78] A reação marxista não veio a tardar, a partir do XX Congresso do PCUS, em 1956, com as denúncias dos crimes de Stalin e na crítica ao "culto à personalidade". A partir desse momento, a reação de vários marxistas foi a de recuperar a herança humanista do jovem Marx, ao demarcar que a verdadeira "essência" do marxismo encontrava-se em suas obras iniciais. Na França, essa posição ficou explícita nos trabalhos de Lucien Sève e de Roger Garaudy (este que fora próximo das posições stalinistas). O próprio Garaudy advogava que o verdadeiro humanismo não se encontrava no existencialismo, mas sim no marxismo. Nessa onda humanista emerge de novo o nome de Lukács, que veio a desenvolver

---

[77] Sobre esses fatos em relação ao convite e à rejeição do artigo de Althusser veja ALTHUSSER, Louis (*et al.*). *A polêmica sobre o humanismo*. Lisboa: Presença, 1967; e "A querela do humanismo". *In*: ALTHUSSER, Louis. *Écrits philosophiques et politiques*. tome II, Paris: Stock, 1997.

[78] DOMERGUE, Raymond. "O marxismo é um humanismo?" *In*: *O marxismo segundo Althusser*: polêmica Althusser-Garaudy. São Paulo: Sinal, 1967.

CAPÍTULO I – QUEM (AINDA) TEM MEDO DE LOUIS ALTHUSSER?

nos anos 60 a sua obra *Para uma ontologia do ser social* e afirmava que o marxismo seria uma "ontologia", tendo como seu ponto central a relação do homem com o trabalho.[79] Além dele, outros intelectuais demarcaram essa posição humanista no marxismo, como Auguste Cornu, Herbert Marcuse, Ernst Bloch, Erich Fromm, Nicolai Lápine, além da recuperação do jovem Gramsci e da aproximação de Sartre com o marxismo em sua obra *Crítica à razão dialética*.

Para Althusser, Marx, a partir de 1845, substitui na teoria da história

> o velho par indivíduo–essência humana pelos novos conceitos (forças produtivas, relações de produção etc.), ele propõe de fato, ao mesmo tempo, uma nova concepção da "filosofia". Substitui os antigos postulados (empirismo–idealismo do sujeito, empirismo idealismo da essência) que estão na base não só do idealismo como também do materialismo pré-marxista, por um materialismo dialético–histórico da *práxis*: isto é, por uma teoria dos diferentes níveis específicos da *prática humana* (prática econômica, prática política, prática ideológica, prática científica) nas suas articulações específicas da unidade da sociedade humana. Em uma palavra, em lugar do conceito "ideológico" e universal da "prática" feuerbachiana, Marx coloca um conceito concreto das diferenças específicas que permite situar cada prática particular nas diferenças específicas da estrutura social.[80]

Segundo Althusser, a interpretação humanista do materialismo histórico afirma que a história é a produção do homem pelo homem e a essência do homem é o trabalho; assim sendo, o conceito do trabalho

---

79 Exemplar dessa perspectiva teleológica humanista centrada no trabalho (e na relação sujeito/objeto) é essa passagem de Lukács em sua obra *Para uma ontologia do ser social*: "o trabalho dá lugar a uma dupla transformação. Por um lado, o próprio ser humano que trabalha é transformado por seu trabalho; ele atua sobre a natureza, desenvolve 'as potências que nela se encontram latentes' e sujeita as forças da natureza 'a seu próprio domínio'. Por outro lado, os objetos e as forças da natureza são transformados em meios de trabalho, em objetos de trabalho, em matérias-primas etc". (LUKÁCS, György. *Para uma ontologia do ser social*. vol. 1, São Paulo: Boitempo, 2012, p. 286.).

80 ALTHUSSER, Louis. *Pour Marx*. Paris: La Découverte, 1986, pp. 235/236.

é o conceito base do materialismo histórico, e a história é a história da alienação do trabalho humano. A revolução é a luta pela desalienação do trabalho humano e do mundo humano, e o comunismo, o reino da liberdade, da comunidade, da fraternidade. Já em relação ao materialismo dialético, a concepção humanista afirma, do mesmo modo, que o sujeito humano (consciência) é a fonte e o centro de todo conhecimento, portanto, que a relação sujeito-objeto se encontra no centro da filosofia marxista; que o homem cria os seus conhecimentos do mesmo modo que cria a sua história, e o conhecimento é o reino onde a sua liberdade se exerce sob a forma de "hipótese" e de "modelo" submetidos à verificação dos fatos; que o fulcro do conhecimento é o ato do sujeito humano virado para o futuro, procurando "transcender" a sua situação etc. Desse modo,

> a base teórica do materialismo histórico e do materialismo dialético seria assim constituída por um mesmo "sujeito criador", definido pela consciência do futuro inscrito nos seus "projetos", tendendo para uma transcendência que é uma realização de "valores humanos" que o homem traz em si (liberdade, comunidade, fraternidade, subjetividade, amor etc.).[81]

Como foi visto acima, Marx iniciou uma nova linguagem conceitual em sua obra a partir de 1845, que inexistia na sua fase filosófica. Nesse aspecto, os conceitos de modo de produção e de lutas de classe tornaram-se centrais para a análise do capitalismo e no estabelecimento de uma nova prática política constituída a partir de uma estratégia revolucionária. Em relação ao materialismo dialético, Althusser aponta que o seu desenvolvimento é posterior ao da ciência da história, mas, mesmo assim, Marx desenvolveu categorias filosóficas que esboçavam o seu projeto filosófico. Isso fica perceptível em relação ao materialismo, ou primado da matéria sobre o pensamento, do objeto real sobre o seu conhecimento, distinção do processo real e do processo de conhecimento, efeito de conhecimento dialético, distinção da ciência da

---

[81] ALTHUSSER, Louis. *Pour Marx*. Paris: La Découverte, 1986, p. 191.

CAPÍTULO I – QUEM (AINDA) TEM MEDO DE LOUIS ALTHUSSER?

filosofia. Como destaca Althusser na sua carta ao Comitê Central do PCF em 1966, o conceito humanista de *trabalho alienado* é substituído pelo conceito científico de *trabalho assalariado*.[82]

Decerto que a ruptura não é imediata, ou iminente. Há sim uma série de rupturas ao longo da obra de Marx, já que não houve uma desvinculação total das noções precedentes, não obstante não ocupassem mais um lugar central em sua obra. *A ideologia alemã,* a despeito de ser obra marcada pela descontinuidade, ainda permaneceria sob o véu das noções humanistas, como observa Althusser:

> isto é porque *A ideologia alemã* é uma obra tão equívoca. Há nela efetivamente algo de novo acontecendo, que Marx não errou ao identificar como o lugar de nascimento de sua descoberta, em sua ruptura com sua consciência filosófica de outrora. A novidade de *A ideologia alemã* se exprime em conceitos batizados efetivamente com nomes novos (modo de produção, forças produtivas, relações sociais etc.), mas ainda regidos por *categorias filosóficas,* no essencial, intactas: as do compromisso teórico Feuerbach-Hegel (Feuerbach e um certo hegelianismo antropológico) presente, depois da grande crise dos "Manuscritos de 1844",[83] nas *Teses sobre Feuerbach,* um empirismo historicista, isto é *ainda humanista.*[84]

Em Marx, com efeito, a nova configuração centrada nas contradições das lutas de classe, e no entendimento do mundo produtivo a partir do conceito de modo de produção, no qual se extrai a análise das diferentes práticas articuladas, provenientes das diversas instâncias (políticas, ideológicas e econômicas), demarca uma descontinuidade com a perspectiva humanista do jovem Marx, na qual afirmava que o homem é a raiz do homem e a essência de todos os objetos de seu

---

82 ALTHUSSER, Louis. "Letter to the central comittee of the PCF, 18 March 1966". *Historical Materialism,* vol. 15, 2007, p. 157.

83 MARX, Karl. "Manuscritos econômico-filosóficos de 1844". *In*: _____. *Escritos de juventud.* México: Fondo de Cultura Econômica, 1982.

84 ALTHUSSER, Louis. *Écrits philosophiques et politiques.* tome II, Paris: Stock, 1997, pp. 498/499.

mundo humano. Essa posição de Marx (e do marxismo) delimita, e ao mesmo tempo rompe, com a ideologia moderna burguesa centrada no homem e no indivíduo desde o contratualismo de Hobbes.[85]

No próprio Marx há passagens, na sua obra de maturidade, em que aponta a prevalência das relações sociais sobre o homem/indivíduo, como nessa passagem dos *Grundrisse,* em que afirma:

> que o indivíduo só tem existência social como produtor de valor de troca e que, portanto, já está envolvida a negação total de sua existência natural; que, por conseguinte, está totalmente determinado pela sociedade; que isso pressupõe, ademais, a divisão do trabalho etc., na qual o indivíduo já é posto em outras relações distintas daquelas de simples *trocador* etc. Que, portanto, o pressuposto não só de maneira alguma resulta da vontade e da natureza imediata do indivíduo, como é o pressuposto *histórico* e põe desde logo o indivíduo como *determinado* pela sociedade.[86]

Em seu derradeiro texto, *Glosas marginais ao "Tratado de economia política" de Adolfo Wagner,* Marx também demarca a sua posição não centrada no homem abstrato como objeto de análise quando afirma: "só assim se explica que nosso *vir obscurus,* que nem sequer percebeu que meu método *analítico,* que não parte do homem [em geral], senão de um período social concreto".[87]

---

[85] "Marx não se filia à tradição humanista (melhor seria dizer antropomórfica) que situa o homem no centro como sujeito e senhor da terra e da vida" (ESCOBAR, Carlos Henrique. *Marx:* filósofo da potência. Rio de Janeiro: Taurus, 1996, p. 7).

[86] Também na *Ideologia alemã,* Marx e Engels afirmam: "indivíduos determinados, que são ativos na produção de determinada maneira, contraem entre si estas relações sociais e políticas determinadas" (2011, p. 93).

[87] MARX, Karl. "Glosas marginais ao 'Tratado de economia política' de Adolfo Wagner". *Serviço Social em Revista,* vol. 13, n° 2. Londrina: Universidade Estadual de Londrina, 2011, p. 176. No *Manifesto comunista,* numa passagem em que criticam o socialismo alemão, e que é completamente esquecida pelos humanistas teóricos, Marx e Engels afirmam "em vez de necessidades verdadeiras, a necessidade da verdade, em vez dos interesses dos proletários, os interesses da essência humana, do homem em geral, do homem que não pertence a nenhuma classe, que nem sequer

CAPÍTULO I – QUEM (AINDA) TEM MEDO DE LOUIS ALTHUSSER?

Não há mais o "homem concreto" em Marx, como observa Althusser, a partir de 1845, pois Marx parte do abstrato. Isso não significa que para Marx os homens, os indivíduos e sua subjetividade tenham sido eliminados da história real. E tampouco que Marx tenha eliminado de sua linguagem teórica os termos "homem" ou "indivíduo", embora não possuam a mesma acepção da sua fase de juventude ("a essência alienada do homem pelo trabalho").[88] Segundo Althusser, em "A querela do humanismo",

> isso quer dizer que as noções de Homem etc. foram eliminadas da teoria, pois, na teoria, desconheço que alguém tenha jamais encontrado algum homem em carne e osso, mas somente a noção de homem. Longe de poder fundar e servir a teoria, essas noções ideológicas têm apenas um efeito: elas impedem a teoria de existir. Essas noções do Humanismo teórico foram eliminadas e devem ser eliminadas radicalmente da teoria científica de Marx, de pleno direito, simplesmente porque elas não podem ser nada mais do que *obstáculos epistemológicos*.[89]

Desse modo, significa afirmar que a ciência da história não tem por objeto a essência do homem, ou o gênero humano, ou a essência

---

pertence à realidade, que pertence apenas ao céu nebuloso da fantasia filosófica" (MARX, Karl; ENGELS, Friedrich. "Manifesto comunista". In: *Obras escolhidas*. vol. 1, Lisboa: Avante! 1982, p. 129).

88 Essa má compreensão das posições anti-humanistas de Althusser é clara em Michel Lowy (*Método dialético e teoria política*. São Paulo: Paz e Terra, 1978, pp. 64 e ss.) que o deturpa por completo. O fato de Marx empregar o termo "homem social" não significa que haja uma conexão epistemológica com a definição de "homem" nas suas obras de juventude. Como chama atenção Althusser, o conceito de homem ganha outro sentido ao ser articulado com o mundo da produção e com as lutas de classes, ao ser determinado pelo conjunto contraditório do mundo produtivo, e das demais contradições que se encontram fora das instâncias econômicas. A leitura deturpada de Lowy segue fielmente uma posição literal dos escritos de Marx sem entender (ou perceber) o nível de rupturas e descontinuidades que se encontram na constituição da ciência da história (ou materialismo histórico).

89 ALTHUSSER, Louis. *Écrits philosophiques et politiques*. tome II, Paris: Stock, 1997, p. 502.

dos homens. Mas sim tem por objeto a história das formas de existência específicas da espécie humana. A distinção dos homens dos animais pode ser entendida da seguinte forma: 1) que os homens não vivem senão em formações sociais; 2) que essas formações sociais humanas têm uma história específica que, como tal, e diferentemente da história das sociedades animais, não é regida pelas leis biológicas e ecológicas da espécie, mas pelas leis sociais da produção e da reprodução das condições de produção dos meios de existência dessas formações sociais. Então, não é apenas a relação do sujeito com o trabalho (e da práxis) que diferencia os homens dos animais, mas sim o conjunto das relações de poder no qual os homens estão imersos nas classes sociais, e os seus conflitos, lutas, que os diferenciam.[90] Complementando esse argumento de Althusser, Escobar afirma que "Marx quer analisar este *social* que produz o Homem (e realiza sob a forma de resultados históricos os indivíduos)".[91]

Essa sua posição anti-humanista no campo teórico é que levou Althusser, em sua famosa polêmica contra John Lewis, a afirmar que "não é o homem que faz a história", mas sim "são as massas que fazem a história". E as massas a fazem pelo fato de que "a luta de classes é o motor da história", pois a reprodução e a transformação do mundo são movidas pelo processo contraditório, e o antagonismo das contradições (e a sua condensação) é que indica o sinal de mudança e de ruptura política e social, ou seja, a do momento revolucionário. Como afirma Althusser em "Resposta a John Lewis", a partir de Marx, se o "homem sujeito da história" desaparece, isso não quer dizer que desapareça a questão da ação política. Contrariamente a isso, a crítica do fetichismo burguês do "homem" dá a tal questão toda a sua força, submetendo-a às

---

90 "A diferença específica, que distingue então as formas de existência da espécie humana das formas de existência das espécies animais, não é o 'trabalho social', mas a estrutura social da produção e da reprodução da existência das formações sociais; isto é, as relações sociais que comandam o emprego da força de trabalho no processo de trabalho, e todos os seus efeitos" (ALTHUSSER, Louis. *Écrits philosophiques et politiques*. tome II. Paris, Stock, 1997, p. 533).

91 LÖWY, Michael. *Método dialético e teoria política*. São Paulo: Paz e Terra, 1978, pp. 77/78.

CAPÍTULO I – QUEM (AINDA) TEM MEDO DE LOUIS ALTHUSSER?

condições da luta de classes, que não é uma luta individual, mas se torna uma luta de massas organizada visando a conquista e a transformação revolucionária do poder de Estado e das relações sociais.[92] Um equívoco gritante de Michel Löwy[93] ao afirmar que Althusser é "contraditório" quando define que as massas fazem a história, mas assegura, ao mesmo tempo, de que a história é "um processo sem sujeito e sem fim". Quando Althusser afirma que a história é "um processo sem sujeito, e sem fim", significa dizer que a história não é um processo teleológico com um sujeito já dado, um sujeito da história, mas sim que o processo histórico movido por contradições não tem um fim, pois há acasos, rupturas, descontinuidades nesse processo. Ademais, não há um sujeito *da* história (como uma concepção messiânica de entendimento do mundo) mas sim sujeitos *na* história,[94] já que o sujeito revolucionário pode ser o operariado urbano, mas também o camponês, na China, e os guerrilheiros oriundos da classe média, em Cuba. Os sujeitos distintos em diferentes processos emergem em diversas formações sociais, possibilitando, desse modo, uma variação de estratégias e alianças para a derrubada do bloco no poder e a destruição dos aparatos estatais (ideológicos, repressivos e econômicos).[95]

---

92 Cf. ALTHUSSER, Louis. *Lo que no puede durar em el Partido Comunista*. Madri: Siglo XXI, 1979, p. 30.

93 Cf. LÖWY, Michael. *Método dialético e teoria política*. São Paulo: Paz e Terra, 1978, pp. 77/78.

94 "Eu sustento que os 'homens concretos' (no plural) são necessariamente sujeitos *na* história, posto que atuam *na* história, enquanto sujeitos. Mas não há Sujeito (singular) *da* história" (ALTHUSSER, Louis; NAVARRO, Fernanda. *Filosofia y marxismo*. México: Siglo XXI, 1988, p. 8).

95 Boito Jr. também chama atenção para esse equívoco de Michel Lowy. Segundo Boito Jr., "Lowy pergunta, com ironia, como é que um autor pode sustentar, em boa lógica, que as massas fazem a história e, ao mesmo tempo, que a história é um processo sem sujeito. Pareceu-lhe tão óbvio ter descoberto uma contradição na obra althusseriana que ele se dispensou de demonstrar isso ao leitor e encerrou, em tom triunfante, o seu artigo. Ora, o que estamos vendo nos textos de Hegel e de Marx que comentamos são diferentes formas de conceber a história como resultado da ação dos homens, sem que, por isso, os homens sejam sujeitos da história" (BOITO JR., Armando. *Estado, política e classes*. São Paulo: Unesp, 2007, p. 45). A problemática do processo sem sujeito tem como ponto de partida Hegel (ignorada por Lowy),

A perspectiva relacional de Marx é adversa ao humanismo moderno burguês que insistentemente permaneceu em diversas tendências do marxismo. Em "Sustentação em Amiens", Althusser diz que

> contra todo o idealismo humanista, Marx mostra que essa relação não é uma relação entre os homens, uma relação entre pessoas, nem intersubjetiva, nem psicológica, nem antropológica, mas uma dupla relação: uma relação entre grupos de homens que diz respeito à relação entre esses grupos de homens e as coisas, os meios de produção. É uma das maiores mistificações teóricas pensar que as relações sociais são redutíveis às relações entre os homens, ou mesmo grupos de homens; isso é supor que as relações sociais são relações que só colocam em questão *homens*, quando elas colocam igualmente em questão as *coisas*, os meios de produção, vindos da natureza material. As relações de produção são, como Marx diz, uma relação de distribuição: distribui os

---

e essa é a grande dívida que o marxismo tem com o filósofo alemão, como afirma Althusser em *A transformação da filosofia*: "do ponto de vista da história humana, o processo de alienação *tem sempre começado já*. Isto quer dizer, se tomarmos estes termos a sério, que, em Hegel, a História é pensada como um *processo* de alienação *sem sujeito* ou um processo dialético *sem sujeito* (...). Sei bem que, finalmente, há em Hegel um *sujeito* neste processo de alienação sem sujeito. Mas é um sujeito bem estranho, sobre o qual efetivamente muitas observações importantes seriam de fazer: o sujeito é a *teleologia mesmo do processo*, é a *Ideia* no processo de autoalienação que a constitui como Ideia" (ALTHUSSER, Louis. *A transformação da filosofia*: seguido de Marx e Lenin, perante Hegel. Lisboa: Estampa, 1981, pp. 90/91). Se para Hegel a História é efetivamente um processo de alienação, não significa que esse processo tenha o Homem como sujeito, mas sim a Ideia tornada em Espírito. A história não é a alienação do Homem, mas a alienação do Espírito. Assim sendo, a História para Hegel é pensada como um processo de alienação sem sujeito ou um processo dialético sem sujeito. O sujeito é o próprio processo na sua teleologia, é a Ideia no processo de autoalienação que a constitui como Ideia. Segundo Althusser, "se queremos procurar o que, definitivamente, ocupa o lugar de 'Sujeito' em Hegel, é na natureza teleológica deste processo, na natureza teleológica da dialética, que o devemos procurar: o Fim está assim na Origem. É porque também não há em Hegel *origem* nem começo. A origem indispensável à natureza teleológica do processo (pois ela não é senão a reflexão do seu Fim) deve ser *negada* a partir do momento em que é *afirmada*, para que o processo de alienação seja um processo sem sujeito" (ALTHUSSER, Louis. *A transformação da filosofia*: seguido de Marx e Lenin, perante Hegel. Lisboa: Estampa, 1981, p. 94).

CAPÍTULO I – QUEM (AINDA) TEM MEDO DE LOUIS ALTHUSSER?

homens em classes ao mesmo tempo que atribui os meios de produção a uma classe. As classes nascem do antagonismo desta distribuição que é ao mesmo tempo uma atribuição.[96]

Esse equívoco teórico do "humanismo em Marx" não se restringe ao campo da teoria, mas sim a suas consequências políticas, que Althusser demarcou ao longo de sua trajetória enquanto pensador marxista. Desde o início, Althusser afirmava que o humanismo marxista insurgia-se contra os crimes de Stalin a partir do XX Congresso do PCUS, em 1956. Todavia, a consequência imediata foi a redenção de um projeto revolucionário para uma defesa do reformismo político. Exemplo disso foi o abandono pela URSS, durante a fase de Kruschev, do conceito de ditadura do proletariado e a sua substituição por "Estado de todo o povo".[97] O paradoxo disso é o fato de que nem Marx, nem Engels ou Lenin terem declarado alguma vez que o marxismo fosse um "humanismo, inclusive porque o humanismo enquanto uma noção ideológica é uma noção de caráter moral, algo que soa estranho à teoria marxista, e ao seu realismo político".[98] Como observa Balibar, o humanismo é uma ideologia pequeno-burguesa "originária da filosofia do direito burguês".[99] Althusser ressalta que o termo "humanismo" na interpretação pequeno-burguesa do marxismo travou um *combate mortal* com outro termo o qual é absolutamente vital para os revolucionários: a luta de classes. Daí a afirmação de Althusser sobre essa não incorporação

---

96 ALTHUSSER, Louis. *Solitude de Machiavel*. Paris: PUF, 1998, p. 228.

97 ALTHUSSER, Louis. *Pour Marx*. Paris: La Découverte, 1986, p. 228.

98 ALTHUSSER, Louis. "Letter to the central comittee of the PCF, 18 March 1966". *Historical Materialism*, vol. 15, 2007, p. 157.

99 BALIBAR, Étienne. "A nouveau sur la contradiction". *In*: _____; (*et al.*) *Sur la dialectique*. Paris: Éditions Sociales, 1976, p. 33. Márcio Bilharinho Naves tem uma observação precisa sobre essa questão do direito moderno e do humanismo burguês: "por que o comunismo não pode se identificar com os 'direitos eternos do homem'? Porque esses direitos decorrem das relações de produção e de troca capitalista; eles fundam a igualdade universal dos sujeitos de direito sob a base do valor troca, que torna possível a compra e venda da força de trabalho, a exploração burguesa. O humanismo (direitos do homem) encobre, assim, a dominação de classe" (NAVES, Márcio Bilharinho. *Marx, ciência e revolução*. São Paulo: Quartier Latin, 2008, p. 58).

do termo "humanismo" por Marx, Engels, Lenin e mesmo por Rosa Luxemburgo, Stalin, Trotsky e Mao Tsé-Tung. O humanismo significa para Althusser o abandono de um projeto de ruptura com a modernidade capitalista burguesa e sua capitulação ao processo democrático legalista burguês, como bem ressalta Nicole-Édith Thevenin.[100] Isso foi perceptível no PCF quando Lucien Sève defendeu o abandono do conceito de ditadura do proletariado, como destaca Althusser em *O futuro dura muito tempo*.[101]

Nicole-Édith Thévenin, seguindo os passos de Althusser, afirma que a "tomada do poder" sob o conceito de ditadura do proletariado mostra que Marx rompeu com toda a visão "filosófica" de um desenvolvimento do Sujeito para se colocar do ponto de vista da luta de classes. É um motor e não mais um sujeito (o proletariado), mas a luta de classes. Para ela, Althusser tem razão ao insistir sobre o fato de que a luta de classes é sempre pensada como contradição. Isso significa dizer que não há a entidade "luta de classes", pois a luta está sempre presente em suas formas concretas. Este é, portanto, o significado do conceito de ditadura do proletariado, e onde se situa uma ruptura não mais contornável.[102]

Saul Karsz demarca precisamente a distinção da perspectiva humanista da marxista revolucionária. Para a concepção humanista, a luta de classes se inscreve em outra luta: entre os homens desumanizados que querem se re-humanizar e as forças obscuras e anônimas

---

100 THÉVENIN, Nicole-Édith. *Revisonisme et philosophie de l'aliénation*. Paris: Christian Bourgois, 1977, pp. 209/210.

101 "Mas Lucien Sève foi mais longe, fazendo-se o defensor da famosa e obscura dialética e de suas leis, que ele manipulava à sua conveniência para justificar *a priori* todas as guinadas do Partido, em especial o abandono da ditadura do proletariado" (ALTHUSSER, Louis. *O futuro dura muito tempo*: seguido de os fatos. São Paulo: Companhia das Letras, 1992, p. 198). Nicole-Édith Thévenin também analisa esse abandono de Sève do conceito de ditadura do proletariado destacando a associação do par economicismo-humanismo (THÉVENIN, Nicole-Édith. *Revisonisme et philosophie de l'aliénation*. Paris: Christian Bourgois, 1977, p. 12).

102 THÉVENIN, Nicole-Édith. *Revisonisme et philosophie de l'aliénation*. Paris: Christian Bourgois, 1977, p. 110.

CAPÍTULO I – QUEM (AINDA) TEM MEDO DE LOUIS ALTHUSSER?

que o impedem. Assim sendo, há dois efeitos precisos: a negação da luta de classes como motor da história e a afirmação de um socialismo "verdadeiro", caracterizado como a reconciliação do homem individual com o homem total.[103]

Ao deslocar as contradições das lutas de classe em nome de uma proposta humanista redentora, o efeito imediato foi o abandono do conceito de ditadura do proletariado, que, como observa precisamente Escobar, é o conceito decisivo, a "alma de todo o marxismo de Marx, marxismo filosófico e político de Marx". Continuando a sua análise desse conceito, Escobar refuta o fato de que a "não existência do proletariado" impede a existência da ditadura do proletariado. É uma forma, como ele destaca, politicamente estreita de ver o pensamento de Marx. Para ele,

> a ditadura do proletariado com implicação do proletariado e da luta de classes – já nestes termos – foi sempre uma experimentação aberta onde da Comuna à Revolução de 17 os termos variam. A ditadura do proletariado não é uma estratégia advinda da luta de classes, já no seio da revolução, ela é princípios e o comunismo mesmo, sua prática e sua essência. É claro que a ditadura do proletariado subtende que todo Estado é de classe e que cabe destruí-lo e é claro que a ditadura do proletariado não é ditadura, já porque o Estado que se suprime é nas suas entranhas a única ditadura propriamente dita.[104]

1.4 – A dialética destruidora

A ditadura do proletariado expressa mais um momento de ruptura permanente no processo histórico e é a condição necessária para a ruptura definitiva com o modo de produção capitalista, que vem a ser

---

[103] KARSZ, Saul. *Théorie et politique*: Louis Althusser. Paris: Fayard, 1974, p. 160.

[104] ESCOBAR, Carlos Henrique. *Marx trágico*: o marxismo de Marx. Rio de Janeiro: Taurus, 1993, p. 268.

o comunismo. Essa é uma questão em que o marxismo althusseriano demarcou uma distinção rígida com o marxismo humanista. A dialética marxista diferencia-se da hegeliana por não ser conciliadora, já que não prevê o momento da superação (*Aufhebung*), a negação da negação, mas sim por ser destruidora. Ela é diática e não triádica, o que significa dizer que um dos elementos opostos tem de aniquilar o outro.[105] Nesse ponto equivoca-se Yves Vargas[106] quando afirma que inexiste em Althusser a negação, mas que o todo se desenrola numa positividade: seja uma positividade das forças (os conflitos políticos), seja a positividade das causas e de suas relações. Para Vargas, a dialética de Althusser seria uma "não dialética", estranha ao marxismo, sem negatividade, não apenas por não conter a "negação da negação" mas sem a negação do todo, uma dialética da contradição positiva.[107]

Ao contrário dessa afirmativa de Vargas, a dialética defendida por Althusser no marxismo contém a negação por meio das rupturas, o que o aproxima das posições do maoismo no campo teórico político. Como afirma Mao, partindo de Lenin,[108] "um divide-se em dois — esse é um fenômeno universal e é isso a dialética".[109] De acordo com

---

105 Essa oposição à tríade hegeliana já estava presente em Lenin num dos seus primeiros escritos *Quem são os inimigos do povo?*, de 1894. Numa passagem desse texto, Lenin afirma que "Marx jamais pensou nem remotamente em 'demonstrar' algo como as tríades de Hegel; que Marx só estudava e indagava o processo real, e o único critério da verdade de uma teoria era para ele sua conformidade com a realidade" (LENIN, Vladimir. Ilitch. *Quienes son los "amigos del pueblo"?*. México: Siglo XXI, 1979, p. 43).

106 VARGAS, Yves. "L'horreur dialectique - description d'un itinéraire". *In*: BOURDIN, Jean-Claude (Coord.). *Althusser: une lecture de Marx*. Paris: PUF, 2008, p. 169.

107 VARGAS, Yves. "L'horreur dialectique - description d'un itinéraire". *In*: BOURDIN, Jean-Claude (Coord.). *Althusser: une lecture de Marx*. Paris: PUF, 2008, p. 188.

108 "O desdobramento da unidade e o conhecimento de suas partes contraditórias é a essência da dialética" (LENIN, Vladimir Ilitch. *En torno a la dialéctica*. Madrid: Progreso, 1980, p. 8).

109 TSÉ-TUNG, Mao. "A concepção dialética da unidade no seio do partido". *In*: *Obras escolhidas*. vol. 5, São Paulo: Alfa Omega, 2012.

CAPÍTULO I — QUEM (AINDA) TEM MEDO DE LOUIS ALTHUSSER?

Riccardo Guastini, tanto Marx, Engels e Lenin não operavam com a dialética triádica, mas com a diática, que a dialética sempre traz dois elementos: relações de produção e forças produtivas, classe dominante e classe dominada, poder proletário e Estado burguês, marxismo e revisionismo etc. Não há uma "superação" de tipo hegeliano, pois o um sendo dividido em dois não dá margem para um terceiro momento conciliador que fundiria os dois numa superação da contradição. Um se divide em dois significa afirmar que no momento de transição, como a ditadura do proletariado, o capitalismo se encontra ainda presente na luta de classes que permanece, e que pode retornar mediante o conjunto das contradições, das crises e das estratégias constituídas na fase de transição. Ademais, segundo Guastini, na dialética hegeliana os opostos são lógicos, enquanto no marxismo os opostos são as forças materiais em luta entre si.[110]

Márcio Naves converge com as posições de Guastini quando demarca que o método de Marx só pode ser compreendido a partir da negação do capitalismo, ou seja, em Marx é inseparável do comunismo. Sobre as relações sociais capitalistas —pretensamente eternas pela visão liberal — Marx demonstrou o seu caráter contraditório e transitório, a sua especificidade social e histórica, e a possibilidade de sua destruição e substituição por novas relações sociais. A dialética marxista, portanto, é o estudo das contradições da sociedade burguesa, da luta de classes que a corta de modo irreconciliável. É o estudo também, consequentemente, das condições de possibilidades da resolução dessas contradições, do processo revolucionário que os trabalhadores conduzem em direção ao comunismo. Para Naves,

> a análise empreendida por Marx, ao "dissolver" as formas aparentes das relações sociais capitalistas, as sucessivas camadas ideológicas que as recobrem, permitiu revelar o seu núcleo fundamental estruturante: a luta de classes.[111]

---

110 GUASTINI, Ricardo. "Sulla dialettica". *Rivista di Filosofia,* n° 1, 1975, pp. 120-122.

111 NAVES, Márcio Bilharinho. *Marx, ciência e revolução*. São Paulo: Quartier Latin, 2008, p. 140.

A tríade hegeliana implica necessariamente na superação, mas não na ruptura, i.e, na destruição do modo de produção capitalista. A superação significa a supressão da independência recíproca que os momentos anteriores contêm, a conservação dos elementos próprios, irredutíveis, de cada um e a resolução da contradição por meio da conciliação dos contrários. Conforme destaca Naves, a "negação da negação" implica, portanto, um procedimento pelo qual se nega a negação conservando o que fora negado. Isso implica na permanência e na continuidade do elemento inicialmente negado: ele não é extinto nesse processo de superação, mas elevado a um nível superior. A dialética marxista, distintamente da dialética teleológica da conservação, da síntese, é uma dialética da destruição. Ela implica a extinção do que é negado e a sua substituição por algo novo, que não existe no elemento negado e, portanto, não pode ser conservado ou recuperado.[112]

O comunismo é uma afirmação construída a partir de uma negação radical e total do capitalismo. Não há conciliação possível entre esses dois modos de produção por conterem práticas completamente antagônicas e opostas umas às outras. Por isso a posição dos eurocomunistas de direita dos anos 70 resultou num retumbante fracasso, com a capitulação completa às instituições políticas da modernidade burguesa. O mesmo nas formações sociais do Leste Europeu, onde o processo da luta de classes acabou predominando nas relações de poder burguesas, haja vista que as relações sociais de produção não foram transformadas

---

[112] NAVES, Márcio Bilharinho. *Marx, ciência e revolução*. São Paulo: Quartier Latin, 2008, pp. 141/142. É o próprio Marx que afirma que a sua dialética possui um caráter destrutivo e oposto à dialética idealista e conciliadora como ele mesmo ressalta no prefácio da segunda edição de *O capital,* em 1873, de acordo com a clássica tradução do mestre Reginaldo Sant'Anna, que é convergente com a tradução francesa das *Obras escolhidas* de Marx e Engels: "a dialética mistificada tornou-se moda na Alemanha, porque parecia sublimar a situação existente. Mas, na sua forma racional, causa escândalo e horror à burguesia e aos porta-vozes de sua doutrina, porque sua concepção do existente, afirmando-o, encerra, ao mesmo tempo, o reconhecimento da negação e da necessária *destruição* dele; porque apreende, de acordo com seu caráter transitório, as formas em que se configura o devir; porque, enfim, por nada se deixa impor; e é, na sua essência, crítica e revolucionária" (MARX, Karl. *Crítica do programa de Gotha*. São Paulo: Boitempo, 2012, p. 29) (grifo do autor).

CAPÍTULO I – QUEM (AINDA) TEM MEDO DE LOUIS ALTHUSSER?

na medida em que predominou o primado das forças produtivas sobre as relações de produção, e novas práticas políticas e ideológicas não foram desenvolvidas, ou anuladas, durante o processo. Esse aspecto da transição é ressaltado por Naves quando diz:

> a sociedade comunista deverá implicar a destruição das formas de exploração do trabalho e da forma-Estado burguesa: se o processo de valorização prosseguir, o Estado mantiver-se como um aparelho separado e acima das massas, voltado para a sua dominação, e as relações mercantis continuarem a reproduzir-se, não será possível a ultrapassagem do capitalismo. Essa ultrapassagem exige a "quebra" das formas sociais que permitem a valorização do capital. Nenhuma conservação, nenhuma conciliação aqui é possível.[113]

O conceito de comunismo de fato foi pouco abordado por Marx na sua obra, o que não é nenhum paradoxo, já que o modo de produção comunista inexiste no mundo real e ao tratar dele corre-se o risco de confundi-lo com uma utopia, ou algo meramente normativo. Nos "Manuscritos econômico-filosóficos", Marx trata da questão do comunismo sob a ótica da filosofia e é no comunismo que a essência humana seria recuperada:

> o comunismo é a posição como negação da negação e, portanto, o momento real, necessário da emancipação e da recuperação humanas, momento *efetivo* e necessário para o movimento histórico seguinte (...) ateísmo e comunismo não são nenhuma fuga, nenhuma abstração, nenhuma perda do mundo objetivo engendrado pelo homem, de suas forças essenciais nascidas e manifestadas para a objetividade, nenhuma pobreza que retorna à simplicidade não natural e não desenvolvida. São, pelo contrário, pela primeira vez, o devenir real, a realização tornada

---

113 NAVES, Márcio Bilharinho. *Marx, ciência e revolução*. São Paulo: Quartier Latin, 2008, pp. 142/143.

efetiva para o homem de sua essência, e da essência do homem como algo efetivo.[114]

Já em *A ideologia alemã*, Marx (com Engels) volta a tratar da problemática do comunismo, mas situando-a não na recuperação plena do homem, mas na destruição e ruptura com o modo de produção capitalista com o fim do trabalho. Como o próprio Marx observa, com o fim da divisão do trabalho, i.e., da produção capitalista, o trabalho deixaria de ser algo imposto pois no comunismo não haveria um campo de atividade exclusivo de acordo com a vontade dos distintos sujeitos.[115]

Há uma passagem nessa obra de Marx e Engels em que demarcam que o escopo da revolução marxista é o fim do trabalho, e isso demarca uma distinção radical das revoluções precedentes. O comunismo pretende ser uma ruptura, uma desconstrução construtiva de algo diferente da concepção que tem como seu centro os apetites e os interesses do indivíduo, ao centrar no comum, no coletivo. É nessa passagem que demarcam a diferença da revolução comunista:

> que em todas as revoluções anteriores a forma da atividade permaneceu intocada, e tratava-se apenas de instaurar uma outra forma de distribuição dessa atividade, uma nova distribuição do trabalho entre outras pessoas, enquanto a revolução comunista volta-se contra a *forma* da atividade existente até então, suprime o *trabalho* e supera a dominação de todas as classes ao superar as próprias classes, pois essa revolução é realizada pela classe que, na sociedade, não é mais considerada como uma classe, não é reconhecida como tal, sendo já a expressão da dissolução de todas as classes, nacionalidades etc., no interior da sociedade atual e

---

[114] MARX, Karl. "Manuscritos econômico-filosóficos de 1844". In: _____. *Escritos de juventud*. México: Fondo de Cultura Econômica, 1982, pp. 626 e 659.

[115] MARX, Karl; ENGELS, Friedrich. *A ideologia alemã*. São Paulo: Boitempo, 2011, p. 38. Marx retoma essa questão do fim do trabalho no modo de produção comunista em *Crítica ao programa de Gotha* na sua célebre afirmação de "cada um segundo as suas capacidades, a cada um segundo as suas necessidades" (MARX, Karl. *Crítica do programa de Gotha*. São Paulo: Boitempo, 2012, p. 32).

CAPÍTULO I – QUEM (AINDA) TEM MEDO DE LOUIS ALTHUSSER?

que tanto para a criação em massa dessa consciência comunista quanto para o êxito da própria causa faz-se necessária uma transformação massiva dos homens, o que só se pode realizar por um movimento prático, por uma *revolução*; que a revolução portanto é necessária não apenas porque a classe dominante não pode ser derrubada de nenhuma outra forma, mas também porque somente com uma revolução a classe *que derruba* detém o poder de desembaraçar-se de toda a antiga imundície e de se tornar capaz de uma nova fundação da sociedade.[116]

O comunismo nada tem a ver com a concretização de "valores humanistas" abstratos como apregoa Michel Löwy.[117] É sim uma construção de uma nova sociabilidade e de novas práticas descontínuas à modernidade burguesa, e que não tenha mais o homem como epicentro, mas sim as relações coletivas e comuns nas quais os homens (concretos) estão sobredeterminados. É um novo tipo de sociabilidade, pois, como aponta Negri em sua fase marxista, o comunismo é de fato uma ruptura já que o trabalho é suprimido.[118] O comunismo, como afirma Negri, não é de modo algum um produto do desenvolvimento do capitalismo, mas a sua inversão radical. O comunismo "não tem a teleologia do sistema capitalista nem a sua catástrofe: é um novo sujeito que toma forma, que transforma a realidade e destrói a sociedade".[119]

---

116 MARX, Karl; ENGELS, Friedrich. *A ideologia alemã*. São Paulo: Boitempo, 2011, p. 42. Como Marx e Engels observam no *Manifesto comunista*, "a revolução comunista é a ruptura mais radical com as relações de propriedade tradicionais; não admira que no curso do seu desenvolvimento se rompa da maneira mais radical com as ideias tradicionais" (MARX, Karl; ENGELS, Friedrich. "Manifesto comunista". *In: Obras escolhidas*. vol. 1, Lisboa: Avante! 1982, p. 124).

117 LÖWY, Michael. *Método dialético e teoria política*. São Paulo: Paz e Terra, 1978, p. 71. "O comunismo para nós não é um *estado de coisas* [*Zustand*] que deve ser instaurado, um *Ideal* para o qual a realidade deverá se direcionar. Chamamos de comunismo o movimento *real* que supera o estado de coisas atual. As condições desse movimento [devem ser julgadas segundo a própria realidade efetiva (SM)] resultam dos pressupostos atualmente existentes" (MARX, Karl; ENGELS, Friedrich. *A ideologia alemã*. São Paulo: Boitempo 2011, nota a, p. 38).

118 NEGRI, Antonio. *Marx au-delá de Marx*. Paris: L'Harmattan, 1996, p. 279.

119 NEGRI, Antonio. *Marx au-delá de Marx*. Paris: L'Harmattan, 1996, p. 287.

LUIZ EDUARDO MOTTA

Esse processo de destruição do capitalismo, com efeito, tem como ponto de partida a ditadura do proletariado. Como diz Balibar, o socialismo (a fase de transição) não pode ser o desaparecimento das classes exploradoras e a manutenção, ou o desenvolvimento, das classes exploradas, o desaparecimento do capital e o desenvolvimento do salário. Um dos termos da contradição terá de ser suprimido. A revolução proletária não tende a simplesmente fazer desaparecer a burguesia (ou seja, a propriedade capitalista dos meios de produção), mas a fazer desaparecer o proletariado ele mesmo como classe, o que só pode acontecer ao destruir a burguesia que controla as condições da proletarização permanente dos trabalhadores. Esse é o aspecto inconciliável da contradição.[120]

Se o humanismo marxista busca sempre a conciliação com a modernidade burguesa, a despeito dos que advogam um tipo de "humanismo revolucionário", que apesar de se identificarem com a ruptura não conseguem se despojar no todo dos preceitos epistemológicos da modernidade burguesa, por se fixarem no antropocentrismo, o marxismo de corte althusseriano tem como característica central a ruptura e a negação total dessa modernidade. Complementando as observações acima, Escobar destaca que a luta de classes traz nela, e *negativamente*,

> tanto a luta das forças (o devir ativo) pervertida em imagem ideal (Deus, o Estado, o Poder, o Ser etc.), isto é, enquanto uma dimensão produzida e orgânica das sociedades reativas, mas também traz nela, e aqui *afirmativamente*, a escolha e risco do pensamento do comunismo como *uma política* de destruição das classes e das ficções que as sustentam pela ativação absoluta da luta (aqui, especificamente, como absolutização da luta de classes).[121]

Escobar concorda com Althusser que o comunismo não será o fim da política, mas sim a emergência de novas práticas políticas que

---

[120] BALIBAR, Étienne. "A nouveau sur la contradiction". *In*: _____; (*et al.*) *Sur la dialectique*. Paris: Éditions Sociales, 1976, pp. 50/51.

[121] ESCOBAR, Carlos Henrique. *Marx*: filósofo da potência. Rio de Janeiro: Taurus, 1996, p. 118.

CAPÍTULO I – QUEM (AINDA) TEM MEDO DE LOUIS ALTHUSSER?

dissonam em relação à república burguesa e as suas instituições. Essa posição do marxismo althusseriano vai de encontro à interpretação da chamada *ontonegatividade* inspirada no humanismo de Lukács, que nega a política por completo, confundindo (ou diluindo) a prática política com o Estado. De acordo com Althusser,

> se uma sociedade comunista chegar a existir, ela terá as suas relações de produção – única denominação possível para esta "livre associação dos homens" – e, portanto, as suas relações sociais e as suas relações ideológicas. E se esta sociedade estará finalmente livre do Estado, isso não significa que a política também será extinta: ela conhecerá certamente o fim das últimas formas burguesas da política, mas esta política (a única que Marx pôde ver no limite mesmo de seu "ponto cego") será substituída por uma política diferente, uma política sem Estado, o que não é tão difícil de conceber se levarmos em conta que mesmo em nossa sociedade o Estado e a política não se confundem.[122]

Já Escobar afirma que

> erram aqueles que leem Marx como o fim da política e a vigência em si por si mesmo do social. Em Marx a política não é a política burguesa – o Estado e a luta de classes na estreiteza da divisão social do trabalho. O *político* (a estrutura burguesa e seus valores) termina, porém não a política, que é essencialmente acontecimental.[123]

1.5 – Althusser e o stalinismo

O que vimos no decorrer das páginas deste capítulo é uma perspectiva marxista aberta, complexa, não dogmática na qual, como bem

---

122 ALTHUSSER, Louis. *Solitude de Machiavel*. Paris, PUF, 1998, p. 292.

123 ESCOBAR, Carlos Henrique. *Marx*: filósofo da potência. Rio de Janeiro: Taurus, 1996, p. 140.

LUIZ EDUARDO MOTTA

chama atenção Isabelle Garo, uma conciliação da fidelidade manifestada pelo marxismo com uma heresia reivindicada.[124] Daí ser um completo absurdo a tentativa daqueles que se opõem a Althusser querer classificá-lo como um intelectual "stalinista". Rótulo fácil para desqualificar um adversário teórico que sempre teve como característica definir que o marxismo só pode ser entendido enquanto problemática aberta, i.e., uma teoria não fechada, mas sim aberta às novas contingências teóricas e conjunturais emergentes, da qual o marxismo extrai, para lhes responder de acordo com as circunstâncias exigidas, até porque o marxismo não tem resposta para todas as questões, haja vista que não é uma ideologia religiosa, mas uma teoria científica que atua como ferramenta para o conhecimento da realidade e para a sua transformação.

Esse ataque desmedido e desleal vem de diversas frentes: por linhas reformistas, como a de Valentino Gerratana,[125] que aponta uma indulgência da posição de Althusser diante do pensamento marxista-leninista de Stalin, não obstante fosse crítico da política stalinista. Para Gerratana seria incoerente Althusser reconhecer méritos de Stalin tanto no campo político, na luta contra o nazismo, como na rejeição à *negação da negação,* na dialética marxista, e também na análise de Stalin contra as concepções reducionistas de classe na linguística e, ao mesmo tempo, criticar os desvios stalinistas presentes também no campo teórico e político.[126]

---

124 GARO, Isabelle. "La coupure impossible – l'idéologie en movement: entre philosophie et politique dans la pensée de Louis Althusser". *In*: BOURDIN, Jean-Claude. *Althusser. une lecture de Marx.* Paris: PUF, 2008, pp. 39/40.

125 GERRATANA, Valentino. "Althusser and stalinism". *New Left Review,* n° 101/102, 1977, p. 2.

126 Gerratana também aponta as diferenças entre Lenin e Stalin sobre o conceito de desvio. Enquanto para Lenin um desvio poderia ser retificado, para Stalin um desvio significaria uma linha política completamente adversa ao partido, e não seria facilmente retificada, significando "um perigo mortal". Gerratana percebe uma oscilação de Althusser nos dois sentidos. Há de fato uma má vontade do pensador italiano em relação a Althusser, pois uma leitura minimamente isenta perceberia que a posição de Althusser é próxima à de Lenin, e a sua oposição ao humanismo teórico nunca se baseou numa política do partido (tampouco em perseguições a militantes), mas sim num projeto revolucionário e de rupturas (dos quais Gerratana se afastou ao se

CAPÍTULO I – QUEM (AINDA) TEM MEDO DE LOUIS ALTHUSSER?

Thompson também gastou munição nesse tipo de acusação em diversas passagens do seu "panfleto antialthusseriano". Num trecho ele diz que

> longe de constituírem uma "geração pós-stalinista", os althus-serianos [Quais? Poulantzas, por exemplo?], e os que partilham de suas premissas e modos idealistas, trabalham com ardor, todos os dias, na linha de produção teórica da ideologia stalinista. Em termos de teoria são stalinistas. São portadores daquelas "razões" de irracionalidade e desumanidade contra as quais preparamos a agenda de 1956...[127]

Esse tipo torpe de acusação, na qual se atira para todos os lados, também esteve presente em setores da esquerda revolucionária, como os intelectuais identificados com o trotskismo, a exemplo do livro coletânea *Contra Althusser*, o qual contém artigos de Ernest Mandel, Daniel Bensaid e Jean-Marie Vicent (que posteriormente mudou dessa posição dogmática antialthusseriana), além das posições críticas de Michel Lowy, já citadas anteriormente neste capítulo. A posição de alguns trotskistas muitas vezes é reativa e de modo simplista: por não ser favorável às teses de Trotski, e por ter apoiado a posição de Stalin nesse embate em relação à defesa do socialismo num só país, Althusser recebe mecanicamente o rótulo de "stalinista".[128] Desse

---

identificar com a política "eurocomunista" de direita nos anos 70) (GERRATANA, Valentino. "Althusser and stalinism". *New Left Review*, n° 101/102, 1977, p. 4).

[127] THOMPSON, Edward P. *A miséria da teoria*. Rio de Janeiro: Zahar, 1981, p. 157. Chama-nos atenção que Thompson ao acusar o stalinismo de crime contra a humanidade (o que de fato ocorreu) não refira numa linha sequer de seu panfleto a uma crítica contra o "processo civilizatório" europeu na América, na África e na Ásia, no qual para impor o capitalismo dizimou e exterminou milhões de pessoas em nome do "progresso". Seria uma cegueira eurocêntrica de Thompson omitir esse fato? Ou transferência para o Outro (na acepção lacaniana) de um sentimento de culpa? Por que não denunciar que em nome da "humanidade", de um "homem novo", houve genocídios de civilizações não europeias?

[128] Sobre a sua relação de oposição ao PCF e ao trotskismo, Althusser comenta no seu livro autobiográfico: "quando eu fiquei no Partido, pensei (...) que ali ficando numa posição tão abertamente oposicionista (...), pensei, pois que podia provar,

LUIZ EDUARDO MOTTA

modo Gramsci[129] também poderia ser classificado enquanto tal, devido às suas críticas a Trotski, como também Lukács.[130] Mao Tsé-Tung,

---

pelo menos formalmente, que uma ação de oposição dentro do Partido era possível em bases teóricas e políticas sérias, possível. E, como mantinha contatos muito estreitos com todos os ex-comunistas que conhecia (os excluídos ou os que saíram depois da intervenção soviética na Hungria, os de 1968, depois da intervenção na Tchecoslováquia), como também mantinha contato com todos os grupos esquerdistas repletos de ex-estudantes meus, e mesmo com certos trotskistas que, no entanto, sempre foram muito duros comigo, quando na realidade eu jamais havia atacado Trotski, o qual eu respeitava profundamente (apesar de sua obsessão militar-obsidional e de sua estranha prática de estar sempre ausente nos momentos e lugares decisivos da história soviética)" (ALTHUSSER, Louis. *O futuro dura muito tempo*: seguido de os fatos. São Paulo: Companhia das Letras, 1992, pp. 207/208).

129 Essa oposição a Trotski fica clara nesses trechos dos *Cadernos do Cárcere* de Gramsci: "Bronstein [Trotski] recorda nas suas memórias terem-lhe dito que a sua teoria [da revolução permanente] se revelara boa em quinze anos... depois, e responde ao epigrama com outro epigrama. Na realidade, a sua teoria, como tal, não era boa nem quinze anos antes, nem quinze anos depois: como sucede com os obstinados, dos quais fala Guiacciardini, ele adivinhou em grosso, teve razão na previsão prática mais geral; da mesma forma que se prevê que uma menina de quatro anos se tornará mãe, e quando isto ocorre, vinte anos depois, se diz 'adivinhei', esquecendo porém que quando a menina tinha quatro anos se tentara estuprá-la, certo de que se tornaria mãe" (GRAMSCI, A. *Maquiavel, a política e o Estado moderno*. Rio de Janeiro: Civilização Brasileira, 1980, p. 74). "Internacionalismo e política nacional. Texto de Giuseppe Bessarione [Stalin], de setembro de 1927, sobre alguns pontos essenciais de ciência e arte políticas. O ponto que, na minha opinião, deve ser desenvolvido é o seguinte: como, segundo a filosofia da práxis (na sua manifestação política), seja na formulação do seu fundador, mas especialmente na definição do seu mais recente grande teórico, a situação internacional deve ser considerada no seu aspecto nacional (...). Parece-me que é neste ponto que se localiza a divergência fundamental entre Leon Davidovich e Bessarione como intérpretes do movimento majoritário. As acusações de nacionalismo não são válidas se se referem ao núcleo da questão (...). As debilidades teóricas desta forma moderna do velho mecanismo são mascaradas pela teoria geral da revolução permanente, que não passa de uma previsão genérica apresentada como dogma e que se destrói a si mesma pelo fato de que não se manifesta fatualmente" (GRAMSCI, Antonio. *Maquiavel, a política e o Estado moderno*. Rio de Janeiro: Civilização Brasileira, 1980, pp. 129-131).

130 Lukács tece duríssimas críticas ao trotskismo no seu livro *Existencialismo ou marximo?*, no qual associa a oposição dos existencialistas franceses (Merleau-Ponty, especialmente) às posições dos grupos trotskistas. Destaco duas passagens dessa obra: "Merleau-Ponty confunde aqui o caráter de aproximação do conhecimento com sua relatividade, numa intenção evidente de encontrar um denominador comum para a

CAPÍTULO I – QUEM (AINDA) TEM MEDO DE LOUIS ALTHUSSER?

que sempre se opôs ao trotskismo, nunca aceitou de forma plena as posições de Stalin.[131]

No campo do marxismo político herdeiro, ou derivado, da III Internacional temos as seguintes correntes, de modo sintético: 1) uma linha pró ou pós-soviética que tinha como estratégia a via do socialismo pela via institucional legal burguesa (parte dessa corrente é identificada

---

previsão histórica de Stalin e de Trotski. E se, em outras passagens, Merleau-Ponty reconhece a ausência de toda perspectiva em Trotski e se admite na ocasião que a linha política staliniana mostrou-se justa, isto corresponde simplesmente – bem mais que há pouco na análise da 'situação' de 1940 – a um simples capricho da incalculável deusa História e não ao triunfo da aproximação mais correta da realidade histórica objetiva sobre a aproximação falsa (...). A História, desde há muito tempo, fez justiça a todas as afirmações concretas de Trotski e, no entanto, os efeitos de suas teorias fazem-se ainda sentir em certos meios. O efeito de que falamos manifesta-se antes de tudo pelo desvio de atenção das questões essenciais e concretas do presente e, ao mesmo tempo, por camuflagem do niilismo teórico e prático por meio de uma demagogia revolucionária. A intenção original de Trotski, sem dúvida, não era desviar quem quer que fosse dessas questões; apenas forneceu respostas totalmente falsas, construindo arbitrariamente um antagonismo insolúvel entre os interesses camponeses e interesses operários. Mas esse primeiro erro teve por consequência inevitável a negação da possibilidade de construir o socialismo em um só país e essa negação torna-se, por sua vez, o verdadeiro sinal de união da contrarrevolução. Devia fornecer a plataforma sobre a qual certos intelectuais e elementos operários deveriam agrupar-se contra a URSS. A evolução econômica, política e cultural sublinha a importância do socialismo enquanto única perspectiva do futuro, e a atitude individual em relação à União Soviética torna-se a pedra de toque não somente de todas as questões políticas, mas também dos problemas de ideologia. Com efeito, a questão da perspectiva não deve somente ser colocada politicamente, mas também no plano ideológico. Só uma perspectiva de futuro concreto está em condições de superar teoricamente o niilismo ideológico" (LUKÁCS, György. *Existencialismo ou marxismo?*. São Paulo: Senzala, 1967, pp. 194-196).

131 Vide essa análise crítica de Mao sobre o livro de Stalin *Problemas econômicos do socialismo na União Soviética*: "o livro de Stalin, do começo ao fim, nada diz sobre a superestrutura. Não está preocupado com pessoas; considera as coisas, não as pessoas. O tipo de sistema de abastecimento para bens de consumo ajuda a acelerar o desenvolvimento econômico ou não? Ele deveria ao menos ter mencionado esse assunto. É melhor ter ou não ter produção de mercadorias? Todos devem estudar isso. O ponto de vista de Stalin em sua última carta é quase completamente errado. O erro básico é a falta de confiança nos camponeses" (TSÉ-TUNG, Mao; ZIZEK, Slavoj. *Sobre a prática e a contradição*. Rio de Janeiro: Zahar, 2008, p. 146).

como "eurocomunista" ou "socialista democrática"); 2) marxista-leninista que tem Stalin como uma continuação da tríade Marx, Engels e Lenin;[132] 3) marxista-leninista que inclui Mao Tsé-Tung como continuação posterior a Stalin; 4) marxista-leninista maoista que exclui Stalin da linha de continuidade, embora reconheça a sua importância na constituição do socialismo em um só país, em oposição a Trotski; 5) grupos marxistas guevaristas (em suas diferentes tendências); 6) correntes trotskistas (em seus diversos grupos). Althusser estaria entre o grupo 3 e 4, sendo nos seus escritos dos anos 70 completamente identificado com o grupo 4. No grupo 3, nos anos 60, estaria seguindo, ainda que de modo heterodoxo, o reconhecimento de Stalin no movimento comunista que ainda se fazia presente nos PCs, mesmo após o XX Congresso do PCUS, mas a incorporação de Mao destoaria completamente da linha adotada pelos PCs ligados à linha soviética.

Althusser, embora estivesse longe de ser um "stalinista" aos moldes albaneses e tenha se oposto aos desvios stalinistas (que se diferenciam do chamado "culto à personalidade" nos quais se restringe essa problemática a um indivíduo que seria a sua "causa") disseminados em todos os PCs nos anos 30, e que continuaram posteriormente ao XX Congresso, reconheceu méritos históricos de Stalin na luta contra o nazi-fascismo,[133] e mesmo intelectual, como no caso da linguística. Como negar o mérito de Stalin nessa questão? Não reconhecer seria dar méritos aos discípulos de Nicholas Yakovlevich Marr, que defendiam a tese de que a língua nacional, por estar situada na superestrutura, seria diferenciada por classes numa formação social (língua burguesa e língua proletária). A posição de Stalin, ao contrário, foi a de definir que a língua estaria fora da superestrutura e das determinações de classe. A despeito de sua concepção mecanicista e determinista da ciência da história, Stalin

---

132 Exemplo desse grupo seriam os partidos comunistas pró-albaneses nos anos 70 e 80 que se diferenciavam tanto dos pró-soviéticos como também dos maoistas.

133 E como observa Losurdo, esse reconhecimento atingiu figuras insuspeitas como Harold J. Laski, Hannah Arendt e Norberto Bobbio (LOSURDO, Domenico. *Stalin, história crítica de uma lenda negra.* Rio de Janeiro: Revan, 2010, pp. 11-36).

CAPÍTULO I – QUEM (AINDA) TEM MEDO DE LOUIS ALTHUSSER?

não se equivocou quando afirmou que a língua nacional sobrevive às mudanças estruturais na formação social:

> a superestrutura é o produto de uma época durante a qual vive e age uma infraestrutura econômica determinada. Eis por que a superestrutura não vive muito tempo; é liquidada e desaparece ao mesmo tempo que a infraestrutura determinada. A língua, ao contrário, é o produto de toda uma série de épocas durante as quais se forma, se enriquece, se desenvolve e ganha brilho. Eis por que a língua vive incomparavelmente mais tempo do que qualquer infraestrutura ou qualquer superestrutura. É justamente o que explica que o nascimento e a liquidação, não somente de uma infraestrutura e de sua superestrutura, mas de muitas infraestruturas e de suas superestruturas correspondentes não conduzem, na história, à liquidação de uma língua determinada, à liquidação de sua estrutura e ao nascimento de uma língua nova com um vocabulário novo e um sistema gramatical novo.[134]

Noutra passagem ele diz que

> O erro desses camaradas consiste aqui no fato de que identificam e confundem a língua com a cultura. Contudo, a língua e a cultura são duas coisas diferentes. A cultura pode ser burguesa ou socialista. A língua, esta, como meio de comunicação, é sempre uma língua comum a todo o povo e tanto pode servir à cultura burguesa como à cultura socialista. Não é um fato que as línguas russa, ucraniana, usbeca servem hoje à cultura socialista dessas nações, do mesmo modo que serviam à sua cultura burguesa antes da Revolução de Outubro? Esses camaradas se enganam portanto redondamente ao afirmar que a existência de duas culturas diferentes leva à formação de duas línguas diferentes e à negação da necessidade de uma língua única (...). O erro de nossos camaradas reside em que não veem a diferença entre a

---

[134] STALIN, Josef. "Sobre marxismo na linguística". *Revista Problemas*, nº 28, 1950, p. 4. Disponível em: www.marxists.org/portugues/stalin/1950/06/20.htm. Acessado em: 11.11.2021.

cultura e a língua e não compreendem que o contendo da cultura se modifica em cada período novo do desenvolvimento da sociedade, enquanto a língua permanece, no essencial, a mesma durante vários períodos e serve indiferentemente à nova cultura e à velha cultura.[135]

O insuspeito Losurdo, por ser crítico a Althusser e simpático a Stalin e a Lukács, ao comentar sobre esse texto e seus méritos no entender a notável estabilidade da língua nacional durante um processo revolucionário e de transição faz uma observação sobre a posição de Althusser sobre o texto de Stalin:

> Também esse ensaio contribuíra para consolidar a fama de Stalin como teórico da questão nacional. Ainda em 1965, embora no âmbito de uma posição de dura condenação, Louis Althusser atribuirá a Stalin o mérito de se ter oposto à "loucura" que pretendia "a todo custo fazer da língua uma superestrutura" ideológica: graças a estas "simples paginetas" – concluirá o filósofo francês – "percebemos que o uso do critério de classe não era sem limite".[136]

O reconhecimento de Althusser do papel de Stalin na II Guerra não é restritivo a ele, mas a milhões de militantes comunistas, e mesmo milhões de opositores ao fascismo que não eram comunistas nos anos 1940:[137]

> Ele [Stalin] teve outros méritos diante da história. Compreendeu que *era preciso* renunciar ao milagre iminente da "revolução

---

[135] STALIN, Josef. "Sobre marxismo na linguística". *Revista Problemas*, n° 28, 1950, pp. 12/13. Disponível em: www.marxists.org/portugues/stalin/1950/06/20.htm. Acessado em: 11.11.2021.

[136] LOSURDO, Domenico. *Stalin, história crítica de uma lenda negra*. Rio de Janeiro: Revan, 2010, p. 36.

[137] Veja o prefácio de LOSURDO, Domenico. *Stalin, história crítica de uma lenda negra*. Rio de Janeiro: Revan, 2010.

CAPÍTULO I – QUEM (AINDA) TEM MEDO DE LOUIS ALTHUSSER?

mundial" e, desse modo, empreender a "construção do socialismo" em um só país; e tirou as consequências dessa decisão: defendê-lo a qualquer preço como a base e a retaguarda de todo o socialismo no mundo, fazer dele – sob o assédio do imperialismo – uma fortaleza inexpugnável e, com essa finalidade, dotá-lo prioritariamente de uma indústria pesada, da qual saíram os tanques de Stalingrado, que serviram ao heroísmo do povo soviético na luta de vida ou morte para libertar o mundo do nazismo. Nossa história passa *também* por isso. E, através inclusive das deformações, das caricaturas e das tragédias dessa história, milhões de comunistas aprenderam – ainda que Stalin os "ensinasse" como dogmas – que existiam *princípios do leninismo*.[138]

Mas não será com a noção de "culto à personalidade" oriunda de uma concepção liberal burguesa centrada numa perspectiva individualista. Como foi dito acima, Althusser – em seu artigo "Resposta a John Lewis" – se opunha à noção de "culto à personalidade" – adotada também pelos trotskistas – pelo conceito de *desvio stalinista* já que a explicação do problema não viria por causa de um indivíduo – como é o caso do "culto à personalidade" – mas que essa adjetivação designa certamente um homem histórico, enquanto *desvio* dá ênfase principalmente a todo um período determinado do movimento comunista internacional, presente em todos partidos comunistas.[139]

Nenhuma semelhança existe entre o que Stalin definia como "materialismo dialético" e "materialismo histórico" com o que é

---

138 ALTHUSSER, Louis. *Posições 1*. Rio de Janeiro: Editora Graal, 1978, p. 63.

139 ALTHUSSER, Louis. *Posições 1*. Rio de Janeiro: Editora Graal, 1978, p. 55. Althusser chama atenção para o fato de que embora a noção do "culto à personalidade" de forte teor anticomunista e "antitotalitário" tenha conseguido impactar positivamente o crescimento de organizações de esquerda antistalinistas, como as trotskistas: "o que explica, diga-se de passagem, não poucos fenômenos de aparência parodoxal como, por exemplo, cinquenta anos depois da Revolução de Outubro e vinte anos depois da Revolução Chinesa, o fortalecimento de organizações que subsistem há quarenta anos *sem terem obtido nenhuma vitória histórica* (pois, ao contrário dos 'esquerdismos' atuais elas são organizações *e têm uma teoria*): as organizações trotskistas" (ALTHUSSER, Louis. *Posições 1*. Rio de Janeiro: Editora Graal, 1978, p. 56).

definido por Althusser. A única menção positiva de Althusser sobre o texto de Stalin "O materialismo dialético e o materialismo histórico"[140] foi o fato de Stalin ter abolido a chamada negação da negação das "leis" da dialética.[141] No mais, a dialética marxista como prática teórica, e o primado do real sobre o abstrato, inexiste na análise de Stalin, como também a autonomia relativa e das temporalidades distintas das instâncias dos modos de produção numa formação social dada, e tampouco da determinação em última instância do econômico e do primado das relações de produção sobre as forças produtivas (para Stalin tratava-se do inverso).

Nada mais estranho à leitura que Althusser faz do todo complexo estruturado e estruturante do que esses dois trechos de Stalin:

> se é verdade que a natureza, o ser, o mundo material são o dado primário, enquanto a consciência, o pensamento são o dado secundário, derivado; se é verdade que o mundo material é uma realidade objetiva, que existe independentemente da consciência dos homens, enquanto a consciência é um reflexo desta realidade objetiva, segue-se daí que a vida material da sociedade, o seu ser, é igualmente o dado primário, enquanto a vida espiritual é um dado secundário derivado (...) as forças produtivas não são apenas o elemento mais móvel e mais revolucionário da produção. São também o elemento determinante do desenvolvimento da produção.[142]

---

140 STALIN, Josef. "O materialismo dialético e o materialismo histórico". *In*: NETTO, José Paulo (Coord.). *Stalin*. São Paulo: Ática, 1982.

141 ALTHUSSER, Louis. *Positions*. Paris: Éditions Sociales, 1976, pp. 89/90.

142 STALIN, Josef. "O materialismo dialético e o materialismo histórico". *In*: NETTO, José Paulo (Coord.). *Stalin*. São Paulo: Ática, 1982, pp. 139-147. Em *Sobre a reprodução*, Althusser fala da influência do Prefácio de 1859 como a principal influência ao texto de Stalin, e ressalta que Lenin nunca deu ênfase ao Prefácio de Marx devido aos aspectos mecanicistas presentes nele. Althusser ressalta que esse primado das forças produtivas encontra-se tanto nos líderes reformistas da II Internacional como em Stalin. O contrário se deu com Lenin e Mao. Como ele afirma, "se Lenin e Mao tivessem tomado ao pé da letra, nem que fosse por um instante, a tese central do Prefácio (...) como é que Lenin e Mao teriam conseguido, nem que fosse por um

CAPÍTULO I – QUEM (AINDA) TEM MEDO DE LOUIS ALTHUSSER?

A acusação de Thompson ao classificar de stalinistas os althusserianos soa totalmente inverídica quando vamos diretamente aos trabalhos teóricos e políticos daqueles que trabalharam com o caudal althusseriano como um dique de contenção e de resistência ao stalinismo imperante em diversas organizações de esquerda, mesmo que muitas delas não reivindiquem essa herança. Afinal de contas, nada mais "stalinista" do que uma acusação de tom leviano como a de Thompson ao acusar de "stalinistas" os que compartilham das posições teóricas de Althusser.

Escobar, que foi precursor de Althusser no Brasil, deixa bem clara a sua posição crítica a Stalin:

> é Stalin e não Engels quem esclerosa o materialismo de Marx, é o "O materialismo dialético e o materialismo histórico" de 1938 e não a *Dialética da natureza* de Engels que buscou converter a dialética materialista em ontologia e lógica e um e outro num evolucionismo vulgar. Stalin exige que se deduza de princípios metafísicos (das leis do ser e de uma lógica verdadeira) as ciências e a história, mas Lenin tem absoluta clareza da relatividade do conhecimento, das táticas do conhecimento e das decisões políticas nas singularidades conjunturais.[143]

Manoel Barros da Motta e Severino Bezerra Cabral Filho, em um dos artigos mais interessantes escritos sobre Althusser nos anos 80, "Althusser, pedagogo e estratega da teoria", afirmam que

> o conhecimento dos trabalhos de Althusser é vital porque ele nos coloca diante da tarefa ainda inacabada de libertar o marxismo do stalinismo pós-stalinista – este aparelho implacável de controle, bloqueio e denegação que não permite espaço algum para a produção de novos problemas e a busca de novas

---

instante, colocar-se à frente do Partido e das massas e fazer triunfar a Revolução socialista?" (ALTHUSSER, Louis. *Sobre a reprodução*. Petrópolis: Vozes, 1999, p. 234).

143 ESCOBAR, Carlos Henrique. *Marx trágico*: o marxismo de Marx. Rio de Janeiro: Taurus, 1993, p. 52.

soluções teóricas e políticas (...). A ausência de relação entre as duas [práticas teórica e política], que é uma das características centrais do dogmatismo stalinista, leva a considerar todo trabalho teórico não pelo seu valor de verdade, mas porque legitima a linha política oficial. O dogmatismo não é, no entanto, privilégio dos grandes partidos de esquerda. Nos pequenos partidos e nos grupos de esquerda impera também uma fidelidade formal à ciência de Marx e Lenin (e mesmo Stalin). É a relação com a linha predominante que dá a sanção da verdade a qualquer trabalho intelectual, mobilizando uma panóplia de citações para a sua validação, de acordo com as exigências da ordem. Essas práticas têm uma vigência internacional.[144]

Outra observação de peso que não pode ser omitida é a de Bettelheim sobre essa problemática do primado das forças produtivas. Em sua megaobra *A luta de classes na União Soviética,* ao analisar esse primado a partir desse texto de Stalin, ele nos diz

a tese assim formulada [do primado das forças produtivas] não nega o papel da luta de classes – desde que exista uma sociedade em que se defrontam classes antagônicas –, mas relega esse papel ao segundo plano: a luta de classes intervém essencialmente para romper as relações de produção que impedem o desenvolvimento das forças produtivas, dando então origem a relações de produção novas, de acordo com as exigências do desenvolvimento das forças produtivas.[145]

Isabelle Garo, por seu turno, em artigo mais recente, observa precisamente que o sucesso obtido por Althusser nas suas obras iniciais está ligado a uma inventividade teórica que rompe ao mesmo tempo com a ortodoxia predominante nos aparelhos partidários de esquerda

---

[144] MOTTA, Manoel Barros da; CABRAL FILHO, Severino Bezerra. "Althusser, pedagogo e estrategista da teoria". *In*: ALTHUSSER, Louis. *Posições 2.* Rio de Janeiro: Graal, 1980, p. 12. (Prefácio).

[145] BETTELHEIM, Charles. *A luta de classes na União Soviética.* São Paulo: Paz e Terra, 1979, p. 31.

CAPÍTULO I – QUEM (AINDA) TEM MEDO DE LOUIS ALTHUSSER?

(stalinistas) e com o ecumenismo inspirado na palavra de ordem do humanismo como via única à desestalinização iniciada a partir do XX Congresso do PCUS.[146]

Conclusão

Diante do que foi visto neste capítulo, as posições teóricas e políticas de Althusser demarcaram uma franca oposição tanto ao reformismo político de cunho humanista (e ao liberalismo ideológico embutido nessa perspectiva), como também às posições dogmáticas, mecanicistas e reducionistas que sempre povoaram o marxismo em suas diferentes tendências, sejam as assumidamente stalinistas, como também aquelas que em oposição a Stalin ruminam o mesmo tipo de dogmatismo e sectarismo. Por considerar o marxismo enquanto uma problemática aberta, sem uma finalidade já dada, e sem um Sujeito centrado a priori, o seu ponto de vista teórico é permeado por incertezas e acasos, e sempre aberto às novas questões emergentes. E o temor pelo marxismo de inspiração althusseriana deve-se tanto por sua posição de defesa de ruptura radical com as práticas reprodutoras (que existem também no campo da esquerda), como também pela sua constante e rigorosa leitura do marxismo na busca de sua renovação constante em oposição aos dogmatismos e ortodoxias que obliteram o avanço do conhecimento e da transformação.

---

146 GARO, Isabelle. "La coupure impossible – l'idéologie en movement: entre philosophie et politique dans la pensée de Louis Althusser". *In*: BOURDIN, Jean-Claude. *Althusser*: une lecture de Marx. Paris: PUF, 2008, p. 44.

CAPÍTULO II

PLURALIDADE CONTRADITÓRIA E SOBREDETERMINAÇÃO

Como vimos no capítulo precedente, a obra de Althusser voltou a despertar interesse nos últimos quinze anos, particularmente seus textos inéditos e os da sua última fase intelectual, marcada pela sua defesa do materialismo aleatório. Pretendo neste capítulo retomar a importante contribuição política na qual a teoria de Althusser ainda nos proporciona. Quero dizer que esse *(re)começo* do interesse pela sua teoria, sobretudo no que tange ao materialismo aleatório e do acaso, e que tem despertado um novo interesse pela sua teoria por parte das novas gerações, não pode desprezar a sua importante contribuição no campo da filosofia política presente na sua obra inicial. Por isso objetivo retomar a sua contribuição para a análise de conjuntura a partir do seu artigo "Contradição e sobredeterminação", publicado em *Pour Marx* (*A favor de Marx*), e que se desdobrou em outros trabalhos, como o artigo "Sobre a dialética materialista" e no livro *Ler O capital*. Desse modo, pretendo mostrar a importância significativa que ainda têm os seus conceitos de contradição e de sobredeterminação, principalmente na crítica de Althusser às concepções monistas e reducionistas de caráter economicista ainda presentes em algumas correntes do marxismo.

Para isso, dividi este capítulo em duas partes: na primeira, distintamente de outros trabalhos, como o de Ípola (2008), e também o de

Pascalle Gillot,[147] nos quais enfatizam a influência da psicanálise nesse estudo de Althusser, enfoco sim a contribuição do chamado "marxismo oriental" de Mao Tsé-Tung na constituição do conceito de contradição sobredeterminante, o que demarca uma aplicabilidade desse conceito nas situações revolucionárias das formações sociais do capitalismo periférico, ou subdesenvolvido, típico das ex-colônias. Na segunda parte tratarei dos textos nos quais Althusser desenvolveu o conceito de contradição sobredeterminante, e o papel chave desse conceito na formação da teoria althusseriana do todo-complexo-estruturado com dominante, e na autonomia relativa das instâncias nas formações sociais.

2.1 – A influência do pensamento de Mao Tsé-Tung no marxismo althusseriano

Apesar das muitas críticas dirigidas a Althusser rotularem a sua obra de "teoricista", é inegável a sua contribuição para a análise sobre as crises de conjuntura a partir do conceito de contradição sobredeterminante. A importância da junção do conceito de contradição com o de sobredeterminação é explicar que um processo revolucionário possui uma pluralidade de contradições e de determinações, que ao deslocarem-se e fundirem-se fomentam uma ruptura revolucionária em dada formação social. Em outras palavras, as revoluções não seriam derivadas de uma contradição redutível às relações de produção e às forças produtivas, ou à burguesia e ao proletariado, como defendem as concepções monistas/reducionistas, em especial a perspectiva economicista. Daí a sua ênfase – extraída de Lenin – sobre o "elo mais fraco da cadeia imperialista", como foi o caso da Rússia de 1917, como também podem ser inseridas nesse caso as revoluções da China, de Cuba, da Argélia, de Angola, de Moçambique, da Guiné-Bissau e da Nicarágua.

O ponto de partida teórico/político de Althusser encontra-se num artigo de um dos principais dirigentes comunistas do século XX: "sobre

---

[147] GILLOT, Pascale. *Althusser y el psicoanálisis*. Buenos Aires: Nueva Visión, 2010.

CAPÍTULO II – PLURALIDADE CONTRADITÓRIA E...

a contradição", escrito por Mao Tsé-Tung em 1937. Há, de fato, um forte aspecto simbólico nessa escolha de Althusser, haja vista que o PCF (ao qual fora filiado) era um dos partidos mais ortodoxos e vinculados à URSS, num contexto marcado pela ruptura sino-soviética no início dos anos 60, o que gerou a formação de diversas organizações comunistas revolucionárias identificadas com a perspectiva maoista-chinesa.[148]

O texto de Mao "Sobre a contradição" de fato destoa das concepções reducionistas/economicistas e tece uma importante contribuição para pensar o momento político que os países do Terceiro Mundo viveram a partir do fim da II Guerra. Mao, com efeito, elabora uma "dialética da revolta" fundamental para pensar as relações internas das formações sociais e as suas diversas contradições. Alain Badiou, que ao lado de Charles Bettelheim era uma das principais expressões intelectuais maoistas na Europa nos anos 70, e que teve como ponto de partida a máxima maoista "é justo se revoltar contra os reacionários", afirma em seu opúsculo *Teoria das contradições*:

> o marxismo é concebido como o conhecimento acumulado das revoluções populares (...). A frase de Mao Tsé-Tung situa claramente o lugar originário das ideias justas, os reacionários como aqueles aos quais a teoria legitima a destruição. A frase de Mao Tsé-Tung situa a verdade marxista *no interior* da unidade da teoria e da prática. A verdade marxista é aquela da qual a revolta faz a sua razão para abater o inimigo. Ela repudia toda igualdade diante da verdade (...).

---

148 Essa tomada de posição teórica e política por parte de Althusser ao ter incorporado no seu artigo "Contradição e sobredeterminação" a teoria de Mao Tsé-Tung sobre as múltiplas contradições numa formação social gerou inúmeras críticas a Althusser por parte de outros intelectuais do PCF, a exemplo de Roger Garaudy, Gilbert Mury e Guy Besse. Em seu artigo de 1963, "Resposta a uma crítica", Althusser refuta as posições críticas de Georges Cognigot (e também de outros como Lucien Séve), editor da revista *La Pensée*, das quais Althusser enumera seis: 1) a relação de Hegel-Marx; 2) a abundância de citações de Mao Tsé-Tung; 3) o conceito de contradição principal e de contradição secundária empregado por Althusser tomado de empréstimo de Mao; 4) o monismo; 5) a dialética da natureza; e 6) a sobredeterminação (ALTHUSSER, Louis. *Écrits philosophiques et politiques*. tome II, Paris: Stock, 1997, p. 368).

LUIZ EDUARDO MOTTA

As revoltas têm conhecimento, segundo seu movimento essencial já dado, de seu poder e de seu dever: aniquilar os reacionários.[149]

Para a compreensão da dialética materialista, Mao enuncia os seguintes aspectos a serem abordados: as duas perspectivas do mundo (a metafísica e a materialista), a universalidade da contradição, a

---

[149] BADIOU, Alain. *Théorie de la contradiction*. Paris: Maspero, 1975, pp. 16/17. Apesar das mudanças de Badiou ao longo de sua produção teórica, ele nunca refutou a sua posição política maoista, tampouco a contribuição teórica de Mao Tsé-Tung. Isso fica perceptível pelas citações de Mao em diversas obras como *Teoria do sujeito* e *Compêndio de metapolítica* (Lisboa: Instituto Piaget, 1999). Em um de seus livros mais recentes – *A hipótese comunista* – Badiou não somente se reporta a Mao, mas também à experiência da Revolução Cultural Chinesa. Isso está bem expresso no capítulo 2 ("A última revolução?") desse livro. Badiou considera que a Revolução Cultural Chinesa foi a tentativa mais radical na transformação das relações entre Estado-partido, principalmente durante o período de maio de 1966 a setembro de 1967, no qual a ala esquerda do PC Chinês se impôs às tendências direitistas (representando uma nova burguesia), e constituiu o Programa dos 16 pontos, em que definia novas formas de participação política das massas no processo de transição, a exemplo da criação da Guarda Vermelha e da fundação da Comuna de Xangai. Segundo Badiou, a Revolução Cultural foi uma "insubstituível experiência de saturação, porque nela houve um desejo violento de buscar um novo caminho político, de relançar a revolução, de achar as formas novas da luta operária nas condições formais do socialismo" (BADIOU, Alain. *L'hypothése communiste*. Paris: Ligne, 2009, p. 126). Em "A ideia do comunismo" Mao é explicitamente citado pela sua contribuição teórica para a crítica do stalinismo (BADIOU, Alain. "La idea del comunismo". *In*: HOUNIE, Anália (Coord.). *Sobre la idea del comunismo*. Buenos Aires: Paidós, 2010, p. 27). Já em relação a Althusser, a posição de Badiou foi oscilante; enquanto no período dos anos 60 esteve bastante vinculado às suas posições teóricas, nos anos 70 demarcou uma ruptura com seu mestre, na qual teceu-lhe intensas críticas de teor político devido à ligação de Althusser com o PCF, e às posições vacilantes desse partido no contexto político francês/europeu (BADIOU, Alain. *Théorie de la contradiction*. Paris: Maspero, 1975, pp. 54-61). Contudo, em tempos recentes, Badiou vem reconhecendo a importância e o legado da obra de Althusser no cenário político/intelectual. Isso pode ser percebido em seu livro *Compêndio de metapolítica*, no capítulo 3, "Althusser: o subjetivo sem sujeito", em que afirma: "sozinho, esse admirável esforço ainda não nomeado (pensar o subjetivo sem sujeito) merece que nós rendamos a Louis Althusser a mais rigorosa homenagem (...). É a ele também que nós devemos o ter rejeitado a visão humanista do laço, ou do estar-junto, que solda à ética teológica dos direitos uma visão abstrata, e finalmente submetida das políticas" (BADIOU, Alain. *Compêndio de metapolítica*. Lisboa: Instituto Piaget, 1999, p. 82).

CAPÍTULO II – PLURALIDADE CONTRADITÓRIA E...

particularidade da contradição, a contradição principal e o aspecto principal da contradição, a identidade e a luta dos aspectos da contradição, e o lugar do antagonismo na contradição.[150]

Um dos aspectos mais significativos desse texto teórico de Mao é a ênfase que ele dá ao papel central e decisivo das contradições internas nas formações sociais, e na relação destas com as contradições externas, embora as internas sejam as decisivas para a eclosão e sustentação de um processo revolucionário numa formação social. Como observa Mao, "a dialética materialista considera que as causas externas constituem a condição das modificações, que as causas internas são a base dessas modificações e que as causas externas operam por intermédio das causas internas".[151] As contradições tanto têm aspectos particulares como universais, e a sua universalidade tem duplo sentido: um é que a contradição existe no processo de desenvolvimento de todas as coisas, e o outro, que no processo de desenvolvimento de cada coisa um movimento de contrários existe do começo até o fim. Ademais, todas as contradições são interdependentes. Essa interdependência decorre do fato de que a contradição fundamental influencia e determina as contradições principais e secundárias, tornando-as ou agudizadas ou resolvidas ou parcialmente/temporariamente atenuadas, enquanto outras vão nascendo. Por isso, de acordo com Mao, haveria distintas etapas do processo revolucionário, haja vista que haveria a formação de uma nova contradição principal em relação às secundárias.[152] Há, portanto, uma interdependência de todas as contradições, formando uma realidade dotada de uma coerência dialética própria. Como observa Badiou em seu texto *Théorie de la contradiction,* "são sistemas de contradições cuja determinação qualitativa é definida pela sua subordinação a uma contradição principal".[153]

---

[150] TSÉ-TUNG, Mao. "Sobre a contradição". *In:* _____. *Obras escolhidas.* vol. 1, São Paulo: Alfa Omega, 2011, pp. 525/526.

[151] TSÉ-TUNG, Mao. "Sobre a contradição". *In:* _____. *Obras escolhidas.* vol. 1, São Paulo: Alfa Omega, 2011, p. 531.

[152] TSÉ-TUNG, Mao. "Sobre a contradição". *In:* _____. *Obras escolhidas.* vol. 1, São Paulo: Alfa Omega, 2011, p. 249.

[153] BADIOU, Alain. *Théorie de la contradiction.* Paris: Maspero, 1975, p. 66.

Entretanto, Mao considera que não pode haver aplicação mecânica da contradição principal que existe nos países do capitalismo avançado nas formações sociais do Terceiro Mundo. É o caso da contradição entre o imperialismo e o país afetado (dependente e/ou colonial) tornar-se a contradição principal, ao passo que todas as contradições entre as várias classes sociais dentro do país ficam temporariamente relegadas a posição secundária e subordinada. Assim, se em qualquer processo existem várias contradições, uma delas deve ser a contradição principal, desempenhando o papel decisivo de liderança, enquanto o resto ocupa posição secundária ou subordinada. Além disso, em qualquer contradição, o desenvolvimento dos aspectos contraditórios é desigual. Algumas vezes parecem estar em equilíbrio, o que é, no entanto, somente temporário e relativo, enquanto a desigualdade é básica. Mas a situação do aspecto principal da contradição não é estático para Mao. O aspecto principal e o não principal de uma contradição se tranformam um no outro, e a natureza da coisa muda de acordo com isso.[154]

Segundo Mao há sempre uma identidade entre os aspectos contraditórios, pois um aspecto da contradição não pode existir isoladamente. Sem seu aspecto oposto, ela perde a condição para a própria existência. Cada contrário é a condição para a existência do outro. Mas isso é insuficiente para a definição da identidade entre os contrários, já que o mais relevante é a tranformação de um no outro. Seria o caso de uma classe dominada se tornar dominante e vice-versa: "todos os contrários estão ligados entre si; não somente eles coexistem na unidade dentro de condições determinadas, mas também se convertem um no outro em condições determinadas, eis o sentido pleno da identidade dos contrários".[155]

---

[154] TSÉ-TUNG, Mao. "Sobre a contradição". *In*: _____. *Obras escolhidas*. vol. 1, São Paulo: Alfa Omega, 2011.

[155] TSÉ-TUNG, Mao. "Sobre a contradição". *In*: _____. *Obras escolhidas*. vol. 1, São Paulo: Alfa Omega, 2011, p. 574. "A *dialética* é a ciência que mostra como os *contrários* podem ser (e se tornam) *idênticos* – em que condições se transformam um no outro –, por que a razão humana não deve tomar estes contrários como coisas mortas, petrificadas, mas coisas vivas, condicionadas, móveis, transformando-se uns nos outros"

CAPÍTULO II – PLURALIDADE CONTRADITÓRIA E...

Sobre a relação do antagonismo na luta dos contrários; é uma forma, mas não a única. Para Mao, o antagonismo entre as classes existe como manifestação particular da luta dos contrários. As classes contraditórias coexistem por longo tempo nas sociedades, e elas lutam umas com as outras; mas somente quando a contradição entre as duas classes se desenvolve até certo estágio é que ela assume a forma de antagonismo aberto e se transforma em revolução. As diferentes posições estratégicas existentes num partido comunista expressam as contradições de classe podendo, ou não, assumir formas antagônicas. Significa que o antagonismo não é mais do que uma das formas, e não é a única forma, da luta dos contrários, não se devendo empregar esse termo em toda parte.[156] Complementando essa afirmação de Mao, Badiou diz que "a luta é só o princípio absoluto do pensamento dialético, eis a essência da dialética como filosofia da revolta".[157]

Em "Da justa solução das contradições no seio do povo", de 1957, Mao Tsé-Tung reconhece que no período pós-revolucionário, ou de transição, a luta de classes permanece, seja pela remanescência de antigos setores da burguesia, seja pela remodelação da pequena burguesia, inclusive dentro do Partido Comunista. Daí o lema "deixar brotar cem flores, de competir cem escolas de pensamento", já que os campos político e ideológico são decisivos na batalha contra a permanência das antigas contradições de classe:

> na sociedade socialista, as condições necessárias ao desenvolvimento das coisas novas são radicalmente diferentes e muito mais favoráveis que as condições da sociedade antiga. Não obstante, sucede ainda com frequência as forças nascentes serem entravadas e as iniciativas razoáveis impedidas (...). O marxismo desenvolveu-se também através da luta (...). De modo nenhum

---

(LENIN, Vladimir Ilitch. *Cadernos sobre a dialética de Hegel*. Rio de Janeiro: UFRJ, 2011, p. 112).

156 TSÉ-TUNG, Mao. "Sobre a contradição". *In*: _____. *Obras escolhidas*. vol. 1, São Paulo: Alfa Omega, 2011, p. 582.

157 BADIOU, Alain; BALMÈS, François. *De l'ideologie*. Paris: Maspero, 1976, p. 43.

terminou a luta de classes. A luta de classes entre o proletariado e a burguesia, entre as diversas forças políticas, bem como no plano ideológico, entre o proletariado e a burguesia, será ainda prolongada e sinuosa e, por vezes, tornar-se-á inclusivamente muito encarniçada. O proletariado procura transformar o mundo segundo a sua concepção do mundo e o mesmo se passa com a burguesia. A este respeito, a questão de saber quem vencerá, se o socialismo ou o capitalismo, não está ainda verdadeiramente decidida. Os marxistas constituem até o presente uma minoria, tanto no conjunto da população como no seio dos intelectuais. Assim, tal como no passado, o marxismo deve desenvolver-se senão através da luta: isto é válido não só para o passado e o presente como também e necessariamente para o futuro.[158]

Essa posição de Mao na qual enfatiza sobre a permanência das contradições entre as classes sociais no período de transição, inclusive dentro do partido revolucionário, demonstra, por um lado, uma concepção realista sobre a política, pois percebe a existência das lutas e dos conflitos na fase pós-revolucionária, e a conservação das frações burguesas e sua tentativa de reverter o processo revolucionário; de outro, representa uma contribuição à teoria marxista sobre a problemática da transição que, até então, não era um objeto de análise disseminado nas correntes denominadas pelo marxismo-leninismo dos partidos comunistas pró-soviéticos, em particular pelos seus intelectuais. A exceção eram os intelectuais trotskistas (inclusive o próprio Trotski).

"A concepção dialética da unidade no seio do partido" é outro texto de Mao no qual ele aplica a sua análise sobre a contradição ao tratar dos conflitos e das divergências internas no partido revolucionário, haja vista que nenhuma organização é impermeável às contradições:

> em relação à questão da unidade (...) penso que a nossa atitude deve ser a de nos unirmos com todo e qualquer camarada

---

[158] TSÉ-TUNG, Mao. "Da justa solução das contradições no seio do povo". *In*: _____. *Obras escolhidas*. vol. 5, São Paulo: Alfa Omega, 2012, pp. 488/489.

CAPÍTULO II – PLURALIDADE CONTRADITÓRIA E...

desde que não seja um elemento hostil ou sabotador (...). A unidade dos contrários é o conceito fundamental da dialética (...). Parece-me que alguns pensam que, desde que estejam no Partido Comunista, as pessoas se tornam santas, sem diferenças ou desentendimentos, e que o Partido não deve ser submetido à análise, ou seja, é um partido monolítico e uniforme e que por isso não deve haver discussões (...). O objetivo da unidade é proporcionar-lhe uma saída, fazer com ele um compromisso, o que significa ser flexível. A conjugação dos princípios com a flexibilidade é um princípio marxista-leninista e é uma unidade de contrários (...). Todas as coisas, e a sociedade de classes em particular, estão cheias de contradições. Alguns afirmam que irão ser "descobertas" contradições na sociedade socialista, mas penso que essa é uma forma errada de colocar tal questão. A questão não é a de haver contradições. Não há nenhum lugar onde não haja contradições e não há ninguém que não possa ser analisado (...). Em suma, a unidade dos contrários está sempre presente. O conceito de unidade dos contrários, a dialética, deve ser profusamente propagado (...). Os secretários das organizações do nosso Partido, quando preparam relatórios para as reuniões do Partido, geralmente apresentam dois pontos nas agendas deles: em primeiro lugar, os êxitos; e em segundo, as insuficiências. Um divide-se em dois – esse é um fenômeno universal e é isso a dialética.[159]

Essa definição de Mao – que parte de Lenin[160] – de "um divide-se em dois" demarca uma descontinuidade com a tríade hegeliana. Na concepção de Mao, a negação da negação de fundo hegeliano seria uma espécie de decreto revogatório de qualquer transformação social, a contínua reposição do passado no presente, portanto uma interdição perene à superação efetiva de um modo de produção. Em outras palavras, no chamado "momento da superação" inexiste o significado de ruptura e descontinuidade em relação a alguns elementos existentes nas sociedades

---

159 TSÉ-TUNG, Mao. "A concepção dialética da unidade no seio do partido". *In*: _____. *Obras escolhidas*. vol. 5, São Paulo: Alfa Omega, 2012, pp. 617-619.

160 Vide nota 78 [indicação no original = nota 37].

pré-revolucionárias, já que eles se manteriam em forma de superação nas fases de transição e pós-transição. Nessa concepção de ruptura histórica, Badiou afirma que o advento de um novo processo (de uma nova unidade de contrários) se faz pelo desaparecimento de um dos termos da contradição precedente, isto significa dizer a destruição de um dos termos pelo outro, o que acarreta necessariamente a divisão do termo vitorioso. É esta divisão que vai definir e reger o novo processo. A síntese é o processo de destruição/divisão.[161] Logo, para o maoismo, a dialética materialista é uma *dialética da destruição*, ela permite pensar o processo de transição de um modo de produção a outro como o processo de transformação das relações de produção e das forças produtivas até então dominantes, em outras, de natureza completamente diversa.[162]

Essa concepção maoista entende que o modo de produção comunista somente emergirá com a completa destruição do capitalismo não somente como meio de produção – como crêem os economicistas

---

161 BADIOU, A. *Théorie de la contradiction*. Paris: Maspero, 1975, p. 65.

162 NAVES, Márcio Bilharinho. *Mao, o processo da revolução*. São Paulo: Brasiliense, 2005, p. 38. Complementando essa distinção da dialética materialista em relação à dialética idealista hegeliana, é a posição de Bettelheim em polêmica aberta contra Rossana Rossanda (ROSSANDA, Rossana. "O marxismo de Mao". *In*: _____ (*et al.*). *Quem tem medo da China?*. Lisboa: Dom Quixote, 1971, p. 44) quando esta afirmara que Mao sofrera influência de Hegel na sua concepção sobre a contradição, quando asseverou que "o momento da síntese só tem sentido para o idealismo. Consiste, em última análise, em negar a própria negação, conservando aquilo que é negado (o que precisamente só é possível para o idealismo). Pelo contrário, para a dialética materialista não se trata simplesmente de *negar*, mas de *destruir*. A negação materialista *não conserva aquilo que é negado: quebra-o*, para construir, em seu lugar algo de *radicalmente novo* (...). Na polêmica sobre a dialética encetada em 1964 na China, i.e., na luta entre as duas concepções 'um divide-se em dois' e 'dois juntam-se em um', a segunda concepção é falsa, precisamente por ser hegeliana. E é hegeliana não por não remeter para *realidades materiais e sociais* (...), mas porque a negação que ela inicia é uma *falsa negação* que *não é destruição daquilo que é negado*, mas conservação no seio duma síntese 'nova'. Por isso, esta dialética é idealista e tende a fechar ao proletariado a via da destruição da burguesia e do capitalismo. De fato, por um capricho, na concepção hegeliana da *'negação da negação' é a própria negação que é negada*" (BETTELHEIM, C. "Uma carta sobre o marxismo de Mao". *In*: ROSSANDA, Rossana (*et al.*). *Quem tem medo da China?*. Lisboa: Dom Quixote, 1971, pp. 79/80).

CAPÍTULO II – PLURALIDADE CONTRADITÓRIA E...

– mas, sobretudo no aspecto superestrutural, i.e, nas diversas instâncias ideológicas e políticas as quais se reproduzem por intermédio das práticas dos sujeitos individuais e coletivos. Isso significa que um dos termos da contradição tem de desaparecer, ser aniquilado. É esse sentido de ruptura que articula o maoismo com althusserianismo: a ênfase na ruptura como forma de negação completa. Badiou expressa bem essa concepção quando afirma

> a resolução de uma contradição não é nunca a síntese dos seus termos (...). Refundar a totalidade significa ruptura qualitativa do processo, se um dos termos da contradição se apoderar irreversivelmente do lugar dominante; terminando o próprio processo na supressão recíproca de dois termos, se a simetria das forças não permite a mudança de lugares. A resolução de uma contradição *exige que alguma coisa desapareça* (...). A resolução de uma contradição inclui, dissemos, a parte da morte (...). É preciso pensar na dialética, não somente a morte, mas a dispersão das cinzas.[163]

Mais adiante, complementando as observações acima sobre a ruptura movida pela dialética destruidora,

> a revolução proletária não é concebível sem a destruição efetiva do Estado e a edificação de formas de poder radicalmente novas (...). Assim, o lugar de onde o proletariado exerce sua dominação (Estado da ditadura do proletariado) tem por essência, não de perseverar, mas de desaparecer. O processo de ocupação pelo proletariado do lugar dominante é também o processo de dissolução deste lugar.[164]

Os estudos de Mao Tsé-Tung a respeito do conceito de contradição, com efeito, expressam uma leitura sobre a distinta realidade das formações sociais coloniais e semicoloniais do século XX, e que

---

163 BADIOU, Alain. *Théorie de la contradiction*. Paris: Maspero, 1975, pp. 85-87.

164 BADIOU, Alain. *Théorie de la contradiction*. Paris: Maspero, 1975, pp. 102/103.

procuraram novas e diferentes formas estratégicas e táticas para o seu modelo revolucionário em relação às formações sociais do capitalismo avançado. Alain Badiou destaca em seu estudo que a teoria das contradições está totalmente implicada na sabedoria histórica das revoltas. Daí – como ele mesmo afirma – a dialética sempre existiu, como as revoltas. A dialética filosófica concentra a concepção do mundo dos explorados que estão contra o mundo existente e querem a sua mudança radical.[165]

2.2 – A contradição sobredeterminante

A introdução dos conceitos de contradição e sobredeterminação constituiu a grande contribuição de Althusser para o materialismo histórico (ciência da história como ele mesmo define) da análise sobre as crises de conjuntura das formações sociais. Para Pascale Gillot, o conceito de sobredeterminação, como também o de causalidade estrutural, sendo ambos extraídos da psicanálise, ocupam uma função importante no projeto de uma releitura do marxismo e do materialismo histórico que restitua sua cientificidade assim como sua originalidade teórica, releitura empreendida particularmente em *Pour Marx* e *Lire le Capital*.[166] Stuart Hall diverge de Gillot num aspecto, pois para ele

> ao pensar sobre os distintos níveis e tipos de determinação, *Pour Marx* forneceu-nos aquilo que falta em *Lire le Capital*: a capacidade de teorizar sobre eventos históricos concretos, ou textos específicos, ou formações ideológicas específicas (o humanismo) como algo determinado por mais de uma estrutura (ou seja, pensar o processo de sobredeterminação). Creio que "contradição" e "sobredeterminação" são conceitos teóricos muito ricos – um dos empréstimos mais felizes de Althusser a Freud e Marx.[167]

---

[165] BADIOU, Alain. *Théorie de la contradiction*. Paris: Maspero, 1975, p. 26.

[166] GILLOT, Pascale. *Althusser y el psicoanálisis*. Buenos Aires: Nueva Visión, 2010, p. 11.

[167] HALL, Stuart. *Da diáspora*. Belo Horizonte: UFMG, 2003, p. 164.

CAPÍTULO II – PLURALIDADE CONTRADITÓRIA E...

Como afirmei anteriormente, além da psicanálise, a influência de Mao Tsé-Tung foi fundamental para a construção do conceito de contradição sobredeterminante e sobredeterminada nos seguintes aspectos: a) na multiplicidade das contradições desiguais; b) na relação da contradição principal e secundárias; c) na identidade dos contrários que diz respeito à troca de papéis das contradições (deslocamento); e d) na identidade dos contrários em uma unidade real.[168]

Os conceitos de contradição e de sobredeterminação são analisados e desenvolvidos nos textos "Contradição e sobredeterminação" e "Sobre a dialética materialista" publicados em *Pour Marx* e no livro

---

[168] É no mínimo paradoxal a crítica de Domenico Losurdo (LOSURDO, Domenico. "Como nasceu e como morreu o 'marxismo ocidental'". *Estudos Sociológicos*, vol. 16, nº 30, 2011) à teoria de Althusser no seu artigo crítico ao "marxismo ocidental", haja vista que o filósofo franco-argelino foi o primeiro grande pensador marxista europeu que buscou como fonte teórica o conceito de contradição de Mao Tsé-Tung, além de suas intervenções políticas sobre a Revolução Cubana e os movimentos foquistas na América Latina, em que critica o seu ex-aluno Règis Debray. Ademais, Althusser demonstrou bastante interesse sobre as experiências socialistas do Terceiro Mundo, em especial sobre a Revolução Cultural Chinesa, como demonstrou num artigo anônimo de 1966, na revista *Cahiers marxistes-léninistes,* denominado "Sur la révolution culturelle" (ALTHUSSER, L. "Sur la révolution culturelle". *Décalages,* vol. 1, nº 1, 2012. Disponível em: http://scholar.oxy.edu/decalages/). É importante também ressaltar que alguns de seus discípulos foram simpatizantes do maoismo, a exemplo de Alain Badiou e Jacques Ranciére. Distintamente de outros filósofos do marxismo ocidental criticados por Losurdo (como Adorno), Althusser nunca se absteve do debate político e da análise teórica política, a exemplo do seu artigo "Contradição e sobredeterminação". Bem distinta é a situação de Lukács, cujo nome em nenhum momento é citado, e tampouco criticado, por Losurdo em seu artigo "crítico". O que chega a ser uma contradição do filósofo italiano já que Lukács é a primeira referência intelectual do chamado "marxismo ocidental", e é uma das maiores expressões do eurocentrismo dessa corrente, haja vista nenhuma análise dele sobre a questão colonial e pós-colonial, e das revoluções no Terceiro Mundo. Além disso, na sua obra está ausente a análise do Estado capitalista. A grande questão a qual Losurdo deveria responder é o porquê da escolha de Althusser para ser criticado e não a de Lukács, que é mais identificado com a visão eurocêntrica, com o apoliticismo? Outro aspecto a ser destacado é a crença desmedida de Losurdo no marxismo oriental no que concerne à fase de transição pós-revolucionária. Não há nenhum comentário dele a respeito da experiência controversa do Khmer Vermelho no Camboja, como também sobre as descontinuidades e retrocessos em outras experiências socialistas no âmbito do Terceiro Mundo.

Ler O capital (no capítulo "O objeto do capital"), embora neste último o foco de Althusser seja mais centrado na problemática da causalidade estrutural.

A introdução desses conceitos servia para a compreensão da Revolução Russa (e por tabela das revoluções nas formações sociais do chamado Terceiro Mundo) e rompia com o viés reducionista econômico, ou concepção monista, haja vista que essa concepção operaciona exclusivamente com a contradição entre as relações de produção e forças produtivas como a única determinante às demais instâncias do modo de produção. Ao incluir a teoria de Mao sobre o conceito de contradição, Althusser rompe criticamente com a concepção monista/redutora, definindo a existência de uma multiplicidade de contradições, e que a partir da fusão delas, numa dada conjuntura de uma formação social, possibilitaria a explosão revolucionária.

De acordo com Althusser,

> quando nessa situação entram em jogo, no mesmo jogo, uma prodigiosa acumulação de "contradições", algumas das quais radicalmente heterogêneas, e não tendo todas a mesma origem nem o mesmo sentido, nem o mesmo *nível* e *lugar* de aplicação, e que portanto "se fundem" em uma unidade de ruptura, não é mais possível falar da única virtude simples da "contradição" geral. Certamente, a contradição fundamental que domina esse tempo (onde a revolução "está na ordem do dia") é ativa em todas essas "contradições" e até na sua "fusão". Mas não se pode, entretanto, pretender com todo o rigor que essas "contradições" e sua "fusão" não sejam mais do que *puro fenômeno* dessa contradição.[169]

Isso significa para Althusser que devemos pensar os processos revolucionários a partir de uma complexidade a qual se caracteriza por uma estrutura de contradições múltiplas e desiguais, visto que nenhum

---

[169] ALTHUSSER, Louis. *Pour Marx*. Pàris: La Découverte, 1986, pp. 98/99.

CAPÍTULO II – PLURALIDADE CONTRADITÓRIA E...

processo complexo nos é dado como o desenvolvimento de um processo simples mas como resultado de um processo complexo. Para Althusser,

> não temos essência originária, mas um sempre-já-dado (...) não temos mais uma unidade simples porém uma unidade complexa estruturada. Nós não temos mais, portanto (sob qualquer forma que seja), uma unidade simples original, mas o *sempre-já-dado de uma unidade complexa estruturada.*[170]

Althusser define que cada formação social possui um conjunto de estruturas nas quais possuem diferentes níveis (ou intâncias), com pesos e temporalidades desiguais. As formações sociais expressam esse todo--complexo no qual a sua unidade se dá por uma estrutura dominante, e tem como princípio uma determinação em última instância da estrutura econômica.[171] Assim sendo, há uma multiversidade de determinações

---

170 ALTHUSSER, Louis. *Pour Marx.* Paris: La Découverte, pp. 203/204.

171 Foi em Engels (em sua carta dirigida a Joseph Bloch) que Althusser buscou a definição da última instância pelo econômico, na medida em que as demais estruturas também têm o seu peso e autonomia. O trecho dessa carta de Engels é esse: "segundo a concepção materialista da história, o momento *em última instância* determinante, na história, é a produção e reprodução da vida real. Nem Marx nem eu alguma vez afirmamos mais. Se agora alguém torce isso [afirmando] que o momento econômico é o *único* determinante, transforma aquela proposição numa frase que não diz nada, abstrata, absurda. A situação econômica é a base, mas os diversos momentos da superestrutura – formas políticas da luta de classes e seus resultados: constituições estabelecidas pela classe vitoriosa uma vez ganha a batalha etc., formas jurídicas e mesmo os reflexos de todas essas lutas reais no cérebro dos participantes, teorias políticas, jurídicas, filosóficas, visões religiosas e o seu ulterior desenvolvimento em sistemas de dogmas – exercem também a sua influência sobre o curso das lutas históricas e determinam em muitos casos preponderantemente *a forma* delas. Há uma ação recíproca de todos estes momentos, em que, finalmente, através de todo o conjunto infinito de casualidades (isto é, de coisas e eventos cuja conexão interna é entre eles tão remota ou é tão indemonstrável que nós a podemos considerar como não existente, a podemos negligenciar), o movimento econômico vem ao de cima como necessário (...). Nós fazemos a nossa história nós próprios, mas, em primeiro lugar, com pressupostos e condições muito determinados. Entre eles, os econômicos são finalmente os decisivos. Mas também os políticos etc., mesmo a tradição que assombra a cabeça dos homens, desempenham um papel, se bem que não o decisivo. Também o Estado prussiano surgiu e se desenvolveu ulteriormente

(embora o econômico seja o determinante em última instância) com uma estrutura dominante que já expressa internamente nos seus níveis a contradição dominante, havendo alterações de dominação quando há deslocamento dessa contradição dominante para outra estrutura. Portanto, as contradições atuam de forma sobredeterminante, ou sobredeterminada.

Retomando a influência de Mao na teoria de Althusser, as diferenças entre as contradições e as relações delas com a estrutura dominante significam a existência da estrutura do todo. Isso não implica dizer que as contradições secundárias sejam o puro fenômeno da contradição principal, e a principal seja a essência das quais as secundárias seriam os fenômenos. Distintamente disso, significa que as contradições

---

por causas históricas, em última instância econômicas" (ENGELS, Friedrich. "A origem da família, da propriedade e do Estado". In: *Obras escolhidas*. vol. 3, Lisboa: Avante! 1985, p. 547). No entanto, Althusser tece uma contundente crítica a Engels quando este afirma nessa carta a existência do acaso a partir das múltiplas ações individuais, já que cada indivíduo porta consigo uma história particular e, na junção com as determinações, os resultados seriam imprevisíveis. É nessa passagem que Engels expressa essa posição: "em segundo lugar, porém, a história faz-se de tal modo que o resultado final provém sempre de conflitos de muitas vontades individuais, em que cada uma delas, por sua vez, é feita aquilo que é por um conjunto de condições de vida particulares; há, portanto, inúmeras forças que se entrecruzam, um número infinito de paralelogramas de forças, de que provém uma resultante – o resultado histórico –, que pode ele próprio, por sua vez, ser encarado como o produto de um poder que, como todo, atua *sem consciência* e sem vontade. Pois, aquilo que cada indivíduo quer é impedido por aquele outro e aquilo que daí sai é algo que ninguém quis. Assim, a história até aqui decorreu à maneira de um processo natural e está também essencialmente submetida às mesmas leis de movimento. Mas as vontades individuais – em que cada um quer aquilo a que o impele a sua constituição física e circunstâncias exteriores, em última instância econômicas (quer as suas próprias [circunstâncias] pessoais, quer as gerais – sociais) – não alcançam aquilo que querem, mas se fundem numa média total, numa resultante comum, daí não deve, contudo, concluir-se que elas são de pôr como = 0. Pelo contrário, cada uma contribui para a resultante e está, nessa medida, compreendida nela" (p. 548). Para Althusser, além de Engels cair num vazio epistemológico estaria se apoiando na concepção do individualismo moderno ao incorporar a noção de "vontades individuais" calcadas no plano da consciência (ALTHUSSER, Louis. *Pour Marx*. Paris: La Découverte, 1986, pp. 123-125). Todavia, como foi visto no capítulo anterior, Althusser aproximar-se-ia dessa posição de Engels sobre o acaso em seus últimos trabalhos.

CAPÍTULO II – PLURALIDADE CONTRADITÓRIA E...

secundárias são essenciais à existência da contradição principal, e realmente constituem a condição de existência dessa última, do mesmo modo que a contradição principal constitui a condição de existência delas. O exemplo citado por Althusser que as relações de produção não são o puro fenômeno das forças produtivas: são também a condição de existência dessas forças. A superestrutura não é puro fenômeno (ou reflexo) da estrutura, mas sim a condição de existência desta. Esse condicionamento da existência de uma contraditada pelas outras não nega a estrutura com dominante que reina sobre as contradições e nelas (em especial a determinação em última instância pelo econômico). Para Althusser, essa reflexão das condições de existência da contradição no interior dela mesma, essa reflexão da estrutura articulada como dominante, que constitui a unidade do todo complexo no interior de cada contradição, é o traço mais profundo da dialética marxista, expresso pelo conceito de "sobredeterminação".[172]

Segundo Althusser,

> se eu insistir muito sobre essa "reflexão", que propus a chamar "sobredeterminação", é que é absolutamente necessário isolá-la, identificá-la e dar-lhe um nome, para se tomar teoricamente conhecimento da sua realidade, que nos impõem tanto a prática teórica quanto a prática política do marxismo (...). A sobredeterminação designa, na contradição, a seguinte qualidade essencial: a reflexão, na própria contradição das suas condições de existência, ou seja, da sua situação na estrutura com dominante do todo complexo (...). É preciso admitir que a contradição deixa de ser unívoca (as categorias deixam de ter, de uma vez por todas, um papel e um sentido fixos), porque reflete em si, na sua própria essência, a sua relação com a estrutura desigual do todo complexo. Mas é necessário acrescentar que, deixando de ser unívoca, nem por isso se torna "equívoca", produto da primeira pluralidade empírica surgida, à mercê das circunstâncias, e dos "azares", o seu puro reflexo como a alma de tal poeta não é mais do que essa nuvem que passa. Muito ao contrário:

---

172 ALTHUSSER, Louis. *Pour Marx*. Paris: La Découverte, 1986, pp. 214/215.

deixando de ser unívoca, e portanto determinada de uma vez por todas, no seu papel e na sua essência, mostra-se determinada pela complexidade estruturada que lhe determina o seu papel como (...) sobredeterminada.[173]

Em seu texto "O objeto do capital", no livro *Ler O capital*, Althusser, em vez de usar o conceito de sobredeterminação, emprega o de "causalidade estrutural" e exclui o conceito de contradição. Assim como a sobredeterminação, esse conceito é também oriundo da psicanálise e da linguística,[174] e afirma que a estrutura dominante – a econômica – determina as demais estruturas (jurídico-política e ideológica) sem que a sua presença seja perceptível, i.e., o grau da sua eficácia seja visível. O mesmo se dá em relação às demais estruturas no que concerne às suas eficácias, como podemos observar nesta passagem de Althusser:

> o que está oculto na sociedade capitalista é claramente visível na sociedade feudal ou na comunidade primitiva, é nestas últimas sociedades que vemos claramente que *o econômico não é claramente visível!* - do mesmo modo que, nessas mesmas sociedades, vemos também claramente que o grau de eficácia dos diferentes níveis da estrutura social *não é claramente visível!*[175]

---

[173] ALTHUSSER, Louis. *Pour Marx*. Paris: La Découverte, p. 215.

[174] Como podemos perceber num artigo de Jacques-Alain Miller contemporâneo ao livro *Ler O capital*, "o discurso que o sujeito emite, ele o recebe, e a determinação se inverte de se fazer na primeira pessoa. Explorar-se-á pois o espaço do deslocamento da determinação. Ao mesmo tempo unívoca, reprimida e interior, retirada e declarada, ela não poderá ser qualificada senão como causalidade *metonímica*. A causa se metaforiza num discurso, e em geral em toda estrutura: porque a condição necessária ao funcionamento da causalidade estrutural é que o sujeito tome o efeito *pela causa*. Lei fundamental da ação da estrutura" (MILLER, Jacques-Alain. "Ação da estrutura". *Revista Tempo Brasileiro*, n° 28. Rio de Janeiro: Tempo Brasileiro, 1972, p. 93).

[175] ALTHUSSER, Louis (*et al.*). *Ler O capital*. vol. 2, Rio de Janeiro: Zahar, 1980, p. 128. Nicole-Édith Thévenin faz severas críticas a Althusser pelo excesso de formalismo e economicismo pelo emprego do conceito de causalidade estrutural nesse livro, e isso seria somente retificado em sua fase de autocrítica a partir do texto

CAPÍTULO II – PLURALIDADE CONTRADITÓRIA E...

Para fundamentar o conceito de causalidade estrutural e afirmar que uma estrutura dominante determina as demais (a exemplo de uma estrutura de uma região específica como a econômica, a determinação e o domínio que uma estrutura da produção tenha sobre as demais estruturas da produção, como também poderia ser pensado da determinação e domínio da ideologia jurídica na região ideológica em relação a outras ideologias, de caráter religioso, estético, esportivo etc.), Althusser cita uma passagem de Marx na Introdução de 1857 (texto central para Althusser na definição do papel das determinações), na qual afirma:

> em todas as formas de sociedade, é uma determinada produção e suas correspondentes relações que estabelecem a posição e a influência das demais produções e suas respectivas relações. É uma iluminação universal em que todas as demais cores estão imersas e que as modifica em sua particularidade. É um éter particular que determina o peso específico de toda existência que nele se manifesta.[176]

"Resposta a John Lewis" nos anos 70 (THÉVENIN, Nicole-Édith. "O itinerário de Althusser". *In*: NAVES, M. B. (Coord.). *Presença de Althusser*. Campinas: Unicamp, 2010. pp. 19/20). Contudo, a despeito do formalismo e da ausência do conceito de contradição, a ênfase na determinação do econômico explica-se pelo fato de que Althusser nesse texto teve como objeto de investigação o papel da estrutura econômica tal qual como foi central na análise de Marx em *O capital*. Mesmo com esse excesso por parte de Althusser, e com a ausência do conceito de contradição, esse texto tem a sua importância na crítica às correntes ontológicas historicistas-humanistas que deixaram em segundo plano as determinações do econômico ao enfatizarem os aspectos subjetivos do homem (indivíduo) e de sua "alienação com o trabalho". Ademais, Althusser nunca desconsiderou que a sua intervenção teórica, mesmo em tom formalista, estava desprovida de ser também uma intervenção política. A linha de demarcação estabelecida por ele em sua obra inicial da revolução teórica de Marx diante das interpretações ontológico-humanistas (em geral, de fundo político reformista) já é por si mesma uma ação política, haja vista as inúmeras críticas e reações desencadeadas contra esse livro, como também a sua recepção por segmentos revolucionários marxistas (e muitos de tendência maoista), naquele contexto. Sobre a recepção do marxismo althusseriano pelas correntes de esquerda revolucionária ver MOTTA, Luiz Eduardo. "Revista Civilização Brasileira (1965-1968): o espaço da resistência intelectual ao Estado autoritário". *Crítica y Emancipación*, vol. 5, 2011.

[176] MARX, Karl. *Grundrisse*. São Paulo: Boitempo, 2011, p. 59.

De acordo com Althusser, essa metafóra do éter e da luz consegue designar simultaneamente a presença e ausência, i.e., a existência da estrutura em seus efeitos. Isso não significa que a estrutura seja uma essência externa a seus efeitos. Ao contrário, implica que a estrutura seja imanente a seus efeitos, causa imanente de seus efeitos, e que toda a existência da estrutura consista em seus efeitos.[177] Desse modo, uma estrutura ideológica, ou jurídico-política, resultaria de seus próprios efeitos, e não de causas externas a elas, embora articuladas e determinadas pela instância econômica.

Ao tratar do papel das estruturas no "todo-complexo", Althusser destaca que a reprodução – e a transformação – dessas estruturas dá-se pelo conjunto de práticas. Se as estruturas são estruturantes das práticas, elas também não deixam de ser estruturadas por estas. Significa, portanto, que as práticas são estruturadas (na reprodução) e estruturantes (na transformação). Althusser define como prática em geral todo processo de transformação de uma determinada matéria-prima dada em um produto determinado, transformação efetuada por um determinado trabalho humano, utilizando meios ("de produção") determinados. Para Althusser o momento determinante do processo não é bem a matéria-prima, nem o produto, mas a prática em sentido estrito: o momento do próprio trabalho de transformação, que põe em ação numa estrutura específica, homens, meios e um método técnico de utilização dos meios. De acordo com Althusser, essa definição geral da prática inclui em si a possibilidade da particularidade: existem práticas diferentes, embora organicamente pertençam ao mesmo todo-complexo.

---

[177] ALTHUSSER, Louis (*et al.*). *Ler O capital*. vol. 2, Rio de Janeiro: Zahar, 1980, p. 141. Não há no marxismo uma causalidade linear constituída por uma "essência", tampouco um reflexo mecânico. Em seu texto de 1966 "Sobre a gênese", uma estrutura não deriva de outra. Significa afirmar que o modo de produção feudal não é o "pai" do modo de produção capitalista no sentido de que este encontrava-se contido, "em germe", no modo de produção feudal. Isso quer dizer que para compreender a produção de um efeito em B não basta considerar a causa A (imediatamente precedente, ou claramente em relação com o efeito B) isoladamente, mas a causa A como elemento de uma estrutura enquanto ocupa um lugar, portanto submetida às relações estruturais específicas que definem a estrutura em questão (ALTHUSSER, Louis. "Sur la genèse". *Décalages*, vol. 1, n° 2, 2012, pp. 2/3. Disponível em: http://scholar.oxy.edu/decalages/).

CAPÍTULO II – PLURALIDADE CONTRADITÓRIA E...

A "prática social", a unidade complexa das práticas existentes numa sociedade determinada, as articula enquanto uma unidade diferenciada na qual uma prática predomina sobre as outras de acordo com a conjuntura, ou com a instância onde atuam, já que as instâncias não são "puras" e são compostas pelo conjunto das práticas, mas há predominância da prática que lhe seja correspondente. A prática social, portanto, comporta a prática econômica, a prática política, a prática ideológia e a prática teórica.[178] A prática social não é uma "práxis", já que é distinta da afirmação reducionista de Gramsci de que para haver uma unidade para a formação de uma ação crítica tem de existir identificação entre a teoria e a prática.[179] Para Althusser, a prática teórica distingue-se da prática política, mas são articuladas para o conhecimento das contradições políticas, e, por seu turno, a prática política (revolucionária) tem na teoria o conhecimento das contradições para a constituição das estratégias políticas de ruptura. A teoria pode estar contida em "estado prático" na prática política, mas não é igual à prática teórica. Para Althusser, durante a Revolução de 1917 e nas reflexões de Lenin, a dialética marxista (produção de conhecimentos) encontrava-se na prática da luta de classes. A prática política produz transformações (revoluções) nas relações sociais, mas não se confunde com a prática teórica, já que há uma separação – e distinção – do concreto real em relação ao concreto pensado.[180]

---

178 ALTHUSSER, Louis. *Pour Marx*. Paris: La Découverte, 1986, p. 167.

179 GRAMSCI, Antonio. *Concepção dialética da história*. Rio de Janeiro: Civilização Brasileira, 1981, pp. 51/52.

180 Cf. ALTHUSSER, Louis. *Posições 2*. Rio de Janeiro: Graal, 1980, pp. 23/24; ALTHUSSER, Louis. *Pour Marx*. Paris: La Découverte, 1986, p. 189; e MARX, Karl. *Grundrisse*. São Paulo: Boitempo, 2011, pp. 54/55). A definição da prática teórica das demais práticas marca, pelo menos nesse aspecto, uma divergência entre Althusser e Mao. Para Mao (TSÉ-TUNG, Mao. "Sobre a prática". *In: Obras escolhidas*. vol. 1, São Paulo: Alfa Omega, 2011) em seu ensaio "Sobre a prática", a prática teórica é completamente dependente e direcionada pelas práticas sociais, i.e., subordinada às práticas política e ideológica. E, como bem observa Balibar (BALIBAR, Étienne. *Escritos por Althusser*. Buenos Aires: Nueva Visión, 2004, p. 34), embora Althusser reconheça que a "teoria estivesse em estado prático" durante os processos revolucionários (Rússia, China), haja vista a ausência de uma dialética

LUIZ EDUARDO MOTTA

A determinação das práticas sociais (ou de classe) pela estruturas e a intervenção das práticas na estrutura consistem na produção pela estrutura dos limites de variação da luta de classes: são esses limites que são os efeitos das estruturas. Poulantzas trata dessa questão ao analisar os limites da prática política pelas demais estruturas:

> a prática política, prática sobredeterminante que concentra em si as contradições dos outros níveis de luta de classe, está inscrita em limites, que são os efeitos do campo global da luta de classes e dos diversos níveis desta luta sobre a prática política. No entanto, estes limites são de segundo grau, na medida em que o campo das práticas está também circunscrito pelos efeitos das estruturas enquanto limites. Nesse sentido, a prática política é exercida, por um lado, nos limites fixados pelas outras práticas e pelo campo global de práticas de classe - luta econômica, política, ideológica –, enquanto que, por outro, este campo está também circunscrito pelos efeitos da estrutura como limites (...). [A] conjuntura[181] aparece como os efeitos das estruturas no

---

marxista definida no campo teórico, não haveria uma primazia da prática sobre a teoria, mas sim que a prática precede a teoria e a excede permanentemente.

[181] Por conjuntura – como afirma Badiou – entenda-se o sistema de instâncias enquanto pensável segundo o trajeto explicitamente estabelecido pelas hierarquias móveis das eficácias. A conjuntura é antes de tudo a determinação da instância dominante, cuja localização estabelece o ponto de partida da análise racional do todo (ALTHUSSER, Louis.; BADIOU, Alain. *Materialismo histórico e materialismo dialético*. São Paulo: Global, 1979, p. 21). Poulantzas complementa a análise de Badiou ao definir que a conjuntura permite decifrar a individualidade histórica do conjunto das estruturas e de seus níveis em uma formação social, em suma, a relação da individualidade concreta das estruturas e da configuração concreta das lutas de classes. Nesse sentido, a superestrutura política do Estado, que é o objetivo da prática política, é também, refletida na conjuntura, um elemento do objeto desta prática: conquistar o poder do Estado (POULANTZAS, Nicos. *Poder político e classes sociais*. São Paulo: Martins Fontes, 1977, p. 92). Althusser também fala de uma *conjuntura teórica* que, tal como a conjuntura política, não é meramente contingente. Retomando Mao, por ser uma realidade objetiva, há também nela questões principais e questões secundárias. E ela possibilita teoricamente perceber as variações concretas da conjuntura em sua determinação fundamental, i.e., a determinação em última instância da economia (POULANTZAS, Nicos. *Poder político e classes sociais*. São Paulo: Martins Fontes 1997, pp. 382-400).

CAPÍTULO II – PLURALIDADE CONTRADITÓRIA E...

campo das práticas concentradas, na sua unidade, ao nível da luta política de classe. Estes limites regulam, enquanto tais, um jogo de variações possíveis das forças sociais, em suma, a intervenção da prática política que é aqui a intervenção concentrada do campo das práticas, sobre as estruturas. A eficácia da estrutura no campo das práticas é pois limitada pela intervenção, sobre a estrutura, da prática política.[182]

As práticas, portanto, têm limites nas suas ações mediante as limitações dos conjuntos das estruturas. Essa demarcação dos limites das práticas indica que não há uma prática absoluta sobre as demais, significando que na relação entre as estruturas e suas instâncias, as estruturas determinadas e dominadas não sejam mero reflexo mecânico da estrutura determinante e/ou dominante. Esse "todo-complexo-estruturado" implica que cada estrutura determine umas às outras, pois se o econômico determina o ideológico, este por sua vez determina o econômico. O mesmo pode ser visto na estrutura jurídico-política sobre as demais. Isso não significa que haja uma reciprocidade mecânica entre as estruturas, pois o econômico sempre atua como determinante "em última instância", mas sim no tocante de que nenhuma estrutura seja impermeável às práticas e às contradições das outras estruturas.

Dessarte, por ser um "todo-complexo-estruturado" com autonomia relativa entre as estruturas e as instâncias, as temporalidades dessas estruturas são diferenciadas. Cada uma possui um tempo próprio, o que leva a cada nível ter um desenvolvimento distinto um do outro,

---

182 POULANTZAS, Nicos. *Poder político e classes sociais*. São Paulo: Martins Fontes 1977, pp. 91/92. O conceito de práticas continuará ocupando um espaço importante nos trabalhos posteriores de Althusser, a exemplo da sua obra *Sobre a reprodução* (ALTHUSSER, Louis. *Sobre a reprodução*. Petrópolis: Vozes, 1999) escrita em 1969, na qual marca certas mudanças em sua teoria, já que inclui o conceito de aparelhos (ideológicos e repressivos) e deixa de enfatizar as regiões estruturais dos modos de produção. As práticas são constituídas nos aparelhos em seus rituais, nos quais reproduzem (e mantêm) as relações sociais de produção. Contudo, não significa que as práticas percam seu aspecto estruturante (transformador) criado (desenvolvido) pelas organizações (partidos, movimentos) revolucionárias e desse modo modifiquem o caráter político, ideológico e econômico dos aparelhos.

ou seja, cada um possui uma história própria. Contudo, cada um desses tempos, e cada uma dessas histórias, embora sejam autônomos não significa que constituam outros tantos domínios independentes do todo: a especificidade de cada um desses tempos, de cada uma dessas histórias, em outras palavras, sua autonomia e independência relativas, fundam-se em certo tipo de articulação no todo, e, portanto, em certo tipo de dependência em relação ao todo.

Para Althusser,

> a história da filosofia, por exemplo, não é uma história independente por direito divino: o direito dessa história a existir como história específica é determinado pelas relações de articulação, e, pois, de eficácia, relativas, existentes no interior do todo. A especificidade desses tempos e dessas histórias é portanto *diferencial*, dado que fundada nas relações diferenciais existentes no todo entre os diferentes níveis: o modo e o grau de *independência* de cada tempo e cada história são, pois, determinados com inevitabilidade pelo modo e grau de *dependencia* de cada nível no conjunto das articulações do todo (...). Esse princípio é que fundamenta a possibilidade e a inevitabilidade de *histórias* diferentes que correspondem respectivamente a cada um desses "níveis". Esse princípio é que nos autoriza a falar de uma história das religiões, de uma história das ideologias, de uma história da filosofia, de uma história da arte, de uma história das ciências, sem jamais nos dispensar, mas pelo contrário, nos impondo a obrigação de pensar a independência relativa de cada uma dessas histórias na dependência específica que articula os diferentes níveis uns com os outros no todo social.[183]

É importante destacar o antieconomicismo de Althusser quando afirma a existência da acumulação de determinações eficazes sobre a determinação em última instância pelo econômico. A sobredeterminação torna-se inevitável e pensável desde que se reconheça a existência real,

---

[183] ALTHUSSER, Louis. *Posições 2*. Rio de Janeiro: Graal, 1980, p. 40.

CAPÍTULO II – PLURALIDADE CONTRADITÓRIA E...

em grande parte específica e autônoma, irredutível a um puro fenômeno, das formas da superestrutura e da conjuntura nacional e internacional. O que significa dizer que a dialética econômica jamais age em estado puro. Há sempre uma desigualdade entre as instâncias nas formações sociais, e essa desigualdade não é definida pela exterioridade entre as estruturas, mas sim de uma forma organicamente interior a cada instância da totalidade social, a cada contradição.

A presença do pensamento de Mao na construção dos conceitos de contradição sobredeterminante faz-se também presente nas definições de "não antagonismo", "antagonismo" e "explosão" na contradição. Quando Althusser afirma que a contradição é motriz e que ela implica numa luta real, das defrontações reais situadas em lugares precisos da estrutura do todo complexo, significa dizer que o lugar da confrontação pode variar segundo a relação atual das contradições na estrutura com dominante; é dizer que a condensação da luta de um lugar estratégico é inseparável do deslocamento da dominante entre as contradições. Esses fenômenos orgânicos de deslocamento e condensação são a própria existência da "dentidade dos contrários", pois possibilitam a ruptura que sanciona o momento revolucionário da refundição do todo. Desse modo, podemos

> distinguir para a prática política entre os momentos distintos de um processo: "não antagonismo", "antagonismo" e "explosão". Caracterizaria o primeiro momento em que a sobredeterminação da contradição existe *na forma dominante do deslocamento*; o segundo, como momento em que a sobredeterminação existe *na forma dominante de condensação*; o último, a explosão revolucionária como momento da condensação global instável provocando o desmembramento e a recomposição do todo, ou seja, uma reestruturação global do todo sobre uma base qualitativamente nova.[184]

---

[184] ALTHUSSER, Louis. *Pour Marx*. Paris: La Découverte, 1986, p. 222.

Para finalizar, Décio Saes[185] tem razão quando afirma que o marxismo althusseriano peca por algumas imprecisões nas definições de alguns conceitos, como é o caso da contradição sobredeterminante e de causalidade estrutural, já que ambos tratam da mesma problemática e têm o mesmo sentido "prático", pois analisam os efeitos nas estruturas a partir de uma estrutura determinante e/ou dominante. Enquanto o segundo obscurece o papel das contradições, o primeiro as destaca e as situa num ponto central para a análise dos aspectos determinantes e dominantes das estruturas e das instâncias correspondentes a essas estruturas.[186] E sendo a luta de classes o "motor da história" articulada com os demais conflitos não classistas, o conceito de contradição, com efeito, é central para a teorização e definição da relação entre as diversas estruturas e delimitar qual é a estrutura dominante, visto que esta é definida enquanto tal por conter a contradição principal numa formação social, e a partir dela entender a reprodução das relações de poder das classes e grupos dominantes, e o estabelecimento das estratégias revolucionárias para a transformação da formação social.[187]

---

[185] SAES, Décio. "O impacto da teoria althusseriana da história na vida intelectual brasileira". *In*: MORAES, João Quartim de (Coord.). *História do marxismo no Brasil*. vol. 3, 2ª ed. Campinas: Unicamp, 2007.

[186] Ao refutar o rótulo de "estruturalista", Althusser, em "Elementos de autocrítica", afirma que o marxismo não se diferencia do estruturalismo apenas pela prioridade do processo sobre a estrutura, mas sim pelo primado da contradição sobre o processo, o que torna o marxismo uma ciência revolucionária já que se põe sobre posições teóricas de classe revolucionárias (ALTHUSSER, Louis. *Solitude de Machiavel*. Paris: PUF, 1998, p. 181).

[187] Ao priorizar o papel das contradições, demarco uma posição oposta à de Balibar no seu primeiro trabalho de relevo (BALIBAR, Étienne. "Sobre os conceitos fundamentais do materialismo histórico". *In*: Althusser, Louis (*et al.*). *Ler O capital*. Rio de Janeiro: Zahar, 1980), quando ele afirma que as contradições são efeitos das estruturas: "essa definição encerra também a limitação do papel da contradição, isto é, sua situação de dependência em relação à causa (à estrutura): a contradição é apenas entre os efeitos, mas a causa não é em si dividida; não se pode analisar em termos antagônicos. A contradição não é, pois, originária, mas derivada. Os efeitos são organizados numa série de contradições particulares, mas o processo de produção desses efeitos não é de modo algum contraditório" (p. 254). Se as estruturas são estruturantes, mas também estruturadas, significa afirmar que as contradições estão inseridas na constituição das estruturas, como também na formação das práticas e

CAPÍTULO II – PLURALIDADE CONTRADITÓRIA E...

Conclusão

Nos anos 70, na chamada fase de "autocrítica", Althusser manteve-se fiel em muitos aspectos a suas posições teóricas e políticas demarcadas em seus trabalhos iniciais. A sua relação com o maoismo não foi rompida; pelo contrário, a retomada do conceito de contradição principal e secundária de Mao Tsé-Tung está presente em seu texto "Elementos de autocrítica", como também pode-se perceber a influência política do maoismo em seus últimos textos dos anos 70 – "Enfim, a crise do marxismo"; "O marxismo como teoria finita"; e "O marxismo hoje" – no tocante à crítica da relação entre o partido revolucionário e o Estado. A problemática da determinação em última instância também permanece presente no texto "Sustentação em Amiens", ao defender o conceito de "todo-complexo-estruturado com dominante" em relação ao de "totalidade", e da metáfora do edifício em relação à de "círculo", ou "esfera" hegeliana, visto que "o todo marxista é complexo e desigual e marcado de desigualdade pela determinação em última instância".[188] E se "todo desenvolvimento é desigual é porque é a contradição que move o desenvolvimento, e a contradição é desigual".[189]

No entanto, a posição de Althusser em relação à determinação em última instância do econômico mudou no decorrer do tempo. Na sua última entrevista, dada a Fernanda Navarro (1988), ele refuta o conceito de determinação em última instância pelo econômico, já que o primado da materialidade possibilitava que em dada conjuntura específica "tudo podia ser determinante em última instância", i.e., tudo poderia dominar. O que importa é a materialidade que determina as estruturas. Como afirma Althusser numa passagem dessa entrevista:

---

dos processos. Não há, portanto, um antes e um depois em relação às estruturas e às contradições, mas a própria formação das estruturas e o seu papel de determinante, ou de dominante, pressupõem a existência das contradições em seu interior, o que denota o seu dinamismo interno, e as suas transformações pela luta de classes.

188 ALTHUSSER, Louis. *Solitude de Machiavel*. Paris: PUF, 1998, p. 214.

189 ALTHUSSER, Louis. *Solitude de Machiavel*. Paris: PUF, 1998, p. 216.

é por conseguinte que me tenho interessado tanto em mostrar a materialidade, de fato, de toda a superestrutura e de toda a ideologia, como o fiz nos aparelhos ideológicos do Estado (AIE). É ali onde há de encontrar o conceito de "última instância", o deslocamento da materialidade, sempre determinante "em última instância" em cada conjuntura concreta (...). Toda a conjuntura é um caso singular como todas as individualidades históricas, como tudo o que existe.[190]

Althusser, com efeito, dá uma reviravolta nos seus últimos escritos sobre a determinação em última instância do econômico ao abarcar uma posição próxima ao relativismo pós-estruturalista, embora não tenha rejeitado muitas de suas posições precedentes, a exemplo de sua crítica às concepções humanistas e teleológicas da história que ainda se fazem presentes em determinadas correntes do marxismo. Ademais, com a recente crise econômica do modelo neoliberal que afetou diferentes formações sociais (Argentina, EUA e Europa) e acabou por resultar numa reação política e ideológica por outras formações sociais, particularmente na América Latina, e a constituição de inúmeros movimentos sociais antineoliberais, as análises de Althusser de sua fase inicial ainda se fazem necessárias na compreensão das determinações recíprocas entre as instâncias. Significa dizer que as recentes contradições antagônicas nas instâncias econômicas foram determinantes para a crise hegemônica do capitalismo neoliberal e para a emergência de modelos alternativos (sobretudo na América Latina) ao neoliberalismo.

De qualquer maneira, o marxismo althusseriano para ser entendido tem de ser estudado no todo para percerbemos essas variações e complementações que ocorreram ao longo da sua trajetória política e intelectual. E pela receptividade que a sua teoria tem obtido nos dias atuais, um momento marcado pela crise do capitalismo nesse início de século, isso mostra que a contribuição de Althusser para o

---

[190] ALTHUSSER, Louis; NAVARRO, Fernanda. *Filosofia y marxismo*. México: Siglo XXI, 1988, pp. 35-37.

CAPÍTULO II – PLURALIDADE CONTRADITÓRIA E...

marxismo, e para o pensamento crítico em geral, continua ainda em vigor e, pela sua intensa criatividade e rigor conceitual, necessária para analisar a presente crise.

CAPÍTULO III

SOBRE O CONCEITO DE IDEOLOGIA[191]

O conceito de ideologia no século XIX e no século XX desfrutou de um grande alcance no campo das ciências sociais, particularmente na ciência política e na sociologia. Tendo como ponto de partida a obra de Destutt de Tracy *Eléments d'idéologie* (1817-1818), esse conceito teve em Marx, e no pensamento marxista, um lugar central para o entendimento tanto da reprodução como também das mudanças na sociedade e na política. O conceito de ideologia encontrou também fora do marxismo reflexões e análises sobre o seu significado sociopolítico, a exemplo dos trabalhos de Emile Durkheim, Karl Mannheim, Robert King Merton e Jurgen Habermas. Contudo, desde a Guerra Fria, o conceito de ideologia começou a ser questionado, sendo considerado "ultrapassado", numa leitura que o reduzia apenas a seu aspecto político e utópico e afirmava que o seu "fim" já teria chegado. Exemplo disso são os trabalhos de Raymond Aron *O ópio dos intelectuais* (1955) e o de Daniel Bell *O fim da ideologia* (1960).

O questionamento do conceito de ideologia agravou-se em meados dos anos 1980, e, sobretudo, a partir da queda do Muro de Berlim,

---

[191] Em parceria com Carlos Henrique Aguiar Serra.

com a emergência do pós-modernismo e do pós-estruturalismo. Além disso, o artigo polêmico de Francis Fukuyama[192] no qual asseverava que a história teria chegado a seu fim com a vitória do liberalismo sobre o socialismo, do predomínio do indivíduo sobre o coletivo, e do mercado sobre o planejamento. Não haveria, assim, mais alternativa para além do liberalismo. E é nesse contexto que começaram a prevalecer no campo das ciências sociais os conceitos de simbólico e de discurso em detrimento ao de ideologia.

Mas com o início do esgotamento do modelo neoliberal na segunda metade dos anos 90, o conceito de ideologia, tal como a *fênix*, ressurgiu das cinzas e retornou a despertar novas reflexões, além da recuperação de obras clássicas sobre esse conceito. Um dos principais responsáveis por esse *revival* foi sem dúvida Slavoj Zizek ao articular o conceito de ideologia marxista com a psicanálise lacaniana e a filosofia hegeliana. E o livro que ele organizou, *Um mapa da ideologia*,[193] foi um marco para essa recuperação, não só do conceito de ideologia mas também da contribuição de Louis Althusser para essa problemática. Embora a obra desse filósofo tenha sido eclipsada nos anos 80 quando o marxismo europeu e, sobretudo, o francês, entrou em crise, o seu resgate iniciou-se aos poucos nos anos 90 com a publicação de sua autobiografia *O futuro dura muito tempo*,[194] conjuntamente aos seus textos inéditos, o que resultou na recuperação dos seus trabalhos publicados nos anos 60 e 70. Dos seus textos inéditos, um dos mais importantes foi escrito em 1969 sobre o tema em tela: trata-se do livro *Sobre a reprodução*,[195] que vem a ser versão ampliada do artigo "Ideologia e aparelhos ideológicos de Estado" publicado em 1970. Esse artigo, como é de notório conhecimento, teve grande impacto e repercussão desde a sua primeira publicação, além de ter exercido influência sobre diversos autores, a exemplo de Ernesto Laclau. Laclau, sem dúvida, é uma das

---

192 FUKUYAMA, Francis. *The end of history and the last man*. Nova York: Penguin Books, 1992.

193 ZIZEK, Slavoj (Coord.). *Um mapa da ideologia*. Rio de Janeiro: Contraponto, 1996.

194 ALTHUSSER, Louis. *O futuro dura muito tempo*: seguido de os fatos. São Paulo: Companhia das Letras, 1992.

195 ALTHUSSER, Louis. *Sobre a reprodução*. Petrópolis. Vozes, 1999.

CAPÍTULO III – SOBRE O CONCEITO DE IDEOLOGIA

principais expressões intelectuais vivas do campo da ciência política e da sociologia. Sua obra vem repercutindo em diversas formações sociais e tem sido objeto de discussão por diversos intelectuais, sobretudo do campo de esquerda, a exemplo de Zizek, Badiou e Borón. O seu livro, de 1977, *Política e ideologia na teoria marxista*[196] obteve forte repercussão (sobretudo na sua análise sobre o conceito de ideologia, principalmente na sua forma nacional-popular, ou populista) e somou-se a outros importantes trabalhos influenciados, ou motivados, por Althusser na problemática da ideologia naquele contexto.[197]

No entanto, apesar de Laclau ter dado uma significativa contribuição ao conceito de ideologia, foi também um dos principais "coveiros" desse conceito ao publicar em parceria com Chantal Mouffe, em 1985,

---

[196] LACLAU, Ernesto. *Política e ideologia na teoria marxista*. São Paulo: Paz e Terra, 1979.

[197] Veja RANCIÈRE, Jacques. *Sobre a teoria da ideologia*: a política de Althusser. Porto: Portucalense, 1971; RANCIÈRE, Jacques. *La leçon d'Althusser*. Paris: La Fabrique, 2011; POULANTZ, Nicos. *L'Etat, le pouvoir et le socialisme*. Paris: Press Universitaires de France, 1978; PÊCHEUX, Michel. *Semântica e discurso*. Campinas: Unicamp, 2010; BADIOU, Alain; BALMÈS, François. *De l'ideologie*. Paris: Maspero, 1976; HALL, Stuart (*et al.*). *Da ideologia*. Rio de Janeiro: Zahar, 1983; THERBORN, Goran. *The ideology of power and the power of ideology*. Londres: Verso, 1980. No Brasil destacam-se os trabalhos pioneiros de ESCOBAR, Carlos Henrique. *As ciências e a filosofia*. Rio de Janeiro: Imago, 1975; e ESCOBAR, Carlos Henrique. *Ciência da história e ideologia*. Rio de Janeiro: Graal, 1978; a crítica de CARDOSO, F. H. "Estado capitalista e marxismo". *Estudos Cebrap*, n° 21, São Paulo: Cebrap, 1977; e a resposta à crítica de Cardoso por PIRES, Eginardo. "Ideologia e Estado em Althusser: uma resposta". *Encontros com a Civilização Brasileira*, n° 6, Rio de Janeiro: Civilização Brasileira, 1978; o livro LIMOEIRO, Miriam. *Ideologia do desenvolvimento - Brasil*: JK-JQ. São Paulo: Paz e Terra, 1978; e o artigo "introdutório" de ALBUQUERQUE, José Augusto Guilhon. "Althusser, a ideologia e as instituições". *In*: ALTHUSSER, Louis. *Aparelhos ideológicos de Estado*. Rio de Janeiro: Graal, 1983. Mais recentemente temos o artigo ALMEIDA, Lúcio Flávio de. "Althusserianismo e estudos sobre a ideologia nacional: notas sobre um desencontro". *Margem 4*, São Paulo: Educ, 1995. Para um amplo mapeamento sobre a problemática da ideologia veja KONDER, Leandro. *A questão da ideologia*. São Paulo: Companhia das Letras, 2002. E acrescento nessa nova edição o artigo recente de Lúcio Flávio de Almeida, "Ideologia, ideologias, luta de classes: Althusser e os aparelhos ideológicos de Estado". *In*: PINHEIRO, Jair. *Ler Althusser*. Marília: Cultura Acadêmica, 2015, no qual fez um amplo estudo sobre o conceito de ideologia e de aparelhos ideológicos de Estado de Althuser e também de Poulantzas.

o livro *Hegemonia e estratégia socialista*.[198] Ao afirmar que o conceito de ideologia não respondia mais à realidade contemporânea, Laclau optou por priorizar o conceito de discurso que, a partir de então, será central na sua teoria sociopolítica, definida por ele como "pós-marxista".

Este capítulo tem como objetivo resgatar a importância e o significado do conceito de ideologia nas ciências sociais, particularmente a contribuição de Louis Althusser na *ciência da história* (ou "materialismo histórico") e a influência de sua teoria na obra de Ernesto Laclau. Ao tratar dessa influência, não limitar-me-ei à fase inicial de Laclau expressa em *Política e ideologia*,[199] mas também a sua obra de ruptura com a teoria marxista, *Hegemonia e estratégia socialista*, pois, como veremos, não deixou de ser influenciada por Althusser, a exemplo do conceito de sobredeterminação e, principalmente, pelo uso do conceito de contingência, pois, como veio a lume nos anos 90, a contingência tornou-se um aspecto central na teoria de Althusser quando ele, em seus últimos textos, enfatizou o *materialismo do encontro* (ou do acaso), mudando em vários aspectos a sua teoria dos anos 60/70.

Este capítulo divide-se em três partes: na primeira trataremos do conceito e ideologia na teoria marxista, mostrando o seu desenvolvimento (e os diferentes sentidos) a partir das obras de Marx, Lukács e Gramsci. Em seguida abordaremos a inovadora definição que Althusser deu a esse conceito desde os seus primeiros trabalhos em *Pour Marx* e *Ler O capital* e, principalmente, na sua derradeira análise, contida no livro *Sobre a reprodução*,[200] no qual se encontram as principais linhas expostas no artigo "Ideologia e aparelhos ideológicos de Estado". Por fim, mostraremos a contribuição de Laclau ao conceito de ideologia – privilegiando a sua análise sobre os princípios articulatórios da ideologia populista/nacionalista – e a reviravolta em sua teoria a partir do livro *Hegemonia e estratégia socialista*.

---

[198] LACLAU, Ernesto; MOUFFE, Chantal. *Hegemonia y estrategia socialista*. Buenos Aires: Fondo de Cultura Econômica, 2010.

[199] LACLAU, Ernesto. *Política e ideologia na teoria marxista*. São Paulo: Paz e Terra, 1979.

[200] ALTHUSSER, Louis. *Sobre a reprodução*. Petrópolis: Vozes, 1999.

CAPÍTULO III – SOBRE O CONCEITO DE IDEOLOGIA

3.1 – A constituição do conceito de ideologia na teoria marxista

O conceito de ideologia, com efeito, nunca foi sistematizado por Marx na sua teoria, distintamente dos conceitos relacionados à problemática da infraestrutura econômica como forças produtivas, relações de produção, mais-valia, preço, moeda, produção, circulação, consumo, que têm em *O capital,* nos *Grundrisse* e na *Contribuição à crítica da economia política* suas obras referenciais. Diferentemente, o conceito de ideologia encontra-se discutido e analisado de forma esparsa ao longo de sua obra, e sem uma definição precisa.

Marx aborda inicialmente o conceito de ideologia (ainda que não empregue esse termo) nos *Manuscritos econômicos-filosóficos de 1844*[201] quando trata da alienação do homem e da sua essência. Marx retoma a tradição do pensamento moderno, dos contratualistas até Hegel, que têm na alienação uma de suas categorias principais. A alienação da liberdade do homem ao poder absoluto do Estado é um dos temas centrais de Hobbes em *De cive*[202] e no *Leviatã.*[203] Locke, em *O segundo tratado do governo civil,*[204] também trata da alienação, embora num escopo menor em relação ao de Hobbes, ao enfocar a questão do homem em relação à propriedade e ao trabalho. Rousseau também afirma no *Contrato social*[205] que a emergência da civilização alienou o homem da sua liberdade, e somente com a formação de uma *Vontade Geral* o homem recuperaria a sua liberdade, embora alienasse para a *Vontade Geral,* i.e., a *Soberania,* a sua vontade (ou apetite) individual. Mas é em Hegel que o jovem Marx vai buscar o seu fundamento para definir a alienação do trabalho. Para Hegel, a alienação tem um estatuto ontológico entre o homem e o objeto. A alienação é então entendida como um processo

---

201 MARX, Karl. "Manuscritos econômico-filosóficos de 1844". In: _____. *Escritos de juventud.* México: Fondo de Cultura Econômica, 1982.

202 HOBBES, Thomas. *De cive.* Petrópolis: Vozes, 1993.

203 HOBBES, Thomas. *O leviatã.* São Paulo: Abril, 1983.

204 LOCKE, John. *Dois tratados sobre o governo.* São Paulo: Martins Fontes, 1998.

205 ROUSSEAU, Jean Jacques. *Do contrato social.* São Paulo: Abril, 1978.

infinito, correspondendo ao momento da negação; neste sentido ela não é só necessária mas também participa na progressão do movimento dialético pelo qual o ser humano pode conseguir a externalização da autoconsciência e adquirir novos conteúdos.

É nessa chave hegeliana (além da influência de Feuerbach, com seu livro *A essência do cristianismo*) que Marx desenvolve o conceito de alienação. Segundo Marx, o homem encontra-se "separado" da esfera do trabalho, alienado de si mesmo, e vivendo num mundo da produção e das mercadorias "coisificado", no qual ele mesmo é uma "coisa". Numa passagem dos *Manuscritos*, Marx define claramente a alienação do trabalho:

> O trabalho é algo exterior ao trabalhador, é, dizer, algo que não forma parte de sua essência (...). O trabalho exterior, o trabalho no qual o homem se aliena, é um trabalho em que se sacrifica a si mesmo e se mortifica finalmente, a exterioridade do trabalho para o trabalhador revela o que não é o seu próprio trabalho, senão um trabalho alheio; não pertence a ele, nem ele se pertence a si mesmo, mas sim que pertence a outro.[206]

Já em *A ideologia alemã,* de 1845,[207] Marx – juntamente com Engels – dá um novo significado ao conceito de ideologia, demarcando uma descontinuidade com a sua fase filosófica anterior.[208] Primeiramente, a ideologia está determinada pela vida material e o seu papel é

---

[206] MARX, Karl. "Manuscritos econômico-filosóficos de 1844". *In*: _____. *Escritos de juventud*. México: Fondo de Cultura Econômica, 1982, p. 598.

[207] MARX, Karl; ENGELS, Friedrich. *A ideologia alemã*. São Paulo: Boitempo, 2011.

[208] Para Althusser (ALTHUSSER, Louis. *Pour Marx*. Paris: La Découverte, 1986). Marx a partir de 1845 constituiu um "novo continente científico", o da história. Haveria, assim, uma ruptura com a sua fase filosófica pretérita marcada pelo essencialismo humanista de corte hegelo-feuerbachiano. Há, de fato, muita polêmica em torno dessa afirmação de Althusser sobre essa possível ruptura com a filosofia hegeliana. Contudo, não dá para negar a mudança de enfoque em Marx. A sua análise a partir de 1845 deixa de ter um foco filosófico para adquirir contornos sociológicos, políticos e econômicos, substituindo as categorias filosóficas de homem, essência, alienação, totalidade, liberdade por conceitos científicos como modo de produção,

CAPÍTULO III – SOBRE O CONCEITO DE IDEOLOGIA

o de inversão desse mundo material: as ideias é que explicam o mundo vida e não o contrário. Em segundo lugar, Marx e Engels delimitam que as ideias (as ideologias) distorcem e ocultam as relações reais de exploração por pertencerem a uma classe dominante. Antecipando-se a Gramsci, Marx e Engels fazem o primeiro esboço do conceito de hegemonia ao afirmarem que a classe dominante, por determinar todo o âmbito de uma época histórica, também domina os intelectuais como produtores de ideias, e também regula a produção e a distribuição das ideias dominantes da época estabelecendo, assim, uma divisão social do trabalho. Ademais, como notam Marx e Engels, toda classe que se apresenta como revolucionária representa o seu interesse particular como fosse o interesse comum de todos os membros da sociedade. Mostra a sua ideologia enquanto universal e racionalmente válida, representando a si não como classe mas sim como representante de toda a sociedade. Ambos também ressaltam que cada nova classe instaura sua dominação somente sobre uma base mais ampla do que a da classe que dominava até então.[209]

Outra passagem famosa desse livro é a da representação da vida material. Marx e Engels definem a ideologia no plano da consciência, mas de uma consciência obscurecida pela ideologia dominante. A ideologia não é autônoma, mas sim entrelaçada com a atividade material e com o intercâmbio material dos homens, com a linguagem da vida real.

Isso fica bem claro nessa seguinte passagem:

> Os homens são os produtores de suas representações, de suas ideias e assim por diante, mas os homens reais, ativos, tal como são condicionados por um determinado desenvolvimento de suas forças produtivas e pelo intercâmbio que a ele corresponde, até chegar às suas formações sociais mais desenvolvidas. A consciência não pode ser outra coisa do que o ser consciente, e o ser dos

---

infraestrutura, superestrutura, relações de produção, forças produtivas, ditadura do proletariado.

[209] Cf. MARX, Karl; ENGELS, Friedrich. *A ideologia alemã*. São Paulo: Boitempo, 2011, pp. 47-49.

LUIZ EDUARDO MOTTA

homens é o seu processo de vida real. Se, em toda ideologia, os homens e suas relações aparecem de cabeça para baixo como em uma câmara escura, esse fenômeno resulta de seu processo histórico de vida, da mesma forma como a inversão dos objetos na retina resulta de seu processo de vida imediatamente físico (...). Não se parte daquilo que os homens dizem, imaginam ou representam, tampouco dos homens pensados, imaginados e representados para, a partir de seu processo de vida real, expor-se também o desenvolvimento dos reflexos ideológicos e dos ecos desse processo de vida (...). Não é a consciência que determina a vida, mas a vida que determina a consciência.[210]

Como se pode perceber em *A ideologia alemã*, a problemática da ideologia não está mais circunscrita à recuperação da essência do homem perdida pela alienação do trabalho, mas sim em que o enfoque parte da determinação da vida material sobre a "espiritual". Além disso, Marx e Engels ressaltam que a ideologia (as ideias) não possui nenhuma neutralidade axiológica, haja vista que a ideologia dominante pertence à classe dominante, que detém a produção material, forjada pelos seus "ideólogos" (intelectuais).[211]

A problemática da ideologia retornaria (e de modo bastante esparso) na obra de 1852 *O 18 Brumário de Luís Bonaparte.*[212] Esse clássico da ciência política de Marx é um dos melhores estudos a respeito da reprodução das relações de poder numa formação social na qual foi fundamental o papel da ideologia na articulação das classes sociais, especialmente na cooptação de setores subalternos como o campesinato e o

---

210 MARX, Karl; ENGELS, Friedrich. *A ideologia alemã*. São Paulo: Boitempo, 2011, p. 94.

211 Marx e Engels retomam essa afirmativa no *Manifesto comunista,* na seguinte passagem: "as ideias dominantes de um tempo foram sempre apenas as ideias da classe dominante. Fala-se de ideias que revolucionam uma sociedade inteira; com isto exprime-se apenas o fato de que, no seio da sociedade nova, a dissolução das ideias velhas acompanha a dissolução das velhas relações de vida" (MARX, Karl; ENGELS, Friedrich. "Manifesto comunista". *In: Obras escolhidas.* vol. 1, Lisboa: Avante! 1982, p. 123).

212 MARX, Karl. *O 18 Brumário e Cartas a Kugelmann.* São Paulo: Paz e Terra, 2010.

CAPÍTULO III – SOBRE O CONCEITO DE IDEOLOGIA

lumpesinato. A ideologia nesse texto é tratada na sua acepção negativa, como Marx esboçara em *A Ideologia alemã,* pois incorpora os elementos referentes às tradições que obliteram a formação de uma consciência revolucionária. A definição aqui de ideologia está muito próxima da definição de *imaginário* tal como Althussser o operaciona como conceito de ideologia – fica perceptível nessa passagem:

> e assim como na vida privada se diferencia o que um homem pensa e diz de si mesmo do que ele realmente é e faz, nas lutas históricas deve-se distinguir mais ainda as frases e as fantasias dos partidos de sua formação real e de seus interesses reais, o conceito que fazem de si do que são na realidade.[213]

Noutro trecho, Marx destaca a questão da tradição na ideologia, entendendo-a no aspecto reprodutor:

> a tradição histórica originou nos camponeses franceses a crença no milagre de que um homem chamado Napoleão restituiria a eles toda a glória passada (...). Os três anos de rigoroso domínio da república parlamentar haviam libertado uma parte dos camponeses franceses da ilusão napoleônica, revolucionando-os ainda que apenas superficialmente; mas os burgueses reprimiam-nos violentamente, cada vez que se punham em movimento. Sob a república parlamentar, a consciência moderna e a consciência tradicional do camponês francês disputaram a supremacia.[214]

A outra definição que Marx dá ao conceito de ideologia está na célebre passagem do Prefácio à *Contribuição à crítica da economia política,*[215] de 1859. Nesse texto, Marx delimita o espaço da ideologia na superestrutura,

---

213 MARX, Karl. *O 18 Brumário e Cartas a Kugelmann.* São Paulo: Paz e Terra, 2010, p. 52.

214 MARX, Karl. *O 18 Brumário e Cartas a Kugelmann.* São Paulo: Paz e Terra, 2010, pp. 128/129.

215 MARX, Karl. "Prefácio à Contribuição à crítica da economia política". *In: Obras escolhidas.* vol. 1, Lisboa: Avante! 1982.

LUIZ EDUARDO MOTTA

embora só cite as instâncias jurídica e política. De qualquer maneira, Marx destaca o papel determinante da infraestrutura sobre a superestrutura, e da objetividade das relações sociais entre os homens (classes sociais), já que são determinadas por essas estruturas. Nessa perspectiva, Marx recupera a sua afirmação em *A ideologia alemã* de que não é a consciência que determina o ser social, mas sim o inverso.[216] A determinação do econômico sobre a ideologia (o mundo cultural) fica nítida nessa passagem:

> Com a transformação do fundamento econômico revoluciona-se, mais devagar ou mais depressa, toda a imensa superestrutura. Na consideração de tais revolucionamentos [transformações] tem-se de distinguir sempre entre o revolucionamento material nas condições econômicas da produção, o qual é constatável rigorosamente como nas ciências naturais, e as formas jurídicas, políticas, religiosas, artísticas ou filosóficas, em suma, ideológicas, em que os homens ganham consciência deste conflito e o resolvem. Do mesmo modo que não se julga o que um indivíduo é pelo que ele imagina de si próprio, tampouco se pode julgar uma tal época de revolucionamento a partir da sua consciência, mas se tem, isso sim, de explicar esta consciência a partir das contradições da vida material, do conflito existente entre forças produtivas e relações de produção sociais.[217]

Há, com efeito, um forte grau de determinismo em Marx que não estava presente em *A ideologia alemã* e em *O 18 Brumário*. A ideologia

---

216 "Na produção social da sua vida os homens entram em determinadas relações, necessárias, independentes da sua vontade, relações de produção que correspondem a uma determinada etapa de desenvolvimento das suas forças produtivas materiais. A totalidade dessas relações de produção forma a estrutura econômica da sociedade, a base real sobre a qual se ergue uma superestrutura jurídica e política, e à qual correspondem determinadas formas da consciência social. O modo de produção da vida material é que condiciona o processo da vida social, política e espiritual. Não é a consciência dos homens que determina o seu ser, mas, inversamente, o seu ser social que determina a sua consciência" (MARX, Karl. *O 18 Brumário e Cartas a Kugelmann*. São Paulo: Paz e Terra, 2010 pp. 530/531).

217 MARX, Karl. *O 18 Brumário e Cartas a Kugelmann*. São Paulo: Paz e Terra, 2010, p. 531.

CAPÍTULO III – SOBRE O CONCEITO DE IDEOLOGIA

não é meramente controlada pela classe dominante, mas faz parte de um conjunto de estruturas que configuram o modo de produção e que determinam as classes sociais e a consciência delas. A mudança da consciência ocorre, portanto, como resultado da contradição principal entre as forças produtivas e as relações de produção.

A quarta definição que Marx dá ao conceito de ideologia encontra-se em *O capital,* na parte referente ao fetichismo da mercadoria, na qual ele recupera o sentido do conceito de alienação da sua fase de juventude. Contudo, já havia nos *Grundrisse* o esboço da definição de *coisificação* (ou reificação) do mundo social, que será retomado em *O capital,* como podemos ver na seguinte passagem:

> O caráter social da atividade, assim como a forma social do produto e a participação do indivíduo na produção, aparece aqui diante dos indivíduos como algo estranho, como coisa; não como sua conduta recíproca, mas como sua subordinação a relações que existem independentemente deles e que nascem do entrechoque de indivíduos indiferentes entre si. A troca universal de atividades e produtos, que deveio condição vital para todo indivíduo singular, sua conexão recíproca, aparece para eles mesmos como algo estranho, autônomo, como uma coisa (...). Essas relações externas tampouco são uma supressão das "relações de dependência", dado que são apenas a sua resolução em uma forma universal; são, ao contrário, a elaboração do *fundamento* universal das relações pessoais de dependência. Também aqui os indivíduos só entram em relação entre si como indivíduos determinados. Essas relações de dependência *coisal* por oposição às relações de dependência *pessoal* (a relação de dependência coisal nada mais é do que as relações sociais autônomas contrapostas a indivíduos aparentemente independentes, i.e., suas relações de produção recíprocas deles próprios autonomizadas), aparecem de maneira tal que os indivíduos são agora dominados por *abstrações*, ao passo que antes dependiam uns dos outros. A abstração ou ideia, no entanto, nada mais é do que a expressão teórica dessas relações materiais que os dominam (...). Do ponto de vista ideológico, o erro era tão mais fácil de cometer porquanto esse domínio das relações (...) aparece na

consciência dos próprios indivíduos como domínio das ideias e a crença na eternidade de tais ideias, i.e., dessas relações coisais de dependência, é consolidada, nutrida, inculcada por todos os meios, é claro, pelas classes dominantes.[218]

Nos *Grundrisse,* Marx, embora introduza a *coisificação* do mundo social, mantém alguns dos elementos contidos em *A ideologia alemã,* como a inculcação da ideologia pelas classes dominantes, mas a ideologia não é somente uma especulação idealista, mas está fundamentada nas práticas materiais burguesas.[219] Em *O capital,* Marx mantém essa concepção da "coisificação" (reificação) do mundo social celebrizada na sua análise sobre o fetichismo da mercadoria:

> A mercadoria é misteriosa simplesmente por encobrir as características sociais do próprio trabalho dos homens, apresentando-as como características materiais e propriedades sociais inerentes aos produtos do trabalho; por ocultar, portanto a relação social entre os trabalhos individuais dos produtores e o trabalho total, ao refleti-la como relação social existente, à margem deles, entre os produtos do seu próprio trabalho. Através dessa dissimulação, os produtos do trabalho se tornam mercadorias, coisas sociais, com propriedades perceptíveis e imperceptíveis aos sentidos.[220]

Nos *Grundrisse* e em *O capital,* a ideologia não é mais redutível à falsa consciência, a exemplo do seu significado em *A ideologia alemã.* Como observa Eagleton,[221] a ideia de falsidade persiste na noção de aparências enganadoras, mas estas são menos ficções da mente que efeitos estruturais do capitalismo. Se a realidade capitalista abrange sua própria falsidade, então essa falsidade deve, de certa maneira, ser real. E há efeitos ideológicos, como o fetichismo da mercadoria, que não

---

218 MARX, Karl. *Grundrisse.* São Paulo: Boitempo, 2011, pp. 111/112.

219 EAGLETON, Terry. *Ideologia.* São Paulo: Boitempo, 1997, p. 94.

220 MARX, Karl. *O capital.* vol. 1, Rio de Janeiro: Civilização Brasileira, 2012, p. 94.

221 EAGLETON, Terry. *Ideologia.* São Paulo: Boitempo, 1997, pp. 84/85.

CAPÍTULO III – SOBRE O CONCEITO DE IDEOLOGIA

são irreais, por mais que possam envolver mistificações. Se *A ideologia alemã* corre o risco de relegar as formas ideológicas ao domínio da ir-realidade, a obra posterior de Marx coloca-as muito perto da realidade. Perdura nessa fase posterior o caráter negativo da ideologia esboçado em 1845. Em relação à permanência do negativismo do conceito de ideologia em Marx:

> Se a teoria também reproduz o negativismo de *A ideologia alemã* é porque a ideologia, mais uma vez, não parece ter nenhum propósito além de *ocultar* a verdade da sociedade de classes. É menos uma força ativa na constituição da subjetividade humana que uma máscara ou véu que impede um sujeito já constituído de compreender o que está diante dele.[222]

Essa concepção da ideologia enquanto fetichismo da mercadoria vai ser retomada, e ampliada, por Lukács no seu clássico *História e consciência de classe*,[223] escrito entre 1919 e 1922. Lukács, sem dúvida, é a maior expressão idealista do pensamento marxista. Sua obra é marcada por uma intensa oposição à concepção do marxismo enquanto ciência (um aspecto completamente estranho ao marxismo até então), constituindo, assim, uma identidade teórica com os neokantianos, os quais também o influenciaram na sua juventude, a exemplo de Simmel, Dilthey e, sobretudo, Max Weber.

O idealismo e o essencialismo de Lukács ficam nítidos na sua concepção teleológica (de fundo judaico-cristão), na qual concebe o proletariado como a classe-sujeito portadora da verdade, e de uma visão totalizante da sociedade que possibilita a descortinação da reificação da sociedade, superando, desse modo, a alienação de classe. Assim sendo, o processo teleológico no qual para Hegel o sujeito seria a Ideia, é substituído pelo proletariado, classe essa que além de sujeito também

---

222 EAGLETON, Terry. *Ideologia*. São Paulo: Boitempo, 1997, p. 86.

223 LUKÁCS, György. *História e consciência de classe*. Porto: Editora Escorpião, 1974.

é objeto de conhecimento; e esse conhecimento de si significa, para Lukács, o conhecimento correto de toda a sociedade.[224]

Lukács, ao não definir o marxismo como ciência (nem como teoria), o concebe enquanto um "método" que consegue captar a essência da totalidade contraditória do mundo social, e não de modo fragmentado, distintamente das ciências "burguesas" (sociologia, economia, política etc.), como podemos ver nesta passagem:

> Esta concepção dialética da totalidade, que tanto se afasta em aparência da realidade imediata e que constrói essa realidade de um modo aparentemente "não científico" é, de fato, o único método que pode captar e reproduzir a realidade no plano de pensamento. A totalidade concreta é, pois, a categoria fundamental da realidade.[225]

É por intermédio desse método totalizante que a ilusão fetichista, i.e., a ideologia dominante da sociedade capitalista será superada. Para Lukács, a ilusão fetichista tem como função esconder a realidade e envolve todos os fenômenos da sociedade capitalista, não se limita a mascarar somente o seu caráter histórico, transitório; mais exatamente, ela só se torna possível porque todas as formas de objetividade sob as quais o mundo se manifesta, necessária e imediatamente, ao homem na sociedade capitalista escondem igualmente as categorias econômicas, a sua essência profunda como forma de objetividade, como categorias de *relações inter-humanas*; as formas de objetividade aparecem como coisas e relações entre coisas. Como Lukács afirma, "é por isso que o método dialético, ao mesmo tempo em que rasga o véu de coisidade, abre a via do conhecimento da realidade".[226]

---

224 LUKÁCS, György. *História e consciência de classe*. Porto: Editora Escorpião, 1974, pp. 17 e 35.

225 LUKÁCS, György. *História e consciência de classe*. Porto: Editora Escorpião, 1974, p. 24.

226 LUKÁCS, György. *História e consciência de classe*. Porto: Editora Escorpião, 1974, p. 30.

CAPÍTULO III – SOBRE O CONCEITO DE IDEOLOGIA

A concepção reducionista de classes de Lukács estabelece uma simples linha de demarcação entre a burguesia e o proletariado, já que inexiste para ele a atuação de outras classes, sem falar nas diferenças internas às classes burguesa e proletária, visto que Lukács as trata de modo absoluto em sua teoria. Isso fica nítido na seguinte passagem: "a burguesia e o proletariado são as únicas classes puras da sociedade".[227] Soma-se a essa posição reducionista e absolutista de classes a concepção idealista e essencialista teleológica do papel do proletariado na história:

> A superioridade do proletariado sobre a burguesia, que lhe é, aliás, superior em todos os pontos de vista: intelectual, organizacional etc., reside exclusivamente no fato de ser capaz de considerar a sociedade a partir do seu centro como um todo coerente e, por conseguinte, capaz de agir de uma forma central, modificando a realidade; pelo fato de, para a sua consciência de classe, teoria e práxis coincidirem, pelo fato de, por conseguinte, poder lançar na balança da evolução social a sua própria ação como fator decisivo (...). O proletariado não pode libertar-se como classe sem suprimir a sociedade de classes em geral e é precisamente por isso que a sua consciência, a última consciência de classe na história da humanidade, deve coincidir, por um lado, com a revelação da essência da sociedade e consumar, por outro, uma unidade cada vez mais íntima da teoria e da práxis.[228]

Percebe-se em Lukács que a classe operária tem um sentido "religioso", de caráter messiânico, pois sendo a portadora de uma verdade universal e absoluta, somente ela pode "revelar" a essência da sociedade e libertá-la, haja vista que ela é a "última consciência de classe na história da humanidade". Outras observações críticas à sua obra foram feitas em relação à sua posição "anticientificista", como as de Roisin McDounough. De acordo com esse autor, Lukács equivoca-se na sua

---

227 LUKÁCS, György. *História e consciência de classe*. Porto: Editora Escorpião, 1974, p. 74.

228 LUKÁCS, György. *História e consciência de classe*. Porto: Editora Escorpião, 1974, pp. 84/85.

crítica à ciência, derivada da sua oposição a determinadas correntes da II Internacional. Mas, ao fazê-lo, Lukács não consegue distinguir entre aquilo que tem sido chamado de "ideologias científicas" (baseadas em métodos positivistas), e que na verdade haviam sido apropriadas sob a aparência do marxismo quando ele escreveu seu livro, e outras concepções alternativas da cientificidade do materialismo histórico.[229] Como observa McDonough,

> esse fracasso leva-o a condenar a ciência como tal. Leva-o também a reduzir o marxismo à teoria do autoconhecimento do proletariado (...). Em outras palavras, sua teoria é uma *tautologia* essencialmente especulativa, incapaz de explicar teoricamente a ausência empírica de uma classe revolucionária que pode transformar a sociedade porque sua teoria ou entedimento baseia-se no marxismo. Mas como sabemos que o proletariado é a classe revolucionária? Por causa da teoria marxista...[230]

Terry Eagleton, por seu turno, critica Lukács pelo seu idealismo, por meio do conceito de reificação, e por sua ênfase aos aspectos subjetivos do processo rrevolucionário. Segundo Eagleton,

---

229 Marx, de fato, estranharia essa aversão de Lukács à ciência, já que o seu objetivo era fazer uma análise rigorosamente científica do capital, a exemplo destas passagens: "o físico observa os processos da natureza, quando se manifestam na forma mais característica e estão mais livres de influências perturbadoras, ou, quando possível, ele faz experimentos que assegurem a ocorrência do processo em sua pureza. Nesta obra o que eu tenho de pesquisar é o modo de produção capitalista e as correspondentes relações de produção e de circulação" (MARX, Karl. *O capital*. vol. 1, Rio de Janeiro: Civilização Brasileira, 2012, p. 16). E numa outra passagem em que demarca nitidamente a diferença entre ciência e ideologia Marx diz: "a burguesia conquistara o poder político na França e Inglaterra. Daí em diante, a luta de classes adquiriu, prática e teoricamente, formas mais definidas e ameaçadoras. Soou o dobre dos finados da ciência econômica burguesa (...). Os pesquisadores desinteressados forma substituídos por espadachins mercenários, a investigação científica imparcial cedeu o seu lugar à consciência deformada e às intenções perversas da apologética" (MARX, Karl. *O capital*. vol. 1, Rio de Janeiro: Civilização Brasileira, 2012, p. 24).

230 McDONOUGH, Roisín. "A ideologia como falsa consciência: Lukács". *In*: HALL, Stuart (*et al.*). *Da ideologia*. Rio de Janeiro: Zahar, 1983, pp. 58/59.

CAPÍTULO III – SOBRE O CONCEITO DE IDEOLOGIA

esse modelo tende a reduzir a sociedade burguesa a um conjunto de "expressões" de reificação cuidadosamente superpostas, em que cada um de seus níveis (econômico, político, jurídico, filosófico) imita e reflete obedientemente os outros. Além disso, essa insistência obcecada na reificação como posta para todos os crimes é, ela própria, veladamente idealista: nos textos de Lukács, tende a deslocar conceitos mais fundamentais, como a exploração econômica.[231]

Sobre a superestimação idealista da própria "consciência", Eagleton observa que

> não é a *consciência* da classe operária, atual ou potencial, que leva o marxismo a selecioná-la como agência primordial da mudança revolucionária. Se a classe operária surge como tal agente é por razões estruturais, materiais – o fato de que é o único corpo localizado de tal maneira no processo produtivo do capitalismo, treinado e organizado de tal maneira por esse processo e inteiramente indispensável a ele, que acaba por ser o único capaz de conquistá-lo. Nesse sentido, é o capitalismo, não o marxismo, que "seleciona" os instrumentos da vitória revolucionária, nutrindo pacientemente o seu coveiro potencial.[232]

O conceito de ideologia no marxismo teve, de fato, no pensamento de Gramsci a sua primeira definição mais sistematizada, além de materializar a sua função no mundo social. Gramsci, especialmente na sua fase dos *Cadernos do cárcere*, elaborou uma complexa teoria da ideologia, sobretudo pela forma fragmentada de seus escritos, ao longo dos quais algumas categorias têm acepções distintas.[233] Com efeito, a partir de Gramsci forma-se um novo léxico conceitual no marxismo

---

231 EAGLETON, Terry. *Ideologia*. São Paulo: Boitempo, 1997, p. 94.

232 EAGLETON, Terry. *Ideologia*. São Paulo: Boitempo, 1997, pp. 96/97.

233 Para uma crítica dos diversos significados das categorias de Gramsci, veja ANDERSON, Perry. "As antinomias de Gramsci". *Crítica Marxista*, nº 1, São Paulo: Joruês, 1986.

como hegemonia, bloco histórico, sociedade civil e sociedade política, intelectuais orgânicos, guerra de posição e guerra de movimento, categorias essas que foram incorporadas em larga escala pelos partidos e movimentos de esquerda, e não restritos aos de corte comunista.

O conceito-chave de Gramsci[234] em sua teoria é o de hegemonia, pois é a partir dele que os demais circulam e demonstram seus papéis no cenário político e social. A hegemonia significa a *direção* político-ideológica da classe dirigente sobre as demais classes sociais. Diferentemente do reducionismo de Lukács, para Gramsci a visão de mundo da classe dirigente/dominante não se restringe em si mesma, pois ela, para ser hegemônica, tem de incorporar elementos (ou programas) de outras visões de mundo, ou seja, ela tem de incorporar as outras classes sociais que estão fora do poder. A classe que almeja o poder, e para manter esse poder, não pode depender apenas da força coativa, mas também de um consenso construído pela hegemonia, ou seja, da ideologia.

O conceito de ideologia para Gramsci[235] não tem a acepção negativa presente em Marx e Lukács, de uma "falsa consciência", enquanto efeito ilusório do mundo real. As ideologias, com efeito, representam o seu momento histórico, o que significa que elas não são eternas, mas sim que representam o seu momento histórico e são superadas por outro momento histórico. Não há, em Gramsci, um confronto entre uma ideologia verdadeira contra uma falsa, mas sim uma ideologia mais verdadeira do que a outra, porque ambas correspondem a momentos históricos distintos nos quais uma se sobrepõe à outra. Isso significa dizer que a visão de mundo burguesa não é falsa, mas sim que foi verdadeira em relação ao contexto contra o feudalismo e a aristocracia, e foi superada com a emergência da concepção de mundo do proletariado moderno.

A ideologia para Gramsci possui três níveis hierárquicos: 1) a filosofia (que é a ideologia mais elaborada e sistematizada); 2) o senso

---

[234] GRAMSCI, Antonio. *Maquiavel, a política e o Estado moderno.* Rio de Janeiro: Civilização Brasileira, 1980.

[235] GRAMSCI, Antonio. *Concepção dialética da história.* Rio de Janeiro: Civilização Brasileira, 1981.

CAPÍTULO III – SOBRE O CONCEITO DE IDEOLOGIA

comum (que incorpora de modo assistemático a filosofia) e a religião; 3) o folclore (que são elementos de ideologias pregressas que sobrevivem ao longo do tempo, com as transformações históricas). O papel da ideologia, para Gramsci, é "cimentar o bloco social".[236] O "bloco social" é também denominado "bloco histórico", formado pela estrutura e superestrutura, i.e., "o conjunto complexo – contraditório e discordante –, as superestruturas são o reflexo do conjunto das relações sociais de produção".[237]

A hegemonia (a concepção de mundo) é constituída pelos "intelectuais orgânicos", que são vinculados aos grupos sociais fundamentais do "bloco histórico", e são fixados em dois grandes planos superestruturais:

> o que pode ser chamado de "sociedade civil" (i.e., o conjunto de organismos chamados comumente de "privados") e o da "sociedade política ou Estado", que correspondem à função de "hegemonia" que o grupo dominante exerce sobre toda a sociedade e àquela de "domínio direto" ou de comando, que se expressa no Estado e no governo "jurídico". Essas funções são precisamente organizativas e conectivas.[238]

Gramsci, de fato, inova o significado dos conceitos de sociedade civil e de sociedade política: para o pensamento contratualista moderno ambos são sinônimos em oposição à sociedade natural, ou estado de natureza; já Hegel define a sociedade civil enquanto esfera dos interesses privados. Para Gramsci, a sociedade civil é o conjunto de instituições (escolas, igrejas, jornais, rádios etc.) produtoras de ideologias articuladas, ou não (quando há crise de hegemonia), para o Estado, ou sociedade política. A distinção entre sociedade civil e política, para Gramsci, não é orgânica

---

236 GRAMSCI, Antonio. *Concepção dialética da história*. Rio de Janeiro: Civilização Brasileira, 1981, p. 16.

237 GRAMSCI, Antonio. *Concepção dialética da história*. Rio de Janeiro: Civilização Brasileira, 1981, p. 52.

238 GRAMSCI, A. *Os intelectuais e a organização da cultura*. Rio de Janeiro: Civilização Brasileira, 1982, pp. 10/11.

LUIZ EDUARDO MOTTA

mas sim metodológica.[239] No seu momento hegemônico, o Estado é a soma da força e consenso, da coerção e persuasão. Como afirma Gramsci,

> permanecemos sempre no terreno da identificação de Estado e de governo, identificação que não passa de uma reapresentação da forma corporativa-econômica, i.e., da confusão entre sociedade civil e sociedade política, pois deve-se notar que na noção geral de Estado entram elementos que também são comuns à noção de sociedade civil (neste sentido, poder-se-ia dizer que Estado = sociedade política + sociedade civil, i.e., hegemonia revestida de coerção).[240]

Devido à fragmentação da obra de Gramsci, diversas e adversas interpretações foram feitas em relação à sua teoria, tanto de teor revolucionário como também de conteúdo reformista, até mesmo aproximando-o do pensamento liberal.[241] O marxismo althusseriano, que teve em Gramsci uma de suas referências políticas, sempre demarcou uma distinção no tocante aos aspectos teóricos e epistemológicos. Poulantzas, um dos mais próximos à perspectiva gramsciana do grupo althusseriano, fazia uma crítica ao que ele denunciava influência do pensamento moderno às categorias empregadas por Gramsci, a exemplo de sociedade civil, sendo substituída por aparelhos ideológicos de Estado.[242] Althusser, por sua vez, critica Gramsci pela amplitude de seu conceito

---

[239] GRAMSCI, Antonio. *Maquiavel, a política e o Estado moderno*. Rio de Janeiro: Civilização Brasileira, 1980, p. 32.

[240] GRAMSCI, Antonio. *Maquiavel, a política e o Estado moderno*. Rio de Janeiro: Civilização Brasileira, 1980, p. 149.

[241] A aproximação de Gramsci com o pensamento liberal está presente nos trabalhos de Norberto Bobbio, Luiz Werneck Vianna e Massimo d'Alema. Na perspectiva reformista de base eurocomunista, Carlos Nelson Coutinho é a principal referência brasileira. Numa perspectiva de ruptura cito Domenico Losurdo e, no Brasil, Edmundo Fernandes Dias, Marcos Del Roio e Álvaro Bianchi.

[242] "Esta teoria de Gramsci é maculada por uma linguagem que deriva da concepção 'historicista' e de certas noções que dela sobressaem, tal como a de 'sociedade civil'; essa concepção macula até a sua noção de 'hegemonia'" (POULANTZAS, Nicos. *Fascismo e ditadura*. São Paulo: Martins Fontes, 1978, p. 320).

CAPÍTULO III – SOBRE O CONCEITO DE IDEOLOGIA

de ideologia, por inserir a ciência na superestrutura, tal qual a religião, e por ser definida igualmente a uma ideologia. Como afirma Gramsci:

> É possível dizer, contudo, que no estudo das superestruturas, a ciência ocupa um lugar privilegiado, pelo fato de que a sua reação sobre a estrutura tem um caráter particular, de maior extensão e continuidade de desenvolvimento, notadamente após o século XVIII, a partir de quando a ciência seja uma superestrutura, é o que é demonstrado também pelo fato de que ela tenha tido períodos inteiros de eclipse, obscurecida que foi por outra ideologia dominante, a religião, que afirmava ter absorvido a própria ciência (...) a ciência jamais se apresenta como uma noção objetiva; ela aparece sempre revestida por uma ideologia e, concretamente, a ciência é a união do fato objetivo com uma hipótese, ou um sistema de hipóteses, que superam o mero fato objetivo.[243]

Althusser refuta o historicismo radical de Gramsci quando esse define o marxismo como uma "concepção de mundo", tal qual a religião. Althusser demarca que a ruptura do marxismo com as religiões ou ideologias "orgânicas" deve-se ao fato de o marxismo ser uma ciência e que

> deve tornar-se ideologia "orgânica" da história humana, produzindo nas massas uma nova forma de ideologia (uma ideologia que repousa numa ciência – o que jamais se viu) (...). Ele [Gramsci] tende também frequentes vezes a *reunir sob um mesmo termo* a teoria científica da história (materialismo histórico) e a filosofia marxista (materialismo dialético, e a pensar essa unidade como uma "concepção de mundo" ou como "ideologia" afinal comparável às antigas religiões.[244]

---

243 GRAMSCI, Antonio. *Concepção dialética da história*. Rio de Janeiro: Civilização Brasileira, 1981, p. 71.

244 GRAMSCI, Antonio. *Maquiavel, a política e o Estado moderno*. Rio de Janeiro: Civilização Brasileira, 1980, p. 75.

LUIZ EDUARDO MOTTA

Vejamos a seguir a definição de Althusser sobre o conceito de ideologia e a sua materialidade prática, pelos aparelhos ideológicos de Estado.

3.2 – A ideologia enquanto imaginário das relações com o mundo real

A intervenção de Althusser na teoria marxista sobre o conceito de ideologia gerou um intenso debate que continua até os dias de hoje.[245] Como bem observa Sampedro,[246] Althusser trabalhou o conceito de ideologia: 1) do ponto de vista epistemológico, no qual trata a relação entre ciência e ideologia, e em grande parte presente nos seus primeiros trabalhos, notadamente *Pour Marx* e *Ler O capital*; 2) no sentido prático, que tem início no artigo "Marxismo e humanismo" e é amplamente desenvolvido no manuscrito *Sobre a reprodução*,[247] de onde foi extraído o seu mais famoso artigo, "Ideologia e aparelhos ideológicos de Estado".

No aspecto epistemológico, a ideologia é definida como o *outro* da ciência, i.e., a ciência surge enquanto uma ruptura, uma descontinuidade do senso comum (ideologia). Para Althusser, há uma ruptura epistemológica na obra de Marx a partir de 1845, na qual se inicia um novo continente científico, a ciência da história (ou materialismo histórico)

---

245 Vide os trabalhos de ÍPOLA, Emilio de. *Althusser, el infinito adiós*. Buenos Aires: Siglo XXI, 2007; GILLOT, Pascale. *Althusser y el psicoanálisis*. Buenos Aires: Nueva Visión, 2010; e SAMPEDRO, Francisco. "A teoria da ideologia em Althusser". *In*: NAVES, Márcio Bilharinho (Coord.). *Presença de Althusser*. Campinas: Unicamp, 2010. E as coletâneas organizadas por Caletti e Romé (CALETTI, Sergio; ROMÉ, Natalia (Coord.). *La intervención de Althusser*: revisiones y debates. Buenos Aires: Prometeo, 2011) e Caletti, Romé e Sosa (CALETTI, Sergio; ROMÉ, Natalia; SOSA, Martina (Coord.). *Lecturas de Althusser*: proyecciones de un campo problemático. Buenos Aires: Imago Mundi, 2011).

246 SAMPEDRO, Francisco. "A teoria da ideologia em Althusser". *In*: NAVES, Márcio Bilharinho (Coord.). *Presença de Althusser*. Campinas: Unicamp, 2010.

247 ALTHUSSER, Louis. *Sobre a reprodução*. Petrópolis: Vozes, 1999.

CAPÍTULO III – SOBRE O CONCEITO DE IDEOLOGIA

e, em estado prático, uma nova filosofia produtora de conhecimento (materialismo dialético).

Tendo como suporte o texto de Marx Introdução à *Contribuição à crítica da economia política,* no qual distingue o real do pensamento, e isso implica em duas teses fundamentais: 1) a tese materialista do primado do real sobre o pensamento, dado que o pensamento do real pressupõe a existência do real independentemente do seu pensamento, pois para Marx o sujeito real, como antes, continua a existir em sua autonomia fora da cabeça;[248] 2) a tese materialista da especificidade do pensamento e do processo de pensamento em relação ao real e ao processo real. O pensamento do real, a concepção do real, e todas as operações de pensamento pelas quais o real é pensado e concebido, pertencem à ordem do pensar, ao elemento do pensamento e do processo, que não se pode confundir com o elemento do real. Como afirma Marx, "o todo como um todo de pensamentos, tal como aparece na cabeça, é um produto da cabeça pensante".[249] Do mesmo modo, o concreto pensado pertence ao pensar e não ao real. O processo do conhecimento, o trabalho de elaboração pelo qual o pensamento transforma as intuições e as representações do início em conhecimentos, ou concreto de pensamento, dá-se inteiramente no pensamento.

A partir dessa definição de Marx da separação do real em relação ao abstrato, ou do concreto-do-pensamento e do concreto-realidade, como diz Althusser, o filósofo marxista franco-argelino começa a elaborar o seu conceito de práticas no artigo "Sobre a dialética materialista" em *Pour Marx.* Por prática em geral entende-se todo processo de transformação de uma determinada matéria-prima dada em um produto determinado, transformação efetuada por um determinado trabalho humano, utilizando meios ("de produção") determinados.[250] Há, portanto, distintas práticas articuladas entre si (econômica, política,

---

248 MARX, Karl. *Grundrisse.* São Paulo: Boitempo, 2011, p. 55.
249 MARX, Karl. *Grundrisse.* São Paulo: Boitempo, 2011, p. 55.
250 ALTHUSSER, Louis. *Pour Marx.* Paris: La Découverte, 1986, p. 167.

ideológica, teórica), havendo o predomínio de uma sobre a outra, de acordo com a contradição dominante numa conjuntura dada.

Segundo Althusser, a prática teórica não comporta somente a prática teórica científica, mas também a prática teórica pré-científica, i.e., ideológica. Para ele a prática teórica de uma ciência diferencia-se sempre claramente da prática teórica ideológica da sua pré-história: essa distinção toma a forma de uma descontinuidade "qualitativa" teórica e histórica que ele designa, inspirado em Bachelard, de "corte epistemológico".[251] Isso significa, para Althusser, que as correntes filosóficas do empirismo, da fenomenologia e do idealismo seriam ideologias. O mesmo pode-se dizer sobre o funcionalismo, a etnometodologia, o neoinstitucionalismo no campo das ciências sociais. A prática teórica seria estabelecida em três momentos: o primeiro seria o da Generalidade I, constituída da matéria-prima ideológica que será transformada em um conceito científico (Generalidade III) por meio dos conceitos já constituídos, que é a Generalidade II.[252]

---

[251] ALTHUSSER, Louis. *Pour Marx*. Paris: La Découverte, 1986. Com relação a essa inspiração do conceito de corte epistemológico de Althusser em Bachelard, Balibar tece a seguinte observação: "parece-me que na realidade trata-se de um conceito original que Althusser introduziu entre 1960 e 1965, conceito que por certo deve 'algo' a Bachelard e que, por suposto, apoia-se sobre certos pressupostos filosóficos comuns, mas que de fato aponta a um objeto completamente distinto e abre um campo de investigações completamente diferentes. Com efeito, Bachelard não só não fala de 'corte epistemológico' como tampouco fala muito de 'ruptura epistemológica'. O que se encontra constantemente presente em Bachelard é a ideia e as palavras 'romper' e 'ruptura', as que alternam de maneira pouco ordenada com as expressões 'revolução', 'separação clara', 'mudança', 'profunda descontinuidade', mesmo 'reestruturação do conhecimento' e, finalmente, 'divisão' no campo do espírito científico. Em suma, pode-se dizer que a ideia de *descontinuidade* parece constituir aqui o único verdadeiro núcleo estável, apresentado sob distintas metáforas" (BALIBAR, Étienne. *Escritos por Althusser*. Buenos Aires: Nueva Visión, 2004, pp. 10/11).

[252] BALIBAR, Étienne. *Escritos por Althusser*. Buenos Aires: Nueva Visión, 2004, pp. 187-189. Sobre a prática teórica em Althusser, há dois textos de sua autoria que merecem ser destacados: o primeiro é ALTHUSSER, Louis. "Sobre o trabalho teórico: dificuldades e recursos". *In*: BARISON, Thiago (Coord.). *Teoria marxista e análise concreta*. São Paulo: Expressão Popular, 2017; o segundo é ALTHUSSER,

CAPÍTULO III – SOBRE O CONCEITO DE IDEOLOGIA

A relação entre a ideologia e a ciência, embora conflituosa, é interdependente, já que a ciência emerge a partir das pré-noções científicas, i.e., ideológicas. Como observa Sampedro,

> se toda ciência nasce e se desenvolve excluindo a ideologia, também é certo que as noções próprias da ideologia se descrevem como indicadores da ciência, no sentido de que a ciência produz o conhecimento de um objeto cuja existência está indicada na região da ideologia. Isso implica que a ideologia seja sempre ideologia para uma ciência.[253]

Se a ciência é aberta, mas politicamente não flexível (embora possa ser instrumentalizada), a ideologia para Althusser tem outra característica. Em *Ler O capital* ele afirma que

> se a ideologia não exprime a essência objetiva total do seu tempo (a essência do presente histórico), pode, pelo menos, exprimir muito bem, pelo efeito de leves deslocamentos internos de ênfase, as transformações atuais da situação histórica: diferentemente de uma ciência, uma ideologia é ao mesmo tempo teoricamente fechada e politicamente maleável e adaptável. Ela se curva às necessidades da época, mas sem movimento aparente, contentando-se com o *refletir* por alguma modificação imperceptível de suas próprias relações internas as transformações históricas que ela tem por missão assimilar e dominar (...). A ideologia muda, pois, mas imperceptivelmente, conservando, a forma de ideologia; ela se move, mas com um movimento imóvel, que a mantém *no mesmo lugar*, em seu lugar e função de ideologia.[254]

Louis. "Advertência aos leitores do livro I de O capital". *In*: MARX, Karl. *O capital*. São Paulo: Boitempo, 2013.

[253] SAMPEDRO, Francisco. "A teoria da ideologia em Althusser". *In*: NAVES, Márcio Bilharinho (Coord.). *Presença de Althusser*. Campinas: Unicamp, 2010, p. 33.

[254] ALTHUSSER, Louis. *Ler O capital*. 2 vols. Rio de Janeiro: Zahar Editores, 1980, p. 87.

O sentido prático da ideologia tem seu primeiro esboço em *Pour Marx* quando Althusser define que a ideologia é uma instância, uma região, do *todo-complexo-estruturado*, i.e., um nível do modo de produção, conjuntamente com o econômico e o jurídico-político. Mas é em "Marxismo e humanismo" que Althusser constrói o significado da ideologia enquanto uma estrutura imanente do imaginário na sociedade. Não há, por parte de Althusser, uma definição negativa da ideologia como uma falsidade do real, uma "falsa consciência". A ideologia faz organicamente parte de toda uma totalidade social. Tudo se passa como se as sociedades humanas não pudessem subsistir sem essas estruturas específicas, esses sistemas de representação que são as ideologias. Como ele afirma,

> as sociedades humanas segregam a ideologia como o elemento e a atmosfera mesma indispensável à sua respiração, à sua vida histórica. Só uma concepção ideológica do mundo pôde imaginar sociedades *sem ideologias*, e admitir a ideia utópica de um mundo em que a ideologia (e não uma de suas formas históricas) desapareceria sem deixar rastro, para ser substituída pela *ciência*.[255]

Isso significa, primeiramente, afirmar que o que mudam são as ideologias históricas, mas que a estrutura ideológica permanece em qualquer forma de sociedade, inclusive na comunista. E, em segundo, que a ciência não é um substitutivo da ideologia, já que a relação entre a ciência e a ideologia se dá no plano do conhecimento, na prática teórica.

A ideologia não é, portanto, uma aberração ou uma excrescência contingente da história: é uma estrutura essencial à vida histórica das sociedades. Tampouco pertence à região da consciência. Ela é profundamente *inconsciente*. A ideologia, para Althusser, é um sistema de representações, mas essas representações são, na maior parte das vezes imagens, às vezes conceitos, mas é antes de tudo como estruturas que

---

255 ALTHUSSER, Louis. *Pour Marx*. Paris: Edicions La Découverte, 1986, p. 239.

CAPÍTULO III – SOBRE O CONCEITO DE IDEOLOGIA

elas se impõem aos homens sem passar para a sua "consciência". A ideologia se refere, então, à relação "vivida" dos homens no seu mundo. Essa relação não parece "consciente", a não ser na condição de ser *inconsciente*, parece, da mesma maneira, não ser simples a não ser na condição de ser complexa, de não ser uma relação simples, mas uma relação de relações, uma relação de segundo grau. Na ideologia

> os homens expressam, com efeito, não as suas relações nas suas condições de existência: o que supõe, ao mesmo tempo, relação real e relação "vivida", "imaginária". A ideologia é, então, a expressão da relação dos homens com o seu "mundo", isto é, a unidade (sobredeterminada) da sua relação real e da sua relação imaginária com as suas condições de existência reais (...). É nessa sobredeterminação do real pelo imaginário e do imaginário pelo real que a ideologia é, em seu princípio, *ativa*, que ela reforça ou modifica a relação dos homens com as suas condições de existência, na sua própria relação imaginária.[256]

Se a ideologia é uma estrutura de um todo-complexo marcado por contradições e antagonismos, há desigualdades entre as *ideologias particulares* já que há o confronto da ideologia da classe dominante com a da classe dominada. A classe dominante não mantém uma relação de exterioridade com a ideologia, muito menos a instrumentaliza. De acordo com Althusser, a burguesia *vive* a sua ideologia, já que ela crê no seu mito (a liberdade, o homem, a razão, a igualdade perante a lei etc.), e o que ela vive na sua ideologia é *essa* relação imaginária com as suas condições de existência reais, que lhe permite às vezes agir sobre si e sobre os outros a fim de assumir, de preencher e de suportar o seu papel histórico de classe dominante. Se toda a função social da ideologia se resumisse no cinismo de um mito e na instrumentalização da ideologia, que a classe dominante fabricaria e manipularia de fora para enganar aqueles que ela explora, a ideologia desapareceria com as classes. Em suma, e parafraseando Aristóteles quando afirmou em *A*

---

[256] ALTHUSSER, Louis. *Pour Marx*. Paris: La Découverte, 1986, pp. 240/241.

LUIZ EDUARDO MOTTA

política que o homem é um "animal político", para Althusser o homem é um "animal ideológico".[257]

Entre os artigos "Marxismo e humanismo" e "Ideologia e aparelhos ideológicos de Estado" foi publicado em 1966 o texto "Prática teórica e luta ideológica" no qual, além de retomar a sua tese da ideologia enquanto imaginário e começar a desenvolver o efeito do reconhecimento/desconhecimento da ideologia, além de diferenciar a prática ideológica da prática teórica, Althusser aborda em diversas passagens o significado da ideologia como uma instância do modo de produção a exemplo dessa citação: "para compreender sua eficácia, é necessário situá-la na superestrutura, e dar-lhe uma relativa autonomia com respeito ao direito e ao Estado".[258]

Nesse artigo, Althusser deixa bem claro que no plano da ideologia em geral há uma diferenciação entre as ideologias por serem representações de diferentes classes (burguesa, pequeno burguesa, proletária). Entretanto, como ele observa, no modo de produção capitalista as ideologias pequeno burguesas e proletárias são ideologias subordinadas, já que a ideologia burguesa é a predominante, mesmo diante do protesto das ideologias subordinadas, é ela quem as domina (pensemos no caso das ideologias espontâneas das classes exploradas).[259]

Daí a necessidade da transformação da ideologia da classe operária: de uma transformação que retire a ideologia da classe operária da influência da classe burguesa, para submetê-la

> a uma nova influência, a da ciência marxista da sociedade. É precisamente neste ponto que está fundamentada e justificada a intervenção da ciência marxista no movimento operário. E é

---

257 ALTHUSSER, Louis (*et al.*). *A polêmica sobre o humanismo*. Lisboa: Presença, 1967, p. 196.

258 ALTHUSSER, Louis. *La filosofía como arma de la revolución*. México: Pasado y Presente, 1977, p. 49.

259 ALTHUSSER, Louis. *La filosofía como arma de la revolución*. México: Pasado y Presente, 1977, p. 55.

CAPÍTULO III – SOBRE O CONCEITO DE IDEOLOGIA

a natureza mesma da ideologia e de suas leis que determina os meios apropriados para assegurar a transformação da ideologia "espontânea" reformista do movimento operário numa nova ideologia, de caráter científico e revolucionário.[260]

A ciência marxista para Althusser não tem um papel "neutro", pois, ao contrário, ela também age no campo ideológico para a formação de uma ideologia revolucionária e de ruptura.

Althusser voltaria a abordar de modo sistemático o conceito de ideologia em 1969 no seu manuscrito, parcialmente inédito, *Sobre a reprodução,*[261] cujo título original seria *Sobre a reprodução das relações de produção,* de onde o célebre artigo "Ideologia e aparelhos ideológicos de Estado" foi extraído e publicado na revista *La Pensée,* em 1970. No manuscrito (como no artigo), Althusser mantém a definição da eternidade da ideologia (omni-histórica) e da relação imaginária dos indivíduos com as condições reais de existência, i.e., a ideologia está no plano do inconsciente. Além disso, assume explicitamente a influência da psicanálise na sua teoria.[262] No entanto, Althusser incorpora novas observações sobre esse conceito, ao introduzir a materialidade da ideologia como prática, sobretudo no que concerne a seu efeito interpelatório da ideologia na constituição dos sujeitos, e na sujeição destes ao Sujeito.

No manuscrito/artigo Althusser emite duas teses conjuntas: 1) toda prática existe por meio de e sob uma ideologia; e 2) toda ideologia existe pelo sujeito e para o sujeito.[263] O sujeito para Althusser tem uma clara influência da psicanálise lacaniana, em particular do texto

---

260 ALTHUSSER, Louis. *La filosofía como arma de la revolución.* México: Pasado y Presente, 1977, p. 63.

261 ALTHUSSER, Louis. *Sobre a reprodução.* Petrópolis: Vozes, 1999.

262 ALTHUSSER, Louis. *Sobre a reprodução.* Petrópolis: Vozes, 1999, pp. 196/198. Como observa Gillot, "a concepção freudiana do inconsciente desempenha, com efeito, o papel de referência fundamental para a elaboração althusseriana do conceito de ideologia" (GILLOT, Pascale. *Althusser y el psicoanálisis.* Buenos Aires: Nueva Visión, 2010, p. 79).

263 ALTHUSSER, Louis. *Sobre a reprodução.* Petrópolis: Vozes, 1999, p. 209.

"O estádio do espelho como formador da função do eu",[264] como bem observa Ípola.[265] O sujeito na perspectiva althusseriana é tanto o *sujeito* da ação como também, ao mesmo tempo, o sujeito *sujeitado* a outro Sujeito (com s maiúsculo) que vem a ser uma ideologia, i.e., as crenças políticas, culturais, religiosas, esportivas etc. que todos os sujeitos individuais possuem. Não há para Althusser *indivíduo*, noção ideológica constituída pela modernidade capitalista, mas sim *sujeitos*: o indivíduo é sempre um *sujeito* desde o seu nascimento, quando lhe é conferido um significado (um nome), e não é dotado de uma consciência autônoma já que é sempre sujeitado a algo (um Sujeito) que o interpela cotidianamente, sem que perceba a existência desse mecanismo de sujeição que, em última instância, reproduz as relações de poder. Há sempre, de acordo com Althusser, o mecanismo de reconhecimento/desconhecimento na constituição dos sujeitos pelas interpelações: o sujeito se *reconhece* num *discurso*, mas desconhece esses mecanismos interpelatórios dos quais reproduz (ou transforma) as relações de poder da sociedade.

Há, portanto, uma dupla relação especular entre os sujeitos. Como afirma Althusser:

> isso significa que toda a ideologia tem um *centro*, que o Sujeito Absoluto ocupa o lugar único do centro e interpela à sua volta a infinidade dos indivíduos como sujeitos, em uma dupla relação especular tal que ela submete os sujeitos ao Sujeito, ao mesmo tempo em que lhes dá, pelo Sujeito no qual todo sujeito pode contemplar sua própria imagem (presente e futuro), *a garantia* de que se trata realmente deles e Dele e de que, passando-se tudo

---

264 "Basta compreender o estádio do espelho *como uma identificação*, no sentido pleno que a análise dá a esse termo, ou seja, a transformação produzida no sujeito quando ele assume uma imagem – cuja predestinação para esse efeito de fase é suficientemente indicada pelo uso, na teoria, do antigo termo *imago*" (LACAN, Jacques. *Escritos*. Rio de Janeiro: Zahar, 1998, p. 97).

265 "Para designar a estrutura de reconhecimento que caracteriza o efeito ideológico, chama a 'relação especular dual', expressão inspirada em Lacan que remete *às teses sobre o estádio do espelho*" (ÍPOLA, Emilio de. *Althusser, el infinito adiós*. Buenos Aires: Siglo XXI, 2007, p. 139).

CAPÍTULO III – SOBRE O CONCEITO DE IDEOLOGIA

em família (a Sagrada Família: a Família é, por essência, sagrada) (...). Portanto, a estrutura duplamente especular da ideologia garante simultaneamente: 1) a *interpelação* dos indivíduos como sujeitos; 2) sua submissão ao Sujeito; 3) o reconhecimento mútuo entre os sujeitos e o Sujeito, e entre os próprios sujeitos, e o reconhecimento do sujeito por si mesmo; 4) a garantia absoluta de que tudo está bem assim, e sob a condição de que se os sujeitos reconhecerem o que são e se conduzirem de acordo tudo irá bem: "assim seja". [266]

A definição de sujeito por Althusser é completamente distinta da de Lukács: enquanto para o filósofo húngaro o conceito de sujeito permanece no sentido que lhe confere o pensamento moderno, ou seja, trata-se de um Sujeito centrado, Althusser, por seu turno, demarca um novo sentido no pensamento marxista: o sujeito é descentrado já que os sujeitos são constituídos por vários e diferentes *Sujeitos*. Cada sujeito está submetido a diversas (quando não adversas) ideologias relativamente independentes. Cada sujeito vive, então, simultaneamente, em e sob várias ideologias cujos efeitos de submetimentos se "combinam" em seus próprios atos, inscritos em práticas, regulamentados por rituais. As interpelações discursivas constituem em cada "indivíduo" uma pluralidade de *sujeitos*, e se *reconhece* em distintos *Sujeitos*.[267]

---

[266] ALTHUSSER, Louis. *Positions*. Paris: Éditions Sociales, 1976, pp. 118/119. Essa citação do artigo publicado em 1970 é ligeiramente diferente da versão do manuscrito: ao invés de quatro itens, Althusser cita apenas três (não há o item 2) e o quarto (3 no manuscrito) contém outro texto que vem a ser este: "3) a garantia absoluta de que tudo está bem assim: Deus é realmente Deus, Pedro é realmente Pedro e, se o submetimento dos sujeitos ao Sujeito for realmente respeitado, tudo decorrerá da melhor forma para eles: serão 'recompensados'" (ALTHUSSER, Louis. *Sobre a reprodução*. Petrópolis: Vozes, 1999, p. 219).

[267] A despeito das semelhanças entre Lacan e Althusser sobre o sujeito descentrado em oposição ao sujeito central definido pela filosofia moderna, Pascale Gillot aponta as diferenças entre o sujeito definido por Lacan e o de Althusser: "(...) uma divergência crucial entre os enfoques althusseriano e lacaniano, não é outra que a distinção conceitual que convém estabelecer entre o *sujeito* e o *eu*. Lacan mantém e incessantemente reafirma esta distinção, em particular através da concepção do sujeito como sujeito do inconsciente, e da diferenciação da ordem *simbólica* e *imaginária* que rege o eu. Em Althusser, pelo contrário, essa distinção conceitual não parece tematizada

LUIZ EDUARDO MOTTA

Apesar da ênfase que dá em seu texto ao aspecto reprodutor da ideologia, Althusser reconhece que a ideologia política revolucionária, de corte marxista-leninista, como ele destaca, apresenta a particularidade sem qualquer precedente histórico de ser uma ideologia fortemente "trabalhada", portanto transformada por uma ciência, a ciência marxista da história, das formações sociais, da luta de classes e da Revolução, o que "deforma" a estrutura especular da ideologia sem a suprimir completamente. O paradoxo dessa afirmação de Althusser é o fato de não reconhecer que a relação especular também poderia ocorrer numa ideologia revolucionária com perspectiva de ruptura em relação às estruturas de poder que reproduzem as relações de produção, como bem observa Laclau,[268] e veremos isso na seção seguinte.

Ainda sobre os aparelhos ideológicos de Estado é interessante notar que há um desnível no que é tratado sobre esse conceito no manuscrito em relação ao artigo. De fato, na versão original Althusser tece inúmeras observações e análises sobre os aparelhos de Estado que foram completamente suprimidas no artigo. A análise de Althusser sobre os aparelhos no artigo sempre foi tida como inferior quando comparada à da ideologia, já que é vista como uma releitura das observações prévias de Gramsci sobre o papel da sociedade civil e da sociedade política na superestrutura.[269]

---

como tal. O sujeito interpelado às vezes parece reduzido a um eu, por certo que descentrado, submetido e privado do seu caráter esclarecedor da consciência, mas cujas opacidades são precisamente as falsas evidências da consciência" (GILLOT, Pascale. *Althusser y el psicoanálisis*. Buenos Aires: Nueva Visión, 2010, p. 121).

268 LACLAU, Ernesto. *Política e ideologia na teoria marxista*. São Paulo: Paz e Terra, 1979, p. 107.

269 Antonio Negri considera que o alargamento das funções do Estado por Althusser representa uma ruptura conceitual com o Estado moderno, embora o defina de modo impreciso como "pós-moderno". Esta imprecisão deve-se à ênfase à luta de classes efetivada por Althusser nos aparelhos de Estado, o que inexiste na perspectiva pós--modernista (NEGRI, Antonio. "Pour Althusser: notes sur l'évolution de la pensée du dernier Althusser". *In*: ALTHUSSER, Louis (*et al.*). *Sur Althusser passages*. Paris: L'Harmattan, 1993, p. 82). Isabelle Garo, por seu turno, equivoca-se quando afirma que Althusser retoma de Foucault a politização das estruturas, descentrando a política. Na verdade é o inverso, pois o enfoque de Foucault sobre o poder das instituições

CAPÍTULO III – SOBRE O CONCEITO DE IDEOLOGIA

Uma das críticas mais frequentes é a acusação de que a teoria dos AIE seria de teor funcionalista e formalista, sobretudo pela pouca ênfase dada à luta de classes. Isso fica nítido nas análises de Rancière,[270] Poulantzas,[271] Badiou,[272] Cardoso[273] e Albuquerque.[274] Poulantzas e Rancière[275] disputam diretamente com Althusser a "paternidade" dos conceitos de aparelho ideológico e aparelho repressivo de Estado. Poulantzas começou a empregar esses conceitos em 1969, no artigo "O problema do Estado capitalista".[276] O próprio Althusser cita em alguns

---

é explorado na sua obra *Vigiar e punir,* que é posterior ao artigo de Althusser (Cf. GARO, Isabelle. "La coupure impossible. L'idéologie in movement, entre philosophie et politique dans la pensée de Louis Althusser". *In*: BOURDIN, Jean-Claude. *Althusser*: une lecture de Marx. Paris: PUF, 2008, p. 47).

270 RANCIÈRE, Jacques. *La leçon d'Althusser*. Paris: La Fabrique, 2011.

271 POULANTZAS, Nicos. *Fascismo e ditadura*. São Paulo: Martins Fontes, 1978.

272 BADIOU, Alain; BALMÈS, François. *De l'ideologie*. Paris: Maspero, 1976.

273 CARDOSO, Fernando Henrique. "Estado capitalista e marxismo". *Estudos Cebrap*, n° 21, São Paulo: Cebrap, 1977.

274 ALBUQUERQUE, José Augusto Guilhon. "Althusser, a ideologia e as instituições". *In*: ALTHUSSER, Louis. *Aparelhos ideológicos de Estado*. Rio de Janeiro: Graal, 1983. Não tratarei diretamente do texto de Albuquerque porque em grande parte ele reproduz os chavões de funcionalismo na obra de Althusser extraídos de Poulantzas. Sobre os limites de Foucault (em quem Albuquerque se calca em grande parte na sua "crítica") diante de Althusser sobre os conceitos de ideologia e de topologia, veja na nota 263 [originalmente = 92] os comentários de Zizek.

275 Em 1969, Rancière escreveu que "a análise da Universidade ensinou-nos que a ideologia de uma classe existe também, ou melhor, existe *principalmente* em instituições, naquilo a que podemos chamar os *aparelhos ideológicos* (no sentido em que a teoria marxista fala de aparelho de Estado)" (RANCIÈRE, Jacques. *La leçon d'Althusser*. Paris: La Fabrique, 2011, p. 250).

276 "Eis a tese que quero propor: o sistema de Estado se compõe de vários aparatos ou instituições, dos quais uns têm um papel principalmente repressivo, em sentido estrito, e outros um papel principalmente ideológico. Os primeiros constituem o aparelho repressivo de Estado, é dizer, o aparelho de Estado no sentido marxista clássico do termo (governo, exército, polícia, tribunais e administração). Os segundos constituem os *aparelhos ideológicos de Estado*, (com a exceção naturalmente das organizações de partido ou de sindicato *revolucionárias*, as escolas, os meios de comunicação de massa (jornais, rádio, televisão) e, desde certo ponto de vista, a família)" (POULANTZAS, Nicos. *Sobre el Estado capitalista*. Barcelona: Laia, 1974, p. 144).

LUIZ EDUARDO MOTTA

trechos do manuscrito a contribuição de Poulantzas à teoria do Estado (embora não cite o conceito de aparelho ideológico de Estado) que foram omitidos na versão do artigo. Em *Fascismo e ditadura*,[277] Poulantzas, ao empregar os conceitos de AIE e ARE, delimita suas diferenças com Althusser:

> Penso que este texto de Althusser peca, em certa medida, pela sua abstração e pelo seu formalismo: a luta de classes não ocupa nele o lugar que de direito lhe cabe (...). [E]sta análise é abstrata e formal, na medida em que não toma (concretamente) em consideração *a luta de classes*: (...) não toma em consideração o fato da existência, numa formação social, de várias ideologias de classe contraditórias e antagônicas.[278]

Rancière, por sua vez, faz uma intensa crítica a Althusser na questão relacionada à oposição ciência x ideologia, o que para ele constitui uma ausência do papel da luta de classes, como também das contradições. Articulando uma posição política maoista[279] com preceitos foucaultianos, Rancière demarca ao longo do texto a ciência como um campo do poder/saber:

> fala-se da ideologia de uma sociedade de classes, não da ideologia de classes (...). O caráter científico do saber em nada afeta o conteúdo de classe do ensino. A ciência não surge face à ideologia como o seu outro: surge no interior das instituições e nas formas de transmissão do saber em que se manifesta a dominação ideológica da burguesia (...). Os conhecimentos científicos são transmitidos por meio de um sistema de discursos, de tradições e de instituições que constituem a própria existência da ideologia

---

[277] POULANTZAS, Nicos. *Fascismo e ditadura*. São Paulo: Martins Fontes, 1978.

[278] POULANTZAS, Nicos. *Fascismo e ditadura*. São Paulo: Martins Fontes, 1978, pp. 323 e 327.

[279] Como o próprio Rancière ressalta no novo prefácio da edição de 2011 (cf. RANCIÈRE, Jacques. *La leçon d'Althusser*. Paris: La Fabrique, 2011, p. 13).

CAPÍTULO III – SOBRE O CONCEITO DE IDEOLOGIA

burguesa (...). Não existe uma ciência burguesa e uma ciência proletária: existe sim um saber burguês e um saber proletário.[280]

Já Badiou (em colaboração de François Balmés), no auge da sua militância maoista, também teceu duras críticas (tal qual Rancière) ao "revisionismo" de Althusser, já que a sua concepção de ideologia, além de não ser dialética, trata a ideologia no plano imaginário e do inconsciente. Badiou ratifica ao longo desse livro que a ideologia pertence ao plano consciente dos sujeitos – claramente de certa inspiração sartreana – no qual as classes revolucionárias se constituem para um projeto de ruptura:

> os explorados forjam sua consciência na cotidianidade da própria exploração, e não nos meandros do imaginário (...). Mas justamente, os teóricos da ideologia como "lugar imaginário" e "interpelação do Sujeito" são aqueles mesmos que recusam a clareza dessa luta (...). A verdade é que os maoistas e a vanguarda do movimento estudantil têm acusado Althusser de teoricismo durante todo o curso de ruptura de maio de 68; que por teoricismo entendíamos então, mais precisamente, a impossibilidade onde se encontrava Althusser de articular corretamente as questões da ciência e da ideologia sobre aquelas da luta de classes (...). [A]doutrina althusseriana da ideologia, que a reduziu a um mecanismo de ilusão, sem que seja tomado em conta o conteúdo de classe real cuja toda formação ideológica não é mais do que a expressão contraditória.[281]

Althusser rebate essas críticas num artigo de 1976 (particularmente as de Poulantzas e Badiou) ao negar o funcionalismo do seu artigo (embora reconheça o tom formalista, já destacado por ele mesmo no início do artigo) devido à ênfase que dá à primazia da luta de classes[282]

---

280 RANCIÈRE, Jacques. *La leçon d'Althusser*. Paris: La Fabrique, 2011, pp. 223–234 e 237.

281 BADIOU, Alain; BALMÈS, François. *De l'ideologie*. Paris: Maspero, 1976, pp. 16, 20, 23, 27.

282 Eginardo Pires, que foi pioneiro, ao lado de Carlos Henrique Escobar, na divulgação de estudos sobre o marxismo althusseriano no Brasil nos anos 60 e 70, num artigo

sobre as funções e o funcionamento dos aparatos estatais. Ademais, também admite que se os aparelhos ideológicos de Estado têm a função de inculcar a ideologia dominante, isso significa que existe resistência, e se há resistência é que há luta como resultado direto ou indireto da luta de classes; significa, portanto, que a ideologia proletária é uma ideologia de massas, capaz de unificar a vanguarda da classe operária em suas organizações de luta de classe.

Como o próprio Althusser adverte:

> a ideologia dominante nunca é um fato consumado da luta de classes que tivesse escapado à luta de classes. Efetivamente, a ideologia dominante, que existe no complexo sistema dos Aparelhos

---

em que responde às críticas de Fernando Henrique Cardoso ao texto de Althusser, fez o seguinte comentário sobre as observações de Cardoso em relação à "ausência" da luta de classes: "Cardoso manifesta sua insatisfação pelo fato de que Althusser não fala da 'luta de classes' tanto quanto ele, Cardoso, gostaria. Althusser presta, segundo ele, 'uma homenagem verbal' à luta de classes e desenvolve sua análise distanciando-se de Marx. Uma pergunta: por que razão teria Althusser alguma necessidade de prestar 'homenagens verbais' à luta de classes? Em uma passagem de gosto duvidoso que conclui uma nota de rodapé, Cardoso nos sugere, sem ser muito explícito, que Althusser teria alguma culpa a expiar a esse respeito. Passemos adiante. Em *O capital* existem seções inteiras (a primeira para começar) em que Marx não diz uma palavra sobre a luta de classes. Fica com Cardoso o ônus da prova: demonstrar que essas seções são absolutamente inúteis do ponto de vista da luta de classes" (PIRES, Eginardo. "Ideologia e Estado em Althusser: uma resposta". *Encontros com a Civilização Brasileira*, nº 6, Rio de Janeiro: Civilização Brasileira, 1978, p. 15). A impressão que F. H. Cardoso nos dá é de uma leitura de segunda mão da obra de Althusser. Décio Saes observa sérios equívocos de leitura de Cardoso a exemplo dessa passagem de seu texto sobre a recepção do marxismo althusseriano no Brasil: "Cardoso se equivoca ao atribuir a Althusser a definição do materialismo dialético como 'a teoria geral de todos os modos de produção', bem como a definição do materialismo histórico como a 'ciência que explica a constituição e transformação das formações sociais concretas'. Como já esclarecemos anteriormente, para a corrente althusseriana, o modo de produção em geral, os modos de produção particulares e as formações sociais concretas constituem todos objetos da ciência marxista da História, em que coexistem diferentes níveis de abstração. Quanto ao materialismo dialético, ele está longe de constituir, na perspectiva althusseriana, uma teoria geral de todos os modos de produção" (ALTHUSSER, Louis. *Positions*. Paris: Editions Sociales, 1976, p. 70).

CAPÍTULO III – SOBRE O CONCEITO DE IDEOLOGIA

Ideológicos de Estado, é em si mesma o resultado de uma dura e muito longa luta de classes, através da qual a burguesia não chega a atingir seus objetivos a não ser com a dupla condição de lutar, *simultaneamente*, contra a antiga ideologia dominante que sobrevive nos antigos Aparelhos e contra a ideologia da nova classe explorada que procura suas formas de organização e de luta (...). [A] reprodução da ideologia dominante não é a simples repetição, não é uma simples reprodução, nem tampouco uma reprodução ampliada, automática, mecânica de determinadas instituições, definidas, de uma vez para sempre, por suas funções, mas o combate pela reunificação e a renovação de elementos ideológicos anteriores, desconexos e contraditórios, em uma unidade conquistada na e pela luta de classes, contra as formas anteriores e as novas tendências antagônicas. A luta pela reprodução da ideologia dominante é um combate inacabado que deve ser sempre retomado e está sempre submetido à lei da luta de classes.[283]

O partido revolucionário também efetivamente está permeado de ideologia, mas de uma ideologia revolucionária, na qual a sua forma interpelatória constitui sujeitos de ação de ruptura contra o sistema capitalista, e não de sujeição às instituições modernas burguesas. Conforme observa Althusser,

para existir como classe consciente de sua unidade e ativa em sua organização de luta, o proletariado tem necessidades não só da experiência, mas também de *conhecimentos objetivos*, cujos princípios lhe são fornecidos pela teoria marxista. É a partir da dupla base dessas experiências, iluminadas pela teoria marxista, que se constitui a ideologia proletária, a ideologia das massas, capaz de unificar a vanguarda da classe operária em suas organizações de luta de classe. *Trata-se, portanto, de uma ideologia muito particular*: é ideologia, uma vez que a nível das massas funciona como qualquer ideologia (interpelando os indivíduos como

---

[283] ALTHUSSER, Louis. *Sobre a reprodução*. Petrópolis: Vozes, 1999, pp. 239/240.

153

LUIZ EDUARDO MOTTA

sujeitos), mas impregnada de experiências históricas, iluminadas por princípios de análise científica.[284]

De fato, se Althusser tivesse publicado na íntegra a versão original, muitas das críticas sobre a fragilidade da teoria dos aparelhos ideológicos, e da ausência da luta de classes, teriam caído por terra (pelo menos em grande maioria). A maior parte do manuscrito que ficou inédita tratava diretamente dos aparelhos ideológicos de Estado, abordando não somente o papel das escolas, mas também do direito (dois capítulos analisam essa problemática), dos aparelhos ideológicos político e sindical (incluindo um capítulo específico sobre eles na formação social francesa), dos aparelhos ideológicos na fase de transição revolucionária (em que ilustra como exemplos a Revolução Francesa de 1789 e a Revolução Russa de 1917), além de diversas passagens em que trata da luta de classes nos aparelhos ideológicos.[285]

Como é de amplo conhecimento, Althusser distingue os AIE dos ARE devido a além de nos primeiros haver o predomínio da prática ideológica sobre a repressiva (que também está presente nos AIE), há uma multiplicidade e diversidade dos AIE em relação aos ARE. Não se trata, portanto, da diferenciação jurídica entre eles (se os AIE são "privados" e os ARE "públicos"). Essa é uma distinção de caráter jurídico, mas não das práticas. Para Althusser, o que constitui um AIE é um sistema complexo que compreende e combina várias instituições e organizações, e respectivas práticas. Como ele afirma:

> que sejam todas públicas ou todas privadas, ou que umas sejam públicas e outras privadas, trata-se de um detalhe subordinado,

---

[284] ALTHUSSER, Louis. *Sobre a reprodução*. Petrópolis: Vozes, 1999, pp. 248/249.

[285] Num rápido mapeamento desse livro, Althusser fala da luta de classes (incluindo a questão da Revolução e da ditadura do proletariado) nas seguintes páginas da edição brasileira: 29, 54, 65, 66, 67, 68, 69, 74, 97, 100, 101, 102, 107, 110, 112, 113, 115, 116, 117, 119, 121, 122, 123, 124, 125, 126, 127, 128, 129, 130, 131, 133, 135, 136, 137, 138, 139, 140, 141, 142, 144, 145, 146, 147, 148, 149, 150, 151, 152, 154, 155, 156, 157, 158, 159, 160, 161, 162, 163, 166, 173, 174, 176, 178, 179, 180, 181, 182, 183, 184, 185, 193, 220, 231, 233.

CAPÍTULO III – SOBRE O CONCEITO DE IDEOLOGIA

já que o que nos interessa é o *sistema* que constituem. Ora, esse sistema, sua existência e sua natureza não devem nada ao Direito, mas a uma realidade completamente diferente que designamos por Ideologia de Estado.[286]

Numa posição bem distinta (e adversa) à corrente funcionalista, Althusser afirma que não são as instituições que "produzem" as ideologias correspondentes; pelo contrário, são determinados elementos de uma Ideologia (a Ideologia de Estado) que "se realizam" ou "existem" em instituições correspondentes, e suas práticas.[287]

A ideologia não existe nas ideias. A ideologia pode existir sob a forma de discursos escritos ou falados que, supostamente, veiculam "ideias". Mas justamente a "ideia" que se faz das "ideias" comanda o que se passa nesses discursos. As "ideias" não têm de modo algum uma existência ideal, mas uma existência material. A ideologia não existe no "mundo das ideias", concebido como "mundo espiritual", mas em instituições e nas práticas próprias dessas mesmas instituições. A ideologia existe em aparelhos e nas práticas próprias desses mesmos aparelhos. É nesse sentido que os AIE concretizam, no dispositivo material de cada um deles e nas suas práticas, uma ideologia que lhes é exterior, denominada por Althusser de ideologia *primária* e que pode ser chamada pelo nome de *ideologia de Estado*, unidade dos temas ideológicos essenciais da classe dominante ou das classes dominantes.[288]

Se a escola foi o principal foco do texto publicado em 1970, o direito que praticamente não foi abordado tem um grande destaque no texto original publicado postumamente. O direito é definido por Althusser como um espaço intermediário entre a repressão e a ideologia. Althusser entende por direito a *Grundnorm* positivista de Kelsen, na medida em que o direito forma um sistema não contraditório e saturado, caracterizado pelo seu aspecto formal e não moral. Como afirma Althusser

---

[286] ALTHUSSER, Louis. *Sobre a reprodução*. Petrópolis: Vozes, 1999, p. 108.

[287] ALTHUSSER, Louis. *Sobre a reprodução*. Petrópolis: Vozes, 1999.

[288] ALTHUSSER, Louis. *Sobre a reprodução*. Petrópolis: Vozes, 1999, pp. 178/179.

"o formalismo do direito não tem sentido a não ser enquanto se aplica a conteúdos definidos que estão necessariamente ausentes do próprio direito. Esses conteúdos são as relações de produção e seus efeitos".[289] Isto significa dizer que o direito exprime as relações de produção, embora, no sistema de suas regras, não faça qualquer menção às citadas relações de produção; ao contrário, escamoteia-as. Nesse aspecto, Althusser segue de perto as afirmações de Marx em *Crítica ao programa de Gotha*, no qual aponta os efeitos da universalização da igualdade formal numa sociedade desigual no tocante ao trabalho: "esse igual direito é direito desigual para trabalho desigual. Ele não reconhece nenhuma distinção de classes (...). Segundo seu conteúdo, portanto, ele é, como todo direito, um direito da desigualdade".[290]

O direito, por expressar a coerção por meio do Código Penal, atua diretamente no ARE a exemplo da polícia, tribunais, multas e prisões. Contudo, o direito enquanto coação não se confunde com a ideologia jurídica. A ideologia jurídica retoma realmente as noções de liberdade, igualdade e obrigações, e inscreve-as fora do direito, i.e., fora do sistema de regras do direito e de seus limites, em um discurso ideológico que é estruturado por noções completamente diferentes. Enquanto o direito diz: *os indivíduos são pessoas jurídicas juridicamente livres, iguais e com obrigações como pessoas jurídicas,* a ideologia jurídica faz um discurso aparentemente semelhante, mas de fato completamente diferente. Ela diz: *os homens são livres e iguais por natureza.* Na ideologia jurídica é, portanto, a "natureza" e não o direito que "fundamenta" a liberdade e igualdade dos "homens".[291] De qualquer maneira, Althusser não consegue definir claramente o aspecto ideológico do direito quando atua de modo preventivo. Seria ou não condicionado pela ideologia jurídica? No capítulo XI do manuscrito, ele tenta, de certa forma, resolver esse problema.

Em duas passagens Althusser elucida essa concepção abstrusa do direito:

---

[289] ALTHUSSER, Louis. *Sobre a reprodução*. Petrópolis: Vozes, 1999, p. 85.

[290] MARX, Karl. *Crítica do programa de Gotha*. São Paulo: Boitempo, 2012, p. 31.

[291] Cf. ALTHUSSER, Louis. *Sobre a reprodução*. Petrópolis: Vozes, 1999, pp. 93/94.

CAPÍTULO III – SOBRE O CONCEITO DE IDEOLOGIA

vimos que o direito era necessariamente repressor e inscrevia a sanção do direito no próprio direito, sob a forma do Código Penal. Por esse motivo, pareceu-nos que o direito só poderia funcionar realmente sob a condição da existência real de um Aparelho Repressor de Estado que executasse as sanções formalmente inscritas no direito penal e pronunciadas pelos juízes dos tribunais (...). Mas, ao mesmo tempo, pareceu-nos que, na imensa maioria dos casos, o direito era 'respeitado' pelo simples jogo combinado da ideologia política + um suplemento de ideologia moral, portanto, sem intervenção direta do destacamento do ARE especializado (...) se retivermos o fato de que o direito "funciona" de maneira prevalecente por meio da ideologia jurídico-moral, apoiada por intervenções repressoras intermitentes; se, enfim, nos lembrarmos que defendemos a tese de que, em seu funcionamento, todo aparelho de Estado combina, simultaneamente, a repressão com a ideologia, temos fortes razões para considerar o "direito" (ou, antes, o sistema real que essa denominação designa, dissimulando-a, já que faz abstração da mesma, a saber: os Códigos + a ideologia jurídico-moral + a polícia + os tribunais e seus magistrados + as prisões etc.) merece ser pensado sob o conceito de Aparelho Ideológico de Estado.[292]

Embora Althusser permaneça com a afirmação de que a luta econômica seja a determinante em última instância, e a luta política seja central na estratégia derradeira para o combate pelo poder de Estado, a luta ideológica, i.e., a luta de classes nos aparelhos de informação (luta pela liberdade de pensamento, de expressão, de difusão das ideias progressistas e revolucionárias) precede, em geral, as formas declaradas da luta política.[293]

Interessante notar que as partes ausentes do artigo são marcadamente políticas e acentuam em grande grau a posição leninista de Althusser, como bem observa Bidet na introdução da edição do manuscrito.[294] Deve-se

---

292 ALTHUSSER, Louis. *Sobre a reprodução*. Petrópolis: Vozes, 1999, pp. 189 e 192.

293 Cf. ALTHUSSER, Louis. *Sobre a reprodução*. Petrópolis: Vozes, 1999, p. 180.

294 BIDET, Jacques. "À guisa de introdução: um convite a reler Althusser". *In*: ALTHUSSER, Louis. *Sobre a reprodução*. Petrópolis: Vozes, 1999, p. 8.

também ressaltar que, a despeito de sua publicação desde os anos 1990, boa parte dos estudiosos de Althusser ainda prefira se apoiar teoricamente na versão do artigo.[295] A versão do manuscrito, com efeito, é um preâmbulo da sua chamada "fase de autocrítica" e tem como marco inicial o texto "Resposta a John Lewis", de 1973, além dos textos da fase que podemos denominar "a crise do marxismo", que tem como ponto de partida o artigo "Enfim, a crise do marxismo" de 1977, e que abarca os textos de forte teor leninista-maoísta, como "O marxismo como teoria finita", *O 22° congresso* e "O que não pode durar no partido comunista", publicados entre 1977 e 1978. Althusser demarca no capítulo X, "Reprodução das relações de produção e revolução" (totalmente excluído na versão de 1970), em vários momentos, a sua crítica ao partido-Estado e a defesa da ditadura do proletariado, além de definir o significado da revolução. Revoluções no sentido fraco são as que não afetam as relações de produção, portanto, o poder de Estado e o conjunto dos aparelhos de Estado, mas somente o aparelho ideológico de Estado político, a exemplo das revoluções de 1830 e 1848 na França. São simples modificações no aparelho ideológico político (como a formação da república parlamentar), acompanhadas por modificações em outros aparelhos ideológicos de Estado, a exemplo da escola. Revolução no sentido forte consiste, portanto, em desapossar a classe dominante no poder de Estado, i.e., da utilização de seus aparelhos de Estado que garantem a reprodução das relações de produção existentes, para estabelecer novas relações de produção cuja reprodução é garantida pela destruição dos antigos aparelhos de Estado e a edificação de novos aparelhos de Estado. Os exemplos citados por Althusser nesse caso são os da Revolução Francesa de 1789, da Revolução Socialista Russa de 1917 e da Revolução Chinesa de 1949.[296]

Apesar de Althusser não ter mais escrito nenhum trabalho específico sobre o conceito de ideologia depois da resposta aos seus críticos

---

295 É o caso das duas coletâneas organizadas por Caletti e Romé, nas quais, em mais de dez artigos que abordam a problemática da ideologia em Althusser e dialogando com vários pensadores (Adorno, Badiou, Wittgenstein, Laclau, Voloshinov, Butler) não há nenhuma menção bibliográfica à versão do manuscrito.

296 Cf. ALTHUSSER, Louis. *Sobre a reprodução*. Petrópolis: Vozes, 1999, p. 173.

CAPÍTULO III – SOBRE O CONCEITO DE IDEOLOGIA

em 1976, ele manteve suas posições teóricas e políticas como se pode perceber em sua derradeira entrevista, dada a Fernanda Navarro e publicada em 1988.[297] Não obstante no contexto dessa entrevista tenha mudado algumas de suas posições teóricas pretéritas, devido a sua ênfase no materialismo aleatório (ou do acaso) em relação às determinações das estruturas que caracterizaram os seus escritos iniciais, sua atitude diante do conceito de ideologia manteve-se inalterável. Conforme nota-se na entrevista, Althusser ainda define a ideologia enquanto uma prática na qual por meio das interpelações constituem-se sujeitos numa relação imaginária com as suas condições reais de existência. "O homem sempre tem vivido sobre relações sociais ideológicas" e os "indivíduos são, desde sempre, sujeitos, quer dizer, sujeitos-já-sujeitados por uma ideologia".[298] Além disso, Althusser mantém o papel dos aparelhos ideológicos haja vista que a existência social das ideologias é inseparável das instituições por meio das quais se manifestam, com seu código, sua língua, seus costumes, rituais e cerimônias.

Como disse no início do capítulo, a influência de Althusser foi decisiva na elaboração do conceito de ideologia e é perceptível no debate sobre o tema desde o fim dos anos 60. E Ernesto Laclau é uma das principais expressões da influência de Althusser, como veremos na seção seguinte.

3.3 – Laclau: da teoria da ideologia marxista ao pós-marxismo discursivo

A intervenção de Laclau no debate sobre o conceito de ideologia foi marcada pela sua contribuição à nova definição que ele deu à

---

297 Althusser também tratou do conceito de ideologia e de aparelhos ideológicos de Estado no livro lançado postumamente, ALTHUSSER, Louis. *Initiation à la philosophie pour lês non-philosphes*. Paris: PUF, 2014 [1975]. Há uma edição brasileira dessa obra publicada pela Martins Fontes em 2019. Veja os capítulos 11, 12, 17 e 19.

298 ALTHUSSER, Louis; NAVARRO, Fernanda. *Filosofia y marxismo*. México: Siglo XXI, 1988, p. 65.

LUIZ EDUARDO MOTTA

ideologia nacionalista-populista de corte de esquerda, bastante presente na realidade latino-americana dos anos 60/70, a exemplo do governo peruano de Velasco Alvarado, da esquerda peronista (Montoneros), da esquerda varguista (brizolismo), dos sandinistas etc., sem falar das experiências pan-arabistas que ocorriam no Oriente Médio e no norte da África (sobretudo na Argélia). Sua contribuição a esse tema fez de Laclau um dos intelectuais mais criativos da corrente marxista althusseriana.[299]

A obra de Laclau pode ser dividida em quatro fases, como aponta Maria Martina Sosa:[300] 1) uma primeira aproximação profundamente marcada pela influência althusseriana e, sobretudo, pelos conceitos de sobredeterminação e interpelação apresentados no livro *Política e ideologia na teoria marxista*, de 1977;[301] 2) a ênfase na lógica do significante e as posições do sujeito em *Hegemonia e estratégia socialista*, de 1985;[302] 3) a importância do real e a vinculação entre a categoria de sujeito e o espaço político nos artigos escritos nos anos 90 e reunidos nos livros

---

[299] Laclau representa o que denomino de um *althusseriano de segundo grau*, o que o distingue dos *althusserianos de primeiro grau*. Enquanto estes representam o grupo que esteve mais próximo pessoalmente de Althusser (Balibar, Rancière, Badiou, Poulantzas, Pêcheux, Establet, Marcherey, Bidet e outros), os *althusserianos de segundo grau* representam os intelectuais que (mesmo que tenham tido contato pessoal e frequentassem o seu círculo) eram mais afastados socialmente do pensador francês. Nesse grupo podemos incluir os nomes de Charles Bettelheim, Bernard Edelman, Nicole-Édith Thévenin, Marta Harnecker, Emilio de Ípola, Paul Hirst, Bernard Hindess, Göran Therbon, Stuart Hall, Manuel Castells. Ademais, a intervenção de Laclau no marxismo althusseriano não se restringiu à obra de Althusser, mas também se deu pela sua intervenção no debate entre Poulantzas e Miliband sobre o Estado capitalista, como podemos ver no livro *Política e ideologia na teoria marxista* (LACLAU, Ernesto. *Política e ideologia na teoria marxista*. São Paulo: Paz e Terra, 1979).

[300] SOSA, María Martina. "Discurso, política y sujeto: las huellas de la problemática althusseriana en la propuesta teórica de Ernesto Laclau". *In*: CALETTI, Sergio; ROMÉ, Natalia (Orgs.). *La intervención de Althusser: revisiones y debates*. Buenos Aires: Prometeo, 2011, pp. 168/169.

[301] LACLAU, Ernesto. *Política e ideologia na teoria marxista*. São Paulo: Paz e Terra, 1979.

[302] LACLAU, Ernesto; MOUFFE, Chantal. *Hegemonia y estrategia socialista*. Buenos Aires: Fondo de Cultura Econômica, 2010.

CAPÍTULO III – SOBRE O CONCEITO DE IDEOLOGIA

Emancipação e diferença, de 1996,[303] e *Misticismo, retórica e política,* de 2002;[304] 4) a preocupação com o investimento afetivo na constituição dos sujeitos políticos e sua relação tanto com a noção de identificação como com a lógica do objeto em *A razão populista,* de 2005.[305]

Em sua primeira fase, na qual teve como base teórica o marxismo althusseriano e a psicanálise lacaniana, Laclau fez acréscimos à definição que Althusser deu ao conceito de ideologia. Tendo como eixo central os conceitos de sobredeterminação e interpelação de Althusser, Laclau constrói a sua análise sobre o populismo nacionalista numa concepção antirreducionista, e antiessencialista, em clara oposição à concepção lukasciana. Como o próprio Laclau observa, não podemos conceber a superestrutura (a ideologia, como também o Estado) de forma reducionista às classes sociais, já que não podemos pensar a existência das classes a níveis políticos e ideológicos sob a forma de redução. Isso significa afirmar que o caráter de classe de uma ideologia é dado pela sua forma e não pelo seu conteúdo.[306]

O exemplo que Laclau nos dá é a ideologia nacionalista. Para determinados setores de esquerda, e penso nesse caso o trotskismo, o nacionalismo sempre foi rotulado de uma ideologia burguesa a qual impedia a formação da consciência da classe proletária. A mesma interpretação foi evocada por "liberais de esquerda" como Weffort,[307] que também afirmava ser o nacionalismo uma expressão ideológica da pequena burguesia que consagrava o Estado. O que podemos perceber, a partir de Laclau, é que o nacionalismo (como o populismo) enquanto ideologia foi *articulado* por diferentes classes sociais. O nacionalismo

---

303 LACLAU, Ernesto. *Emancipação e diferença.* Rio de Janeiro: Eduerj, 2011.

304 LACLAU, Ernesto. *Misticismo, retórica y política.* Buenos Aires: Fondo de Cultura Econômica, 2002.

305 LACLAU, Ernesto. *La razón populista.* Buenos Aires: Fondo de Cultura Econômica, 2005.

306 LACLAU, Ernesto. *Política e ideologia na teoria marxista.* São Paulo: Paz e Terra, 1979.

307 WEFFORT, Francisco. *O populismo na política brasileira.* Rio de Janeiro: Paz e Terra, 1978.

LUIZ EDUARDO MOTTA

pode ter uma conotação expansionista e agressiva, como no caso da Alemanha de Bismarck e no contexto nazista, como também de teor anti-imperialista, a exemplo do maoismo na China, do castrismo em Cuba e de diversas facções da esquerda peronista armada, como também de intelectuais militantes no campo do peronismo, como podemos ver nas obras de John William Cooke, Hernandez Arrégui, Abelardo Ramos e Norberto Galasso. Também podemos classificar de nacionalismo anti-imperialista o nasserismo dos anos 50, de forte influência não somente na África e Oriente Médio mas também em militares da América Latina, como o já citado Velasco Alvarado, do Peru, e também Omar Torrijos, do Panamá, e Hugo Chávez, da Venezuela.

O que importa salientar aqui é a contribuição de Laclau ao conceito de ideologia althusseriano com a incorporação do princípio articulatório nas interpelações. Isso significa afirmar que enquanto na infraestrutura a contradição principal é entre as relações de produção e as forças produtivas, e as classes estão em forma de redução, na superestrutura as classes são amplas e estão sob a forma de articulações, e a contradição principal é entre o povo e o *bloco no poder*, contradição esta sobredeterminada pela contradição fundamental, i.e., entre as relações de produção e as força produtivas. Se na infra-estrutura (ou no modo de produção) há luta de classes, na superestrutura (pensando numa formação social específica) há *classes em luta*.[308]

Segundo Laclau,

> se a contradição de classe é a contradição dominante ao nível abstrato do modo de produção, a contradição povo/bloco no poder é a contradição dominante ao nível da formação social (...). [S]e nem toda contradição pode ser reduzida a uma contradição de

---

[308] Cf. LACLAU, Ernesto. *Política e ideologia na teoria marxista*. São Paulo: Paz e Terra, 1979, pp. 107/108. Lúcio Flávio de Almeida (ALMEIDA, Lúcio Flávio. *Ideologia nacional e nacionalismo*. São Paulo: Educ, 1995) chama atenção para essa fluidez das classes sociais no campo superestrutural observada por Laclau na medida em que para ele inexistem as relações de produção numa formação social determinada pois a luta de classes restringe-se, a seu ver, na infraestrutura do modo de produção.

CAPÍTULO III – SOBRE O CONCEITO DE IDEOLOGIA

classes, toda contradição é sobredeterminada pela luta de classes (...). A luta de classes a nível ideológico consiste, em grande parte, no esforço em articular as interpelações popular-democráticas aos discursos ideológicos das classes antagônicas.[309]

O princípio articulatório, como define Laclau, visa à condensação de diferentes ideologias de classes (e não classistas como o nacionalismo e o populismo) antagônicas entre si, mas que são unificadas por uma contradição antagônica, e sobredeterminante na formação social, que é a contradição povo em oposição ao bloco no poder. É a partir dessa condensação desses elementos dispersos em diversas ideologias que Laclau considera a possibilidade da formação de uma hegemonia. Para Laclau, seguindo as teses de Althusser, uma classe dominante interpela não somente os membros dessa classe, mas também os membros das classes dominadas. A interpelação dessas últimas consiste na absorção parcial e neutralização dos conteúdos ideológicos através dos quais se expressam a resistência e a dominação. No caso contrário, vindo dos setores dominados, é a acentuação desses elementos para aguçar o antagonismo com o bloco no poder. Uma classe é hegemônica não porque é capaz de impor uma concepção uniforme de mundo ao resto da sociedade, mas porque consegue articular diferentes visões de mundo de forma tal que seu antagonismo potencial seja neutralizado, ou potencializado, quando visa uma ruptura. Portanto, a classe hegemônica exerce sua hegemonia de duas maneiras: 1) através da articulação, ao seu discurso de classe, das contradições e interpelações não classistas; 2) através da absorção de conteúdos que fazem parte do discurso político e ideológico das classes dominadas.[310]

Um dos aspectos mais significativos nessa análise de Laclau é o papel das tradições populares como um dos elementos ideológicos dessa articulação. Como ele diz,

---

309 LACLAU, Ernesto. *Política e ideologia na teoria marxista*. São Paulo: Paz e Terra, 1979, p. 114.

310 Cf. LACLAU, Ernesto. *Política e ideologia na teoria marxista*. São Paulo: Paz e Terra, 1979, pp. 113 e 171/172.

LUIZ EDUARDO MOTTA

se aceitamos a universalidade do critério de classe e, ao mesmo tempo, falamos em luta *secular* do povo contra a opressão, a ideologia em que esta luta secular se cristaliza só pode ser a de uma classe diferente da classe operária – uma vez que essa última surge somente com o industrialismo moderno (...). As "tradições populares" constituem o conjunto de interpelações que expressam a contradição povo/bloco de poder como distinta de uma contradição de classe (...). Em primeiro lugar, na medida em que as "tradições populares" representam a cristalização ideológica da resistência à opressão em geral, isto é, *à própria forma do Estado*, deverão ter maior duração do que as ideologias de classe e constituirão um marco estrutural de referência mais estável do que estas últimas. Entretanto, em segundo lugar, as tradições populares não se constituem como coerentes e organizadas, mas puramente *elementos* que só existem articulados a discursos de classe.[311]

Há, então, nos discursos ideológicos de resistência e de mudança ao bloco no poder, elementos de tradições de luta popular que são incorporados em movimentos revolucionários, a exemplo dos Tupamaros, dos Montoneros, dos sandinistas e dos zapatistas. São elementos invariáveis, e que são sempre evocados como forma de mobilização contra o poder hegemônico das classes e dos grupos hegemônicos. O ponto de partida para Laclau nessa questão é o estudo sobre o conceito de ideologia feito por Alain Badiou e François Balmés,[312] no qual analisam os elementos invariantes das ideologias revolucionárias denominados por eles de *invariantes comunistas*.

Badiou e Balmés designam como invariantes comunistas a existência de todo tipo de revolta revolucionária das massas de qualquer época considerada, de aspirações igualitárias, antiproprietárias e antiestatais. Esse interessante estudo de Badiou e Balmés tem como principal fonte o livro de Engels *As guerras camponesas na Alemanha,* no qual ele

---

311 LACLAU, Ernesto. *Política e ideologia na teoria marxista*. São Paulo: Paz e Terra, 1979, p. 173.

312 BADIOU, Alain; BALMÈS, François. *De l'ideologie*. Paris: Maspero, 1976.

CAPÍTULO III – SOBRE O CONCEITO DE IDEOLOGIA

fez um intenso estudo sobre as revoltas camponesas do século XVI sob inspiração da teologia revolucionária de Thomas Münzer.[313] Laclau se inspira em duas observações feitas por Badiou/Balmés: a primeira diz respeito ao fato de que a ideologia dominante, para organizar as massas, não pode ignorar sua experiência cotidiana de opressão de classe. Todo seu esforço tende, portanto, a reabsorver não a contradição, mas seu antagonismo. Apresentar a contradição antagônica, que regula o movimento da história como simples diferença natural estruturante da identidade "eterna", o que é na verdade um momento da história. Para fazer de modo correto a inelutável exigência espontânea da redução das diferenças, toda ideologia dominante garante que para além das diferenças concretas perdura, seja a título de promessa, uma igualdade abstrata.

A segunda corresponde às invariantes comunistas que de acordo com Badiou e Balmés,

> não têm um caráter de classe definido: elas sintetizam a aspiração universal dos explorados em oposição a todo princípio de exploração e de opressão. Elas nascem sobre o terreno da contradição entre as massas e o Estado (...). Certo tipo de comunismo coletivista surgiu inelutavelmente sobre a base das revoltas de massa, mesmo não proletárias. Na esfera ideológica, pensada como esfera contraditória, se desenvolve uma contradição relativamente invariante que opõe as ideias de tipo igualitário às ideias hierárquicas e desiguais.[314]

De acordo com Badiou e Balmés, as invariantes comunistas são sempre portadoras na história da revolta das classes exploradas, i.e., pela revolta dos produtores diretos: escravos, servos, proletários. As invariantes comunistas estão no curso da resistência ideológica contra a exploração em geral e as ideias que as servem. Elas refletem o movimento real pelo qual os explorados não se insurgem somente contra a

---

313 ENGELS, Friedrich. "As guerras camponesas na Alemanha". *In:*_____. *A revolução antes da revolução*. São Paulo: Expressão Popular, 2010.

314 BADIOU, Alain; BALMÈS, François. *De l'ideologie*. Paris: Maspero, 1976, pp. 67/68.

LUIZ EDUARDO MOTTA

forma específica de exploração do qual são vítimas, mas contra a ideia mesma de exploração.[315] A universalidade das invariantes comunistas dá-se sempre na especificidade das contradições de classe historicamente determinadas. Então, mesmo que ela se desenvolva no elemento doutrinal da "profecia comunista", a revolta, como experiência real, toma posição sobre o caráter específico das contradições de classe.[316]

A diferença entre Laclau e Badiou/Balmés é que enquanto para eles o comunismo é o elemento invariante, para o primeiro o comunismo é uma das articulações possíveis dos elementos popular-democráticos. É a articulação que permite o desenvolvimento de todo antagonismo potencial da ideologia popular-democrática. E para Laclau a ideologia popular-democrática significa primeiramente que

> o sujeito interpelado como "povo" deve sê-lo em termos de uma relação antagônica face ao bloco de poder. E em segundo lugar, por democracia não entendemos nada que tenha uma relação necessária com as instituições parlamentares liberais (...). Pelo contrário, em nossa concepção, a extensão real do exercício de democracia e a produção de sujeitos populares cada vez mais hegemônicos são dois aspectos de mesmo processo.[317]

Contudo, Laclau deu uma guinada na sua teoria política e sociológica ao escrever em parceria com Chantal Mouffe, em 1985, o livro *Hegemonia e estratégia socialista*.[318] Nesse livro há uma forte influência do contexto da crise que atingiu o pensamento marxista, o malogro das experiências socialistas do Leste Europeu, o declínio da social-democracia e do eurocomunismo, a emergência do neoliberalismo e a ascensão dos novos movimentos sociais. Laclau muda de

---

315 Cf. BADIOU, Alain; BALMÈS, François. *De l'ideologie*. Paris: Maspero, 1976, p. 91.

316 Cf. BADIOU, Alain; BALMÈS, François. *De l'ideologie*. Paris: Maspero, 1976, p. 97.

317 LACLAU, Ernesto. *Política e ideologia na teoria marxista*. São Paulo: Paz e Terra, 1979, p. 113.

318 LACLAU, Ernesto; MOUFFE, Chantal. *Hegemonia y estrategia socialista*. Buenos Aires: Fondo de Cultura Econômica, 2010.

CAPÍTULO III – SOBRE O CONCEITO DE IDEOLOGIA

paradigma e de enfoque. Paradigma por romper com a teoria marxista e adotar o que ele denomina de "pós-marxismo". Enfoque por deixar de lado o conceito de ideologia (intensamente identificado com a teoria marxista) e adotar a categoria de discurso. Há a emergência de novos conceitos na sua teoria, como sutura, lógica da equivalência e lógica da diferença, contingência, pontos nodais e significante vazio. Laclau, com efeito, a partir desse trabalho aproximou-se de forma cada vez mais estreita das correntes pós-modernista e pós-estruturalista (Foucault e Derrida, sobretudo), cada vez mais abandonando as referências marxistas (Althusser e Gramsci, especialmente) que ainda se faziam presentes em 1985.

O ponto de partida para compreendermos essa nova posição teórica de Laclau é a sua crítica às leituras topológicas da sociedade, na qual refuta qualquer possibilidade de determinação, mesmo sendo em última instância, como ele afirmava anteriormente. O próprio conceito de sociedade é apontado por ele como uma impossibilidade epistemológica, já que seria um equívoco "suturar" algo em que não haja uma "essência" ou determinação devido a sua intensa fragmentação, e, além disso, Laclau demarca em sua análise que o contingente (o acaso) se sobrepõe à necessidade (as determinações). Como ele mesmo afirma, "não existe um espaço suturado que possamos conceber como uma 'sociedade', já que o social carece de essência".[319]

Para a constituição e organização das relações sociais fragmentadas num determinado contexto sociopolítico é necessária uma *prática articulatória* (estrutura discursiva). Laclau denomina articulação toda prática que estabelece uma relação entre elementos, e a identidade destes resulta modificada como resultado dessa prática. A totalidade estruturada resultante da prática articulatória é denominada de *discurso*. Por *momento* Laclau chama as posições diferenciais como aparecem articuladas no

---

319 LACLAU, Ernesto; MOUFFE, Chantal. *Hegemonia y estrategia socialista*. Buenos Aires: Fondo de Cultura Econômica, 2010, p. 132.

interior do discurso. E, pelo contrário, por *elemento* a toda diferença que não se articula discursivamente.[320]

Inspirada por Foucault, a formação discursiva para Laclau se caracteriza pela "regularidade na dispersão". Segundo Laclau,

> uma dispersão governada por regras pode ser vista de duas perspectivas opostas. Em primeiro lugar, enquanto *dispersão;* isto exige determinar o ponto de referência a respeito do qual os elementos podem ser pensados como dispersos. Mas a formação discursiva pode ser vista também da perspectiva da *regularidade* na dispersão, e pode-se pensar em tal sentido como conjunto de posições diferenciais. Esse conjunto de posições diferenciais não é a expressão de nenhum princípio subjacente exterior a si mesmo (...), mas constitui uma configuração, que em certos contextos de exterioridade pode ser *significada* como totalidade. Dado que nosso interesse primário é nas práticas articulatórias, é neste segundo aspecto que devemos nos concentrar especialmente.[321]

Laclau, então, observa que com essa *regularidade na dispersão* a contingência e a articulação são possíveis, visto que nenhuma formação discursiva é uma totalidade suturada, e porque a fixação dos elementos nos momentos nunca é completa. O que se segue é a seguinte afirmativa de Laclau e Mouffe:

> nossa análise rechaça a distinção entre práticas discursivas e não discursivas e afirma: a) que todo objeto se constitui como objeto de discurso, na medida em que nenhum objeto se dá a margem de toda a superfície discursiva de emergência; b) que toda distinção entre os que usualmente se denominam aspectos linguísticos e práticos (de ação) de uma prática social devem ter

---

[320] Cf. LACLAU, Ernesto; MOUFFE, Chantal. *Hegemonia y estrategia socialista.* Buenos Aires: Fondo de Cultura Econômica, 2010, p. 143.

[321] LACLAU, Ernesto; MOUFFE, Chantal. *Hegemonia y estrategia socialista.* Buenos Aires: Fondo de Cultura Econômica, 2010, pp. 143/144.

CAPÍTULO III – SOBRE O CONCEITO DE IDEOLOGIA

lugar como diferenciações internas a produção social de sentido, que se estrutura sob a forma de totalidades discursivas.[322]

A materialidade do discurso de Laclau pouco se diferencia da materialidade ideológica althusseriana. Tal qual a ideologia, o discurso não provém da experiência, nem da subjetividade, mas tem uma existência objetiva, haja vista que as diversas *posições de sujeito* aparecem dispersas no interior de uma formação discursiva. A segunda consequência é que a prática da articulação como fixação/deslocação de um sistema de diferenças tampouco pode consistir em meros fenômenos linguísticos, mas sim que deve atravessar toda a espessura material de instituições, rituais, práticas de diferente ordem, através das quais uma formação se estrutura.

A diferença é devido ao caráter absoluto em que se encontra o discurso em Laclau, já que em Althusser a prática discursiva (ideológica) é articulada com as demais práticas que atuam no todo complexo desigual e estruturado, correspondente ao modo de produção abstrato e a formação social concreta. De acordo com Laclau é o discurso que contribui para moldar e constituir as relações sociais. Para ele, a principal consequência dessa definição é romper com a dicotomia discursiva/extradiscursiva, é abandonar também a oposição pensamento/realidade e, por conseguinte, ampliar imensamente o campo das categorias que podem dar conta das relações sociais. Essa afirmativa só se impõe se a lógica relacional do discurso se realiza até as suas últimas consequências e não é limitada por nenhuma exterioridade. Se uma totalidade discursiva nunca existe sob a forma de uma positividade simplesmente dada e delimitada, nesse caso a lógica relacional é uma lógica incompleta e penetrada pela contingência. A transição dos "elementos" aos "momentos" nunca se realiza totalmente. Cria-se assim uma terra do nada que faz possível a prática articulatória. Nesse caso não há identidade social que apareça plenamente protegida de um exterior discursivo que

---

[322] LACLAU, Ernesto; MOUFFE, Chantal. *Hegemonia y estrategia socialista*. Buenos Aires: Fondo de Cultura Econômica, 2010, pp. 144/145.

a deforma e a impede de suturar-se completamente. Perdem seu caráter necessário tanto as relações como as identidades.

O que se conclui com essa perspectiva discursiva de Laclau é que "a sociedade" não é um objeto legítimo de discurso. Não há – como observam Laclau e Mouffe –

> princípio subjacente único que fixe – e assim constitua – o conjunto do campo das diferenças. A tensão irresolúvel interioridade/exterioridade é a condição de toda prática social: a necessidade só existe como limitação parcial do campo da contingência. É no terreno dessa impossibilidade tanto da interioridade como de uma exterioridade totais que o social se constitui.[323]

A hegemonia, distintamente da de Gramsci,[324] em que há um sujeito (o partido revolucionário que constrói a hegemonia da classe fundamental na sociedade civil), e que articula um projeto societal em direção à conquista do poder de Estado, em Laclau/Mouffe essa hegemonia tem um caráter incompleto e aberto e só pode ser constituída num campo geral das práticas articulatórias. Essa articulação de diferentes identidades e discursos é efetivada por um "ponto nodal", i.e., um ponto centralizador que articula esses elementos até então dispersos, mas articulados devido a seu antagonismo em comum a *outro*, este sendo definido como algo que impede a formação de uma lógica de equivalência identitária.

A hegemonia só pode resultar de uma dialética (ainda que peculiar) entre a lógica de equivalência e a lógica de diferença. Segundo Laclau e Mouffe,

---

[323] LACLAU, Ernesto; MOUFFE, Chantal. *Hegemonia y estrategia socialista*. Buenos Aires: Fondo de Cultura Econômica, 2010, p. 151.

[324] GRAMSCI, Antonio. *Maquiavel, a política e o Estado moderno*. Rio de Janeiro: Civilização Brasileira, 1980.

CAPÍTULO III – SOBRE O CONCEITO DE IDEOLOGIA

os atores sociais ocupam posições diferenciais no interior daqueles discursos que constituem o serviço social. Em tal sentido elas são particularidades. Por outro lado, há antagonismos sociais que criam fronteiras internas a sociedade. É o caso das forças opressivas, por exemplo, um conjunto de particularidades estabelece entre si relações de equivalência. Resulta necessário, sem embargo, representar a totalidade dessa cadeia mais além do particularismo diferencial dos laços equivalentes. Quais são os meios de representação? Como afirmamos, esses meios de representação só podem consistir numa particularidade cujo corpo se divide, dado que, sem cessar de ser particular, ela transforma o seu corpo na representação de uma universalidade que os transcende – a cadeia equivalencial. Esta relação, pelo que uma certa particularidade assume a representação de uma universalidade inteiramente incomensurável com a particularidade em questão, é o que chamamos de *relação hegemônica*. Como resultado, a universalidade é uma universalidade *contaminada*: 1) ela não pode escapar a essa tensão irresolúvel entre universalidade e particularidade; 2) sua função de universalidade hegemônica não está nunca definitivamente adquirida, senão que é, pelo contrário, sempre reversível.[325]

Esse caráter flutuante e contingencial da hegemonia acaba por resultar no conceito de *significante vazio*, o que significa que os grupos que disputam numa arena política transformam a sua particularidade num universal temporário, já que o universal não tem corpo e conteúdo necessário.[326]

Antes de terminar esta seção é importante fazer uma análise do que Laclau e Mouffe definem que seja o marxismo, e sobre os limites da influência de Althusser nessa nova tomada de posição teórica. Primeiramente é importante destacar que o marxismo abordado por Laclau e

---

[325] LACLAU, Ernesto; MOUFFE, Chantal. *Hegemonia y estrategia socialista*. Buenos Aires: Fondo de Cultura Econômica, 2010, pp. 13/14.

[326] Cf. LACLAU, Ernesto. *Emancipação e diferença*. Rio de Janeiro: Eduerj, 2011, pp. 50 e 78.

Mouffe em nada se assemelha ao marxismo de Althusser, visto que o enfoque é dado ao marxismo essencialista de corte lukasciano, de teor humanista e historicista, antagônico ao defendido por Althusser e seus seguidores. Contudo, Laclau e Mouffe em nenhum momento estabelecem essa diferença. Ao contrário, tratam de forma homogênea, isso sem falar num marxismo de corte mecanicista e determinista que eles citam ao longo da obra. O resultado disso é uma má compreensão do marxismo por parte de seus intérpretes no Brasil,[327] que, diferentemente

---

[327] É o caso da coletânea pioneira sobre a obra de Laclau organizada por Daniel Mendonça e Léo Peixoto Rodrigues (*Pós-estruturalismo e teoria do discurso*: em torno de Ernesto Laclau. Porto Alegre: Edipucrs, 2008). Na introdução "Em torno de Ernesto Laclau", Mendonça e Peixoto estabelecem uma linha de demarcação entre o pós-marxismo e o marxismo, este sendo visto como uma perspectiva teleológica e de fundo normativo. O proletariado é citado pelos autores na perspectiva do sujeito universal visto que o marxismo, sendo definido como "essencialista", teria nessa *classe sujeito* a portadora dos valores universais. Se de fato isso é verdade no entendimento de Lukács, essa concepção passa ao largo da posição de Althusser. E o porquê da escolha do marxismo como teoria finalista e essencialista? Por que não a escolha de outra perspectiva teórica e política como o liberalismo, já que este vê a si mesmo como o último modelo sociopolítico? E tampouco deixa de ser essencialista haja vista que sua essência centra-se no indivíduo e na concepção de liberdade. Também não é clara a afirmação de que "não existe, portanto, para Laclau, a real possibilidade de se chegar ao 'fim da história', ou seja, à vitória de um projeto político definitivo, típico sonho do idealismo marxista" (pp. 27/28). Como vimos antes, Althusser demarca que o marxismo enquanto uma teoria não se confunde com a ideologia, ou a posição essencialista de Origem e Fim como a de Lukács (o "idealismo marxista" citado) por ser uma problemática aberta, e não fechada, e por ser um discurso sem sujeito. Além disso, bem antes de Laclau, Althusser já afirmava em "Resposta a John Lewis", no ano de 1973, que o "processo é sem sujeito e sem fim", pois como ele afirmava "não se pode compreender, ou seja, *pensar* a história real como capaz de ser reduzida a *uma* Origem, *uma* Essência ou *uma* Causa, que seria o seu Sujeito – o Sujeito, esse 'ser' ou 'essência' posto como *identificável*, ou seja, como existente sob a forma da *unidade* de uma *interioridade*, e *responsável*, capaz portanto de *prestar contas* do conjunto dos 'fenômenos' da história" (ALTHUSSER, Louis. *Posições 1*. Rio de Janeiro: Editora Graal, 1978, p. 69)". Outra séria distorção conceitual encontra-se no texto de Sales Jr. (por sinal o único artigo que aborda a teoria de Althusser, embora não haja nenhuma citação bibliográfica dele), quando afirma que "Althusser, Balibar e Poulantzas, que destituíram o político de sua especificidade, definiram o Estado em termos funcionalistas e instrumentalistas" (SALES JR., Ronaldo. "Laclau e Foucault: desconstrução e genealogia". *In*: MENDONÇA, Daniel; RODRIGUES, Léo Peixoto (Orgs.). *Pós-estruturalismo e teoria do discurso*: em

CAPÍTULO III – SOBRE O CONCEITO DE IDEOLOGIA

de na Argentina,[328] onde buscam essa influência de Althusser na teoria

torno de Ernesto Laclau. Porto Alegre: Edipucrs, 2008, p. 153). Ora, seria necessário definir o que vem a ser a "especificidade do político" haja vista que os autores citados (sobretudo Althusser e Poulantzas, e especialmente este) deram uma nova definição ao papel do Estado ao tratarem, para além dos aspectos coativos, a reprodução ideológica pela instância jurídico-política, ou pelos Aparelhos Ideológicos. Não há nenhuma acepção instrumental do Estado pelo marxismo althusseriano já que o Estado nessa perspectiva não se confunde com o Estado moderno restrito aos três poderes, pois inexiste a distinção entre o que é público ou que seja privado, tampouco um controle direto dos aparatos estatais pela classe dominante. A família, para Althusser, seria um aparelho de Estado por ser abarcada pela normatividade ideológica de cunho jurídico e pelos programas econômicos. O Estado, portanto, é completamente disperso na perceptiva althusseriana. Mais problemático ainda é o rótulo de "instrumentalista" a Poulantzas. Como se sabe, Poulantzas desde os anos 70 não definia o Estado como um instrumento de classe, tampouco como um sujeito autônomo, mas sim como um espaço relacional de conflitos de classes e não de classes. O Estado, para Poulantzas (POULANTZAS, Nicos. *L'Etat, le pouvoir et le socialisme*. Paris: Press Universitaires de France, 1978), é uma condensação material de relações de forças, permeado por contradições e fissuras na sua ossatura material. Ao contrário da afirmação de Sales Jr. que recorre a Foucault, não há uma centralidade do Estado para o marxismo althusseriano. O poder, sim, não é disperso e isonômico entre os distintos sujeitos sociais nessa perspectiva. Como observa Zizek em sua crítica à dispersão do poder, "a vantagem de Althusser em relação a Foucault parece evidente. Althusser procede exatamente no sentido inverso – desde o começo, concebe esses microprocessos como partes dos AIE, ou seja, como mecanismos que, para serem atuantes, para 'captarem' o indivíduo, sempre já pressupõem a presença maciça do Estado, a relação transferencial do indivíduo com o poder do Estado, ou – nos termos de Althusser – com o Outro ideológico em que se origina a interpelação" (ZIZEK, Slavoj. "O espectro da ideologia". *In*: _____ (*et al.*). *Um mapa da ideologia*. Rio de Janeiro: Contraponto, 1996, p. 19). Os limites do conceito de poder em Foucault também são apontados por Poulantzas (POULANTZAS, Nicos. *L'Etat, le pouvoir et le socialisme*. Paris: Press Universitaires de France, 1978) quando afirma que a noção de poder definida por Foucault não tem outro fundamento que não ela mesma, tornando-se simples "situação" na qual o poder é sempre imanente e a questão qual o poder e para que lhe é absolutamente irrelevante. Sobre as críticas de Poulantzas a Foucault, e sobre a perspectiva relacional do Estado veja MOTTA, Luiz Eduardo. "Poulantzas e o direito". *Dados*, vol. 53, n° 2. Rio de Janeiro: Iuperj, 2010; e BOITO JR., Armando. *Estado, política e classes*. São Paulo: Unesp, 2007.

328 Vide os artigos de BARCIELA, Gonzalo. "Sobre parricídios y fidelidades: Ernesto Laclau y Alain Badiou, lectores de Althusser". *In*: CALETTI, Sergio; ROMÉ, Natalia (Coord.). *La intervención de Althusser: revisiones y debates*. Buenos Aires: Prometeo, 2011; SOSA, María Martina. "Discurso, política y sujeto: las huellas de la

de Laclau, aqui associam mais a sua teoria com o pós-estruturalismo (Deleuze, Derrida, Foucault).

Laclau, com efeito, é o maior responsável por essa confusão. Além de classificar a teoria marxista de forma reducionista, emprega de modo impreciso os conceitos althusserianos como os de interpelação e sobredeterminação, aos quais ele recorreu na sua fase inicial, e ainda reivindicava essa influência no seu livro de 1985. Se a interpelação para Althusser é o mecanismo que materializa a ideologia nos sujeitos a partir dos aparelhos ideológicos, Laclau não aborda profundamente essa questão, já que nem trata do papel dos aparelhos ideológicos, não obstante que ainda venha a reconhecer que a materialidade dos discursos advenha de rituais e práticas (embora ele e Chantal Mouffe não explicitem sobre esses rituais e instituições). Em relação ao conceito de sobredeterminação o equívoco é bem maior. Apesar de ter recorrido de modo preciso a esse conceito na sua análise inicial sobre o nacionalismo populista, em *Hegemonia e estratégia socialista* a sobredeterminação é empregada pelo viés psicanalítico (do qual se origina) na sua manifestação simbólica nas relações sociais.[329] Althusser não aplica esse conceito no campo simbólico ou imaginário, mas sim no real. A sobredeterminação para Althusser se manifesta pelo acúmulo de contradições oriundas das mais diferentes instâncias e, ao serem condensadas por uma *contradição sobredeterminante,* o antagonismo manifesta-se na forma de ruptura, a qual indica uma conjuntura revolucionária. É, para todos os efeitos, uma manifestadas estruturas e das práticas que estão articuladas de forma desigual no todo complexo estruturado (distinta da totalidade hegelo-lukasciana) definido por Althusser.[330]

---

problemática althusseriana en la propuesta teórica de Ernesto Laclau". *In*: CALETTI, Sergio; ROMÉ, Natalia (Coord.). *La intervención de Althusser*: revisiones y debates. Buenos Aires: Prometeo, 2011; e BURDMAN, Javier. "Distorción, transparencia y universalidad en la teoria de la ideología". *In*: CALETTI, Sergio; ROMÉ, Natalia (Coord.). *La intervención de Althusser*: revisiones y debates. Buenos Aires: Prometeo, 2011.

[329] LACLAU, Ernesto; MOUFFE, Chantal. *Hegemonia y estrategia socialista*. Buenos Aires: Fondo de Cultura Econômica, 2010, p. 134.

[330] ALTHUSSER, Louis. *Pour Marx*. Paris: La Découverte, 1986. Concordo plenamente com as observações de Lewis sobre essa questão em relação ao conceito de

CAPÍTULO III – SOBRE O CONCEITO DE IDEOLOGIA

Um aspecto no mínimo curioso une Althusser a Laclau nesse livro, embora não tenha sido abordado, ou analisado, possivelmente por falta de informação por parte de Laclau: ao empregar o conceito de contingência, Laclau vai ao encontro do "último Althusser". A fase final de Althusser foi marcada pela sua ênfase no aleatório, no contingencial, no acaso, o que ele veio a definir como uma tradição subterrânea da filosofia denominada "materialismo do encontro", tradição essa que engloba diferentes autores, como Maquiavel, Hobbes, Spinoza, Rousseau, Marx, Heidegger e Derrida. De fato, como observa Ípola,[331] desde os seus trabalhos publicados em *Pour Marx*[332] Althusser já percebia essa tensão entre o acaso e a necessidade. Isso fica nítido no anexo do artigo "Contradição e sobredeterminação" ao analisar, a partir da carta de Engels a Bloch, a relação do acaso com a necessidade (a determinação).[333] Num texto inédito escrito na primeira metade dos anos 60, "Sobre a gênese",[334] Althusser também se reporta à relação das estruturas com o acaso. Além disso, Althusser, ao afirmar que *o processo é sem sujeito e sem fim,* dá clara margem para que o acaso seja um dos elementos desse processo não teleológico. Com a descoberta de vários textos inéditos de Althusser, Ípola afirma que paralelamente ao *projeto declarado* de Althusser (que é constituído pelos textos publicados

---

Althusser: "sobredeterminação [em Althusser], ao contrário da definição de Laclau e Mouffe, é sempre ligada ao real, e será conhecida através dos fenômenos que o real ou econômico produz. Removê-lo de sua base é uma má compreensão do termo e uma perda do seu significado" (LEWIS, William. "Political philosophy of Ernesto Laclau and Chantal Mouffe: the under-theorization of overdetermination". *Studies in social and political thought*, 2005, p. 11. Disponível em: www.sussex.ac.uk/cspt/documents/11-1.pdf. Acessado em: 13.12.2012.

331 ÍPOLA, Emilio de. *Althusser, el infinito adiós.* Buenos Aires: Siglo XXI, 2007.

332 ALTHUSSER, Louis. *Pour Marx.* Paris: La Découverte, 1986.

333 Escobar, ao analisar a crítica de Althusser a Engels nesse artigo, diz que "Althusser parece resistir à ousadia de Engels e tenta de alguma forma reabilitar o controle de uma dialética que se aspira um saber sem acasos. Ao dizer isso não estamos esquecendo que cabe a Althusser – mais do que a ninguém – o mérito de ter aproximado a dialética tanto de uma problematização aberta (a um materialismo dialético não platonicamente dialético) quanto a do acaso na categoria de sobredeterminação" (ESCOBAR, Carlos Henrique. *Marx:* filósofo da potência. Rio de Janeiro: Taurus, 1996, pp. 35/36).

334 ALTHUSSER, Louis. "Sur la genèse". *Décalages*, vol. 1, n° 2, 2012.

em vida, definidos como "althusserianos"), existe um *projeto subterrâneo* no qual a questão do aleatório estava presente.[335]

Althusser delimita claramente essa posição do acaso nessa passagem em seu texto póstumo:

> Diremos que o materialismo do encontro se sustenta também por inteiro na negação do fim, de qualquer teologia, seja racional, mundana, moral, política ou estética. Diremos, enfim, que o materialismo do encontro não é o de um sujeito (seja Deus ou o proletariado), mas o de um processo sem sujeito, que impõe aos sujeitos (indivíduos ou outros) aos quais domina a ordem de seu desenvolvimento sem fim definido.[336]

Apesar dessa aproximação de Althusser ao pós-estruturalismo, ele não negou o papel da luta de classes como Laclau. Em sua entrevista a Fernanda Navarro, Althusser afirma:

> Se justamente a língua alemã dispõe de uma palavra precisa para designá-la: *Geschichte,* que se refere já não à história consumada, mas sim a história *no presente*, sem dúvida determinada em grande parte pelo seu passado já acontecido, mas só em parte, porque a história presente, viva, está aberta também a um futuro incerto, imprevisto, ainda não consumado e portanto *aleatório*. A história viva que não obedece mais que a uma constante (não uma lei): a constante da luta de classes (...). É dizer que uma tendência não possui a forma ou figura de uma lei linear, mas que pode

---

[335] "Importa, sem embargo, precisar que o projeto declarado e o 'projeto' subterrâneo não são sempre forçosamente contraditórios, nem sequer foram concebidos como instâncias antagônicas. Por certo a irrupção inopinada de enunciados 'fora de lugar' em plena elaboração de tal ou qual aspecto do projeto declarado gera um tipo de tensão, de inimizade inclusive, entre o pensamento elaborado e o enunciado 'transgressor' surgido abruptamente do nada; mas há também zonas na obra de Althusser em que as posições de um e outro se justapõem sem hostilidade" (ÍPOLA, Emilio de. *Althusser, el infinito adiós.* Buenos Aires: Siglo XXI, 2007, pp. 40/41).

[336] ALTHUSSER, Louis. *Écrits philosophiques et politiques.* tome I. Paris, Stock, 1994, p. 577.

CAPÍTULO III – SOBRE O CONCEITO DE IDEOLOGIA

bifurcar-se sob o efeito de um encontro com outra tendência e assim até o infinito. Em cada cruzamento de caminhos, a tendência pode tomar uma via imprevisível, aleatória.[337]

Para finalizar, as teses de Laclau e Mouffe geraram intervenções, positivas e negativas, sobre a formação discursiva e o "pós-marxismo".[338] Eagleton, por exemplo, critica Laclau/Mouffe pela aproximação da fluidez típica do pós-estruturalismo, em que os conflitos (e a posição de dominante e dominado) tornam-se completamente relativos. Como observa Eagleton, "o princípio unificado não é mais 'a economia' mas a própria força homogeneizadora, que mantém uma relação quase transcendental com os 'elementos' sociais que trabalha".[339] Essa volatilidade dos grupos faz com que não haja nenhum ponto situacional das classes e grupos, visto que o próprio conflito é disperso e contingente. O exemplo crítico de Eagleton é esclarecedor nesse aspecto:

> se os capitalistas monopolistas não têm interesses independentes da maneira como são politicamente articulados, então parece não haver nenhum motivo para que a esquerda política não deva despender enormes recursos de energia procurando conquistá-los para seu programa. O fato de que não o fazemos é porque consideramos que os interesses sociais *dados* dessa classe fazem que seja bem menos provável tornarem-se socialistas do que, digamos, os desempregados.[340]

Borón também tece severas críticas a Laclau/Mouffe: na medida em que tentam criticar o "reducionismo econômico" do marxismo

---

337 ALTHUSSER, Louis; NAVARRO, Fernanda. *Filosofia y marxismo*. México: Siglo XXI, 1988, p. 36.

338 Uma análise bem positiva do livro de Laclau/Mouffe encontra-se em Barret (BARRET, Michèle. "Ideologia, política e hegemonia: de Gramsci a Laclau e Mouffe". *In*: ZIZEK, Slavoj (*et al.*). *Um mapa da ideologia*. Rio de Janeiro: Contraponto, 1996).

339 EAGLETON, Terry. *Ideologia*. São Paulo: Boitempo, 1997, p. 189.

340 EAGLETON, Terry. *Ideologia*. São Paulo: Boitempo, 1997, p. 190.

acabam por tecer uma perspectiva teórica do "reducionismo discursivo". Nessa concepção, segundo Borón, retoma o idealismo transcendental numa roupagem sociológica, o mundo exterior e objetivo de um discurso lógico que lhe infunde um sopro vital e que, de quebra, devora e dissolve a conflitividade do real. A exploração capitalista já não é resultado da lei do valor e da extração da mais-valia, mas só se configura se o operário pode representá-la discursivamente. Em outra passagem, Borón afirma que

> Laclau e Mouffe estão corretos ao pronunciar, assim como numerosos teóricos marxistas, uma radical revalorização do crucial papel à ideologia e à cultura, assuntos pelos quais o marxismo vulgar demonstrou um injustificável desprezo. Entretanto, sua tentativa naufraga nos arrecifes de um "novo reducionismo" quando a sua crítica ao essencialismo classista e ao economicismo do marxismo da II e da III Internacionais resulta na exaltação do discursivo como um novo e hegeliano *ex-machina* da história. Para a sua desgraça, não existe reducionismo "bom" e outro "mau"; não existe reducionismo virtuoso – não essencialista, não economicista – capaz de consertar os males ocasionados por seu irmão gêmeo rebelde.[341]

Como disse no início dessa seção, a teoria de Laclau foi bastante abalada pela crise de conjuntura pelo qual passaram os movimentos e organizações de esquerda, e principalmente o pensamento marxista, nos anos 80. Não é casual que ele e Mouffe afirmassem a predominância das bandeiras da liberdade sobre a igualdade, i.e., das demandas de caráter liberal em relação às de teor coletivo que sempre fizeram parte dos projetos da esquerda.[342] No entanto, a obra de Laclau sofreu algumas mudanças recentes de enfoque, já que a problemática do populismo vem ocupando um espaço central nos seus últimos trabalhos. Ainda que a questão do populismo esteja sendo analisada a partir do prisma

---

[341] BORÓN, Atilio. *A coruja de Minerva*. Petrópolis: Vozes, 2001, p. 150.

[342] LACLAU, Ernesto; MOUFFE, Chantal. *Hegemonia y estrategia socialista*. Buenos Aires: Fondo de Cultura Econômica, 2010, p. 208.

CAPÍTULO III – SOBRE O CONCEITO DE IDEOLOGIA

dos conceitos de lógica de equivalência e de diferença, de significante vazio e de afetividade,[343] há uma perceptível guinada para a esquerda, possivelmente motivada pelo avanço recente da esquerda (particularmente na América Latina) diante da crise do projeto neoliberal. Isso também fica nítido na sua aliança com Badiou e Rancière na defesa do conceito de *povo* (que constitui um discurso igualitário) em relação ao de "multidão" (que afirma as diferenças) apregoado por Antonio Negri, como também a sua justa crítica à noção de *império* de Negri/Hardt, e na defesa do conceito de *imperialismo*.[344] E, ao que parece, alguns elementos "contingenciais" que ainda estão por vir podem mudar e fixar uma posição mais radical, de novo, na teoria política de Laclau.

Conclusão

Como foi visto ao longo deste capítulo, Althusser redefiniu o significado do conceito de ideologia não somente no pensamento marxista (ao refutar o significado da ideologia enquanto falsa consciência, ou mera expressão de um contexto histórico) mas também nas ciências sociais em geral, ao se aproximar da psicanálise freudo-lacaniana e definir a ideologia como uma prática que tem como efeito materializar a representação da relação imaginária dos sujeitos individuais com suas condições reais de existência. Isso deu um novo significado a esse conceito que em muitas de suas leituras na teoria marxista lhe conferiam um sentido negativo. E ao tratá-lo enquanto uma estrutura e prática não o limitou a circunstâncias históricas, ou a ideologias particulares.

Essa definição de ideologia por Althusser foi fundamental na obra inicial de Laclau quando este deu um novo significado ao conceito de

---

343 LACLAU, Ernesto. *La razón populista*. Buenos Aires: Fondo de Cultura Econômica, 2005; e LACLAU, Ernesto. "Populismo: que nos dice el nombre?". *In*: PANIZZA, Francisco (Org.). *El populismo como espejo de la democracia*. Buenos Aires: Fondo de Cultura Econômica, 2009.

344 LACLAU, Ernesto. *Debates y combates*. Buenos Aires: Fondo de Cultura Econômica, 2008, p. 134.

populismo (e de nacionalismo), a partir do princípio articulatório por meio das interpelações. Todavia, com a crise do paradigma marxista nos anos 80, Laclau abandonou sua perspectiva prévia e começou apregoar a emergência do *pós-marxismo* que tem no discurso o seu conceito central.

A posição a qual defendo é de que o conceito de ideologia na perspectiva althusseriana, longe de ter sido superado pelo de discurso, é mais preciso para o entendimento da realidade, seja para a análise da reprodução das relações de poder, seja para o diagnóstico das mudanças sociopolíticas. Ao contrário da concepção reducionista do discurso presente em Laclau, a perspectiva teórica althusseriana trata das diferentes práticas articuladas umas às outras, e a dominação de uma sobre as outras dependerá da contradição predominante em dada conjuntura. Isso significa que embora haja a determinação em última instância pelo econômico, as diferentes estruturas e práticas que articulam o todo complexo possuem autonomia relativa e temporalidades distintas, não havendo margem para mecanicismos, nem reducionismos, nessa análise, já que há uma pluralidade de determinações, distintamente do "indeterminismo" relativista do pós-estruturalismo e do pós-marxismo. Ademais, negar o papel do econômico é no mínimo paradoxal pelo pós-estruturalismo e pelo pós-marxismo: como pensar o mundo hoje sem levarmos em conta problemas de natureza econômica como desemprego, inflação, taxas de juros, deficit fiscal, crise financeira do modelo neoliberal, dívida externa, ascensão dos BRICS e a crise econômica dos EUA e da Europa Ocidental? O chamado "mundo vida" é impermeável a essas situações? Creio que não, e o marxismo althusseriano, neste aspecto, sempre visou à análise e à articulação das diversas estruturas e práticas, e os diferentes níveis de cada estrutura numa formação social, e na articulação dessa com as demais formações sociais com o objetivo de apontar as diferenças internas.

A despeito da mudança de paradigma de Laclau, isso não significa que a sua contribuição inicial esteja obsoleta. Pelo contrário, a sua contribuição ao conceito de ideologia é notável e de grande valia para a análise de conjuntura. E, em tempos recentes, Laclau voltou a se

CAPÍTULO III – SOBRE O CONCEITO DE IDEOLOGIA

manifestar positivamente ao conceito de ideologia.[345] E como observa Pedro Fernandez Liria[346] em relação a Althusser, faço o mesmo para Laclau: se aprendemos algo com Althusser é justamente reconhecer a autonomia de toda obra teórica a respeito de seu autor e a combater as intrusões da subjetividade deste em seu próprio discurso teórico. Significa dizer que isso nos permite ler aquilo que há de mais crítico e criativo na contribuição teórica de Laclau.

---

345 LACLAU, Ernesto. *Misticismo, retórica y política*. Buenos Aires: Fondo de Cultura Econômica, 2002.

346 LIRIA, Pedro F. "Regresso al 'campo de batalla'". *In*: ALTHUSSER, Louis. *Para un materialismo aleatorio*. Madri: Arena Libros, 2002, p. 112.

CAPÍTULO IV

A RESPEITO DA QUESTÃO DA DEMOCRACIA NO MARXISMO

A democracia, como bem observou Luciano Martorano,[347] de fato nunca gozou de tanto prestígio e influência, seja no discurso "douto", seja no "senso comum", desde as últimas décadas do século XX. Praticamente tornou-se um "consenso" o seu significado, reproduzido pelos jornais e mídias controlados pelo grande capital, os quais restringem a democracia a seu aspecto formal e procedimental. Não é à toa o intenso prestígio que têm vivido certos intelectuais acadêmicos como Habermas e Dahl, e o desprestígio de um Lenin ou de uma Rosa Luxemburgo, por exemplo.

Contudo, a questão da democracia no marxismo não foi vilipendiada desde o seu nascedouro nas obras de Marx. Pelo menos como Marx definiu a democracia. A democracia não definida enquanto forma de governo, como já faziam os gregos a partir de Heródoto, depois retomada pelos modernos. A problemática da democracia em Marx (e no marxismo) tem como tela a questão do Estado, particularmente as

---

347 MARTORANO, Luciano Cavini. *Conselhos e democracia*: em busca da participação e da socialização. São Paulo: Expressão Popular, 2011.

diferenças do Estado capitalista diante do Estado no período de transição pós-revolução (ou no período socialista).

A despeito da afirmativa de Bobbio[348] da inexistência de uma "doutrina marxista do Estado", o marxismo (ou a ciência da história) tem uma relevante contribuição à problemática do Estado, e uma redefinição do significado dos conceitos de ditadura e de democracia, desde os clássicos como Marx, Lenin, Kautsky e Rosa Luxemburgo, até os mais recentes, como Althusser e Poulantzas. Balibar[349] tem razão quando afirma que a teoria de Marx não é um *sistema* assentado num fundamento filosófico. Daí a teoria de Marx não estar acabada. Ademais, a exposição de sua teoria não tem um *começo* absoluto no seu conjunto, nem em cada uma das suas partes (por exemplo, na parte "econômica" que *O capital* expõe).

No entanto, isso não significa que a teoria de Marx não seja *sistemática* no sentido científico, i.e., que não defina o seu objeto de estudo de forma a explicar-lhe a necessidade objetiva. O que confere à teoria de Marx o seu caráter sistemático, nesse sentido, é a análise das diferentes formas da *luta de classes* e da sua conexão. Por isso, a problemática do Estado, e da ditadura e da democracia, só pode ser definida a partir dos conflitos de classes que lhe dão o seu conteúdo e demarcam as formas distintas de Estado. Pelo menos num aspecto Bobbio[350] tem razão: quando afirma que Marx tem uma carga de originalidade por ser o primeiro escritor político que une uma concepção realista do Estado a uma teoria revolucionária da sociedade e do Estado.

A partir dos escritos, Marx, o pensamento marxista mobilizou um intenso debate sobre a questão da democracia e da ditadura no tocante a que tipo de Estado se configurará no processo socialista em direção

---

[348] BOBBIO, Norberto (*et al.*). *O marxismo e o Estado*. Rio de Janeiro: Graal, 1991.

[349] BALIBAR, Étienne. *Cinco estudos sobre o materialismo histórico*. 2 vols. Lisboa: Martins Fontes, 1975.

[350] Cf. BOBBIO, Norberto (*et al.*). *O marxismo e o Estado*. Rio de Janeiro: Graal, 1991, p. 29.

CAPÍTULO IV – A RESPEITO DA QUESTÃO DA DEMOCRACIA...

ao comunismo. Essa contenda ganhou grande intensidade durante a II Internacional ao mobilizar lideranças políticas e intelectuais como Lenin, Bernstein, Rosa Luxemburgo e Kautsky para essa questão. Entretanto, essa polêmica que ultrapassou décadas, como os anos 70, durante os quais foi travada uma ampla discussão sobre qual estratégia adotar para o socialismo – revolucionária ou reformista –, retornou com vigor a partir da emergência do chamado "eurocomunismo". Essa controvérsia mobilizou, além do intelectual socialista Bobbio (ligado ao Partido Socialista Italiano), outros dirigentes políticos como Enrico Berlinguer, Santiago Carrillo, Pietro Ingrao, e intelectuais como Rossana Rossanda, Christine Buci-Glucksmann, Valentino Gerratana, Giuseppe Vacca, Umberto Cerroni, Henri Weber, Balibar e, principalmente, Althusser e Poulantzas.

Neste capítulo mostrarei a contribuição da corrente althusseriana à discussão sobre o conceito de Estado e a demarcação que estabeleceram entre a defesa da ditadura do proletariado (Althusser e Balibar) ou do socialismo democrático (Poulantzas). O ponto de partida será o significado do conceito de Estado por Marx, e da sua inovação ao introduzir o conceito de ditadura do proletariado, e a repercussão desse tema durante a II Internacional. Em seguida, tratarei do debate entre Althusser e Poulanzas em torno da questão da ditadura do proletariado e do "eurocomunismo" (ou do socialismo democrático).

4.1 – O desenvolvimento do conceito de Estado em Marx (ou Marx rompendo com o jovem Marx)

Marx deu no decorrer da sua obra um novo significado ao conceito de Estado enquanto um "aparelho", uma "máquina" opressiva que correspondesse a uma ditadura de classe, e à necessidade de a classe trabalhadora formar a sua ditadura específica, a ditadura do proletariado. Essa demarcação conceitual, com efeito, não está presente na sua obra

185

de juventude, e mesmo em sua fase imediata a sua ruptura com a filosofia hegeliana/humanista, a exemplo do *Manifesto comunista* de 1848.[351]

Na sua fase juvenil, Marx incorpora, mesmo que criticamente, a racionalização do pensamento político moderno. Isso fica bem expresso em suas obras *Crítica da filosofia do direito de Hegel* e *Sobre a questão judaica*.[352] O Estado "real", mesmo sendo distinto do Estado idealizado por Hegel, não é ainda o Estado máquina controlado pela classe dominante (ou frações dominantes), tampouco insere-se nas relações conflituosas entre as classes sociais. Trata-se de um Estado "alienado", e embora separado da "sociedade civil" (esta sendo a esfera racional das relações econômicas e da liberdade), é resultado dela e não o inverso, como afirmava Hegel, e exerce seu poder coativo pela burocracia que se confunde com o próprio Estado. A burocracia, para Marx, é o "formalismo de Estado" da sociedade civil. É a "consciência do Estado", a "vontade do Estado", o "poder do Estado" enquanto corporação, i.e., como sociedade particular, fechada no Estado. E a supressão da burocracia

> só é possível quando o interesse geral se transforma realmente em interesse particular e não, como afirma Hegel, simplesmente no pensamento, na abstração, onde tal só poderia acontecer quando o interesse particular se transformasse realmente em interesse geral.[353]

Para o jovem Marx, as classes, i.e., os estamentos, não são constituídas pelo modo de produção e na determinação das contradições entre as relações de produção e as forças produtivas. Diferentemente disso, é na relação entre o Estado e a sociedade civil, nos distintos

---

[351] MARX, Karl; ENGELS, Friedrich. *Manifesto comunista. In: Obras escolhidas.* vol. 1, Lisboa: Avante! 1982.

[352] MARX, Karl. "Sobre la cuestion judia". *In:* _____. *Escritos de juventud.* México: Fondo de Cultura Econômica, 1982.

[353] MARX, Karl. "Sobre la cuestion judia". *In:* _____. *Escritos de juventud.* México: Fondo de Cultura Econômica, 1982, p. 361.

CAPÍTULO IV – A RESPEITO DA QUESTÃO DA DEMOCRACIA...

processos históricos, que as classes se formam, como ele descreve nas seguintes passagens:

> ao ocorrer um determinado progresso histórico, os estamentos políticos transformaram-se em estamentos sociais (...). A rigor, a transformação propriamente dita dos estamentos políticos em estamentos civis realizou-se a cabo sob a monarquia absoluta (...). Mas paralelamente a essa burocracia do poder governativo absoluto, a *distinção social* entre os estamentos seguia sendo uma distinção *política*, no interior e ao lado da burocracia do poder governativo absoluto. Foi somente a Revolução Francesa que consumou a transformação dos estamentos *políticos* em estamentos *sociais* ou, em outras palavras, que transformou as *diferenças entre os estamentos* da sociedade civil em simples diferenças sociais, em diferenças relativas à vida privada, que não afetavam em nada a vida política. Com o que levou ao fim a separação entre a vida política e a sociedade civil. Com isso, transformaram-se ao mesmo tempo os estamentos da sociedade civil: a sociedade civil se transformou ao se separar da sociedade política (...). A sociedade civil se opôs a ela como estamento privado.[354]

Se o Estado é resultado da sociedade civil para o jovem Marx, tampouco lhe confere o mesmo significado que lhe dará poucos anos depois ao defini-lo como aparato repressor articulado com as estruturas econômicas e ideológicas, i.e., de um todo complexo como é o modo de produção. Como veremos adiante, o Estado não é um epifenômeno da economia, mas sim também a condição de existência da estrutura econômica.

Ainda em *Sobre a questão judaica,* Marx se mantém na tradição humanista da modernidade. A emancipação política é um aspecto subordinado à emancipação humana. O centro de sua análise não é o domínio das classes pelo Estado e o fim das contradições de classes com o fim do Estado. Numa passagem dessa obra, Marx deixa bem claro a sua perfilhação ao humanismo filosófico:

---

[354] MARX, Karl. "Sobre la cuestion judia". *In:* _____. *Escritos de juventud.* México: Fondo de Cultura Econômica, 1982, p. 392.

> A emancipação política com respeito à religião não é a emancipação da religião total e isenta de contradições da religião mesma, porque a emancipação política não é o modo total e isento de contradições da emancipação humana. O limite da emancipação política se manifesta em seguida ao fato de que o Estado pode libertar-se de uma corrente sem que o homem se liberte realmente dela; em que o Estado possa ser um Estado livre sem que o homem seja livre.[355]

De fato, a análise do jovem Marx é marcada pelo discurso filosófico e de teor humanista e desprovida de uma análise em que articula as classes sociais e as suas lutas nos modos de produção, e nas diferentes e articuladas formas de lutas (econômicas, políticas e ideológicas). A partir de 1845 não há uma derivação de uma essência contraditória entre homem e trabalho alienado, mas sim na pluralidade contraditória e na determinação contraditória entre as relações de produção e das forças produtivas. Isso inexiste nesses textos do jovem Marx, não obstante alguns "elementos", como o Estado, não serem a representação geral fruto da razão mas sim proveniente da sociedade civil (mundo econômico),[356] que serão trabalhados de modo mais sistemático (ou mais articulado) a partir de 1845.

Os limites teóricos do jovem Marx são bem apontados por Márcio Bilharinho Naves, pois, como ele afirma,

> a leitura dos textos de juventude de Marx – dominado pela antropologia filosófica de Feuerbach – permite reconhecer todo

---

[355] MARX, Karl. "Sobre la cuestion judia". *In*: _____. *Escritos de juventud*. México: Fondo de Cultura Econômica, 1982, p. 468.

[356] O Prefácio à *Contribuição à crítica da economia política* de 1859 fornece esse tipo de interpretação (de fundo mecânico e epifenomênico) que se assemelha (na forma, mas não no conteúdo) à *Crítica da filosofia do direito de Hegel*. Já na obra *O 18 Brumário de Luís Bonaparte*, a análise de classes de Marx em nada se assemelha ao seu texto de 1843. Sobre essa influência de Hegel em Marx no texto do Prefácio de 1859, veja BOITO JR., Armando. *Estado, política e classes*. São Paulo: Unesp, 2007; e BOITO JR., Armando. "Emancipação e revolução: crítica à leitura lukacsiana do jovem Marx". *Crítica Marxista*, n° 36, 2012.

CAPÍTULO IV – A RESPEITO DA QUESTÃO DA DEMOCRACIA...

um conjunto de noções pertencentes ao universo da ideologia burguesa. As noções de alienação, de homem, de gênero humano, de essência humana, a ideia do proletariado como elemento passivo, enfim, a problemática humanista impede Marx de apreender as determinações reais da sociedade burguesa, que devem ser buscadas, segundo ele demonstrará posteriormente, na base econômica material, na articulação entre as relações de produção e as forças produtivas. Só esse ponto de partida pode permitir a Marx realizar a crítica da representação ideológica do "homem" e compreender essa categoria como construção da ideologia jurídica burguesa necessária à circulação mercantil.[357]

É na obra *A ideologia alemã* de 1845 que se inicia uma série de rupturas na teoria de Marx, e são essas rupturas que modificarão a acepção do conceito de Estado em relação à sua fase juvenil. É nessa obra, ao lado de Engels, que Marx começa a esboçar o conceito de modo de produção. O Estado moderno é definido – ao lado do direito – de forma instrumental e com uma completa ausência de autonomia, contrariamente às formas precedentes do Estado já que, como afirmam Marx e Engels, o próprio Estado influenciava o desenvolvimento da propriedade nas sociedades pré-capitalistas. Ademais, o Estado está agora relacionado às classes sociais, e não mais ao estamento, categoria essa que se dissipa com a análise de Marx e Engels sobre o Estado capitalista. Como ambos observam,

> a essa propriedade privada moderna corresponde o Estado moderno, que, comprado progressivamente pelos proprietários privados por meio dos impostos, cai plenamente sob o domínio destes pelo sistema de dívidas públicas (...). A burguesia, por ser classe, não mais um *estamento*, é forçada a organizar-se nacionalmente, e não mais localmente, e a dar a seu interesse médio uma forma geral. Por meio da emancipação da propriedade privada em relação à comunidade, o Estado se tornou uma existência

---

[357] NAVES, Márcio Bilharinho. *Marx, ciência e revolução*. São Paulo: Quartier Latin, 2008, pp. 36/37.

particular ao lado e fora da sociedade civil; mas esse Estado não é nada mais do que a forma de organização que os burgueses se dão necessariamente, tanto no exterior como no interior, para a garantia recíproca de sua propriedade e de seus interesses. A autonomia do Estado tem lugar atualmente apenas naqueles países onde os estamentos não se desenvolveram completamente até se tornarem classes, onde os estamentos já eliminados nos países mais avançados ainda exercem algum papel e onde existe uma mistura; daí que, nesses países, nenhuma parcela da população pode chegar à dominação sobre as outras. Este é especialmente o caso da Alemanha. O exemplo mais acabado do Estado moderno é a América do Norte. Todos os modernos escritores franceses, ingleses e americanos declaram que o Estado existe apenas em função da propriedade privada, de tal modo que isso também foi transmitido para o senso comum.[358]

O *Manifesto comunista* de 1848, também escrito em parceria com Engels, de fato acentua essa descontinuidade com as posições anteriores de Marx. Não é mais a emancipação da humanidade que é o centro da análise, mas sim a luta de classes como motor da história, e o fim do Estado e das contradições de classe que se tornam o centro e o escopo final. Na modernidade burguesa, o Estado em sua forma parlamentar (e nacional) é uma máquina aperfeiçoada em relação aos modelos precedentes dos demais modos de produção, já que detém o domínio político exclusivo. O Estado é definido como um aparelho repressor das classes dominantes e o comitê para a administração dos negócios coletivos da classe burguesa.[359]

Contudo, como observa Balibar,[360] inexiste no *Manifesto* a definição de ditadura do proletariado que começa a florescer na obra *As lutas de*

---

358 MARX, Karl; ENGELS, Friedrich. *A ideologia alemã*. São Paulo: Boitempo, 2011, p. 75.

359 MARX, Karl; ENGELS, Friedrich. "Manifesto comunista". *In*: *Obras escolhidas*. vol. 1, Lisboa: Avante! 1982, p. 109.

360 BALIBAR, Étienne. *Cinco estudos sobre o materialismo histórico*. 2 vols. Lisboa: Martins Fontes, 1975.

CAPÍTULO IV – A RESPEITO DA QUESTÃO DA DEMOCRACIA...

classes na França, de 1850, embora não haja uma definição precisa do conceito. Mas, com efeito, inicia-se a retificação do *Manifesto comunista* em relação ao conceito de Estado. Ao distinguir o socialismo revolucionário das demais correntes socialistas, Marx demarca precisamente que a diferença encontra-se na perspectiva da formação da ditadura do proletariado, que ele define assim:

> este socialismo é a declaração da permanência da revolução, a ditadura de classe do proletariado como ponto de trânsito necessário para a abolição das diferenças de classe em geral, para a abolição de todas as relações de produção em que aquelas se apoiam, para a abolição de todas as relações sociais que correspondem a essas relações de produção, para a revolução de todas as ideias que decorrem destas relações sociais.[361]

Embora curta, essa passagem delimita um sentido central na sua teoria de Estado: o Estado controlado pelo proletariado no momento de transição demarca uma descontinuidade com o momento político e social precedente. Para Marx, não é o determinante a forma ou tipo de Estado, mas sim que o Estado de transição estabelece uma ruptura com Estado capitalista. A ditadura do proletariado de fato alça uma nova formulação teórica que inexistia no *Manifesto* e, sobretudo, na sua fase de juventude. Na sua carta a Weydemeyer datada de 1852, Marx destaca a inovação teórico-política desse conceito:

> no que me diz respeito, não me cabe o mérito de ter descoberto nem a existência das classes na sociedade moderna nem a sua luta entre si. Muito antes de mim, historiadores burgueses tinham exposto o desenvolvimento histórico dessa luta das classes, e economistas burgueses, a anatomia econômica das mesmas. O que de novo eu fiz foi: 1) demonstrar que a *existência das classes* está apenas ligada a *determinadas fases de desenvolvimento histórico da produção;* 2) que a luta das classes conduz necessariamente à *ditadura do proletariado;* 3)

---

[361] MARX, Karl. "As lutas de classes na França". *In: Obras escolhidas.* vol. 1, Lisboa: Avante! 1982, pp. 290/291.

que esta mesma ditadura só constitui a transição para a *superação de todas as classes* e para uma *sociedade sem classes*.[362]

Esse Estado transitório ganha na teoria de Marx um aspecto-chave para a descontinuidade e ruptura com o modo de produção capitalista. O político, i.e., a conquista do Estado é o ponto central para Marx no tocante à revolução socialista em direção ao comunismo.

Na sua obra seguinte sobre a formação social francesa, *O 18 Brumário de Luís Bonaparte,* de 1852, Marx, em plena maturação teórica, descreve pela primeira vez de modo mais preciso o conceito de ditadura do proletariado e o seu significado, que a partir de então tornar-se-á central em sua definição teórico-política. É nessa obra que a retificação do *Manifesto* se dá efetivamente, como aponta Balibar.[363] O Estado também não é mais definido como um mero instrumento de classe, já que dispõe de uma autonomia relativa da burocracia em relação às frações dominantes da burguesia.[364] Diferentemente da sua obra juvenil, a burocracia (e o Poder Executivo) é tratada de modo mais sistemático, fornecendo uma rica análise sobre a modernização e aperfeiçoamento do aparato estatal francês constituído pela modernidade burguesa, ao diferenciar o aparato executivo do legislativo e a importância da arrecadação de impostos para a sustentação da máquina estatal.[365] Ademais, é com a centralização do poder estatal que a burguesia dobra e anula o poder da nobreza feudal que ainda perdurava durante a constituição da

---

362 MARX Karl. "Carta a Weydemeyer". *In: Obras escolhidas.* vol. 1, Lisboa: Avante! 1982, p. 555.

363 Cf. BALIBAR, Étienne. *Cinco estudos sobre o materialismo histórico.* 2 vols. Lisboa: Martins Fontes, 1975, p. 132.

364 "Unicamente sob o segundo Bonaparte o Estado parece tornar-se completamente autônomo" (MARX, Karl. *O 18 Brumário e Cartas a Kugelmann.* São Paulo: Paz e Terra, 2010).

365 "Os impostos são a fonte de vida da burocracia, do exército, dos padres e da corte, em suma, de toda a máquina do Poder Executivo. Governo forte e impostos fortes são coisas idênticas" (MARX, Karl. *O 18 Brumário e Cartas a Kugelmann.* São Paulo: Paz e Terra, 2010, p. 132).

CAPÍTULO IV – A RESPEITO DA QUESTÃO DA DEMOCRACIA...

modernidade capitalista.[366] Há, de fato, uma complexificação do aparelho de Estado, e daí a observação de Marx sobre o desenvolvimento da divisão social do trabalho nos aparatos de Estado.[367]

E justamente nessa obra se dá a definição de Marx de que as revoluções históricas sempre aperfeiçoaram a máquina estatal ao invés de quebrá-la.[368] Essa problemática da quebra do aparelho de Estado será central no pensamento de Marx, como foi expresso por ele na sua carta a Kugelmann, em 12 de abril de 1871, durante o contexto da Comuna de Paris, quando disse:

> Se você olhar o último capítulo de meu *18 Brumário* verá que digo que a próxima tentativa da revolução francesa não será mais, como antes, de transferir a máquina burocrática militar de uma mão para outra, e sim de *esmagá-la*, e isso é essencial para qualquer revolução popular no continente.[369]

A Comuna de Paris analisada na obra *A guerra civil na França* foi efetivamente a primeira experiência da ditadura do proletariado em termos práticos, tornando-se o paradigma para as demais revoluções do século XX, como a Russa e a Chinesa (particularmente durante a Revolução Cultural). Com a experiência da Comuna, Marx e Engels retificam claramente a sua posição inicial no *Manifesto comunista* em 1872. A Comuna, com efeito, iniciou um novo processo revolucionário no qual emergiram novas práticas políticas que rompiam com a modernidade burguesa, implodindo o seu modelo estatal e construindo novas formas

---

366 MARX, Karl. *O 18 Brumário e Cartas a Kugelmann*. São Paulo: Paz e Terra, 2010, p. 135.

367 MARX, Karl. *O 18 Brumário e Cartas a Kugelmann*. São Paulo: Paz e Terra, 2010, p. 125.

368 "Todas as revoluções aperfeiçoaram essa máquina ao invés de destroçá-la" (MARX, Karl. *O 18 Brumário e Cartas a Kugelmann*. São Paulo: Paz e Terra, 2010, p. 126).

369 MARX, Karl. *O 18 Brumário e Cartas a Kugelmann*. São Paulo: Paz e Terra, 2010, p. 310.

LUIZ EDUARDO MOTTA

alternativas de participação política, para além do modelo republicano *canonizado* pelo pensamento liberal e institucionalista.

Marx, na sua análise sobre a Comuna, retoma aspectos já abordados anteriormente em *O 18 Brumário de Luís Bonaparte,* como a centralização de poder do Estado capitalista, o papel da sua estrutura repressiva e os efeitos ilusórios do parlamento. A Comuna rompe com o modelo do Estado moderno burguês ao extinguir o exército, com os comunardos no controle das armas, e com o fim da chamada "divisão" de poderes. Para Marx,

> a Comuna devia ser não um corpo parlamentar, mas um órgão de trabalho, Executivo e Legislativo ao mesmo tempo. Em vez de continuar a ser o agente do governo central, a polícia foi imediatamente despojada de seus atributos políticos e convertida em agente da Comuna, responsável e substituível a qualquer momento.[370]

Além da democracia direta e do controle dos aparatos repressores pela população, a educação tornou-se efetivamente pública, sem a ingerência da Igreja e do Estado capitalista. E a própria ciência "se libertava dos grilhões criados pelo preconceito de classe e pelo poder governamental".[371]

Ao acabar com o exército e com o funcionalismo público,

> a Comuna tornou realidade o lema das revoluções burguesas: o governo barato (...). A Comuna dotou a República de uma base de instituições realmente democráticas. Mas nem o governo barato, nem a "verdadeira República" constituíam sua finalidade última. Eles eram apenas suas consequências (...). Eis o verdadeiro segredo da Comuna: era essencialmente um governo da classe operária, o produto da luta de classe produtora contra classe

---

[370] MARX, Karl. *A guerra civil na França.* São Paulo: Boitempo, 2011, p. 57.

[371] MARX, Karl. *A guerra civil na França.* São Paulo: Boitempo, 2011, p. 57.

CAPÍTULO IV – A RESPEITO DA QUESTÃO DA DEMOCRACIA...

apropriadora, a forma política enfim descoberta para se levar a efeito a emancipação econômica do trabalho.[372]

A experiência da Comuna parisiense expressava de fato algo completamente novo, inclusive para os dias atuais: a descontinuidade com a modernidade burguesa e do Estado capitalista, e a constituição de novas práticas políticas oriundas dos setores subalternos da sociedade, com o controle do aparato repressivo e com a participação política direta. De fato, até então não havia na modernidade burguesa algo que se assemelhasse a essa experiência da Comuna de Paris. Em suma: a ditadura do proletariado para Marx tratava-se de algo completamente diferente das formas de governo ditatoriais, já que os aparatos do Estado eram controlados pelas mais amplas camadas da população, e não por um pequeno grupo, como é na definição clássica de Estado ou governo ditatorial.

Essa nova concepção de fazer a política é bem percebida por Badiou:

> invocar a Comuna de Paris é compreender que a ditadura do proletariado não pode ser uma simples fórmula de Estado, e que o recurso à mobilização revolucionária das massas é necessário para levar adiante a marcha rumo ao comunismo. Em outras palavras, é preciso inventar, na experiência revolucionária continuada, que é sempre em parte uma decisão imprevisível e precária, as formas do Estado proletário, como fizeram, pela primeira vez na história, os operários parisienses de 18 de março de 1871.[373]

Marx retornaria à problemática da ditadura do proletariado (ou da democracia proletária, já que democracia e ditadura não são conceitos necessariamente antagônicos, mas sim é o conteúdo que lhes dá o significado) no seu texto *Crítica ao programa de Gotha,* de 1875. É, com efeito, o seu último grande texto político. Na sua oposição ao reformismo de Lassale, Marx expõe as principais concepções de uma perspectiva revolucionária, i.e., a defesa de um programa político de ruptura ao

---

372 MARX, Karl. *A guerra civil na França.* São Paulo: Boitempo, 2011, p. 59.
373 BADIOU, Alain. *L'hypothése communiste.* Paris: Ligne, 2009, p. 152.

modo de produção capitalista, e de suas manifestações no direito e no Estado. Marx questiona a posição do Partido Operário Alemão ao definir em seu programa a construção de um "Estado livre". Não há "Estado livre", mas sim, seja qual for a forma de Estado nas diferentes formações sociais, uma máquina opressiva, um órgão que subordina a sociedade. A liberdade consiste em transformar o Estado subordinado à sociedade. No entanto, há a necessidade de um período de transição para que isso ocorra. Como observa Marx,

> entre a sociedade capitalista e a comunista situa-se o período da transformação revolucionária de uma na outra. A ele corresponde também um período político de transição, cujo Estado não pode ser senão *a ditadura revolucionária do proletariado*.[374]

Para Marx, o programa revolucionário não se caracteriza pelo sufrágio universal, pelo direito "universal", mandato imperativo, ou mesmo a participação/representação direta: uma forma republicana democrática de poder pode incluir esses itens em sua Constituição (vide o *recall* nos EUA, ou a iniciativa popular na Constituição Brasileira de 1988). O que é significativo para Marx é que o processo de transição o qual ele denomina de ditadura do proletariado, a máquina estatal, seja diretamente controlado pelas classes dominadas, e que também visem o fim dessa máquina operativa a partir da construção de novas práticas políticas.

A analogia do Estado como máquina também está presente em Engels na sua obra *A origem da família, da propriedade e do Estado*,[375] de 1884. A despeito de ser um livro desprezado pelos acadêmicos da área da antropologia por o considerarem "evolucionista", pois tem como fonte de inspiração Thomas Morgan, esses "críticos" esquecem que a teoria de Morgan naquele contexto era uma das principais referências da antropologia, expressando o que havia de mais avançado naquela época. Não podemos ver a obra de Morgan sob os olhos de um Lévi-Strauss ou de um Clifford Geertz dos

---

[374] MARX, Karl. *Crítica do programa de Gotha*. São Paulo: Boitempo, 2012, p. 43.

[375] ENGELS, Friedrich. "A origem da família, da propriedade e do Estado". *In*: *Obras escolhidas*. vol. 3, Lisboa: Avante! 1985.

CAPÍTULO IV – A RESPEITO DA QUESTÃO DA DEMOCRACIA...

dias de hoje. Há de se ter, pelo menos, uma mínima "relativização" (como costumeiramente defendem os antropólogos) sobre a obra de Morgan e a de Engels. Numa passagem dessa obra, Engels destaca que

> o Estado é o resumo da sociedade civilizada, sendo sem exceção, em todos os períodos que podem servir como modelo, o Estado da classe dominante, e em todos os casos permanece essencialmente máquina para a repressão da classe oprimida, explorada.[376]

Marx e Engels, portanto, definem o Estado enquanto uma máquina repressiva que representa não um consenso, como quer Hobbes em *De cive* e em *O Leviatã*, acima de todos os interesses individuais, mas sim um aparato opressivo e operativo pela classe dominante, nas suas diversas frações. A novidade da teoria de Marx é a inclusão de um novo conceito na teoria política que vem a ser a ditadura do proletariado, no qual não se confunde como uma forma de governo ou de Estado, já que para Marx (e Engels) todo Estado é uma forma de opressão, ainda que haja variações. Além do mais, a ditadura do proletariado significa um "não Estado", i.e., representa a forma de transição para o comunismo. Essa "ditadura" é uma forma de democracia para as classes trabalhadoras e exploradas que direcionam o aspecto repressor desse Estado às classes dominantes que empregavam o seu aparelho repressivo aos setores subalternos. Contudo, como veremos a seguir, a definição do conceito de ditadura do proletariado não foi um consenso entre os marxistas e dirigentes socialistas, a exemplo do debate travado pela II Internacional.

4.2 – Reforma ou revolução? Ditadura ou democracia? O debate da II Internacional

O contexto histórico-político da II Internacional proporcionou um riquíssimo debate no campo do marxismo em relação aos temas da

---

[376] ENGELS, Friedrich. "A origem da família, da propriedade e do Estado". *In: Obras escolhidas*. vol. 3, Lisboa: Avante! 1985.

reforma ou revolução, da democracia ou ditadura. É a prova cabal de que o marxismo não refutou essas questões, e, ao contrário, deu uma significativa contribuição a esse tema da ciência política.

O debate girou em torno das seguintes questões, não obstante elas se cruzassem: o socialismo poderia se constituir pelas reformas políticas, sociais e econômicas, ou pela via da revolução "explosiva", de rupturas? Esse tema marcou a polêmica entre Eduard Bernstein e Rosa Luxemburgo. A segunda questão diz respeito a se a democracia é um valor universal (o "método" democrático) em oposição à ditadura, ou se a ditadura do proletariado é uma forma de democracia popular, ou de democracia de massas? E se for, qual é o nível de participação daqueles que se opõem ao grupo dirigente? Essa questão envolveu diretamente Lenin, e na sua oposição, à direita, Kautsky e, à sua esquerda, Rosa Luxemburgo.

Bernstein, de fato, foi o primeiro intelectual do campo marxista a romper explicitamente com a perspectiva da ruptura e da revolução, não obstante tenha se apoiado (como também fará mais tarde Kautsky) em Engels quando este escreveu a introdução de *As lutas de classes na França de 1848 a 1850,* em 1895, e afirmou

> o modo de luta de 1848 está hoje ultrapassado em todos os aspectos (...). Com esta utilização vitoriosa do sufrágio universal entrara em ação um modo de luta totalmente novo do proletariado, modo de luta esse que rapidamente se desenvolveu. Viu-se que as instituições estatais em que a dominação da burguesia se organiza ainda oferecem mais possibilidades através das quais a classe operária pode lutar contra essas mesmas instituições estatais.[377]

---

[377] ENGELS, Friedrich. "Introdução a edição de 1895 de As lutas de classes em França de 1848 a 1850, de Karl Marx". *In: Obras escolhidas.* vol. 1, Lisboa: Avante! 1982, pp. 193 e 200. Contudo, é importante destacar que Engels refutou a forma como essa introdução foi publicada. Numa carta de 1° de abril de 1895, endereçada a Kautsky: "vejo hoje com espanto no *Vorwaerts* [órgão central da social-democracia alemã, do qual W. Liebknecht era o chefe de redação] um extrato de minha introdução, reproduzido sem o meu conhecimento e arranjado de maneira a me fazer aparecer como um adorador da legalidade a qualquer preço. Por isso tanto maior é

CAPÍTULO IV — A RESPEITO DA QUESTÃO DA DEMOCRACIA...

Bernstein radicaliza ao máximo essa posição de Engels em seu livro *As premissas do socialismo e as tarefas da social-democracia* (traduzido para o português com o título *Socialismo evolucionário*). Ao rejeitar a tese de Marx e Engels sobre o colapso do capitalismo expresso no *Manifesto*, Bernstein defende que a única forma cabível para a construção de um socialismo na base de reformas sociais seria a via parlamentar. E o socialismo pela via "pacífica" pode ser realizado já que a democracia, para Bernstein, possui um valor universal, no qual prepondera a decisão majoritária e a defesa das minorias. A democracia no entender dele não está restrita a algumas classes, ou frações, mas sim difusa no conjunto das classes sociais, i.e., tem caráter universal. Essa posição de Bernstein fica nítida nessa passagem: "quanto mais for adotada e governar a consciência geral, tanto mais a democracia será igual, em significado, ao grau mais elevado possível de liberdade para todos".[378]

Sendo a democracia universal, atingindo todas as classes, torna-se a alternativa à revolução violenta. O que garante uma "transição da moderna ordem social para outra mais evoluída".[379] Ao contrário de ser herdeira do igualitarismo de Rousseau, o dos socialistas pré-marxistas, o socialismo seria o "herdeiro legítimo" do liberalismo. O socialismo, segundo Bernstein seria "o desenvolvimento e a garantia de uma livre

---

meu desejo de que a introdução apareça sem cortes em *Neue Zeit* [órgão teórico da social-democracia alemã], a fim de que essa impressão *vergonhosa* seja apagada. Direi muito claramente a Liebknecht minha opinião sobre esse assunto, bem como àqueles, sejam quem forem, que lhe deram esta ocasião de desnaturar minha opinião". Em 3 de abril, numa carta em francês enviada a Paul Lafargue, ele desenvolve a crítica e fixa sua posição: "W. [Liebknecht] acaba de me pregar uma bela peça. Ele extraiu de minha introdução aos artigos de Marx sobre a França de 1848-1850 tudo o que pôde lhe servir para sustentar a tática *a todo custo pacífica e antiviolenta* que lhe apraz defender, há algum tempo [...]. Mas essa tática, eu só a preconizo *para a Alemanha de hoje e ainda assim com muita reserva*. Para a França, a Bélgica, a Itália, a Áustria, essa tática não poderia ser inteiramente seguida e, para a Alemanha, ela poderá amanhã se tornar inaplicável" (MORAES, João Quartim de. "A grande virada de Lênin". *Crítica Marxista,* n° 34, São Paulo: Unicamp, 2012, p. 200).

[378] BERNSTEIN, Eduard. *O socialismo evolucionário.* Rio de Janeiro: Zahar, 1997, p. 113.

[379] BERNSTEIN, Eduard. *O socialismo evolucionário.* Rio de Janeiro: Zahar, 1997, p. 115.

personalidade".[380] O fundamento do socialismo não se deve às questões materiais, ao controle e repartição da produção, e do poder político, mas sim da moral. É Kant quem Bernstein evoca como precursor do socialismo.

Não haveria por parte de Bernstein a necessidade da via revolucionária, ou de ruptura. O feudalismo precisou ser derrubado devido a sua estrutura organizacional autoritária. Já no liberalismo as organizações são mais "flexíveis", e possuem uma capacidade de transformação e desenvolvimento. Não precisam ser destruídas, mas apenas ser desenvolvidas. Como ele afirma, "necessitamos de organização e ação enérgica, mas não, forçosamente, de uma ditadura revolucionária".[381]

Segundo ele, a democracia é uma condição para o socialismo. Não se trata unicamente de um meio, mas da sua própria substância. Isso se deve pelo fato de que sem uma determinada quantidade de instituições ou tradições democráticas, a doutrina socialista da atualidade não teria sido verdadeiramente possível. Bernstein demarca uma distinção entre o método legislativo e o revolucionário: se na "legislação, o intelecto prevalece sobre a emoção em tempos tranquilos; durante uma revolução é a emoção que domina o intelecto. Mas se a emoção é frequentemente um líder imperfeito, o intelecto é uma força motivante lenta".[382]

Essa posição de Bernstein é completamente oposta à de Marx, a qual demonstrei acima. De acordo com Marx, se o Estado é uma máquina direcionada a oprimir os setores dominados (classes e grupos), a democracia nunca poderia ser difusa e possuir um valor universal. Para o deslocamento da democracia para as classes dominadas, somente pela via da ruptura e da descontinuidade, e na formação de novas práticas políticas nos novos aparelhos constituídos durante o período de transição. Ademais, não é no indivíduo, nem no aperfeiçoamento das

---

[380] BERNSTEIN, Eduard. *O socialismo evolucionário*. Rio de Janeiro: Zahar, 1997, p. 117.

[381] BERNSTEIN, Eduard. *O socialismo evolucionário*. Rio de Janeiro: Zahar, 1997, p. 125.

[382] BERNSTEIN, Eduard. *O socialismo evolucionário*. Rio de Janeiro: Zahar, 1997, p. 156.

CAPÍTULO IV – A RESPEITO DA QUESTÃO DA DEMOCRACIA...

instituições, pois para Marx é na radicalização igualitária e na quebra das "instituições" que o socialismo abriria o caminho para o comunismo.

A crítica às teses de Bernstein veio à tona rapidamente por Rosa Luxemburgo, em *Reforma social ou revolução?*, escrito em 1899, no qual ela refuta, passo a passo, os argumentos defendidos por Bernstein. Um dos principais aspectos de sua crítica a Bernstein diz respeito à capitulação deste ante a concepção liberal, e legalista, da modernidade burguesa. Enquanto a revolução demarca um sentido de ruptura e descontinuidade, o legalismo liberal reproduz as relações de poder vigente sob a aura do universalismo e dos direitos. Como afirma Rosa,

> a revolução é o ato fundador da história de classes, a legislação é a continuidade do vegetamento político da sociedade. O trabalho da reforma legal não tem, em si, uma força motriz própria, independentemente da revolução; em cada período histórico ele apenas se movimenta sobre a linha, e pelo tempo em que permanece o efeito do pontapé que lhe foi dado na última resolução ou, dito de maneira concreta, apenas no quadro da forma social que foi colocada no mundo pela última transformação (...). Uma revolução social e uma reforma legal não são fatores diferentes por sua *duração*, mas pela sua *essência*.[383]

Rosa destaca a identificação das posições de Bernstein com o liberalismo na medida em que ele abandona o conceito de classes sociais pelo emprego da categoria de indivíduos. Há uma clara desistência de Bernstein do conceito central do marxismo que é o de luta de classes. Numa passagem, ela demarca claramente essa posição liberal de Bernstein:

> Em uma sociedade de classes, porém, a luta é um fenômeno completamente natural, inevitável – Bernstein desmente, em última consequência, até mesmo a existência das classes em

---

383 LUXEMBURGO, Rosa. "Reforma social ou revolução?". *In*: LOUREIRO, Isabel. *Rosa Luxemburgo*: textos escolhidos. vol. 1, São Paulo: Unesp, 2011, pp. 68/69.

nossa sociedade: a classe trabalhadora é, para ele, apenas um amontoado de indivíduos fragmentados, não apenas do ponto de vista político e espiritual, mas também econômico.[384]

Passados mais de dez anos desse debate que marcou a virada para o século XX, a polêmica sobre a ditadura do proletariado e o conceito de Estado retomou a partir da vitória da Revolução Russa de 1917. A tomada do poder pelos bolcheviques e a implantação da ditadura do proletariado acabaram por concretizar a cisão entre socialistas e comunistas, ou entre os reformistas e os revolucionários, iniciada a partir da I Guerra, em 1914.

O texto de Kautsky *A ditadura do proletariado,* de 1918, é uma dura crítica aos primeiros momentos da Revolução Russa, e retoma em grande medida as posições de Bernstein na defesa da democracia em oposição à ditadura, embora não associe o socialismo ao liberalismo, como fez este último. Há para Kautsky uma intensa oposição ao que ele denomina de "método democrático" ao "método ditatorial", além da avaliação positiva sobre a Comuna de Paris em relação à Revolução Russa. A posição central de Kautsky é de que o socialismo é impensável sem a democracia. Assim como Bernstein, Kautsky tem a crença no sufrágio universal, o qual permitiu às "classes sociais mais baixas do povo tomar a palavra".[385] É a democracia que fornece o indicador mais seguro da maturidade do proletariado.

O contrário da democracia encontra-se na ditadura. Para ele, Marx não se referia à ditadura no sentido literal da palavra, já que não falava de uma forma de governo, "mas de uma *situação* que deve, necessariamente, produzir-se onde quer que o proletariado tenha conquistado o

---

[384] LUXEMBURGO, Rosa. "Reforma social ou revolução?". *In*: LOUREIRO, Isabel. *Rosa Luxemburgo*: textos escolhidos. vol. 1, São Paulo: Unesp, 2011, p. 78.

[385] KAUTSKY, Karl; LENIN, Vladimir Ilitch. *A ditadura do proletariado*: a revolução proletária e o renegado Kautsky. São Paulo: Ciências Humanas, 1979, p. 20.

CAPÍTULO IV – A RESPEITO DA QUESTÃO DA DEMOCRACIA...

poder político".[386] Exemplo dessa situação para Kautsky foi a Comuna de Paris, já que aplicava profundamente o sufrágio universal. Assim,

> a ditadura do proletariado é para Marx um estado que decorre necessariamente da democracia pura quando o proletariado constitui a maioria. Ao examinar essa questão, é preciso tomar cuidado para não confundir ditadura como estado de coisas e ditadura como forma de governo.[387]

A ditadura como forma de governo seria por exemplo a Revolução Russa, na qual o partido bolchevique estaria controlando o Estado, e não o proletariado no seu todo que estaria à frente desse processo.

Para Kautsky, a ditadura de uma minoria se sustenta pela guerra civil para se impor à oposição ativa. A revolução proletária seria realizada diferentemente das revoluções burguesas que se opuseram ao despotismo, já que a Europa Ocidental já experimentava há alguns decênios o sistema democrático moderno. Daí a distinção estabelecida por Kautsky entre revolução social, revolução política e guerra civil. Para ele, a revolução social

> é uma transformação profunda de todo o edifício social, provocada por um novo modo de produção. É um longo processo que pode durar dezenas de anos, e cuja conclusão não pode ser precisamente determinada (...). A revolução política é um ato repentino que pode sobrevir e se finalizar muito rapidamente. Suas formas dependem da forma do Estado no qual ela se produz. Quanto mais impera a democracia, não apenas formalmente, mas efetivamente enraizada na força das classes trabalhadoras, maior é a possibilidade de que a revolução política seja pacífica. E quanto menos o sistema imperante até então se apoie na maioria da população e não represente mais do que uma minoria que conserva a direção do Estado por meio da força militar, maior

---

386 KAUTSKY, Karl; LENIN, Vladimir Ilitch. *A ditadura do proletariado*: a revolução proletária e o renegado Kautsky. São Paulo: Ciências Humanas, 1979, p. 30.

387 KAUTSKY, Karl; LENIN, Vladimir Ilitch. *A ditadura do proletariado*: a revolução proletária e o renegado Kautsky. São Paulo: Ciências Humanas, 1979, p. 31.

é a probabilidade de que a revolução política venha a tomar a forma de uma guerra civil.[388]

Essa posição de Kautsky foi incompatível com a de Lenin. E essa ruptura entre socialistas e comunistas abriu uma ferida que até os dias de hoje não se cicatrizou. A demarcação de Lenin em relação à ruptura revolucionária e a constituição da ditadura do proletariado representam a defesa das posições políticas do Marx maduro.[389] Em *O Estado e a revolução*, escrito um pouco antes da vitoriosa Revolução de Outubro de 1917, Lenin retoma os argumentos políticos centrais de Marx e Engels sobre o papel do Estado. Além de surgir a partir das contradições de classe, o Estado é um órgão de dominação de classe e cabe a ele a função repressora sobre as classes subalternas. Daí a necessidade de substituir o Estado capitalista pelo Estado de transição, com o escopo de extingui-lo, e, consequentemente à democracia, já que esta é uma forma de Estado.

Lenin, de fato, credita à democracia ser a melhor forma de Estado capitalista para a classe trabalhadora. Segundo Lenin,

> somos pela república democrática como melhor forma de Estado para o proletariado sob o capitalismo, mas não temos o direito de esquecer que a escravatura assalariada é o destino do povo mesmo na república burguesa mais democrática. Mais ainda. Qualquer forma de Estado é uma "força especial para a repressão" da classe oprimida. Por isso, qualquer Estado não é livre nem do povo.[390]

Se o Estado é uma máquina opressiva, não é pela via parlamentar, ou pacífica, que a classe trabalhadora poderá chegar ao poder, mas

---

[388] KAUTSKY, Karl; LENIN, Vladimir Ilitch. *A ditadura do proletariado*: a revolução proletária e o renegado Kautsky. São Paulo: Ciências Humanas, 1979, pp. 36/37.

[389] A expressão "Marx maduro" é empregada por Lenin, vide LENIN, Vladimir Ilitch. "O Estado e a revolução". *In: Obras escolhidas*. vol. 2, Lisboa: Avante! 1978, p. 237.

[390] LENIN, Vladimir Ilitch. "O Estado e a revolução". *In: Obras escolhidas*. vol. 2, Lisboa: Avante! 1978, p. 235.

CAPÍTULO IV – A RESPEITO DA QUESTÃO DA DEMOCRACIA...

somente pela via da violência revolucionária. É mais uma linha de demarcação inconciliável entre Lenin e Kautsky.

No entanto, a grande contribuição teórico-política de Lenin (para além da questão do imperialismo) é a questão da organização política revolucionária para a derrubada do Estado capitalista. Em *O que fazer?*, Lenin dá um novo sentido ao partido político da classe trabalhadora ao demarcar uma distinção com o modelo dos partidos de massa, ao definir o papel de vanguarda dos militantes revolucionários e da consciência externa à classe proletária, em oposição ao espontaneísmo.[391] Kautsky se opõe radicalmente ao modelo vanguardista de partido, haja vista que a sua crítica à ditadura do proletariado é que esta fora constituída pelo partido de vanguarda, e, desse modo, confundia-se com a própria classe proletária, embora não fossem a mesma coisa.

A crítica de Lenin a Kautsky estabelece-se, sobretudo, em torno do conceito de ditadura do proletariado. Para Lenin, reconhecer a existência da luta de classes é insuficiente. O próprio Marx já declarava isso na sua carta a Weydemeyer. Para Lenin, "só é marxista aquele que *alarga* o reconhecimento da luta de classes até o reconhecimento da *ditadura do proletariado*".[392] Citando Kaustky, Lenin afirmava que

> o oportunismo não estende o reconhecimento da luta de classes precisamente até aquilo que é o essencial, até o período de transição do capitalismo para o comunismo, até o período do derrubamento da burguesia e da sua completa supressão. Na realidade, este período é inevitavelmente um período de uma luta de classes de um encarniçamento sem precedentes, sem precedentes na agudeza das suas formas. E, consequentemente, o Estado deste período deve necessariamente ser um Estado democrático de uma maneira nova (para os proletários e para

---

391 Cf. LENIN, Vladimir Ilitch. "O que fazer?". *In: Obras escolhidas*. vol. 1, Lisboa: Avante! 1977, pp. 100/101.

392 LENIN, Vladimir Ilitch. "O Estado e a revolução". *In: Obras escolhidas*. vol. 2, Lisboa: Avante! 1978, p. 245.

os não possidentes em geral) e ditatorial de uma maneira nova (contra a burguesia).[393]

Não há princípio universal de democracia, no entender de Lenin, apoiado nos textos de Marx e Engels, e isso o coloca num campo diametralmente oposto ao de Kautsky. Para o marxismo, a pergunta sobre a democracia seria "para que classe?", e tampouco a ditadura é um conceito geral, já que haveria distinções entre uma ditadura revolucionária em relação a uma ditadura reacionária, ou conservadora. A ditadura não é uma forma de governo. Como observa Lenin no seu opúsculo *A revolução proletária e o renegado Kautsky*,

> não é, em absoluto, não é de modo algum a mesma coisa. Assim, também, é absolutamente falso que uma classe não possa governar; tal asneira só pode brotar de um "cretinismo parlamentar" que nada vê fora do parlamento burguês e nada observa fora dos "partidos dirigentes".[394]

A despeito da linguagem adjetivada de Lenin, de fato o seu olhar é mais agudo em relação ao de Kautsky, pois, além de perceber os limites da esfera parlamentar, há a defesa de novas formas de participação numa clara ruptura com a república moderna burguesa.

Embora Rosa Luxemburgo se posicione no campo da esquerda revolucionária, a sua crítica aos caminhos tomados pela Revolução Russa foi implacável, embora não tomasse uma posição de opositora a ela, como fez Kautsky. A sua defesa da democracia ultrapassa os limites da democracia liberal burguesa por identificar o socialismo revolucionário como a verdadeira acepção de democracia.

---

[393] LENIN, Vladimir Ilitch. "O Estado e a revolução". *In: Obras escolhidas*. vol. 2, Lisboa: Avante! 1978, p. 245.

[394] KAUTSKY, Karl; LENIN, Vladimir Ilitch. *A ditadura do proletariado*: a revolução proletária e o renegado Kautsky. São Paulo: Ciências Humanas, 1979, p. 104.

CAPÍTULO IV – A RESPEITO DA QUESTÃO DA DEMOCRACIA...

Em seu texto "A revolução russa", Rosa Luxemburgo de fato critica a dissolução da Assembleia Constituinte e a supressão da democracia em geral por Lenin e Trotsky, haja vista que com o fim dos mecanismos mínimos de eleição o que vem a se constituir é o "socialismo por decreto". A ditadura do proletariado, para Rosa, distintamente da dominação de classe burguesa que não requer a formação nem a educação política de toda a massa do povo, necessita da intensa mobilização e participação popular. Como afirma Rosa, é o seu elemento vital, o ar sem o qual não pode viver.[395]

A máxima extraída desse texto de que

> liberdade somente para os partidários do governo, somente para os membros de um partido – por mais numerosos que sejam –, não é liberdade. Liberdade é sempre a liberdade de quem pensa de modo diferente. Não por fanatismo pela "justiça", mas porque tudo quando há de vivificante, salutar, purificador na liberdade política depende desse caráter essencial e deixa de ser eficaz quando a "liberdade" se torna privilégio.[396]

não pode ser confundida, ou distorcida, por uma tomada de posição liberal. A diferença em relação à democracia liberal moderna fica clara nessa passagem:

> se a vida pública dos Estados de liberdade limitada é tão medíocre, tão miserável, tão esquemática, tão infecunda, é justamente porque, excluindo a democracia, ela obstrui a fonte viva de toda a riqueza e de todo progresso intelectual (...). É preciso que toda a massa popular participe. Senão o socialismo é decretado, outorgado por uma dúzia de intelectuais fechados num gabinete (...). A prática do socialismo exige uma transformação completa no

---

395 LUXEMBURGO, Rosa. "A Revolução Russa". *In*: LOUREIRO, Isabel. *Rosa Luxemburgo*: textos escolhidos. vol. 2, São Paulo: Unesp, 2011, p. 205.

396 LUXEMBURGO, Rosa. "A Revolução Russa". *In*: LOUREIRO, Isabel. *Rosa Luxemburgo*: textos escolhidos. vol. 2, São Paulo: Unesp, 2011, pp. 205/206.

espírito das massas, degradadas por séculos, em vez de instintos egoístas; iniciativa das massas em vez de inércia; idealismo, que faz superar todos os sofrimentos etc.[397]

A consequência dessa ausência de participação das massas é o fortalecimento do poder da burocracia partidária e estatal, formando uma ditadura burguesa de corte jacobino, e tornando-se um dique de contenção ao crescimento da vida pública (de participação política). O erro da posição de Lenin-Trotsky consiste precisamente em opor, tal como Kautsky, a ditadura à democracia. Enquanto Kautsky decide naturalmente pela democracia, i.e., pela democracia burguesa, Lenin--Trotsky se decidem pela ditadura em oposição à democracia e, assim, pela ditadura de um punhado de pessoas, i.e., pela ditadura *burguesa*. Segundo Rosa, são dois polos opostos, ambos igualmente muito afastados da verdadeira política socialista. Para ela, a ditadura do proletariado é o desenvolvimento máximo da democracia, sem parâmetros com a democracia moderna burguesa. Como ela afirma:

> [o proletariado] tem o dever e a obrigação de tomar imediatamente medidas socialistas da maneira mais enérgica, mais inexorável, mais dura, por conseguinte, exercer a ditadura, mas a ditadura da *classe*, não de um partido ou de uma *clique*; ditadura da classe, isso significa que ela se exerce no mais amplo espaço público, com a participação sem entraves, a mais ativa possível, das massas populares, numa democracia sem limites (...). Nunca fomos idólatras da democracia formal só pode significar que sempre fizemos distinção entre núcleo social e a forma política da democracia *burguesa*; que sempre desvendamos o áspero núcleo da desigualdade e da servidão sociais escondido sob o doce invólucro da igualdade e da liberdade formais – não para rejeitá-las, mas para incitar a classe trabalhadora a não se contentar com o invólucro, incitá-la a conquistar o poder político para preenchê-lo com um conteúdo social novo. A tarefa histórica

---

[397] LUXEMBURGO, Rosa. "A Revolução Russa". *In*: LOUREIRO, Isabel. *Rosa Luxemburgo*: textos escolhidos. vol. 2, São Paulo: Unesp, 2011, pp. 207/208.

CAPÍTULO IV – A RESPEITO DA QUESTÃO DA DEMOCRACIA...

do proletariado, quando toma o poder, consiste em instaurar a democracia socialista no lugar da democracia burguesa, e não suprimir toda democracia (...). A democracia socialista começa com a destruição da dominação de classe e a construção do socialismo. Ela começa no momento da conquista do poder pelo partido socialista. Ela nada mais é que a ditadura do proletariado (...). Mas tal ditadura precisa ser obra de *classe*, não de uma pequena minoria que dirige em nome da classe; quer dizer, deve, a cada passo, resultar da participação ativa das massas, ser imediatamente influenciado por elas, ser submetida ao controle público no seu conjunto, emanar da formação política crescente das massas populares.[398]

Essa longa citação do texto de Rosa Luxemburgo expressa nitidamente a sua posição crítica da possibilidade de uma "lei de ferro da oligarquia", como define o teórico elitista Michels,[399] caso o partido se sobreponha a ampla participação popular, numa clara crítica a Lenin e Trotsky e a centralidade de poder do partido revolucionário. Tampouco a sua defesa da democracia se identifica com a de Kautsky ou de Bernstein. A democracia para Rosa não se restringe ao formalismo institucional tal qual como hoje predomina na maioria dos cientistas políticos influenciados pelo neoinstitucionalismo, ou por posições kantianas como as de Habermas ou Rawls. A democracia, no marxismo, como bem expõe Rosa Luxemburgo, significa alargamento de participação e ruptura com a democracia moderna burguesa, esta limitada às suas funções procedimentais e institucionais.

Essa posição de Rosa sobre a democracia socialista é bem definida por Isabel Loureiro:

A vontade enérgica do partido revolucionário, que ela exalta nos bolcheviques, não bastava para instaurar o socialismo. Este

---

398 LUXEMBURGO, Rosa. "A Revolução Russa". *In*: LOUREIRO, Isabel. *Rosa Luxemburgo*: textos escolhidos. vol. 2, São Paulo: Unesp, 2011, pp. 209/210.

399 MICHELS, Robert. *Sociologia dos partidos políticos*. Brasília: UnB, 1982.

é fruto da experiência proletária, as soluções surgem junto com os problemas, desde que as massas, nas suas múltiplas formas de manifestação e organização, tenham inteira liberdade para apresentá-las, discuti-las, escolher o caminho apropriado, aprendendo com os próprios erros. Só com liberdades públicas poderia o "povo" formar-se politicamente, adquirindo autonomia intelectual e moral, pré-requisito imprescindível para a "prática do socialismo [que] exige uma transformação completa no espírito das massas, degradadas por séculos de dominação da classe burguesa". A ação livre das massas é, por um lado, precondição da democracia socialista – o oposto da dominação de um único partido que, para ela, conduzirá inevitavelmente à burocratização e ao estiolamento da vida pública, inclusive nos sovietes. Por outro, a única possibilidade de uma vida emancipada.[400]

A querela sobre a democracia e a ditadura do proletariado não se esgotou nesse debate travado entre os dirigentes políticos e intelectuais vinculados à II Internacional. Como veremos na próxima seção, Althusser e Poulantzas retomaram esse debate a partir da emergência da proposta eurocomunista nos anos 70.

4.3 – Ditadura do proletariado ou socialismo democrático?

O tema ditadura do proletariado ou via democrática do socialismo de fato retornou com intensa força nos meados dos anos 70 na Europa, sobretudo na Itália e na França, com a participação de intelectuais vinculados aos partidos comunistas, socialistas e das pequenas agremiações revolucionárias. Participaram desse debate Norberto Bobbio, Pietro Ingrao, Santiago Carrillo, Enrico Berlinguer, Valentino Gerratana, Rossana Rossanda, Christine Buci-Glucksman, Luciano Gruppi, Lucio

---

[400] LOUREIRO, Isabel. "Democracia e socialismo em Rosa Luxemburgo". *Crítica Marxista*, n° 4, 1997, p. 52.

CAPÍTULO IV – A RESPEITO DA QUESTÃO DA DEMOCRACIA...

Lombardo Radice, Bernard Edelman, Giaocomo Marramao, David Kaisergruber, Claude Lefort, Cornelius Castoriadis, entre outros. No entanto, o destaque maior foi o debate interno no marxismo althusseriano entre os defensores da ditadura do proletariado, Althusser e Balibar, e o mais consistente defensor do socialismo democrático, Nicos Poulantzas.

Esse debate, que ultrapassou as fronteiras da Europa,[401] foi principalmente motivado a partir do sucesso eleitoral do PCI por sua defesa do socialismo pela via democrática parlamentar, posição que influenciou os demais partidos comunistas europeus, particularmente o francês e o espanhol, e por sua autonomia ante as posições políticas da URSS. Esse fenômeno foi denominado de "eurocomunista". "Eurocomunismo", com efeito, é um termo vago o qual abrange diferentes posições dos PCs[402] europeus, e uma associação ao socialismo democrático, embora a concepção de socialismo democrático estivesse presente em outros partidos, como os socialistas da Itália e da França (este com uma forte corrente de caráter autogestionário que representava sua ala esquerda).

Como observa Bob Jessop, há duas tendências no eurocomunismo, uma de direita e outra de esquerda. A tendência mais à direita tende a ver a transição democrática ao socialismo como gradual a progressiva, baseada numa aliança de classes antimonopolista sob a liderança do Partido Comunista, sem transformação dos aparatos de Estado, haja vista que os concebem enquanto instituições neutras, no fortalecimento do

---

401 No Brasil foi marcante no final dos anos 70 e início dos anos 80 o debate se a democracia teria ou não um valor universal e se ainda seria válido o conceito de ditadura do proletariado e a via revolucionária. O ponto de partida foi o artigo de Carlos Nelson Coutinho (à época, vinculado ao PCB) "A democracia como valor universal" publicado na revista *Encontros com a Civilização Brasileira,* nº 9, no ano de 1979. Participaram desse debate Luiz Werneck Vianna, Marilena Chaui, Marco Aurélio Nogueira, Francisco Weffort, Adelmo Genro Filho, Leandro Konder, Pedro Celso Uchoa Cavalcanti, Theotônio dos Santos, João Machado, Eder Sader, Ozeas Duarte, Décio Saes.

402 A diferença era nítida no campo internacional entre o PCI e o PCF pois enquanto o primeiro advogava uma independência total da URSS, além de uma posição crítica como no caso da Polônia, o PCF esteve alinhado à URSS e deu apoio ao golpe de Estado na Polônia em 1981.

parlamento no controle sobre o Estado e da economia, incorporando os sindicatos na formulação do planejamento econômico. Em suma, vê o socialismo democrático como uma longa e vagarosa marcha por meio das instituições da sociedade política e civil. Já a posição de esquerda do eurocomunismo tende a ver a transição como uma longa série de rupturas, com base no nacional-popular, numa ampla aliança em que envolvam tanto os novos movimentos sociais como também numa aliança de classes organizada de modo plural. Além disso, compromete-se profundamente com as transformações dos aparatos estatais como parte do processo democrático e na reestruturação do Estado e da economia a partir de uma democracia de base, da autogestão e da unificação de um fórum parlamentar.[403]

Essa posição da tendência mais reformista fica clara nessa passagem de Berlinguer, na sua crença nas instituições democráticas: "a primeira necessidade baseia-se em assegurar o correto e normal funcionamento das instituições democráticas e em garantir um clima cívico na luta política".[404] Numa entrevista, em 1976, Berlinguer defende a presença da empresa privada e reproduz a concepção de cidadania nos moldes liberais:

> Consideramos necessárias várias formas de gestão econômica, reconhecendo amplo espaço à empresa privada dentro de uma programação pública nacional, elaborada e realizada democraticamente. Quanto às tentações autoritárias, o modo mais seguro de evitá-las é dar ao poder político a mais ampla base de consenso e de participação dos cidadãos, realizar uma aliança entre todos os partidos populares a antifascistas e manter viva e desenvolver a adesão dos cidadãos às liberdades.[405]

---

403 Cf. JESSOP, Bob. *Nicos Poulantzas*: marxist theory and political strategy. New York: St. Martin's Press, 1985, pp. 297/298.

404 BERLINGUER, Enrico. *Do compromisso histórico ao eurocomunismo*. Lisboa: Antídoto, 1977, p. 69.

405 BERLINGUER, Enrico. *Democracia, valor universal*. Rio de Janeiro: Contraponto, 2009, p. 107.

CAPÍTULO IV – A RESPEITO DA QUESTÃO DA DEMOCRACIA...

O livro de Santiago Carrillo *Eurocomunismo e Estado,* de 1977, é certamente a exposição mais sistemática do eurocomunismo na sua vertente mais reformista. Nesse livro, Carrillo traça as principais posições do chamado "eurocomunismo"[406] perante a democracia e a ditadura do proletariado. Sua posição é clara na defesa da democracia como valor universal e do Estado democrático expressando os anseios do "povo", e não mais das classes sociais, o que confere ao Estado uma acepção próxima das perspectivas institucionalistas:

> um Estado democrático deve caracterizar-se pela descentralização, de forma que a administração opere com mais flexibilidade, mais perto e mais de acordo com a vontade dos governados. Um tipo de Estado desse gênero poderá ser transformado com maior facilidade num Estado apto a chegar ao socialismo por uma via democrática; num Estado mais facilmente controlado pelos eleitos do povo; e, por conseguinte, num Estado mais protegido frente às contingências de um golpe de força (...). Essa concepção do Estado e da luta pela sua democratização pressupõe a renúncia, em sua forma clássica, à ideia de um *Estado operário camponês.*[407]

O contraponto a essa perspectiva mais branda está nas posições de Pietro Ingrao, que representava a ala esquerda do "eurocomunismo". Sua posição difere dos demais na medida em que as ações das massas num sistema democrático visam à reinvenção das instituições e não apenas à manutenção delas:

---

[406] "O leitor talvez estranhe a frequência com que nas linhas que se seguem utilizo o termo 'eurocomunismo'. É que ele está bastante em moda e, ainda que não tenha sido cunhado pelos comunistas e que seu valor científico seja duvidoso, já reveste um significado perante a opinião pública e, em termos gerais, diferencia uma das tendências comunistas atuais (...). Porém a política e as implicações teóricas que justificam o 'eurocomunismo' definem uma tendência do movimento progressista e revolucionário moderno que trata de cingir-se às realidades do nosso continente – conquanto seja válida em essência para todos os países capitalistas desenvolvidos – e de adaptar a elas o desenvolvimento do processo revolucionário mundial característico de nossa época" (CARRILLO, Santiago. *Eurocomunismo e Estado.* São Paulo: Difel, 1978, p. 2).

[407] CARRILLO, Santiago. *Eurocomunismo e Estado.* São Paulo: Difel, 1978, p. 67.

diria que quanto mais amplos forem os direitos de liberdade política, tanto mais rigorosa deverá ser a luta para golpear as bases econômicas da velha ordem, e a luta – eis um ponto decisivo – *para renovar e desenvolver as instituições democráticas, para vinculá-las às massas, para animá-las e torná-las eficazes contra a resistência das forças do passado* (...). [A] experiência vivida nos países de capitalismo maduro mostra-nos que a expansão da democracia em todos os níveis é hoje uma condição para enfrentar os novos modos de penetração e dominação do capital monopolista, para romper seu sistema de alianças e encaminhar a construção de um novo bloco de poder; nisso é que reside o nexo profundo, para nós, entre luta democrática e luta socialista.[408]

Althusser embora tenha tido sempre (pelo menos desde os anos 60) uma posição rebelde dentro do PCF, a exemplo de seu apoio explícito ao maoismo e à Revolução Cultural Chinesa, não tinha até então escrito nenhum ataque direto ao Comitê Central (CC) no que tange às posições do PCF no plano político interno, tampouco em relação à URSS. Entretanto, com a adesão do CC à estratégia eurocomunista, Althusser (juntamente com Balibar)[409] insurgiu-se contra essa posição reformista adotada pelo PCF a partir do 22º Congresso, no qual o conceito de ditadura do proletariado foi excluído de seu programa e a democracia como um valor universal tornou-se a palavra de ordem central. Althusser, ao criticar essa posição reformista do PCF, defendeu, de um lado, o valor científico, no marxismo, do conceito de ditadura do proletariado e, do outro, a experiência chinesa da Revolução Cultural como modelo de transição socialista ao comunismo, devido à intensa crítica à burocratização do partido revolucionário.[410]

---

408 INGRAO, Pietro. *As massas e o poder*. Rio de Janeiro: Civilização Brasileira, 1980, p. 112.

409 Somam-se a eles outros intelectuais vinculados ao PCF como Jean Pierre Lefebvre, Georges Labica, Guy Bois e Maurice Moissonier (ALTHUSSER, Louis. *Posições 1*. Rio de Janeiro: Editora Graal, 1978, p. 110).

410 Uma posição convergente a minha afirmativa encontra-se em Andrea Cavazzini (CAVAZZINI, Andrea. *Crise du marxisme et critique de l'Etat*: le dernier combat d'Althusser. Paris: Le Clou Dans le Fer, 2009, p. 80).

CAPÍTULO IV – A RESPEITO DA QUESTÃO DA DEMOCRACIA...

A posição do PCF em relação ao abandono do conceito ditadura do proletariado deve-se, para Althusser, por um lado, à renúncia à análise concreta das relações de classe, e, por outro, à influência da ideologia burguesa sobre o partido, sobre sua concepção da teoria e sobre sua própria prática política.[411] Nesse aspecto, Althusser segue de perto a posição maoista, pois entende que o próprio partido revolucionário não está impermeável às contradições e tampouco à ideologia burguesa, que acaba por influenciar setores representantes de posições de direita do partido. Sua posição nessa questão é completamente antagônica às posições stalinistas, por recusarem aceitar a existência da contradição no interior do partido.[412] A despeito de Althusser concordar que inexista uma teoria do Estado marxista (pelo menos de modo sistemático), essa teoria está em curso porque tanto as observações e análises dos clássicos (Marx, Engels, Lenin e Mao), como também as experiências socialistas em diferentes formações sociais existem como base.[413]

Essa oposição de Althusser ao PCF, e a sua defesa do conceito de ditadura do proletariado, encontram-se no contexto da sua obra que

---

[411] ALTHUSSER, Louis. *O 22° congresso*. Lisboa: Estampa, 1978, p. 28.

[412] Essa posição é claramente defendida por Enver Hoxha (HOXHA, Enver (*et al.*). *O PTA e a luta contra o revisionismo*. Lisboa: Maria da Fonte, 1975), o ex-dirigente stalinista albanês. Por sinal, o próprio Hoxha acusou Althusser de ser "eurocomunista" (?!) numa passagem de seu livro *O eurocomunismo é anticomunismo* (São Paulo: Anita Garibaldi, 1983) em que afirma: "não foi partindo de posições de princípios que a direção revisionista francesa criticou e expulsou Garaudy do Partido, mas porque ele se precipitou e hasteou a bandeira da 'nova linha', o que, conforme a hierarquia, cabia a Marchais e aos líderes de um escalão superior ao seu. Hoje essa direção atua da mesma maneira também com Ellenstein e Althusser, os quais exigem que se avance mais depressa pelo caminho reformista" (p. 126). Essa afirmação do dogmático dirigente albanês demonstra que desconhecia a obra e a posição política de Althusser dentro do PCF, haja vista a oposição de Althusser ao reformismo defendido por Ellenstein. Esse equívoco grosseiro certamente se deu pelas citações do texto de Althusser "Ideologia e aparelhos ideológicos de Estado" por Santiago Carrillo no seu livro *Eurocomunismo e Estado* (São Paulo: Difel, 1978), conhecido por Hoxha, embora em nenhum momento Althusser tenha legitimado os argumentos de Carrillo no uso de seus conceitos de AIE e ARE e tampouco tenha compartilhado suas posições políticas.

[413] ALTHUSSER, Louis. *Solitude de Machiavel*. Paris: PUF, 1998, p. 276. Essa observação consta no texto "Enfim, a crise do marxismo".

se classifica como "textos sobre a crise do marxismo", entre os quais se incluem o *22° Congresso*, "O que não pode haver no partido comunista", "O marxismo como teoria finita", "Enfim, a crise do marxismo", "O marxismo hoje" e o inédito *Marx dentro dos seus limites*, escritos entre os anos de 1977 e de 1978. Já Balibar expõe a sua posição no livro *Sobre o conceito de ditadura do proletariado,* de 1976.[414]

Althusser, com efeito, demarca claramente em sua intervenção no 22° Congresso do PCF que embora os países do Terceiro Mundo estivessem num contexto favorável, a exemplo da descolonização de países africanos como Angola, Moçambique, Guiné-Bissau e Cabo Verde, da vitória vietnamita sobre os EUA, da vitória do Khmer Vermelho no Camboja (antes da denúncia dos genocídios), e das lutas políticas e sociais na América Latina, o socialismo do Leste Europeu estava vivendo uma crise. A crise do chamado "socialismo real" no Leste Europeu demonstrava claro sinal de esgotamento do stalinismo, seja no plano político como também teórico.

Althusser observa que o abandono da ditadura do proletariado é por si mesmo um ato simbólico ao apresentar de modo espetacular a ruptura com o passado, abrindo a frente de um "socialismo democrático" distinto do modelo soviético e do Leste Europeu. Althusser aponta que a dominação burguesa na França não se restringe ao aspecto político e parlamentar, mas vai além ao incluir tanto a dominação econômica como também a ideológica. A ditadura do proletariado e de seus aliados é a resposta marxista a esse sistema de dominação. Para Althusser,

> a forma política dessa ditadura ou dominação de classe do proletariado é a "democracia social" (Marx), a "democracia de massa", a "democracia até o fim" (Lenin). Mas, enquanto dominação de classe, essa dominação não se reduz unicamente a suas formas políticas: é simultaneamente dominação de classe na produção e na ideologia.[415]

---

[414] BALIBAR, Étienne. *Sobre o conceito de ditadura do proletariado.* Lisboa: Moraes, 1976.
[415] ALTHUSSER, Louis. *O 22° congresso.* Lisboa: Estampa, 1978, pp. 39/40.

CAPÍTULO IV – A RESPEITO DA QUESTÃO DA DEMOCRACIA...

Também a revolução não tem uma forma de ação *a priori*, o que significa afirmar que a via da violência revolucionária não está descartada:

> é a relação de forças que determina as formas de ação revolucionárias possíveis e necessárias. Quando a burguesia está politicamente em estado de empregar a violência, quando a emprega, então as massas só podem responder com violência revolucionária. Mas se, após uma longa luta de classes e pesados sacrifícios, a relação de forças se encontra, aqui ou ali, altamente favorável ao proletariado e aos trabalhadores unidos e altamente desfavorável ao imperialismo mundial e à burguesia nacional, então a passagem pacífica e até a democrática não só se torna possível como se impõe.[416]

Como Althusser deixa bem claro, a ditadura do proletariado não é um conceito isolado que possa ser "abandonado" ao seu destino solitário, pois está relacionado ao conjunto de conceitos forjados por Marx a partir de 1845. A "quebra" dos aparatos estatais ocupa um lugar central no entender de Althusser, a respeito das práticas políticas emergentes durante o período de transição. Segundo Althusser,

> destruir o Estado burguês, para o substituir pelo Estado da classe operária e dos seus aliados, não é juntar o adjetivo "democrático" a todos os aparelhos de Estado existentes, é mais do que uma operação formal e potencialmente reformista, é revolucionar na sua estrutura, na sua prática e ideologia os aparelhos de Estado existentes, suprimir alguns, criar outros, é transformar as formas da divisão do trabalho entre os aparelhos repressivos, políticos e ideológicos, é revolucionar os seus métodos de trabalho e a ideologia burguesa que domina as suas práticas, é assegurar-lhe novas relações com as massas a partir das iniciativas das massas, na base de uma nova ideologia proletária, a fim de preparar o "enfraquecimento do Estado", isto é, a sua substituição pelas organizações de massa.[417]

---

[416] ALTHUSSER, Louis. *O 22° congresso*. Lisboa: Estampa, 1978, p. 41.
[417] ALTHUSSER, Louis. *O 22° congresso*. Lisboa: Estampa, 1978, pp. 51/52.

A posição de Althusser é clara: o socialismo é constituído a partir de uma ruptura radical com a política e o Estado moderno. Novas práticas políticas e ideológicas se constituem nesse momento de transição ao comunismo, e o papel das massas é fundamental para que impeçam a manutenção das velhas práticas políticas e ideológicas burguesas, a exemplo da burocracia e da ideologia do burocratismo que tanto assolaram os partidos revolucionários e os Estados de transição.

Em *Marx dentro dos seus limites,* Althusser reitera a importância do conceito de ditadura do proletariado na teoria e na política marxista. No aspecto teórico, evidencia a ruptura com o jovem Marx, haja vista que a partir do *18 Brumário* o Estado significa um aparelho, uma máquina, e não uma questão relacionada à alienação. O Estado é separado, o que significa dizer que o Estado não é idêntico à política, nem à vida genérica da espécie humana. O Estado é separado porque, como afirmava Marx, é um instrumento do qual a classe dominante se serve para perpetuar sua dominação de classe. Por isso que é estratégico que a classe operária tenha de conquistar o Estado, pois, como observa Althusser,

> não que o Estado seja universal em ato ou no todo, não que o Estado seja "determinante em última instância", mas porque é o instrumento, a "máquina", ou o "aparelho" do qual tudo depende quando se trata de mudar as bases econômico-sociais da sociedade, isso quer dizer as relações de produção.[418]

Embora o Estado seja separado, não significa que ele seja autônomo. Não obstante haja uma pluralidade de aparelhos (ideológicos, repressivos, políticos), todos eles têm a mesma finalidade: a manutenção do poder da classe dominante. Os aparelhos, por mais que sejam diversos e separados entre eles, são adaptados ao seu objetivo enquanto fazem parte de um todo articulado que é o Estado. E o Estado torna-se então "esse aparelho, essa máquina que serve de instrumento à

---

[418] ALTHUSSER, Louis. *Écrits philosophiques et politiques.* tome I, Paris: Stock, 1994, p. 436.

CAPÍTULO IV – A RESPEITO DA QUESTÃO DA DEMOCRACIA...

dominação de classe e à sua perpetuação".[419] Essa separação do Estado recebe, então, um novo sentido. O Estado é "separado" porque o seu corpo é moldado para produzir uma transformação de energia. É um corpo "especial", tal qual um "metal especial" cuja natureza especial é constituída por agentes de Estado, militares, policiais, agentes da justiça, agentes de diversas administrações. O Estado, como define Althusser, é uma máquina produtora de um tipo de energia específica que é a do poder legal, uma máquina que produz força (violência) calcada na lei.[420]

Além disso, Althusser ressalta que o conceito de ditadura do proletariado não pode ser confundido com um regime político, como Lenin já dizia em sua polêmica com Kautsky, haja vista que todo Estado é uma das formas da dominação de classe. De acordo com Althusser,

> a dominação de classe abrange o conjunto das formas econômicas, políticas e ideológicas de dominação, o que quer dizer da exploração e da opressão de classe. Nesse conjunto, as formas políticas ocupam um setor mais ou menos extenso, mas sempre subordinado ao conjunto das formas. E o Estado torna-se então esse aparelho, essa máquina que serve de instrumento à dominação de classe e à sua perpetuação.[421]

O conceito de ditadura no marxismo, portanto, não pode ser restrito, ou reduzido, a uma forma de regime político, já que há uma variedade de formas de dominação que ultrapassam a política e o Estado. Isso significa dizer, como ressalta Althusser em nítida concordância com Marx e Lenin, que a ditadura do proletariado tem como objetivo a forma mais larga de democracia, ou, em outras palavras, a forma política da ditadura do proletariado torna-se a mais ampla forma de democracia.

---

[419] ALTHUSSER, Louis. *Écrits philosophiques et politiques*. tome I, Paris: Stock, 1994, p. 458.

[420] Cf. ALTHUSSER, Louis. *Écrits philosophiques et politiques*. tome I, Paris: Stock, 1994, pp. 477/478.

[421] ALTHUSSER, Louis. *Écrits philosophiques et politiques*. tome I, Paris: Stock, 1994, p. 458.

LUIZ EDUARDO MOTTA

Essa última expressão coloca a forma política no seu lugar, já que não reduz todas as formas de dominação somente à forma política. E, além disso, não se reduz a forma de dominação política exclusivamente na violência nua e crua típica de uma ditadura, segundo a definição desta enquanto um regime político.[422]

Apesar dessa separação do Estado, isso não significa que ele tenha uma relação estanque com a sociedade. Longe disso, Althusser tece uma severa crítica tanto a Hegel como a Gramsci pela diferenciação da sociedade política e da sociedade civil, porque o Estado *sempre* penetrou profundamente a sociedade civil, não só através do dinheiro e do direito, não só através da presença e intervenção dos seus aparelhos repressivos, mas também através de seus aparelhos ideológicos. Para Althusser, o Estado sempre foi "ampliado", não sendo um fenômeno recente, ou restrito aos países de "democracia avançada". Contudo, como ele afirma, as formas dessa ampliação mudaram no decorrer do tempo, desde a monarquia absoluta até o Estado do capitalismo imperialista.[423]

Nessa conjuntura do final dos anos 70, em meio à emergência da crise do socialismo do Leste Europeu e do avanço do programa reformista do eurocomunismo, Althusser demarca claramente a sua posição de ruptura com essas duas perspectivas no campo da esquerda ao reivindicar a influência dos princípios da Revolução Cultural Chinesa,[424] ao estabelecer a separação do partido revolucionário do aparato

---

422 ALTHUSSER, Louis. *Écrits philosophiques et politiques*. tome I, Paris: Stock, 1994, p. 461.

423 Cf. ALTHUSSER, Louis. *Solitude de Machiavel*. Paris: PUF, 1998, pp. 287/288.

424 Como observa Fabrizio Carlino sobre a posição de Althusser em relação à crítica deste às posições eurocomunistas do PCF em 1976, "a Revolução Cultural vem saudada com entusiasmo por Althusser, precisamente porque prevê a formação de organizações que agem externamente e sobre a superestrutura; na verdade, não basta mudar as relações de produção mas é necessário revolucionar também as ideologias enquanto os aparelhos ideológicos, que sempre são aparelhos de Estado, têm a sua eficácia específica" (CARLINO, Fabrizio. "Crise do marxismo e stalinismo. Notas sobre algumas posições de Louis Althusser – 1976-1978". *Germina*, vol. 2, n° 2, Londrina: UEL, 2010, p. 104).

CAPÍTULO IV – A RESPEITO DA QUESTÃO DA DEMOCRACIA...

estatal. Essa sua posição converge com a esquerda revolucionária italiana aglutinada no grupo do *Manifesto*, tendo à frente como uma de suas principais lideranças Rossana Rossanda. A convite de Rossanda, Althusser escreveu em 1978 o texto "O marxismo como teoria finita", o qual desencadeou um intenso debate entre os intelectuais italianos e franceses e gerou diversas críticas entre os defensores do socialismo por via pacífica, como também entre os que questionaram Althusser quando ele afirmou a inexistência de uma teoria do Estado marxista. Todavia, o fio condutor principal desse artigo é a crítica de Althusser à fusão do Estado com o partido revolucionário, que se tornou o dique de contenção para os avanços das transformações durante o período de transição socialista, ou da ditadura do proletariado, problemática essa já observada por ele no texto anterior, "Enfim, a crise do marxismo".[425]

Althusser demarca bem essa questão quando afirma que

> por princípio, coerentemente com a sua razão de ser política e histórica, o partido deve estar *fora do Estado*, não só do Estado burguês, mas, com mais razão ainda, do Estado proletário. O partido deve ser o instrumento número um da "destruição" do Estado burguês antes de se tornar, prefigurando-o, *um* dos instrumentos do desaparecimento do Estado. A exterioridade política do partido em relação ao Estado é um princípio fundamental que se pode encontrar nos raros textos de Marx e de Lenin sobre essa questão (arrancar o partido do Estado para entregá-lo às massas: essa foi a desesperada tentativa de Mao na Revolução Cultural). Sem essa autonomia do partido (*e não da política*) em relação ao Estado, não se sairá jamais do Estado burguês, por mais que ele seja "reformado".[426]

Althusser defende a posição maoista de que o partido revolucionário não poderia ser como os demais, i.e., um apêndice do aparelho político-ideológico do Estado típico das repúblicas modernas, limitado

---

[425] Cf. ALTHUSSER, Louis. *Solitude de Machiavel*. Paris: PUF, 1998, pp. 277/278.
[426] ALTHUSSER, Louis. *Solitude de Machiavel*. Paris: PUF, 1998, p. 290.

somente à representação e ao procedimento parlamentar. O partido revolucionário tem de permanecer fora do Estado por meio de sua atividade entre as massas, para impulsioná-las à ação de destruição--transformação dos aparatos do Estado capitalista e da extinção do novo Estado revolucionário. Para Althusser, o nó górdio da questão é o próprio Estado: seja sob a forma política da colaboração de classe ou da gestão da "legalidade" existente, seja o partido "se transformando no Estado"; e é no seio do movimento de massas que o dique de contenção a essa burocratização do partido-Estado se contrói.

Uma posição a se destacar em Althusser é a oposição dele ao idealismo presente em Marx, e largamente difundido pelos defensores da "ontonegatividade", sobretudo pelos de corte lukasciano, que rejeitam a existência da política e da ideologia no comunismo, no chamado "reino da liberdade". De acordo com Althusser,

> admito que o comunismo seja o advento do *indivíduo* finalmente libertado da carga ideológica e ética que faz dele "uma pessoa". Mas não estou tão seguro de que Marx entendesse assim essa questão, como o atesta a constante vinculação que ele estabelece entre o livre desenvolvimento do indivíduo e a "transparência" das relações sociais finalmente livres da opacidade do fetichismo. Não é por acaso que o comunismo aparece como o contrário do fetichismo, o contrário de todas as formas reais nas quais aparece o fetichismo: na figura do comunismo como o inverso do fetichismo o que aparece é a livre atividade do indivíduo, o fim da sua "alienação", de todas as formas de sua alienação: o fim do Estado, o fim da ideologia, o fim da própria política. No limite, uma sociedade de indivíduos *sem relações sociais*.[427]

Essa concepção idealista do comunismo obscurece mais do que esclarece o fato de que as relações de produção ainda permanecem na sociedade comunista e, consequentemente, as suas relações sociais e as

---

[427] ALTHUSSER, Louis. *Solitude de Machiavel*. Paris: PUF, 1998, p. 291.

CAPÍTULO IV – A RESPEITO DA QUESTÃO DA DEMOCRACIA...

suas relações ideológicas. A não existência do Estado não significa o fim da política. A política, com efeito, não seria mais a mesma que emergiu na modernidade burguesa, mas essa política seria substituída por uma política diferente, uma política onde o Estado inexiste, lembrando que mesmo na sociedade capitalista o Estado e a política não se confundem, ou seja, não são a mesma coisa.[428]

Numa posição completamente adversa à permanência de traços idealistas em Marx e no marxismo, e numa tomada de posição pelo materialismo, Althusser afirma que

> a experiência demonstra que a representação do comunismo que os homens – e especialmente os comunistas – fazem, por mais vaga que seja, não é estranha ao seu modo de conceber a sociedade atual e as suas lutas imediatas e futuras. A imagem do comunismo não é inocente: ela pode nutrir ilusões messiânicas que garantiriam as formas e o futuro das ações presentes, desviá-las do materialismo prático da "análise concreta da situação concreta", alimentar a ideia vazia de "universalidade" – que se encontra em algumas expressões equívocas similares, como o "momento geral", no qual uma certa "comunidade" de interesses gerais será satisfeita, como se fora a antecipação daquela que poderá ser um dia a universalidade do "pacto social" em uma "sociedade regulada". Essa imagem alimenta, enfim, a vida (ou a sobrevivência) de conceitos dúbios, com os quais, *sob o modelo imediato da religião, da qual não forneceu nenhuma teoria,* Marx pensou o fetichismo e a alienação, conceitos que, depois de 1844, retornarão com força nos *Grundrisse* e deixarão ainda os seus vestígios em *O capital*. Para decifrar o enigma é necessário

---

[428] "Em 1847, Marx e Engels explicam que o fim do Estado (a sua extinção) implica o fim da política. Logicamente, se (como o demonstra a Comuna) o fim do Estado começa imediatamente, e se esse 'fim' não é uma diferença de *grau* mas a combinação contraditória de duas tendências em luta, então o 'fim da política' deve também 'começar' imediatamente. No entanto, a tendência real que se esboçava já na Comuna é totalmente diferente: é a constituição, de início hesitante e frágil, de uma *outra forma* de 'política'" (BALIBAR, Étienne. *Cinco estudos sobre o materialismo histórico*. 2 vols. Lisboa: Martins Fontes, 1975, p. 154).

retornar à imagem que Marx fazia do comunismo e submeter essa imagem problemática a uma crítica materialista. É através dessa crítica que se pode perceber o que ainda resta em Marx de uma inspiração idealista do Sentido da história. Teórica e politicamente, vale a pena fazê-lo.[429]

Se o marxismo é a teoria das distintas práticas articuladas (ideológicas, políticas, econômicas, teóricas), é certo que não desapareceriam num momento comunista, mas sim que teriam outra qualidade, outro conteúdo, se entendermos que os processos são constituídos por rupturas e não por continuidades.

Balibar converge em todos os aspectos da crítica tecida por Althusser ao grupo de Georges Marchais do PCF no tocante à identificação do conceito de ditadura do proletariado a uma forma de Estado, ou a um regime político. Em seu opúsculo *Sobre a ditadura do proletariado*, além de endossar os argumentos de Althusser sobre o caráter teórico do conceito de ditadura do proletariado, Balibar ratifica que o socialismo não é algo distinto da ditadura do proletariado, mas sim a própria ditadura do proletariado.

Balibar também demarca a diferença entre a teoria marxista do Estado e a ideologia jurídica burguesa quando afirma que toda democracia é uma ditadura de classe, seja de uma minoria (da burguesia), seja de uma maioria (do proletariado). Estado de direito é uma noção falsa, já que não há Estado sem lei, sem direito organizado, incluindo o da ditadura do proletariado. Significa, então, que todo Estado impõe o seu poder à sociedade por intermédio de um direito, e que, por essa mesma razão, o direito jamais pode ser o alicerce desse poder. Esse alicerce real só pode ser uma relação de forças históricas, alargadas ao conjunto das esferas de ação e de intervenção do Estado, isto é, ao conjunto das esferas de ação e de intervenção do Estado, ou seja, do conjunto da vida social, uma vez que não há nenhuma esfera da vida social (principalmente o

---

[429] ALTHUSSER, Louis. *Solitude de Machiavel*. Paris: PUF, 1998, p. 292.

CAPÍTULO IV – A RESPEITO DA QUESTÃO DA DEMOCRACIA...

mundo "privado") imune à intervenção do Estado; uma vez que a esfera de ação do Estado é por definição universal.

A teoria marxista do Estado de fato está situada na corrente realista do pensamento político, pois define o conflito de classes como motor da história, e o Estado tem um papel central na manutenção da ordem pelo meio da coação física. Mas, como chama atenção Balibar,

> não se trata de dizer que o Estado só age pela violência, mas de dizer que o Estado assenta-se numa relação de forças entre as classes, e não no interesse público e na vontade geral. Essa relação é inteiramente "violenta" no sentido de que não é efetivamente limitada por nenhuma lei e uma legislação, uma legalidade que, longe de pôr em causa essa relação violenta, não faz mais do que sancioná-la.[430]

A intervenção de Poulantzas nesse debate alinhava-se nitidamente à posição da esquerda eurocomunista. De forma alguma a sua defesa do socialismo democrático identificava-se com a vertente eurocomunista de Berlinguer e Carrillo, e tampouco com a social-democracia. A ruptura de Poulantzas com o leninismo não o afastou da "posição comunista", restringindo-se ao momento socialista. Com o seu distanciamento da perspectiva leninista, i.e., a ênfase no papel do partido de vanguarda na construção e na condução do processo revolucionário durante a fase de transição, Poulantzas abarcou as posições de Rosa Luxemburgo na crítica dela às primeiras medidas da Revolução Russa, como também a ação das massas, vide o destaque que ele deu aos novos movimentos sociais (feministas, ecológicos, estudantis, pela qualidade de vida, comitês de bairro, cidadania)[431] que emergiram durante os anos 70.

---

[430] BALIBAR, Étienne. *Sobre o conceito de ditadura do proletariado*. Lisboa: Moraes, 1976, p. 52.

[431] Vide POULANTZAS, Nicos. "Note on the state and society". *In*: MARTIN, James (Coord.). *The Poulantzas reader*. Nova York: Verso, 2008, p. 411; e POULANTZAS, Nicos. "O Estado, os movimentos sociais, o Partido". *Espaço e debates*, n° 9, São Paulo: Cortez, 1983, p. 79.

LUIZ EDUARDO MOTTA

Essa inclinação de Poulantzas ao luxemburguismo e à crítica ao leninismo foi expressa principalmente no livro *O Estado, o poder e o socialismo*[432] (particularmente na parte: "Em direção a um socialismo democrático", também publicada em artigo pela *New Left Review*), de 1978, e nas entrevistas dadas às revistas *Critique Communiste* (intitulada "O Estado e a transição ao socialismo", com Henri Weber, em 1977),[433] *Dialectiques,* nº 17 (denominada "O Estado, o poder e nós", dada a David Kaisergruber, em 1977), *Marxism Today* (cedida a Stuart Hall e Alan Hunt, em 1979), *Rinascita* (intitulada "Uma revolução copernicana na política", em 1979),[434] *Dialectiques,* nº 28 (com o título "O Estado, os movimentos sociais, o Partido", em 1979)[435] e nos artigos "Há uma crise no marxismo?", de 1979,[436] e "Notas para uma pesquisa sobre o Estado e a sociedade", publicado em 1980.

A despeito das divergências entre Althusser e Poulantzas, havia algumas convergências entre ambos os pensadores no tocante à crítica ao partido político revolucionário e sua tendência à burocratização e à sua fusão com o Estado,[437] e na defesa do papel das massas. No entanto, diferenciam-se pelo fato de que enquanto Althusser enfatizava as lutas externas aos aparatos estatais, Poulantzas defendia a tese da internalização dessas lutas sociais nos aparelhos de Estado. Além disso, se para Althusser a ditadura do proletariado é um conceito central e estratégico

---

[432] POULANTZAS, Nicos. *L'Etat, le pouvoir et le socialisme*. Paris: Press Universitaires de France, 1978.

[433] POULANTZAS, Nicos; WEBER, Henri. "The state and the transition to socialism". *In*: MARTIN, James (Coord.). *The Poulantzas reader*. Nova York: Verso, 2008.

[434] POULANTZAS, Nicos. "Une révolution copernicienne dans la politique". *In*: BUCI-GLUCKSMANN, Christinne (Coord.). *La gauche, le pouvoir, le socialisme*. Paris: PUF, 1983.

[435] POULANTZAS, Nicos. "O Estado, os movimentos sociais, o Partido". *Espaço e debates,* nº 9, São Paulo: Cortez, 1983.

[436] POULANTZAS, Nicos. "Is there a crisis in marxism?". *In*: MARTIN, James (Coord.). *The Poulantzas reader*. Nova York: Verso, 2008.

[437] CAVAZZINI, Andrea. *Crise du marxisme et critique de l'Etat*: le dernier combat d'Althusser. Paris: Le Clou Dans le Fer, 2009, p. 86.

CAPÍTULO IV – A RESPEITO DA QUESTÃO DA DEMOCRACIA...

na teoria marxista, e significa o próprio socialismo, i.e., a transição para o comunismo, Poulantzas por sua vez considera que devido ao desenvolvimento teórico e histórico do marxismo, e a sua criatividade epistemológica, há transformações e criações, ou abandonos, de determinados conceitos, como a ditadura do proletariado, como ele afirma no artigo "Há uma crise no marxismo?"[438]

A adoção da estratégia do chamado socialismo democrático, com efeito, expressava as mudanças no significado do conceito de Estado capitalista que Poulantzas já vinha implementando desde o livro *As classes sociais no capitalismo de hoje*, e alcança o seu grau de maturidade nos livros *A crise do Estado* e *O Estado, o poder, o socialismo*.[439] Se o Estado capitalista inicialmente fora definido em *Poder político e classes sociais* como uma instância, ou nível, do modo de produção capitalista,[440] aos poucos Poulantzas lhe deu um novo significado, ao defini-lo de modo relacional. Isso significa – como ele bem demarca em seu debate com

---

438 Cf. POULANTZAS, Nicos. "Is there a crisis in marxism?". *In*: MARTIN, James (Coord.). *The Poulantzas reader*. Nova York: Verso, 2008, p. 382. Em *O Estado, o poder e o socialismo*, Poulantzas também afirma que "a ditadura do proletariado foi em Marx uma noção estratégica em estado prático, funcionando ademais como painel indicador. Ela reconduzia à natureza de classe do Estado, à necessidade de sua transformação em face da transição para o socialismo e ao processo de desaparecimento do Estado. Se isso a que ela reconduz permanece real, essa noção teve, consequentemente, uma função histórica precisa: a de ocultar o problema fundamental, exatamente o da articulação de uma democracia representativa transformada e da democracia direta na base. Essas são verdadeiras razões que justificam, ao meu ver, seu abandono e não porque essa noção acabe por identificar-se com o totalitarismo stalinista" (POULANTZAS, Nicos. *L'Etat, le pouvoir et le socialisme*. Paris: Press Universitaires de France, 1978, p. 283).

439 POULANTZAS, Nicos. *L'Etat, le pouvoir et le socialisme*. Paris: Press Universitaires de France, 1978. Sobre as mudanças operadas por Poulantzas na sua teoria sobre o Estado capitalista veja Carnoy (CARNOY, Martin. *Estado e teoria política*. São Paulo: Papirus, 1994), Bandeira da Silveira [BANDEIRA DA SILVEIRA, José Paulo. *Política brasileira em extensão*: para além da sociedade civil. Rio de Janeiro: Edição do Autor, 2000.], Motta (MOTTA, Luiz Eduardo. "Poulantzas e o direito". *Dados*, vol. 53, n° 2, Rio de Janeiro: Iuperj, 2010) e Codato e Perissinotto (CODATO, Adriano; PERISSINOTO, Renato. *Marxismo como ciência social*. Curitiba: UFPR, 2011).

440 POULANTZAS, Nicos. *Poder político e classes sociais*. São Paulo: Martins Fontes, 1977.

LUIZ EDUARDO MOTTA

Henri Weber – dizer que o Estado não é um sujeito autônomo (de acordo com a perspectiva social-democrata), tampouco um instrumento de classe (segundo a concepção mais vulgar do marxismo-leninismo), o qual seria homogêneo e impermeável às contradições sociais.[441] O Estado capitalista na acepção relacional de Poulantzas é permeado por fissuras e contradições, as quais as lutas de classe atravessam; além disso, a ossatura material do Estado capitalista é constituída pela divisão social do trabalho. O que significa dizer que as relações de produção estão presentes no Estado e são reproduzidas por ele. O Estado capitalista é, portanto, uma condensação material de relações de forças, pois ele mesmo é uma arena de lutas, de conflitos entre as classes e os grupos sociais, haja vista que as relações de poder e de conflito nem todas são redutíveis às classes sociais, ou à contradição entre as relações de produção e as forças produtivas. Desse modo, o Estado capitalista tem dentro de si uma multidão de micropolíticas em todos os aparatos existentes, embora estejam sobredeterminados pela macropolítica da divisão social do trabalho, i.e., da luta de classes. Os agentes de Estado, mesmo os dos aparatos repressivos, não estariam imunes a esses conflitos, ainda que estejam limitados pela ideologia dominante tal como ela se corporifica na ossatura do Estado. Isso significa afirmar que mesmo que esses agentes absorvam as lutas populares, atuam dentro da legalidade possível para as suas ações.

As relações de produção no interior dos aparelhos estatais e do Estado capitalista serem atravessadas pelas lutas sociais é uma das questões que opõem Althusser a Poulantzas. Embora não cite em nenhum momento Poulantzas em seu texto *Marx nos seus limites*, Althusser dirige as suas críticas a ele[442] ao

---

441 POULANTZAS, Nicos; WEBER, Henri. "The state and the transition to socialism". *In*: MARTIN, James (Coord.). *The Poulantzas reader*. Nova York: Verso, 2008, pp. 334/335.

442 Embora o artigo de Alarcón (ALARCÓN, Luis Felipe. "Cuestión de armas: en torno al diferendo Althusser-Poulantzas". *In*: BÓRQUEZ, Zeto; RODRÍGUEZ, Marcelo. *Louis Althusser*: filiación y (re)comienzo. Santiago: Universidad de Chile, 2010) enfoque a questão do conceito de Estado e não trate da estratégia de esquerda via ditadura do proletariado ou socialismo democrático, o título de seu trabalho – "Cuestión de armas: en torno al diferendo Althusser-Poulantzas" (Questão de armas:

CAPÍTULO IV – A RESPEITO DA QUESTÃO DA DEMOCRACIA...

defender a tese de que o Estado é separado das lutas de classe por se tratar de um instrumento de dominação burguesa, de acordo com os preceitos extraídos de Marx, Lenin e Mao. Como ele afirma, "se os grandes aparelhos estatais estiverem à mercê do atravessamento da luta de classe burguesa no Estado, isso poderia ser o fim da dominação burguesa".[443]

Retornando a Poulantzas, sua posição é clara quando se fundamenta em Rosa Luxemburgo em oposição a Lenin, pelo fato de ela ter defendido a manutenção da democracia representativa articulada à democracia direta e não, como fez Lenin, apoiar-se exclusivamente nela. Para Poulantzas, a questão é

> como compreender uma transformação radical do Estado articulando a ampliação e o aprofundamento das instituições da

---

sobre a disputa Althusser-Poulantzas) – é uma feliz ilustração dessa querela entre os dois intelectuais. O confronto político entre ambos se dá pelas armas teóricas na definição do conceito de Estado e na estratégia propícia para a transição para o comunismo.

[443] ALTHUSSER, Louis. *Écrits philosophiques et politiques*. tome I, Paris: Stock, 1994, p. 438. Em outra passagem crítica a Poulantzas, Althusser afirma: "assim, defender que o Estado é 'por definição atravessado pela luta de classes' é tomar os seus desejos pela realidade. É tomar os efeitos, mesmo profundos, ou os traços da luta de classes (burguesa e proletária) pela própria luta de classes". Mais adiante, na página 484, Althusser distingue as lutas corporativas e de descontentamento salarial dos agentes repressivos do Estado (magistratura, policiais) – que seriam greves motivadas pelas lutas pequenos burguesas – das lutas (greves) determinadas pelas contradições de classe, que teriam um teor revolucionário. Paradoxalmente, Althusser vai de encontro a sua posição pretérita, exposta em seu artigo "Nota sobre os AIE", em que reconhece a existência da luta de classes e de resistência nos aparelhos de Estado. Como o próprio Althusser destaca: "pode-se dizer que o caráter próprio da teoria que é possível retirar de Marx sobre a ideologia é a afirmação do *primado da luta de classes* sobre as funções e o funcionamento do aparelho de Estado, dos aparelhos ideológicos de Estado. Primado que é, evidentemente, incompatível com qualquer forma de funcionamento (...). [O]s aparelhos ideológicos de Estado são necessariamente o lugar e o objeto de uma luta de classes que, nos aparelhos da ideologia dominante, prolonga a luta de classes geral que domina a formação social. Se os AIE têm a função de inculcar a ideologia dominante é porque há *resistência*; se há resistência é porque há luta; e essa luta é, no final das contas, o eco direto ou indireto, por vezes próximo ou frequentemente longínquo da luta de classes" (ALTHUSSER, Louis. *Sobre a reprodução*. Petrópolis: Vozes, 1999, pp. 239-241).

democracia representativa e das liberdades (que foram também uma conquista das massas populares) com o desenvolvimento das formas de democracia direta na base e a proliferação de focos autogestores, esse é o problema essencial de uma via democrática para o socialismo e de um socialismo democrático.[444]

Conforme Poulantzas percebe e afirma no seu debate com Henri Weber, não é a estratégia de duplo poder que tem de ser constituída, i.e., a tomada do poder de Estado pelo assalto externo, mas sim a articulação da luta interna no Estado com a externa a ele. Essa estratégia articulada se caracteriza por uma luta interna ao Estado que não seja uma luta fechada no interior do espaço físico do Estado, mas uma luta que se situe de qualquer modo no terreno do campo estratégico representado pelo Estado, luta essa que tem por finalidade não substituir o Estado burguês pelo Estado proletário por acumulação de reformas, não tomar um a um os aparelhos do Estado burguês e conquistar, assim, o poder, mas uma luta que é de resistência, uma luta de acentuação das contradições internas do Estado, de transformação profunda do Estado. Ao mesmo tempo, uma luta paralela, uma luta no exterior das instituições e dos aparelhos, gerando uma série de dispositivos, redes, poderes paralelos na base, estruturas de democracia direta na base, luta que não teria por objetivo a centralização de um contra-Estado do tipo duplo poder, mas que deveria articular-se à primeira.[445]

A divergência de Poulantzas com Althusser deve-se à posição política e à definição sobre o Estado capitalista deste último, mas não em relação a suas posições filosóficas e metodológicas contidas em seus primeiros escritos, segundo o seu depoimento, dado a Stuart Hall e Alan Hunt na revista *Marxism Today*. No campo teórico/metodológico, a oposição de Poulantzas era dirigida ao estruturalismo de Balibar, em

---

[444] POULANTZAS, Nicos. *L'Etat, le pouvoir et le socialisme*. Paris: Press Universitaires de France, 1978, p. 283.

[445] Cf. POULANTZAS, Nicos; WEBER, Henri. "The state and the transition to socialism". *In*: MARTIN, James (Coord.). *The Poulantzas reader*. Nova York: Verso, 2008, p. 338.

CAPÍTULO IV – A RESPEITO DA QUESTÃO DA DEMOCRACIA...

relação ao qual ele demarcou suas divergências desde *Poder político e classes sociais*, continuando em outras obras como *As classes sociais no capitalismo de hoje* e *O Estado, o poder e o socialismo*. De fato, a aproximação de Poulantzas à corrente esquerdista do eurocomunismo o levou a divergir explicitamente de Althusser.[446] Para Poulantzas, a corrente direitista do eurocomunismo de Elleinstein (defendida por Marchais) seguia explicitamente a proposta de Kaustsky de uma revolução progressiva, gradual, pacífica, legal. Já a tendência esquerdista defendia uma democracia de massas, a qual incorpora tipos de ruptura e tipos de transformação no próprio Estado. Daí não haver uma "quebra do Estado", não obstante a

---

[446] Em sua última entrevista dada à revista *Dialectiques* n° 28, Poulantzas comenta a respeito das posições de Althusser apresentadas no texto "O marxismo como teoria finita". Nessa entrevista, Poulantzas aponta suas convergências e divergências com Althusser em relação ao Estado capitalista e sua distinção da "sociedade civil". Como ele afirma: "a proposição de Althusser é, em certa medida, correta. Em minhas últimas obras tentei mostrar que frente às posições iniciais de Althusser o Estado não pode ser considerado como uma instância ou nível totalmente distinto das relações de produção e reprodução – uma instância que teria autonomia natural através dos diversos modos de produção. O Estado está presente na própria constituição das relações de produção, e não somente em sua reprodução como sustentará Althusser em seu artigo 'Ideologia e aparelhos ideológicos de Estado'. O Estado capitalista em particular produz e cria uma realidade e detém uma positividade eminente (...). O Estado não é o resultado da soma repressão + ideologia. Há que ter em conta a função econômica do Estado em sua materialidade específica, seu papel declarado de organizador político da burguesia e, enfim, todos os seus procedimentos e técnicas de poder disciplinares e normalizadores. Porém essa proposição também tem uma parte de falsidade. Meu amigo Althusser frequentemente pensa de uma forma extrema, 'torce o bastão' em um ou outro sentido e cai tanto em um extremo como em outro. O próprio Marx demonstrou perfeitamente que uma separação relativa entre o Estado e as relações sociais de produção e a reprodução caracterizam o capitalismo e a sua divisão social do trabalho. Essa separação não diz respeito somente ao fundamento do poder do Estado capitalista, mas também, e talvez sobretudo, à sua materialidade própria como aparato 'especial'. Essa separação, pressuposto da presença particular deste Estado nas relações de produção, é também o fundamento da autonomia relativa do Estado e da política modernas que, contra a tradição do reducionismo economicista da III Internacional, estabelecemos faz tempo. Separação que, repito, não tem nada a ver com sua representação jurídico-ideológica: Estado-universalidade *versus* sociedade civil-particularismos individualizados, ou Estado-Moloch totalitário *versus* explosão do 'social' (Touraine, Lefort, Castoriadis etc.)" (POULANTZAS, Nicos. "O Estado, os movimentos sociais, o Partido". *Espaço e debates*, n° 9, São Paulo: Cortez, 1983, p. 71).

esquerda eurocomunista estivesse consciente do problema da necessidade de uma radical transformação, não somente dos aparelhos ideológicos de Estado mas também nos aparelhos repressivos de Estado. A corrente de esquerda eurocomunista, segundo Poulantzas, retinha a insistência de um momento de ruptura no Estado. Não falavam de uma transformação gradual e progressiva do Estado. Eles tinham consciência de que haveria um momento decisivo, e embora não fosse em direção a uma guerra civil, seria um caminho de aprofundamento da crise do Estado, com uma mudança no balanço de forças dentro do próprio Estado.[447]

Apesar de sua aproximação com a esquerda eurocomunista, Poulantzas demarcou diferenças e críticas com Ingrao com relação à estratégia da revolução socialista. Ingrao, para Poulantzas, tem a posição inversa à de Althusser, por enfatizar a luta no Estado, enquanto Althusser defendia a luta externa ao Estado:

> esta presença de redes estatais no "cotidiano" conduz, com efeito, ao que Ingrao chama de politização do social. Limites que perdem de vista, me parece, tanto Ingrao como Althusser. Ingrao, quando parece entender por politização uma possível "inclusão" exaustiva, inclusive desejável do social-privado, no Estado – "síntese" política. Althusser, quando critica Ingrao por esta visão da politização do social, ao considerá-la como *politização burguesa* (o político), ao mesmo tempo em que mantém a possibilidade de outra política, *proletária* desta vez, porém situada radicalmente "fora" do Estado (a política), em um não-lugar fantasmagórico. Parece-me, pois, que apesar das diferenças, Althusser e Ingrao adotam, de certo modo, uma mesma visão *essencialista-topológica* do Estado, o que leva a ambos, por diferentes caminhos (politização exaustiva do social) *no* Estado para Ingrao, politicamente proletária *fora* do Estado para Althusser), a um *pan-politicismo* generalizado.[448]

---

[447] Cf. POULANTZAS, Nicos. "Interview with Nicos Poulantzas". *In*: MARTIN, James (Coord.). *The Poulantzas reader*. Nova York: Verso, 2008, pp. 389-391.

[448] POULANTZAS, Nicos. "O Estado, os movimentos sociais, o Partido". *Espaço e debates*, n° 9, São Paulo: Cortez, 1983, p. 73.

CAPÍTULO IV – A RESPEITO DA QUESTÃO DA DEMOCRACIA...

A quebra das instituições representativas durante o processo de transição é o ponto fulcral para Poulantzas. Apoiar-se exclusivamente na democracia direta não foi um impeditivo ao fortalecimento da burocracia estatal e partidária. Em seu rico debate com Henri Weber, ele ressalta essa questão em diversas passagens.[449] Há a necessidade de manter a democracia representativa no período de transição, não obstante esse sistema representativo tenha de ser transformado e não uma mera reprodução do parlamentarismo burguês. Poulantzas enfatiza sempre a necessidade de articular a luta interna com a luta externa para que se crie uma situação de ruptura, já que a "ruptura revolucionária não se traduz obrigatoriamente na forma da centralização de um contra-Estado face ao bloco do Estado".[450] "Quebrar" o Estado não significa nada para Poulantzas se não tiver como ponto central a transformação das relações de produção. A ruptura não se daria apenas num momento e excluindo o Estado, já que a ruptura cruzaria o interior do Estado. De acordo com Poulantzas, a perspectiva de quebrar o Estado permanece válida como perspectiva de transformação profunda da estrutura do Estado.

A ruptura, de fato, não será exclusiva da ação dos partidos políticos. Poulantzas já no final dos anos 70 apontava o declínio deles no sistema representativo. Como observou, com a crise dos partidos políticos e do modelo do *welfare state* houve a emergência e o crescimento dos novos movimentos sociais, como novos conteúdos reivindicativos estranhos até então às representações tradicionais do campo da esquerda.[451] Para ele, os movimentos sociais que se produzem na base impulsionariam a proliferação de centros de democracia direta a partir das lutas populares que extravasam sempre o Estado. Para Poulantzas,

---

[449] Cf. POULANTZAS, Nicos; WEBER, Henri. "The state and the transition to socialism". *In*: MARTIN, James (Coord.). *The Poulantzas reader*. Nova York: Verso, 2008, pp. 344/345.

[450] POULANTZAS, Nicos; WEBER, Henri. "The state and the transition to socialism". *In*: MARTIN, James (Coord.). *The Poulantzas reader*. Nova York: Verso, 2008, p. 340.

[451] POULANTZAS, Nicos. "Une révolution copernicienne dans la politique". *In*: BUCI-GLUCKSMANN, Christinne (Coord.). *La gauche, le pouvoir, le socialisme*. Paris: PUF, 1983, p. 39.

limitar-se ao terreno do Estado, por muito que se adote uma estratégia denominada de rupturista, equivale a deslizar-se insensivelmente para a social-democracia: em razão do próprio peso da materialidade do Estado, a mudança da relação de forças no seu interior somente pode fazer-se apoiando-se também nas lutas e movimentos que extravasam o Estado.[452]

Essa posição de Poulantzas está longe de se fixar na perspectiva reformista, haja vista que o objetivo da construção do que ele denomina socialismo democrático tem com finalidade o fim do Estado. A transformação do aparelho de Estado no sentido do seu desaparecimento só pode apoiar-se numa intervenção ampla das massas populares no Estado, por meio de suas representações sindicais e políticas, mas também pelo desenvolvimento de suas iniciativas próprias dentro do Estado. Trata-se, como ele afirma,

> de situar-se numa *perspectiva global de desaparecimento do Estado*, perspectiva que comporta dois processos: a transformação do Estado e o desenvolvimento da democracia direta na base. É a desarticulação desses dois movimentos que deu lugar a uma cisão sob a forma de duas tradições,[453] cisão de que se sabe o resultado.[454]

Conclusão

Vimos neste capítulo que, apesar da assistematicidade do pensamento clássico marxista sobre o conceito de Estado, há uma rica contribuição no tocante ao significado do Estado ser visto como uma máquina repressora,

---

[452] POULANTZAS, Nicos. "O Estado, os movimentos sociais, o Partido". *Espaço e debates*, nº 9, São Paulo: Cortez, 1983, p. 75.

[453] A social-democrata e a stalinista (nota do autor).

[454] POULANTZAS, Nicos. *L'Etat, le pouvoir et le socialisme*. Paris: Press Universitaires de France, 1978, p. 291.

CAPÍTULO IV – A RESPEITO DA QUESTÃO DA DEMOCRACIA...

ou de ser um conjunto de aparelhos de múltiplas práticas (ideológicas, políticas, repressoras e econômicas). Além disso, a questão sobre se há ou não oposição entre democracia e ditadura esteve presente desde os clássicos, passando pelo debate da II Internacional e das divergentes posições dos intelectuais e dirigentes marxistas dos anos 70, o que veio a fornecer um rico material de reflexão e de pesquisa, por mais que tenha sido vilipendiado pelas perspectivas teóricas não marxistas. Com isso, o argumento de Bobbio sobre a inexistência de uma teoria do conceito de Estado no marxismo é completamente equivocado. Como bem observa Negri a respeito dessa afirmativa de Bobbio,

> é verdade que Marx não elaborou nenhuma teoria *positiva* do Estado e do direito. Isso não significa, porém, que uma análise marxista não tem nada a dizer sobre o Estado; significa, sim, que o ponto de partida para uma crítica marxista do Estado é expresso em termos negativos.[455]

É a partir da negação e de uma outra afirmação que o marxismo trata do conceito do Estado e da democracia moderna: é a partir da ruptura, da descontinuidade e de uma resposta alternativa à problemática analisada e criticada.

O debate derradeiro dessa problemática travado entre Althusser e Poulantzas foi marcante pelo fato de terem sido dois personagens centrais do pensamento marxista e das organizações de esquerda

---

455 NEGRI, Antonio; HARDT, Michael. *O trabalho de Dioniso*: para a crítica ao Estado pós-moderno. Rio de Janeiro: Pazulin, 2004, p. 14. Em sua resposta direta a Bobbio em 1976, no artigo "Existe uma doutrina marxista do Estado?", Negri afirma precisamente que "o movimento operário revolucionário não conta com uma teoria do Estado porque – distintamente dos reformistas – não tem necessidade de prefigurações e/ou mistificações. O 'quem' e 'como' da transformação revolucionária compõem um só processo, por isso não faz muito sentido perguntar como vai ser eleito o chefe da carrocinha na sociedade comunista e se seu mandato será revogável e imperativo. O problema dos clássicos consiste em definir as condições nas quais se desenvolve e deve – por necessidade – desenvolver-se o processo revolucionário" (NEGRI, Antonio. *La forma-Estado*. Madri: Akal, 2003, pp. 396/397).

europeias nos anos 70.[456] Ao observarmos e analisarmos as propostas de transição de cada um, a maioria dos argumentos de ambos os pensadores é convergente, pois a questão da ruptura com o Estado capitalista e com o modelo democrático liberal está presente em suas posições. A diferença se dá pela externalidade do Estado em relação às relações de produção por parte de Althusser (de que Poulantzas acertadamente discorda devido à presença da prática econômica nos aparatos estatais), e pela ênfase de Poulantzas ao conceito de democracia (ou, mais precisamente, de socialismo democrático) em detrimento do de ditadura do proletariado, pois este estaria historicamente "contaminado" com as práticas políticas autoritárias, particularmente pelas correntes leninistas e – na sua expressão máxima – pelo stalinismo.

No entanto, passados mais de vinte anos desde o fim do socialismo europeu, e mais de trinta desde a crise do marxismo e do crescimento hegemônico do discurso democrático e/ou liberal no campo político e nas ideologias políticas, a conjuntura política alterou sensivelmente nos últimos anos, desde a virada da última década. Em primeiro lugar, foi a democracia procedimental – e não a substantiva e a participativa – que se fortaleceu desde a crise do marxismo e do socialismo; em segundo, houve o malogro dos planos econômicos de reajuste fiscal e de cortes das áreas sociais transferidos para a política financeira (o que significou um fortalecimento ainda maior das frações burguesas do capital financeiro), com graves consequências sociais, ampliando-se a taxa de desemprego e aumentando a taxa da violência. Em terceiro, as agressões externas de caráter imperialista pelos EUA e a Otan na Ásia e na África são construídas por meio de um discurso em defesa das instituições democráticas (e do mercado) para legitimar esse tipo de ação.

---

456 Além de Althusser e Poulantzas, estes representando o viés marxista e revolucionário, pode-se citar os nomes de Norberto Bobbio, expressando a tendência social-democrata e, num nível um pouco mais abaixo, o de Claude Lefort, simbolizando as correntes autonomistas herdeiras do anarquismo, não obstante compartilhasse com Bobbio vários preceitos do liberalismo político, entre eles a defesa do chamado "Estado de direito" em oposição ao "Estado totalitário" (Estado autoritário no caso de Bobbio).

CAPÍTULO IV – A RESPEITO DA QUESTÃO DA DEMOCRACIA...

O fato é que tem havido desde o início deste século uma reação ao liberalismo, à democracia procedimental e às intervenções imperialistas, a exemplo da edificação de governos de caráter desenvolvimentista, nacionalista, anti-imperialista na América Latina, e que também lançaram novas formas de participação política, para além da democracia procedimental. Exemplos paradigmáticos disso são os governos da Venezuela e da Bolívia. Somando-se a isso, a emergência de diversos movimentos sociais antineoliberais e movimentos de contestação política em várias formações sociais da Europa, além do retorno de organizações revolucionárias de caráter marxista. Não é casual que tenha havido desde a segunda metade dos anos 90 a volta do interesse pela teoria de Marx e dos marxistas.

Mas quando Althusser e Poulantzas travaram o seu debate, a questão democrática (na defesa de seu aspecto "universal") estava a pleno vapor, e nos anos 80 o liberalismo, agora acompanhado do prefixo "neo", tornou-se dominante, afetando toda a Europa com as derrotas da social-democracia inglesa e escandinava, influenciando diretamente as políticas econômicas dos partidos socialistas do Mediterrâneo (espanhol, grego, português e do segundo governo Miterrand). Com a crise de várias formações socialistas acusadas de autoritarismo (ou "totalitarismo"), incluindo as não europeias, como China e Camboja, que contaram com a simpatia de diversos marxistas althusserianos, Poulantzas lançou mão do conceito de ditadura do proletariado por considerá-lo insuficiente e optou pelo (e não menos problemático) de "socialismo democrático". O problema que Poulantzas enfrenta nesse termo é que o denominado "socialismo democrático" possui várias acepções, como as de teor revolucionário, a exemplo dos luxemburguistas (com os quais Poulantzas se identificava) ou de Ingrao, mas também a dos socialistas reformistas-liberais, como Bobbio, ou mesmo a dos partidos social-democratas que reivindicavam a herança de Eduard Bernstein.[457]

---

[457] Paradigmático disso são os dois livros publicados no Brasil com o título de *Socialismo democrático*, o primeiro de Giles Radice, de 1967 (publicado pela Zahar), e o de Thomas Meyer, de 1983 (publicado pela Paz e Terra em coedição com a Fundação Friedrich Ebert do PSD alemão). Enquanto o primeiro livro defendia o modelo trabalhista britânico, o segundo enfatizava a social democracia alemã e escandinava.

LUIZ EDUARDO MOTTA

A vantagem de Althusser (e de Balibar) é que a sua defesa do conceito de ditadura do proletariado de Marx é uma tomada de posição crítica à democracia-liberal/institucional (ou democracia procedimental) e a defesa de uma democracia de massas e da constituição de novas práticas políticas. O grande mérito de Marx nesse conceito é a sua crítica ao significado da democracia moderna (ou capitalista), já que ela não contém (como também não havia na democracia antiga) uma prática (e não um "valor" de acepção kantiana) universal. Ela é democrática para alguns segmentos da sociedade, mas não para a sua grande maioria. Isso é visível em termos da decisão, que é confiada a uma minoria, ao corpo parlamentar que representa em sua grande maioria os interesses do grande capital e do conservadorismo (que conseguem bancar campanhas milionárias), e do monopólio da grande mídia (controlada praticamente por pequenos grupos que divulgam e distorcem os fatos noticiados). Não há democracia plena em termos reais, já que há práticas coativas, autoritárias sobre uma grande massa desinformada dos seus direitos básicos. Ademais, as democracias capitalistas não mostraram tolerância com qualquer sinal de mudança em seu sistema, vide as tentativas de desestabilização dos governos de Chávez, Morales e Correa pelo grande capital e pela mídia, tal como ocorreu contra Allende nos anos 70. Nesse aspecto, o termo "socialismo democrático" soa como uma concessão de Poulantzas à posição dos que defendem a democracia enquanto forma de regime político, ou mesmo enquanto "valor universal".

João Quartim de Moraes em seu artigo com o feliz título "Contra a canonização da democracia", em que polemiza diretamente com Carlos Nelson Coutinho, afirma

---

A dificuldade em diferenciar o socialismo democrático da social-democracia fica nítida neste texto de um dos divulgadores do "socialismo democrático" no Brasil: "num sentido amplo, os partidos pertencentes à Internacional Socialista podem ser divididos em social-democratas e socialistas democráticos. Os primeiros aceitam o Estado do Bem-Estar (*Welfare State*) como seu objetivo, enquanto os últimos veem a social-democracia como um estágio na direção do estabelecimento do socialismo democrático" (CAVALCANTI, Pedro Celso Uchoa. "A Internacional Socialista vai à América Latina". *Encontros com a Civilização Brasileira*, n° 9, Rio de Janeiro: Civilização Brasileira, 1979, p. 118).

CAPÍTULO IV – A RESPEITO DA QUESTÃO DA DEMOCRACIA...

> de seu lado, o marxismo não recusa, em princípio, a ideia da transição do capitalismo ao socialismo pela via democrática. Sempre é bom lembrar que quem recusa essa via é a burguesia, como o atestam as dezenas de golpes de Estado que derrubaram governos de esquerda, no mais das vezes com atrozes banhos de sangue. Insiste, entretanto, no condicionamento da política pela economia, e, consequentemente, em que as formas do Estado se assentam na base econômica da sociedade. Portanto, *sobre a base das relações capitalistas de produção*, a democracia será *sempre* a forma política da dominação de classe da burguesia. Donde a necessidade objetiva de uma *ruptura* abrindo a via para a passagem da ordem do capital à ordem socialista.[458]

Atilio Borón segue também a mesma posição ao afirmar a impossibilidade pacífica da instauração do socialismo pela via legal, ou pacífica, mediante a reação conservadora do capital em não ceder, ou transferir, o seu poder para os setores dominados que almejam romper com essas relações de poder através da criação de novas formas de prática política:

> algumas almas cândidas acreditam que nos novos tempos democráticos a direita e o imperialismo vão se abster de aplicar métodos violentos para frustrar o projeto transformador. Não mais "pinochetismo", não mais paramilitares... Infelizmente, isso não é assim, e toda essa perspectiva – na verdade, uma simples esperança, mais que uma perspectiva – está baseada na aceitação de uma série de falsas premissas. Em primeiro lugar, existe a falsa noção de que as mudanças sociais e políticas podem ser realizadas sem despertar fortes resistências. Tal como dissemos em inúmeras ocasiões, as mais moderadas iniciativas reformistas promovidas pelas organizações em geral terminam num banho de sangue, principalmente no Terceiro Mundo. E, em segundo lugar, e ainda mais problemático: não existe nenhuma evidência histórica que demonstre que uma classe dominante, ou uma

---

[458] MORAES, João Quartim de. "Contra a canonização da democracia". *Crítica Marxista*, n° 12, São Paulo: Boitempo, 2001, p. 23.

aliança de classes dominantes, tenha renunciado voluntariamente ao poder, às suas riquezas e aos seus privilégios após ter iniciado um processo radical de transformações sociais.[459]

A defesa de Althusser do conceito de ditadura do proletariado corresponde mais ao atual contexto político do que à tomada de posição de Poulantzas em relação ao socialismo democrático. O mérito do marxismo na política é o de desnudar as práticas de poder que são reproduzidas em nome da democracia capitalista, e o conceito de ditadura do proletariado provoca isso ao rejeitar que haja uma democracia para todos no capitalismo, devido à desigualdade sociopolítica-econômica reproduzida por seus aparatos. Essa é uma demarcação do pensamento marxista diante da democracia substancializada pelo liberalismo, que se sustenta em preceitos e princípios abstratos não condizentes com o real. A igualdade apregoada pela democracia burguesa é um dos pontos máximos do imaginário: "vive-se" em algo inexistente, embora acredite-se categoricamente nessa "realidade". A atualidade do marxismo deve-se principalmente a seu arsenal teórico desconstrutivo e destruidor da modernidade burguesa, e pela sua proposta político-societal alternativa de comunismo que se apresenta como uma ruptura com o capitalismo e com a perspectiva centrada no indivíduo, e pelo estabelecimento do comum como eixo central na constituição das relações sociais. E com nova crise de legitimidade por que passa na atualidade o capitalismo, o pensamento marxista, e em particular a sua vertente althusseriana, tem uma grande contribuição a dar para os processos de ruptura que se avizinham, seja para desmascarar o imaginário democrático do capitalismo, seja para a análise da pluralidade contraditória, seja para a constituição de novas e diferentes estratégias nos diversos aparelhos de Estado.

---

[459] BORÓN, Atilio. *Aristóteles em Macondo*. Rio de Janeiro: Pão e Rosas, 2011, p. 94.

CAPÍTULO V

POUR MARX E *LIRE LE CAPITAL*: CONVERGÊNCIAS E (SOBRETUDO) DIVERGÊNCIAS ENTRE AS DUAS OBRAS FUNDADORAS DA ESCOLA ALTHUSSERIANA[460]

"O marxismo é um pensamento de ruptura mas pode não sê-lo, conforme sua apropriação e seu uso".[461]

Introdução

O marxismo teve no ano de 1965 o lançamento de dois livros que marcariam profundamente não apenas no plano teórico/filosófico mas

---

[460] Texto apresentado no Colóquio Marx e Engels realizado na Unicamp em julho de 2015 e no Colóquio Internacional 50 años de *Lire le Capital* realizado em Buenos Aires em outubro de 2015.

[461] ESCOBAR, Carlos Henrique. *Marx*: filósofo da potência. Rio de Janeiro: Taurus, 1996, p. 92.

também político: trata-se dos dois livros de autoria de Louis Althusser, o *Pour Marx (PM)* e o *Lire le Capital (LC)*. As duas obras não passaram despercebidas, pois geraram um intenso e apaixonado debate tanto em torno de diversas questões relativas à obra teórica de Karl Marx quanto em torno dos seus efeitos políticos. As publicações de *PM* e *LC* estavam longe de reivindicar uma neutralidade no campo teórico marxista, ou mesmo de serem obras puramente teóricas e formais. Como observa o próprio Althusser em "Sustentação em Amiens",[462] essas duas obras teóricas continham uma clara intervenção na política e na filosofia marxista reinantes, dominadas por leituras dogmáticas marcadas tanto pelo viés economicista quanto pelo seu par humanista que, para Althusser, expressavam, à época, uma posição claramente direitista no marxismo.

Segundo Althusser,[463] tanto o título de *PM* como o de *LC* eram igualmente palavras de ordem: o primeiro evocava um retorno a Marx, ao Marx revolucionário que fundou a ciência da história (em oposição ao jovem Marx filosófo humanista), e com ela um novo conjunto conceitual centrado na luta de classes para o conhecimento dos distintos processos históricos das mais diversas formações sociais; o segundo, uma clara defesa de *O capital* como a obra central de Marx, em clara oposição às interpretações que enfocavam, ou davam maior ênfase, às obras de juventude de Marx, em especial aos *Manuscritos de 1844*.

É necessário contextualizar o lançamento dessas duas obras magnas de Althusser: o ano de 1965 estava marcado por uma gama de movimentos revolucionários que sacudiam o mundo, a exemplo da Revolução Cubana, da Revolução Argelina, da Guerra do Vietnã, da ruptura sino-soviética, das lutas de libertação nacional na África portuguesa (Angola, Moçambique, Guiné-Bissau e Cabo Verde) e da emergência das ditaduras burguesas com sustentação militar e apoiadas pelo imperialismo estadunidense, como ocorreu em várias formações sociais latino-americanas, a exemplo do Brasil, da Argentina, da Bolívia e da República Dominicana, entre outras.

---

[462] POULANTZAS, Nicos. *Solitude de Machiavel*. Paris: PUF, 1998.
[463] POULANTZAS, Nicos. *Solitude de Machiavel*. Paris: PUF, 1998.

CAPÍTULO V – *POUR MARX E LIRE LE CAPITAL...*

5.1 – *Pour Marx e Lire le Capital* na contramão do humanismo teórico

De fato, tanto *PM* como *LC* são duas obras que se insurgiram contra a emergência dentro do marxismo, após o XX Congresso do PCUS, em 1956, da perspectiva filosófica humanista centrada no jovem Marx e, consequentemente, na rejeição dos aspectos científicos da obra de Marx posterior a 1845. O marco filosófico dessa perspectiva ontológica está presente tanto na obra de Sartre (*Crítica à razão dialética*) como na de Lukács (*Ontologia do ser social*), pois, a despeito de suas diferenças, ambos definem o marxismo enquanto uma filosofia cuja questão central seria a alienação humana compreendida a partir das mediações produzidas pelo trabalho. Então o trabalho torna-se a categoria chave explicativa das mudanças sociais e do conhecimento do homem por si mesmo. A resultante dessa perspectiva é o abandono da centralidade da luta de classes como motor da história, e das contradições que movimentam essa luta. Não se trata de uma "emancipação humana", como apregoa a perspectiva ontológica humanista, mas sim de uma revolução proletária caracterizada por uma intensa e profunda ruptura no conjunto das relações sociais.

Essa perspectiva humanista far-se-ia presente dentro do PCF por intermédio de Lucian Sève e de Roger Garaudy, que se opuseram às teses de Althusser no Congresso de Argenteuil, em 1966. O efeito político dessa onda humanista seria o abandono pela URSS do conceito de ditadura do proletariado e da revolução proletária, e esse fato também se faria presente em diversos partidos comunistas alinhados à linha soviética, numa clara aproximação à estratégia reformista.[464] Isso resultou em diversos rachas nos partidos comunistas pró-soviéticos e originou uma nova gama de partidos e organizações

---

[464] Sobre a crítica de Althusser à perspectiva humanista marxista veja o capítulo "Marxismo e humanismo" em *Pour Marx* (ALTHUSSER, Louis. *Pour Marx*. Paris: La Découverte, 1986), o texto "Cartas aos camaradas do Comitê Central do PCF". *Crítica Marxista*, n° 41, 2015 e o livro ALTHUSSER, Louis (*et al.*). *A polêmica sobre o humanismo*. Lisboa: Presença, 1967.

comunistas que se alinhavam a uma posição de ruptura política por meio da revolução e cujas referências eram os modelos cubano e chinês, que inspiraram fortemente os movimentos revolucionários dos países do Terceiro Mundo.[465]

Althusser, por seu turno, ia de encontro a essa perspectiva ontológica humanista ao revitalizar em *PM* e *LC* a obra de maturidade de Marx, já que retoma o aspecto científico de sua teoria. Althusser define o marxismo não como uma ciência social, mas sim a ciência social por excelência (ou ciência da história, como denomina Althusser o materialismo histórico), que tanto influenciou e se fez presente na obra de dirigentes e teóricos marxistas como Lenin, Rosa Luxemburgo e Mao Tsé-Tung. O marxismo é a ciência da história cujo centro de análise parte do conceito do modo de produção para o entendimento das lutas de classes, e de suas contradições, que se fazem presentes em todas as instâncias dos distintos modos de produção. E é nessa fase que emergem no marxismo seus conceitos centrais, a exemplo de infraestrutura e superestrutura, relações de produção e forças produtivas, mais-valia, trabalho assalariado, formação social, ditadura do proletariado e revolução proletária. Portanto, tanto *PM* como *LC* são obras que tinham como escopo uma reação crítica ao espectro do par humanismo-reformismo que se fazia presente no movimento comunista internacional.

A despeito das diferenças entre os dois livros (que serão vistas na seção seguinte), há aspectos convergentes com relação à gnosiologia marxista, que têm como ponto de partida o célebre texto de Marx Introdução *à Contribuição à crítica da economia política,* de 1857:

1) A separação entre o objeto real e o objeto de conhecimento no qual se constitui a tese materialista do primado do real sobre o

---

[465] Sobre o impacto das teses althusserianas nas organizações de esquerda revolucionária veja Ridenti (RIDENTI, Marcelo. "Ação popular: cristianismo e marxismo". *In:* REIS FILHO, Daniel Aarão; RIDENTI, Marcelo (Coords.). *História do marxismo no Brasil.* vol. 5, Campinas: Unicamp, 2002), que trata da recepção da AP (Ação Popular), e Starcenbaum (2015), que analisa essa influência na Argentina por meio do PCR (Partido Comunista Revolucionário).

CAPÍTULO V – *POUR MARX* E *LIRE LE CAPITAL...*

pensamento, já que o pensamento do real pressupõe a existência do real independente do pensamento;

2) A temporalidade articulada e diferenciada das distintas estruturas e práticas numa formação social dada, constituída por modos diferentes e hierarquizados de produção;

3) A existência de distintas práticas articuladas num todo complexo com autonomia relativa das estruturas e das práticas. Trata-se, portanto, de uma "totalidade" (um todo) diferenciada e não homogênea, de acordo com a própria afirmação de Marx na Introdução de 1857: "o resultado a que chegamos não é que a produção, distribuição, troca e consumo são idênticos, mas que todos eles são membros de uma totalidade, diferenças dentro de uma unidade".[466]

4) A ausência de uma gênese na formação dos modos de produção, o que rompe com visão de sucessão linear dos modos de produção. Isso significa afirmar que há o primado epistemológico do presente sobre o passado na questão do conhecimento, ou, como afirma Marx,

> a anatomia do ser humano é uma chave para a anatomia do macaco (...). Do mesmo modo, a economia burguesa fornece a chave da economia antiga etc. (...). [A] economia burguesa só chegou a compreensão das sociedades feudal, antiga e oriental quando começou a autocrítica da sociedade burguesa.[467]

5) A existência da pluralidade de contradições em oposição à monocausalidade. Isso demarca uma distinção das concepções de fundo economicista presentes no marxismo. O econômico é definido – a partir da observação de Engels[468] numa carta dirigida a Joseph Bloch – como determinante em "última instância". Desse modo, há uma pluralidade de determinações presentes não somente nas estruturas e práticas

---

466 MARX, Karl. *Grundrisse*. São Paulo: Boitempo, 2011, p. 53.

467 MARX, Karl. *Grundrisse*. São Paulo: Boitempo, 2011, pp. 58/59.

468 ENGELS, Friedrich. "Carta a Joseph Bloch". *In: Obras escolhidas*. vol. 3, Lisboa: Avante! 1985.

econômicas, mas também nas instâncias políticas e ideológicas, o que dá uma margem ao "acaso", i.e., uma indefinição e não previsibilidade das consequências oriundas dessas múltiplas determinações.[469] Ademais, as inúmeras contradições estão presentes nas estruturas e nas práticas resultantes das diversas determinações, em que há deslocamentos dessas contradições no todo complexo. Também é importante destacar que Althusser demarca uma diferença em relação às correntes ontológicas e humanistas do marxismo, já que depreciam o papel das determinações ao enfatizarem os aspectos subjetivos e essencialistas, ou somente culturalistas (a exemplo da perspectiva humanista de E. P. Thompson em *A miséria da teoria*).[470] Essa posição "antideterminista" presente na concepção humanista do marxismo vai de encontro ao que o próprio Marx diz em sua Introdução de 1857:

> esse Universal, ou o comum isolado por comparação, é ele próprio algo multiplicamente articulado, cindido em diferentes determinações (...). [O] concreto é concreto porque é a síntese das múltiplas determinações, portanto, unidade da diversidade.[471]

---

[469] Como observa Carolina Collazo, a obra de Althusser foi marcada por essa tensão da articulação entre a determinação e o acaso (contingência). De acordo com a autora, "determinação e contingência são dois conceitos centrais no caminho do pensamento althusseriano, dentro do qual o primeiro ocupa várias páginas em suas obras clássicas, enquanto o segundo foi ganhando preponderância ao longo do caminho" (COLLAZO, Caroline. "Determinación y contingência". *In*: CALETTI, Sergio; ROMÉ, Natalia; SOSA, Martina. *Lecturas de Althusser*: proyecciones de un campo problemático. Buenos Aires: Imago Mundi, p. 8).

[470] THOMPSON, Edward P. *A miséria da teoria*. Rio de Janeiro: Zahar, 1981. Sobre o culturalismo presente na obra de Thompson, veja o dossiê sobre sua obra publicado na revista *Crítica Marxista*, nº 39, especialmente nos artigos de Pedro Lira "Thompson *versus* Althusser" e no de Nicolás Iñigo Carrera "A lacuna entre E. P. Thompson e Karl Marx". Em ambos os artigos são apontadas as dificuldades de pensar a luta de classes como motor de Thompson, já que para ele a classe só pode ser entendida a partir da "experiência" e da "articulação de interesses" e, assim sendo, para Thompson a luta é uma consequência, uma resultante, e não enquanto causadora. ANDERSON, Perry. *Teoria, política e história*: um debate com E. P. Thompson. Campinas: Unicamp, 2018.

[471] MARX, Karl. *Grundrisse*. São Paulo: Boitempo, 2011, pp. 41 e 54.

CAPÍTULO V – *POUR MARX* E *LIRE LE CAPITAL...*

6) A crítica ao humanismo teórico. O conceito de homem não é o ponto de partida da análise, mas sim as contradições entre as classes sociais em luta. Em *LC*, o centro da crítica se dá ao humanismo historicista de Gramsci e sua indistinção entre ideologia e ciência. Já em *PM* a crítica se tece diante da incorporação do projeto reformista dos partidos comunistas pelo viés humanista, além da crítica às noções filosóficas humanistas inspiradas em Feuerbach, nos textos do jovem Marx.

5.2 – As divergências teóricas entre *Pour Marx* e *Lire le Capital*

A despeito das semelhanças entre ambos os livros há algumas diferenças conceituais entre eles, apesar de terem sido produzidos no mesmo contexto da primeira metade dos anos 60. Isso aponta uma certa indecisão de Althusser em relação a alguns de seus conceitos nessa fase inicial de sua obra. Isso fica claro na ênfase ao primado das relações de produção sobre as forças produtivas em *LC*, o que não está claramente definido em *PM*. As relações de produção não se reduzem às práticas econômicas da infraestrutura: elas também são relações sociais constituídas pelas práticas da superestrutura, e configuram as relações de classes (econômicas, políticas e ideológicas). Como observa Althusser, em *LC,*

> as relações sociais de produção em Marx não põem em cena *os homens sós*, mas põem em cena, nas combinações específicas, os *agentes* do processo de produção e as *condições materiais* do processo de produção [...]. Esses tipos de relação, segundo a diversificação ou a não diversificação dos agentes de produção em trabalhadores imediatos e donos, tornam *necessária* ou *supérflua* (sociedades de classes ou sociedades sem classes) a existência de uma organização política destinada a impor e manter esses tipos de relação determinados por intermédio da força material (a do Estado) e da força moral (a das ideologias). Vê-se com isso que certas relações de produção supõem como condição de sua própria existência a

existência de uma *superestrutura* jurídico-política e ideológica, e por que essa superestrutura é necessariamente *específica*.[472]

Althusser demarca oposição à tese economicista do primado das forças produtivas sobre as relações de produção consagrada sobretudo no texto de Marx Prefácio à *Contribuição à crítica da economia política*, de 1859, e não coincidentemente um dos textos mais citados por Stalin,[473] como ele mesmo demonstra em seu opúsculo *Materialismo dialético e materialismo histórico*. Althusser se apoia sim em outros textos de Marx, como o *Manifesto comunista*[474] e o Capítulo VI inédito *de O capital*,[475] além de na crítica de Mao Tsé-Tung[476] a Stalin, sobre a ênfase dele às forças produtivas pois, distintamente do dirigente soviético, Mao enfatizava o primado das relações de produção sobre as forças produtivas. Althusser retomaria essa questão do primado das relações de produção sobre as forças produtivas em anexo a seu manuscrito publicado postumamente *Sobre a reprodução*, destacado na parte inicial do artigo "Ideologia e aparelhos ideológicos do Estado".

---

[472] ALTHUSSER, Louis (*et al.*). *Ler O capital*. 2 vols. Rio de Janeiro: Zahar, 1980 (grifos de Althusser).

[473] MARX, Karl. "Prefácio à Contribuição à crítica da economia política". *In: Obras escolhidas*. vol. 1, Lisboa: Avante! 1982.

[474] Como observam Marx e Engels no final da segunda parte do *Manifesto:* "o proletariado usará a sua dominação política para arrancar a pouco e pouco todo o capital à burguesia, para centralizar todos os instrumentos de produção na mão do Estado, i.e., do proletariado organizado como classe dominante, e para multiplicar o mais rapidamente possível a massa das forças de produção" (MARX, Karl; ENGELS, Friedrich. "Manifesto comunista". *In: Obras escolhidas*. vol. 1, Lisboa: Avante! 1982, p. 124).

[475] Vide a parte II: "A produção capitalista é produção e reprodução das relações de produção especificamente capitalistas".

[476] "Quando as novas relações de produção ficaram bem estabelecidas, abriram o caminho ao desenvolvimento das forças produtivas. É evidente que a revolução das relações de produção se produziu quando o desenvolvimento das forças de produção tinha já atendido um determinado nível. Mas um grande desenvolvimento das forças produtivas vem sempre a seguir à transformação das relações de produção" (TSÉ-TUNG, Mao. *A construção do socialismo*. Lisboa: Dom Quixote, 1975, p. 102).

CAPÍTULO V – *POUR MARX E LIRE LE CAPITAL...*

Por outro lado, inexiste em *LC* a problemática do conceito de contradição sobredeterminante. O conceito de sobredeterminação é citado em raras passagens em *LC*, pois há uma ênfase no conceito de causalidade estrutural nesse livro, e de certa maneira é tratado como sinônimo do conceito de *sobredeterminação*. E, desse modo, há uma questão ausente em *LC*, mas que se faz presente de modo central no livro *PM*: a questão da ruptura política evidenciada pelo conceito de *contradição sobredeterminante/sobredeterminada*, numa feliz combinação da pluralidade de contradições de Mao Tsé-Tung com a psicanálise de Freud e Lacan.

Concordo com as observações de Stuart Hall[477] de que em *PM*, ao tratar sobre a contradição e a sobredeterminação, Althusser por meio desse conceito nos permite pensar sobre os distintos níveis e tipos de determinação, pois nos fornece aquilo que está ausente em *LC*: a capacidade de teorizar sobre eventos históricos concretos, ou formações ideológicas específicas (e suas consequências políticas, a exemplo do humanismo) como algo determinado por mais de uma estrutura (ou seja, pensar sobre o processo de sobredeterminação). E, nesse ponto, a pluralidade contraditória e complexa propicia uma rica análise de conjuntura para analisarmos os diferentes conflitos antagônicos entre as classes e os grupos sociais. Ademais, a condensação dessas múltiplas contradições no momento de acentuação das lutas sociopolíticas e econômicas nos fornece chaves explicativas sobre as revoluções dos países periféricos, e o porquê de não terem ocorrido nas formações sociais em que o modo de produção capitalista estava mais desenvolvido. Isso significa afirmar que esses momentos históricos revolucionários não se reduziam apenas à contradição das relações de produção x forças produtivas, pois estavam presentes outras contradições específicas, tanto internas como externas, nessas formações sociais em que as revoluções socialistas se concretizaram, como a russa, a chinesa e a cubana, sem falar nas revoluções anticoloniais.

Ao tratar da causalidade estrutural, Althusser resgata alguns aspectos já abordados em *PM*, no artigo "A dialética materialista" (artigo em que

---

477 HALL, Stuart. *Da diáspora*. Belo Horizonte: UFMG, 2003.

ele aprofunda mais os conceitos de contradição sobredeterminante e de seu papel no todo complexo estruturado com dominante), como, por exemplo, a ênfase sobre a diferenciação temporal nas instâncias e nas práticas. Mas em *LC* é o conceito de causalidade estrutural (um conceito de inspiração spinozista como ele mesmo ressaltou)[478] que ocupa o papel central nessa obra, ao tratar dos efeitos intrínsecos (ou causalidade em si mesma) das próprias estruturas.[479] Como diz Althusser,

> isso implica então que os efeitos não sejam externos à estrutura, não sejam um objeto ou um elemento, um espaço preexistente, nos quais a estrutura viria *imprimir a sua marca*: muito pelo contrário, implica que a estrutura seja imanente de seus efeitos no sentido spinoziano do termo, e de que *toda a existência da estrutura consista em seus efeitos*, em suma, que a estrutura, tão somente específica de seus próprios elementos, nada seja fora de seus efeitos.[480]

No entanto, o custo disso foi a extração da pluralidade contraditória, e de sua articulação com o conjunto das determinações como foi analisado por Althusser em *PM*. A contradição sobredeterminante é uma forma mais bem-sucedida de pensar essa complexidade do todo desigual do que a combinatória invariante da causalidade estrutural, pois toca numa questão ausente no conceito da causalidade estrutural: a transformação das estruturas e das práticas a partir das contradições

---

[478] ALTHUSSER, Louis (*et al.*). *Ler O capital*. 2 vols. Rio de Janeiro: Zahar, 1980; e também em "Sobre Spinoza" cf. ALTHUSSER, Louis. "Elementos de autocrítica". *In*: _____. *Solitude de Machiavel*. Paris: PUF, 1998.

[479] É perceptível a influência materialista de Spinoza em Althusser na construção do conceito de causalidade estrutural na seguinte passagem da obra *Ética*: "I - Tudo o que existe, existe em si ou noutra coisa; II - O que não pode ser concebido por outra coisa deve ser concebido por si; III - De uma dada causa determinada segue-se necessariamente um efeito; se não existe qualquer causa determinada, é impossível seguir-se um efeito" (SPINOZA, Baruch. *Ética*. São Paulo: Abril, 1983, pp. 77/78. (Os pensadores)).

[480] ALTHUSSER, Louis (*et al.*). *Ler O capital*. vol. 2, Rio de Janeiro: Zahar, 1980, p. 141 (grifos de Althusser).

CAPÍTULO V – *POUR MARX* E *LIRE LE CAPITAL...*

que formam e dão dinamismo aos conflitos existentes nas formações sociais.

E a prática (em suas diversas formas: política, econômica, ideológica e teórica) é um dos conceitos mais enfatizados por Althusser em *PM*, no capítulo "Sobre a dialética materialista". Nesse aspecto, portanto, as estruturas (instâncias) são definidas não enquanto estruturas estáticas mas dinâmicas, já que as contradições estão presentes nas práticas. Ao falarmos de estruturas não podemos, segundo Althusser, em *PM*, dissociar do conjunto das práticas. Como bem observa Stuart Hall sobre a articulação das estruturas e das práticas, significa dizer que a

> estrutura pode também ser compreendida, de outra perspectiva, como simples resultado de práticas anteriores. Pode-se dizer que uma estrutura é o resultado de práticas anteriormente estruturadas. Estas, portanto, constituem as "condições dadas", o ponto de partida necessário para novas gerações práticas. Em nenhum caso deverá a "prática" ser tratada como algo transparentemente intencional: fazemos a história, mas com base em condições anteriores não produzidas por nós mesmos. A prática é a forma como uma estrutura é ativamente reproduzida. Contudo, ambos os termos são necessários para que se evite o risco de tratar a história como nada mais do que o produto de uma máquina internamente estruturalista que se auto-impulsiona.[481]

Essa é a máxima de Marx em *O 18 Brumário de Luís Bonaparte* quando escreve "os homens fazem sua própria história, mas não a fazem como querem; não a fazem sob circunstâncias de sua escolha e sim sob aquelas com que se defrontam diretamente, legadas e transmitidas pelo passado".[482] Isso significa afirmar que as mudanças nas estruturas e nas práticas são derivadas das contradições e conflitos internos nas diferentes

---

481 HALL, Stuart. *Da diáspora*. Belo Horizonte: UFMG, 2003, p. 167.

482 MARX, Karl. *O 18 Brumário e Cartas a Kugelmann*. São Paulo: Paz e Terra, 2010, p. 21.

estruturas. A estrutura, portanto, é tanto estruturante das práticas como também estruturada por elas. E é isso que indicam as mudanças e as rupturas na história a partir da luta de classes e dos demais conflitos articulados com ela.[483]

5.3 – A presença de *Pour Marx* nos textos dos anos 70

Por isso, a meu ver, *PM,* ao tratar da problemática da contradição sobredeterminante, esteve mais presente nas obras de Althusser dos anos 70 do que *LC*, especialmente o conceito tratado nessa obra, o de causalidade estrutural.[484] Esse aspecto é nítido na obra de Althusser, como no manuscrito *Sobre a reprodução*[485] – do qual foi extraído o célebre artigo "Ideologia e aparelhos ideológicos de Estado" –, em que há a prevalência dos conceitos de aparelhos e de práticas. A filosofia deixa de ser definida somente com a teoria com T maiúsculo, enquanto prática teórica suprema sobre as teorias regionais (política, economia, sociologia), e recebe um outro significado: a filosofia representa a luta de classes na teoria. De acordo com Althusser, "é por isso que a filosofia é uma luta, e luta fundamentalmente *política*: luta de classes".[486] Não há, portanto, separação entre a filosofia e a política.

---

[483] Como observa Escobar sobre o conceito de luta de classes, "Marx não faz das classes ou da luta de classes ou da classe trabalhadora um 'sujeito da história', já porque elas são esta história que se processa e que é destruída. Isto é, a sociedade capitalista tem nas classes – não importam quais – aquilo que deve e precisa ser destruído. As contradições, os dispositivos-contradições, são destruídos sem poderem neles mesmos e concentradamente sujeitos ou causas da Revolução ou transmutação-comunista" (ESCOBAR, Carlos Henrique. *Marx*: filósofo da potência. Rio de Janeiro: Taurus, 1996, pp. 65/66).

[484] O conceito de causalidade estrutural ainda continua a despertar um intenso interesse entre os estudiosos da obra de Althusser, a exemplo de Vittorio Morfino em artigo recentemente publicado em (MORFINO, Vittorio. "A causalidade estrutural em Althusser". *Lutas Sociais*, vol. 18, n° 33, pp. 102-116. São Paulo: NEILS, 2014).

[485] ALTHUSSER, Louis. *Sobre a reprodução*. Petrópolis: Vozes, 1999.

[486] ALTHUSSER, Louis. *Solitude de Machiavel*. Paris: PUF, 1998, p. 153.

CAPÍTULO V – *POUR MARX* E *LIRE LE CAPITAL...*

Na década de 1970, portanto, os textos de Althusser acentuam os traços políticos de seu pensamento, que já se faziam presentes na sua obra inicial. Não é casual que a problemática das múltiplas contradições tenha permanecido nesse contexto em que ele começou a demarcar com mais intensidade as suas diferenças com as posições reformistas no marxismo (particularmente ante a emergência da corrente eurocomunista), além de manter e ampliar as suas críticas ao humanismo teórico. É nesse período que Althusser revê algumas de suas posições teóricas precedentes que ele apontou como "desvio teoricista", particularmente algumas de suas teses expostas em *LC*, em que ele reconhece um "flerte" com o estruturalismo francês, e a influência de Spinoza, que teria na obra de Marx o mesmo estatuto que Hegel tem para as interpretações ontológicas. Também não é fortuito que as citações da obra de Mao tenham proliferado na obra de Althusser nos anos 70, e sem dúvida é a liderança política mais presente ao lado de Lenin, inclusive ambos os dirigentes revolucionários simbolizavam uma forma de resistência teórico-política às perspectivas reformistas que predominavam em diversos partidos comunistas.

E é significativo que nessa fase Althusser retome a defesa da pluralidade contraditória e da sobredeterminação, em seus textos "Elementos de autocrítica"[487] e "Sustentação em Amiens".[488] Em "Elementos de autocrítica", Althusser destaca um mérito de Hegel na obra de Marx que está ausente em Spinoza: o conceito de contradição. Obviamente que a contradição na ciência da história não se assemelha à de Hegel, e tampouco à dos marxistas filiados à perspectiva hegeliana, pois não se trata de uma contradição simples, que se desdobra a partir de sua essência nas demais contradições, mas sim, como ele já vinha desenvolvendo desde *PM*, trata-se de uma contradição complexa, plural, já dada e sem origem.

Essa posição sobre a pluralidade contraditória e sobre o aspecto político da filosofia (num tom de autocrítica a seus trabalhos iniciais) fica clara nessa passagem:

---

[487] ALTHUSSER, Louis. *Solitude de Machiavel*. Paris: PUF, 1998.
[488] ALTHUSSER, Louis. *Solitude de Machiavel*. Paris: PUF, 1998.

eis por que, para falar e julgar uma Filosofia, deve-se partir das categorias de Mao sobre a contradição. Ele, que fala antes de tudo de política, mesmo em seus textos filosóficos – e tem razão em um ponto insuspeito – nos dá elementos para sua afirmação, o que concorda com o que Engels e Lenin escreveram, e que permanece em teoria a "leitura materialista" leninista, não somente de Hegel, o absoluto do idealismo, mas de *todos* os filósofos sem exceção (inclusive os próprios Engels, Lenin e Mao): em toda a Filosofia, em toda a posição filosófica, é necessário considerar a tendência em sua contradição, e nessa contradição a tendência *principal* e a tendência *secundária* da contradição, e em cada tendência o aspecto principal e o aspecto secundário, e assim sucessivamente (...). Por que essas observações gerais? Para poder qualificar melhor, um pouco mais para cima, a "tendência" de meus primeiros ensaios. Por sua tendência *principal*, e apesar da severa crítica que lhes dirijo, acredito que eles defendiam, à sua maneira, com seus "instrumentais", e em uma conjuntura precisa, posições úteis para a teoria marxista e para a luta de classes proletária: contra as mais ameaçadoras formas da ideologia burguesa, humanismo, historicismo, pragmatismo, evolucionismo, economicismo, idealismo filosófico etc. Mas, por sua tendência *secundária*, teoricista, esses mesmos ensaios exprimiam um desvio nocivo às posições e à luta de classes marxista.[489]

Althusser, com efeito, nesse período de sua "autocrítica" demarcou insistentemente suas diferenças com o estruturalismo francês em relação à sua obra, haja vista que, diferentemente das estruturas rígidas características em Lévi-Strauss, a sua definição do conceito de estrutura estava calcada no dinamismo das contradições internas das estruturas. Essa definição mais rígida das estruturas está presente no *LC* no primeiro trabalho de Balibar ("Sobre os conceitos fundamentais do materialismo histórico"), quando ele afirma que as contradições são efeitos das estruturas:

---

[489] ALTHUSSER, Louis. *Solitude de Machiavel*. Paris: PUF, 1998, pp. 191/192 (grifos de Althusser).

CAPÍTULO V – *POUR MARX* E *LIRE LE CAPITAL...*

essa definição encerra também a limitação do papel da contradição, isto é, sua situação de dependência em relação à causa (à estrutura): a contradição é apenas entre os efeitos, mas a causa não é em si dividida; não pode analisar-se em termos antagônicos. A contradição não é, pois, originária, mas derivada. Os efeitos são organizados numa série de contradições particulares, mas o processo de produção desses efeitos não é de modo algum contraditório.[490]

Althusser demarca uma posição oposta à de Balibar quando afirma que o marxismo não se diferencia do estruturalismo apenas pela prioridade do processo sobre a estrutura, mas sim pelo primado da contradição sobre o processo, o que torna o marxismo uma ciência revolucionária, já que se põe sobre posições teóricas de classe revolucionárias.[491]

Em "Sustentação em Amiens", Althusser ratifica essa sua posição na seguinte passagem:

> Certamente, não se trata de conceber a sobredeterminação ou da subdeterminação em termos de adição ou de subtração de um *quantum* de determinação acrescentado ou retirado de uma contradição preexistente, que teria em alguma parte uma existência de direito. A sobredeterminação ou a subdeterminação não são exceções diante de uma contradição pura. Assim como Marx diz que o homem só pode se isolar na sociedade, assim como Marx diz que a existência das categorias é o resultado excepcional da história, do mesmo modo uma contradição em estado puro só existe como produto determinado da contradição impura (...). Ora, se posso superar aqui o que defendi em meus primeiros ensaios, embora na mesma linha, diria que a contradição, tal como se encontra em *O capital,* apresenta a surpreendente particularidade de ser desigual, de colocar em jogo contrários que se obtêm mandando o outro como signo

---

[490] ALTHUSSER, Louis (*et al.*). *Ler O capital.* vol. 2, Rio de Janeiro: Zahar, 1980, p. 254.

[491] ALTHUSSER, Louis. *Solitude de Machiavel.* Paris: PUF, 1998.

oposto ao primeiro, porque eles são apreendidos em uma *relação de desigualdade* que reproduz incessantemente suas condições a partir da existência desta contradição. Falo por exemplo da contradição que determina o modo de produção capitalista e condena tendencialmente a contradição da relação de produção capitalista, a contradição que divide as classes, como classes, em que se defrontam duas classes inteiramente desiguais: a classe capitalista e a classe operária. Pois a classe operária não é o negativo da classe capitalista anexada do sinal menos, privada de seus capitais e seus poderes, e a classe capitalista anexada do sinal mais, o da riqueza e do poder. Elas não têm a mesma história, não têm o mesmo mundo, não têm os mesmos meios, nem levam a cabo a mesma luta de classes: e no entanto se confrontam e isto é cabalmente uma contradição, visto que a relação *de seu confrontamento reproduz as condições de seu confronto*, ao invés de superá-las na sublime elevação e reconciliação hegeliana.[492]

A dialética marxista, portanto, não representa uma conciliação a partir de uma "superação" como bem aponta Althusser. Isso indicaria que os elementos e aspectos dos modos de produção permaneceriam e, assim, não haveria novas formas de relações sociais, já que conservaria o que fora negado. Mas o método marxista, por ser uma dialética de contradições desiguais, torna-se inconciliável, o que a faz ser uma dialética destruidora. Assim sendo, não há conservação já que a ruptura se faz presente no momento revolucionário e de transição ao comunismo. A dialética marxista não é tripartite, pois não contém uma "negação da negação", mas sim dual, pois como afirma Márcio Bilharinho Naves,

> a dialética, ao contrário dessa dialética teológica da conservação, da síntese, é uma dialética da destruição. Ela implica a extinção do que é negado e a sua substituição por algo novo, que não

---

[492] ALTHUSSER, Louis. *Solitude de Machiavel*. Paris: PUF, 1998, pp. 215/216.

CAPÍTULO V – *POUR MARX* E *LIRE LE CAPITAL...*

existe no elemento negado e, portanto, não pode ser conservado ou recuperado.[493]

E esse legado de uma dialética destruidora, não conciliadora, a exemplo da perspectiva hegeliana, e que se faz presente em algumas correntes marxistas (como o humanismo e o historicismo), é o que Althusser nos fornece em *PM* e em *LC* a partir de conceitos como ruptura, descontinuidade, contradição sobredeterminante e no primado das relações de produção sobre as forças produtivas. O marxismo, então, não propõe uma "superação" da sociedade moderna burguesa, mas o fim desta com o surgimento de novas relações sociais, de novas práticas políticas, ideológicas e econômicas a partir do momento explosivo revolucionário e na transição à sociedade comunista.

---

[493] NAVES, Márcio Bilharinho. *Marx, ciência e revolução*. São Paulo: Quartier Latin, 2008, pp. 141/142.

CAPÍTULO VI

A RECEPÇÃO DE ALTHUSSER NO BRASIL: O GRUPO DA *REVISTA TEMPO BRASILEIRO*

6.1 – O grupo Tempo Brasileiro e a difusão do pensamento de Althusser no Brasil

A chegada da obra de Althusser no Brasil veio pouco depois das publicações de *Pour Marx* e *Lire le Capital,* publicados em 1965: foi na virada do ano de 1966 para 1967 que veio à tona o nome de Althusser no artigo de Carlos Henrique Escobar[494] "De um marxismo com Marx", publicado no número 13/14 da *Revista Tempo Brasileiro* em dezembro de 1966. No ano de 1967 seriam publicados os livros *Pour Marx*, pela editora Zahar do Rio de Janeiro, com o título *Análise crítica da teoria marxista,*

---

[494] Carlos Henrique Escobar teve formação autodidata em filosofia e também foi dramaturgo sendo autor premiado de diversas peças teatrais, incluindo *A Tragédia de Althusser*. Lecionou Filosofia em diversas universidades do Rio de Janeiro, em especial na Escola de Comunicação da Universidade Federal do Rio de Janeiro (ECO-UFRJ), da qual está aposentado. Atualmente reside em Portugal.

e o livro *O marxismo segundo Althusser: polêmica Althusser-Garaudy,* pela editora Sinal, de São Paulo[495]. Nesse último livro foram traduzidos os textos de Althusser, "Marxismo, ciência e ideologia" (texto publicado inicialmente em Cuba e depois publicado no livro *La filosofia como arma de la revolución,*[496] com o título "Práctica teórica e lucha ideológica"), e do frei Raymond Domergue, "O marxismo é um humanismo?".[497]

Contrariamente à afirmação equivocada de Antonino Infranca,[498] de que o pensamento de Althusser teria tido uma aproximação com as bases do Partido Comunista Brasileiro (PCB), por se caracterizar pelo "reducionismo econômico" – o que demonstra um profundo desconhecimento da obra de Althusser por parte de Infranca, vide o conceito de autonomia relativa entre as instâncias e da determinação em última instância da economia – , o pensamento de Althusser chegou ao Brasil por duas vias: a primeira, como vista acima, por intermédio de alguns militantes da Ação Popular (AP), especialmente Vinícius Caldeira Brant. No entanto, isso não significou que Althusser veio a se tornar uma referência central para essa organização política.

O fato é que as teses de Althusser foram difundidas em várias organizações de corte maoista (ou guevarista) e foram absorvidas por diversos militantes naquele contexto. Mas a principal divulgação de sua teoria não veio efetivamente por nenhuma organização política, mas sim por um conjunto de intelectuais de esquerda, e grande parte deles era independente das organizações de esquerda. Esses intelectuais

---

[495] Essa editora pertencia à Ação Popular, organização estudantil de tendência católica progressista, que depois de 1964 se aproximou do maoismo tornando-se em 1971 Ação Popular Marxista-Leninista (AP-ML). Os dois textos desse livro (Louis Althusser "Marxismo, ciência e ideologia" e Raymond Domesgue "O marxismo é um humanismo?") foram traduzidos por Duarte Pereira.

[496] ALTHUSSER, Louis. *La filosofia como arma de la revolución.* México: Pasado y Presente, 1977.

[497] DOMERGUE, Raymond. "O marxismo é um humanismo?". *In*: ALTHUSSER, Louis. *Marxismo segundo Althusser.* São Paulo: Sinal, 1967.

[498] INFRANCA, Antonino. "Coutinho y la vía prusiana a la modernización". *De Raíz Diversa*, vol. 2, n° 4, jul.-dic. 2015.

CAPÍTULO VI – A RECEPÇÃO DE ALTHUSSER NO BRASIL...

situados na cidade do Rio de Janeiro (Guanabara, à época) eram de formação filosófica (alguns autodidatas como Escobar) e eram ligados ao campo de pesquisa epistemológica, distintamente de São Paulo, onde o pensamento de Althusser repercutiu mais amplamente no campo das ciências sociais, por meio de Luiz Pereira.[499]

Esse grupo intelectual identificado com as teses de Althusser, e que vinha sacudindo o campo marxista com as suas posições polêmicas em torno da ruptura da obra de Marx ao opor a obra do Marx maduro aos textos do jovem Marx, a desvinculação de Marx da dialética hegeliana e a aproximação do pensador alemão da filosofia de Spinoza, seduziu um grupo de jovens intelectuais que encontrou na *Revista Tempo Brasileiro* um espaço de divulgação e de debates da corrente althusseriana. Daí a alcunha dada por Décio Saes[500] do grupo Tempo Brasileiro para identificar esse grupo intelectual. Contudo, como veremos adiante, esse grupo intelectual não se restringiu ao espaço da editora/*Revista Tempo Brasileiro*,[501] haja vista que procurou outros espaços de publicação para a divulgação, e afirmação, do marxismo althusseriano.

Mas é importante frisar que a *Revista Tempo Brasileiro* não era uma publicação que se limitava ao marxismo, e muito menos ao marxismo althusseriano, pois havia um amplo segmento de diversas correntes teóricas que eram abrigadas pela revista. A *Tempo Brasileiro* publicou vários artigos da fenomenologia alemã heideggeriana (sendo o principal disseminador dessa corrente o filósofo e professor Emmanuel Carneiro Leão), da Escola de Frankfurt (Marcuse, Benjamin e Habermas) e do estruturalismo francês (Lévi-Strauss, Foucault e Lacan).

---

499 A recepção da obra de Althusser em São Paulo não foi exclusiva por cientistas sociais, vide a posição simpática do filósofo João Quartim de Moraes ao pensador franco-argelino.

500 SAES, Décio. "O impacto da teoria althusseriana da história na vida intelectual brasileira". *In*: MORAES, João Quartim de (Coord.). *História do marxismo no Brasil*, vol. 3, 2ª ed. Campinas: Unicamp, 2007.

501 Sobre a *Revista Tempo Brasileiro*, veja Motta (MOTTA, Luis Eduardo. *A época de ouro dos intelectuais vermelhos*: uma análise comparativa das revistas Tempo Brasileiro e Civilização Brasileira, 1994. (Dissertação de Mestrado - UFRJ).

LUIZ EDUARDO MOTTA

A *Revista Tempo Brasileiro* foi criada por Eduardo Portella[502] em 1962, e na sua fase inicial seus artigos em geral versavam sobre a conjuntura política e econômica brasileira, como também política internacional e com ênfase na temática da descolonização africana. Assim sendo, a *Tempo Brasileiro* ia ao encontro da nova política externa independente que vinha sendo adotada desde o governo de Jânio Quadros, e mantida no governo de João Goulart. Devido aos fatos políticos ocorridos em março/abril de 1964, e que culminaram no golpe de estado empresarial/ militar, a *Revista Tempo Brasileiro* ficou vinte meses suspensa (dezembro de 1963 a agosto de 1965), embora a editora mantivesse a publicação de livros. Eduardo Portella continuava o principal responsável pela organização da revista, e ainda contava com os antigos membros do Conselho Editorial, como José Paulo Moreira da Fonseca, Luiz Costa Lima e Vamireh Chacon. Nessa conjuntura pós-golpe houve, por um lado, a saída de antigos membros do Conselho Editorial, como Roberto Pontual, José Teixeira Leite e Félix Athayde e, por outro, a inclusão de novos nomes no Conselho, como Ana Maria Martins, Cyro Kurtz, Emmanuel Carneiro Leão, José Guilherme Merquior, Raymundo de Araújo Castro Filho, Wanderley Guilherme dos Santos e Eginardo Pires.

Com relação aos colaboradores, uma nova leva de intelectuais iria mudar por completo o perfil da revista. Excetuando Pierre Furter, Tristão de Athayde (pseudônimo de Alceu Amoroso Lima), Antonio Houaiss e Maria Linhares, que participaram nos primeiros números dessa fase, não haveria mais a publicação de artigos de ex-integrantes dos movimentos desenvolvimentistas e nacionalistas nas páginas da *Revista Tempo Brasileiro*, como Guerreiro Ramos, José Roberto Lira, Cândido Mendes, Hélio Jaguaribe e Nelson Werneck Sodré. A característica dos novos colaboradores da *RTB* seria a de um perfil de teor teórico (filosófico e epistemológico) em seus trabalhos, a exemplo de Emmanuel Carneiro Leão, Carlos Henrique Escobar, Chaim Samuel

---

502 Eduardo Portella, além de editor e ensaísta e crítico literário, é um dos fundadores da Escola de Comunicação da Universidade Federal do Rio de Janeiro (ECO-UFRJ). Ele participou dos governos Juscelino Kubitschek (Gabinete Civil) e João Figueiredo (ministro da Educação). É membro da Academia Brasileira de Letras desde 1981.

CAPÍTULO VI – A RECEPÇÃO DE ALTHUSSER NO BRASIL...

Katz e Sérgio Paulo Rouanet. A revista começaria a adotar o modelo de "números monográficos", isto é, cada edição trataria de temas específicos, e isso se iniciaria a partir do número 15/16, no qual tratou do Estruturalismo francês.

Essa mudança foi gradual e não repentina. A revista, quando voltou a ser publicada no número 7, apesar da introdução de questões filosóficas nos artigos publicados, não havia unidade entre eles, pois tratavam de temas bem diversos. A introdução de Althusser só viria no número 13/14, com o artigo de Escobar "De um marxismo com Marx",[503] em que ele sintetiza os principais pontos tratados por Althusser em *Pour Marx* e *Lire le Capital*. O número 15/16, que marcou essa virada da *Tempo Brasileiro*, foi dedicado ao Estruturalismo francês. Dentre os vários artigos publicados nesse número, um dos mais destacados foi o de autoria de Escobar, "Resposta a Carpeaux: estruturalismo".[504] Nesse artigo, Escobar refuta o crítico literário e musical – de origem austríaca e radicado no Brasil – Otto Maria Carpeaux, pelo seu artigo publicado na *Revista Civilização Brasileira,* "O estruturalismo é o ópio dos literatos". De formação marcadamente humanista, Carpeaux foi duramente criticado por Escobar, que tomou partido das teses da sincronicidade do estruturalismo, como também do anti-humanismo teórico, ao articular as posições de Lévi-Strauss e Althusser, embora sem demarcar as diferenças entre esses dois autores.

O grupo Tempo Brasileiro cada vez mais ampliava o seu espaço na revista, à medida que os números iam avançando. Escobar publicaria no número 19/20 no ano de 1969 – dedicado ao tema da Comunicação e cultura de massas – o artigo "Comunicação e *fait-divers*".[505] O número

---

[503] ESCOBAR, Carlos Henrique. "De um marxismo com Marx". *Revista Tempo Brasileiro,* n° 13/19, 1967.

[504] ESCOBAR, Carlos Henrique. "Resposta a Carpeaux: estruturalismo". *Revista Tempo Brasileiro,* n° 15/16, 1967.

[505] ESCOBAR, Carlos Henrique. "Comunicação e fait divers". *Revista Tempo Brasileiro,* n° 19/20, 1968.

seguinte, 21/22, marcou a o início da colaboração de Eginardo Pires[506] como articulista da revista. Nesse número dedicado à Psicanálise, Eginardo contribuiu com dois artigos: o primeiro foi "O inconsciente em Sartre e Politzer", enquanto o segundo foi uma longa resenha sobre os *Écrits,* de Jacques Lacan, e possivelmente até aquele momento o texto mais amplo e didático sobre as teses lacanianas, pelo menos em língua portuguesa.

O número 23/24, publicado em 1970 e cujo tema central era A crise do pensamento moderno, foi um dos mais expressivos do grupo althusseriano da *Tempo Brasileiro,* já que reuniu três artigos de membros desse grupo. Esse número contou com as colaborações de Alberto Coelho de Souza[507] ("Ciência e ideologia em Althusser"), Marco Aurélio Luz[508] ("A sabedoria 'evolucionista' de M. McLuhan") e Eginardo Pires ("Sobre Heidegger"). O texto de Souza é uma análise sobre a ruptura da ciência com as ideologias, de acordo com as afirmações de Althusser em *Pour Marx,* e desfere uma crítica ao dogmatismo no marxismo. Como ele mesmo afirma,

> por definição, o teórico marxista é, antes de tudo, responsável pela coerência do marxismo (...). [A] crítica marxista a Althusser terá que dar conta de sua posição em relação ao marxismo, definindo-se teoricamente em função do estatuto teórico que ela lhe atribui. Não basta declarar uma lealdade ideológica e

---

506 Eginardo Pires formou-se em Filosofia pela antiga Faculdade Nacional de Filosofia (FNF, atualmente Instituto de Filosofia e Ciências Sociais da Universidade Federal do Rio de Janeiro, IFCS-UFRJ) e fez mestrado na Unicamp em Economia. Faleceu em dezembro de 1980 por suicídio.

507 Alberto Coelho de Souza foi responsável pela cadeira de Epistemologia na antiga FNF nos anos 60 e 70. Faleceu na segunda metade dos anos 70. Segundo Eginardo Pires (PIRES, Eginardo. "Ideologia e Estado em Althusser: uma resposta". *Encontros com a Civilização Brasileira*, nº 6, Rio de Janeiro: Civilização Brasileira, 1978, p. 39, nota 49), Souza foi responsável por ter orientado nos estudos sobre Althusser toda uma geração de jovens intelectuais no Rio de Janeiro.

508 Marco Aurélio Luz é filósofo, doutor em Comunicação, pós-doutor em Ciências Sociais em Paris V – Sorbonne – CEAQ (*Centre d'Etudes sur l'Actuel du Quotidien*). Leciona e pesquisa religiões afro-brasileiras na Universidade Federal da Bahia.

CAPÍTULO VI – A RECEPÇÃO DE ALTHUSSER NO BRASIL...

apoiar-se em fragmentos, dimensões e conceitos esparsos do marxismo; é necessário que ela assuma a tarefa de articular esses fragmentos, conceitos e dimensões. Quanto à crítica aos procedimentos de Althusser e mesmo aos seus desvios ideológicos, será viável, necessária e produtiva sempre que não omitir seus compromissos com a pretensão teórica do marxismo.[509]

Já o texto de Luz é, como ele afirma, uma aplicação do "conceito de ideologia desenvolvido contemporaneamente por Louis Althusser à sabedoria do 'profeta da comunicação' Marshall McLuhan",[510] enquanto o de Pires é uma crítica à fenomenologia de Heidegger e de sua oposição ao conhecimento científico, e nesse aspecto haveria uma semelhança de Heidegger com os intérpretes do jovem Marx situados no campo do marxismo ontológico.

Os números posteriores da *Tempo Brasileiro* ainda tiveram a presença dos althusserianos, em especial Escobar,[511] que organizou quatro números monográficos, nos quais foram abordados temas como Epistemologia (n° 28 e n° 30/31, 1972), As instituições e os discursos (n° 35, 1973), A história e os discursos (n° 36/37, 1974). Nesses números foram publicados, juntamente com os artigos de sua autoria ("Uma filosofia dos discursos: uma ciência dos discursos ideológicos", no n° 30/31, e "As instituições e o poder", no n° 35), textos de Louis Althusser, Etienne Balibar, Thomas Herbert (pseudônimo de Michel Pêcheux), Georges Canguilhem, Roger Establet, Nicos Poulantzas, Michel Foucault, Felix Guatarri, Gaston Bachelard, Jacques Allan-Miller, Franco Basaglia, Ivan

---

[509] SOUZA, Alberto Coelho de. "Ciência e ideologia em Althusser". *Tempo Brasileiro*, n° 23/24, 1970.

[510] LUZ, Marco Aurélio. "A sabedoria 'evolucionista' de M. McLuhan". *Tempo Brasileiro*, n° 23/24, 1970, p. 95.

[511] Eginardo Pires também atuou como tradutor da editora Tempo Brasileiro. Fez a tradução do livro de Lévi-Strauss *Antropologia estrutural* em parceria com Chaim Samuel Katz.

LUIZ EDUARDO MOTTA

Illich, William Reich, Eugène Enriquez, Bernard Sichere, Cláudio Miranda e Luiz Eduardo Soares.[512]

Como foi dito acima, o grupo Tempo Brasileiro não se restringia à *Revista Tempo Brasileiro* e se deslocou para outros espaços editoriais. O mais notável e importante foi a editora Vozes, situada na cidade de Petrópolis, no estado do Rio de Janeiro, e dirigida pela Igreja Católica que naquela conjuntura tinha um forte peso dos setores progressistas ligados à Teologia da Libertação. Por meio da editora Vozes foi publicada em 1971 a primeira coletânea[513] do grupo althusseriano, cujo título era *Epistemologia e teoria da ciência*, e contava com artigos de Carlos Henrique Escobar ("As leituras e a leitura prático-teórica"), Eginardo Pires ("A teoria da produção de conhecimentos"), Marco Aurélio Luz ("Por uma nova filosofia"), Severino Cabral Bezerra Filho[514] ("Ciência da história") e Antônio Sérgio Mendonça[515] ("Para ler Michel Foucault").

O conjunto dos artigos versava sobre a problemática ciência x ideologia e sobre a produção do conhecimento. Em geral percebe-se nos artigos do grupo Tempo Brasileiro a busca do diálogo com o pensamento francês contemporâneo (e não somente nesse livro), a exemplo de Bachelard, Lévi-Strauss, Lacan e Foucault, e também a incorporação das contribuições dos seguidores de Althusser na França, como Badiou, Balibar, Rancière e Poulantzas.

---

[512] Escobar também escreveu para a Tempo Brasileiro o artigo "Discurso científico e discurso ideológico", publicado em *O homem e o discurso (a arqueologia de Michel Foucault)* organizado por Sergio Paulo Rouanet em 1971.

[513] ESCOBAR, Carlos Henrique; PIRES, Eginardo (*et al.*). *Epistemologia e teoria da ciência*. Petrópolis: Vozes, 1971. A segunda coletânea sobre a obra de Althusser só viria a ser publicada quase quatro décadas depois em 2010, no livro *Presença de Althusser* organizado por Márcio Bilharinho Naves.

[514] Severino Bezerra Cabral Filho é formado em História com doutorado em Sociologia. Atualmente é pesquisador no campo de Relações Internacionais e Defesa com ênfase nos países asiáticos, especialmente a China.

[515] Antônio Sérgio Mendonça tem mestrado e doutorado em Letras e é especialista na área de linguística. Leciona na Universidade Federal Fluminense (UFF) e na Universidade Estadual do Rio de Janeiro (Uerj).

CAPÍTULO VI – A RECEPÇÃO DE ALTHUSSER NO BRASIL...

O artigo de Cabral Filho reproduz as principais teses epistemológicas de Althusser sobre o marxismo expostas em *Pour Marx* e *Lire le Capital*. Marco Aurélio Luz, por seu turno, faz uma crítica à herança hegelo-feuerbachiana do jovem Marx ao defender a leitura científica constituída pelo corte epistemológico em Marx a partir de 1845. Já o de Antônio Sérgio Mendonça faz uma análise da trajetória da obra de Foucault e, aplicando as análises epistêmicas de Althusser sobre ideologia e conhecimento, aponta uma mudança na obra de Foucault em *Arqueologia do saber*, a qual indicaria uma descontinuidade com os seus trabalhos anteriores, sobretudo a *História da loucura*, numa tentativa de dialogar com as teses anti-humanistas de Althusser.

Os dois textos restantes são marcados por polêmicas: o de Escobar faz uma crítica à obra de Foucault e ao estruturalismo em geral e – até onde sei – foi o primeiro artigo de um althusseriano brasileiro que cita a importância de Spinoza na teoria do conhecimento, especialmente no que concerne à leitura de Althusser sobre o método científico exposto por Marx na sua Introdução de 1857. Como o próprio Escobar demarca nesse artigo,

> o conhecimento não é uma revelação, mas uma produção. No lugar da noção de origem se deve utilizar o conceito de *começo*. E isto porque o *começo* não é nenhuma antecipação, mas produção a partir da contemporaneidade de uma ordem. Antes de Marx, Spinoza colocou claramente isto na *Reforma do entendimento* (nos parágrafos 30 e 31). E porque Spinoza procura pensar o conhecimento como construção, ele vê-se também frente a discursos ideológicos e científicos e de frente então para uma história "real". Bachelard seria em parte o grande continuador destas posições, e no cerne dos estudos históricos e epistemológicos contemporâneos há como que – quem sabe! – uma recuperação incontestável da reflexão de Spinoza.[516]

---

[516] ESCOBAR, Carlos Henrique. "As leituras e a leitura prático-teórica". In: _____; PIRES, Eginardo (*et al.*). *Epistemologia e teoria da ciência*. Petrópolis: Vozes, 1971, p. 114.

E sobre os limites de Foucault e do estruturalismo francês em relação à prática teórica devido aos desvios empiristas presentes em seus trabalhos,

> esta cadeia empirista em perpétuo desdobramento, cujo impacto filosófico sentimos em Foucault e Derrida, contraria em seus pressupostos empiristas indiscutíveis a leitura prático-teórica a que nos temos referido. É por isso que Althusser se distingue rigorosamente do estruturalismo e também não se preocupa, na sua análise crítica do jovem Marx, em distinguir os tipos de empirismo historicistas e estruturalistas, já que tanto um como o outro só se diferenciam em detalhe no interior de uma mesma problemática ideológica. Aliás, por aqui não seria difícil mostrar como o esforço de M. Godelier em aproximar Marx de Lévi-Strauss constitui, senão diretamente pelo menos indiretamente, a sujeição do marxismo a esta mesma leitura empirista que baseia o pensamento estruturalista. E por isto evidentemente já ao nível da preocupação de Godelier em aproximar Lévi-Strauss de Marx na problemática do aparente e do subjacente, a pretexto da crítica do conhecimento espontâneo.[517]

Isso significa dizer que Foucault e Lévi-Strauss, por não exercerem uma prática-teórica em seus objetos de conhecimento, ainda estariam presos à ideologia. Esse artigo também indica um deslocamento de Escobar na sua fase inicial, quando associava a prática-teórica de Althusser, e o conjunto de suas teses, com o estruturalismo de Lévi-Strauss, visto que a obra deste era inserida no campo científico como Escobar definira em seu artigo precedente "Resposta a Carpeux: estruturalismo".

Já Eginardo Pires demarca uma crítica aos limites do neopositivismo do Círculo de Viena – Carnap e Neurath –, como também à hermenêutica diante da epistemologia do materialismo dialético

---

[517] ESCOBAR, Carlos Henrique. "As leituras e a leitura prático-teórica". *In:* _____; PIRES, Eginardo (*et al.*). *Epistemologia e teoria da ciência.* Petrópolis: Vozes, 1971, p. 122.

CAPÍTULO VI – A RECEPÇÃO DE ALTHUSSER NO BRASIL...

definido por Althusser por meio da prática-teórica e da leitura sintomal. Também nesse artigo, Eginardo Pires destaca a importância do conceito de causalidade estrutural no materialismo histórico ao tratar da autonomia dos níveis do todo social. Em sua crítica ao empirismo do neopositivismo de Carnap e Neurath na crítica destes à psicanálise, Eginardo Pires destaca que

> para esses autores, o objeto de psicanálise, o inconsciente, é impermeável pelo antiempirismo radical sobre o qual ele se afirma. Daí se seguem as objeções: impossibilidade de dar um sentido preciso aos conceitos desta disciplina, caráter não político, portanto não controlável da experiência analítica etc. A ideologia encobre a irrelevância das objeções; seus pressupostos tendem a hierarquizar os diversos discursos teóricos segundo seu grau de garantia na confirmação. Sabemos do resultado desta crítica: a psicanálise é compreendida como simples "arte de interpretar" e nesta condição pode ser aproximada à hermenêutica religiosa ou "encampada" pela leitura fenomenológica do "sentido" das obras e dos comportamentos humanos. Torna-se visível, assim, o movimento pelo qual a ideologia positivista, expulsando a psicanálise do campo de que ela pretende ser a ciência, lança esta disciplina nas garras de uma outra ideologia: o idealismo fenomenológico. Trata-se, para nós, de dissipar o equívoco produzido por esse mútuo serviço (...). Para a cidade científica, uma teoria insuficiente e parcialmente inadequada é preferível à ausência de teoria, o sistema é preferível a um fato empírico isolado. Newton não foi imediatamente ultrapassado pelas experiências que mais tarde seriam a confirmação da Relatividade. Não foram "fatos", mas uma nova teoria que revogou a física newtoniana.[518]

O grupo Tempo Brasileiro encontrou na *Revista de Cultura Vozes* outro espaço tão aberto quanto a *Revista Tempo Brasileiro* de Eduardo

---

[518] PIRES, Eginardo. "A teoria da produção de conhecimento". *In*: ESCOBAR, Carlos Henrique; PIRES, Eginardo (*et al.*). *Epistemologia e teoria da ciência*. Petrópolis: Vozes, 1971, pp. 170/171.

Portella e, de certa maneira, o grupo se reconheceu em vários dos temas debatidos no conteúdo dessa revista, haja vista que abordava temas como semiologia, linguística, psicanálise, ideologia, comunicação, cinema, quadrinhos. Do grupo Tempo Brasileiro, os que colaboraram para essa revista foram Carlos Henrique Escobar, Marco Aurélio Luz, Severino Bezerra Cabral Filho, Antônio Sérgio Mendonça, Luiz Felipe Baeta Neves. Escobar publicou os artigos "A psicanálise e a ciência da história";[519] "Aspectos ideológicos da cibernética como filosofia";[520] "Da noção de trabalho e linguagem na psicanálise";[521] "Semiologia como conceito em estado prático".[522] Marco Aurélio Luz escreveu os artigos "Ideologia e psicanálise"[523] e "Tarzan, o homem macaco".[524] Antônio Sérgio Mendonça, "Por uma teoria do simbólico/II".[525] Neste mesmo número 6 de 1973 foi publicado um debate entre Escobar, Luz e Mendonça, "Para não dizer que não falamos do simbólico". Cabral Filho publicou no número 6 de 1971 "Vocabulário de epistemologia".

Tal qual a *Revista Tempo Brasileiro*, a *Revista de Cultura Vozes* também era publicada por números temáticos, ou monográficos. E são os seguintes números temáticos que abrigaram o grupo Tempo Brasileiro: Escobar e Cabral Filho em Teoria social;[526] Escobar em Cibernética e política;[527] Escobar, Marco Aurélio Luz e Antônio Sérgio Mendonça em Teoria do simbólico, ideologia e psicanálise;[528] Escobar em Semiologia e discursos;[529] e Marco Aurélio Luz em Quadrinhos e ideologia.[530]

---

[519] *Revista de Cultura Vozes*, nº 6, 1971.

[520] *Revista de Cultura Vozes*, nº 7, 1972.

[521] *Revista de Cultura Vozes*, nº 6, 1973.

[522] *Revista de Cultura Vozes*, nº 10, 1973.

[523] *Revista de Cultura Vozes*, nº 6, 1973.

[524] *Revista de Cultura Vozes*, nº 7, 1973.

[525] *Revista de Cultura Vozes*, nº 6, 1973.

[526] *Revista de Cultura Vozes*, nº 6, 1971.

[527] *Revista de Cultura Vozes*, nº 7, 1972.

[528] *Revista de Cultura Vozes*, nº 6, 1973.

[529] *Revista de Cultura Vozes*, nº 10, 1973.

[530] *Revista de Cultura Vozes*, nº 7, 1973.

CAPÍTULO VI – A RECEPÇÃO DE ALTHUSSER NO BRASIL...

Também é importante destacar que na *Revista de Cultura Vozes* o grupo Tempo Brasileiro encontrou um importante aliado, o professor de Comunicação e Quadrinhos Moacy Cirne, que lecionava na Universidade Federal Fluminense (UFF). Embora não fosse do campo da epistemologia, Cirne trabalhava na área da semiologia, e especialmente na problemática das histórias em quadrinhos (*comic books*), e foi pioneiro no Brasil em usar o conceito de ideologia[531] de Althusser nas suas análises sobre os personagens e revistas de quadrinhos.[532]

O grupo Tempo Brasileiro ainda teria um terceiro espaço de divulgação do marxismo althusseriano por meio da revista *Encontros com a Civilização Brasileira*, que tinha como editor Ênio Silveira, proprietário da editora Civilização Brasileira. Foi nessa editora que *O capital* de Marx teve a sua primeira tradução completa, como também a obra de Gramsci, em sua primeira versão dos *Cadernos do cárcere* editada na Itália por Togliatti. A revista *Encontros com a Civilização Brasileira* começou a ser publicada em 1978, e foi uma tentativa de recriar a *Revista Civilização Brasileira* publicada entre 1965 e 1968. A *Revista Civilização Brasileira* foi o principal veículo intelectual de resistência à ditadura implantada em 1964, e o seu fim deveu-se ao aumento da repressão estatal a partir da edição do Ato Institucional n. 5 (AI-5).

A *Revista Civilização Brasileira* abrangia um amplo número de intelectuais de oposição, pois contava tanto os que estiveram ao lado do governo Jango (ou que participaram do Iseb),[533] a exemplo de Darcy

---

531 Até esse contexto poucos estudos sobre a relação da ideologia e quadrinhos tinham sido realizados. Um dos maiores destaques desse campo, e pioneiro nesse sentido, embora não empregasse o conceito de ideologia, e nem de aparelhos ideológicos de Althusser, é o livro de Ariel Dorfman e Armand Mattelart *Para ler o Pato Donald* publicado em 1971 no Chile.

532 De Moacy Cirne destacam-se os livro *Bum! A explosão criativa dos quadrinhos* e *Para ler os quadrinhos,* ambos publicados pela editora Vozes nos anos de 1970 e 1972, respectivamente.

533 O Instituto Superior de Estudos Brasileiros foi criado em 1955 e fechado em 1964. Inicialmente caracterizou-se pelo conjunto de intelectuais defensores do nacional-
-desenvolvimentismo no estilo cepalino, mas nos anos 60 deslocou-se para uma posição nacional-popular com forte apelo anti-imperialista.

271

Ribeiro, Celso Furtado, Roland Corbisier, Wanderley Guilherme dos Santos, Cavalcanti Proença, Otto Maria Carpeaux, Moacir Félix, Theotônio dos Santos, como também de intelectuais vinculados à Universidade de São Paulo (USP) contrários ao governo Jango, como Octávio Ianni, Francisco Weffort, Florestan Fernandes, Fernando Henrique Cardoso, além de intelectuais que militavam no Partido Comunista Brasileiro (ao qual Ênio Silveira era ligado), a exemplo de Nelson Werneck Sodré, Leandro Konder, Carlos Nelson Coutinho e Assis Tavares (pseudônimo de Marco Antonio Coelho). Percebe-se o sucesso dessa revista pelo número expressivo de sua tiragem naquele contexto: dez mil exemplares. E essa revista foi um espaço de divulgação de autores até então não muito conhecidos no Brasil, como Marcuse, Adorno, Lukács, Benjamin, Goldmann, Gramsci e inclusive o próprio Althusser, que não era um autor bem visto pela linha editorial da revista, que se opunha ao estruturalismo francês, ao qual Althusser era associado.[534]

A *Encontros com a Civilização Brasileira,* apesar de não ter tido o mesmo sucesso se comparada a sua antecessora, a *Revista Civilização Brasileira,* também marcou presença no cenário intelectual e político nesse contexto quando publicou no número 9, em 1979, o artigo de Carlos Nelson Coutinho "A democracia como valor universal". Esse artigo claramente marcado pela estratégia "eurocomunista" veio a ser um divisor de águas no debate da esquerda brasileira e gerou um amplo debate intelectual do qual participaram Marilena Chaui, Francisco Weffort, Jacob Gorender, Décio Saes, Werneck Vianna, entre outros. A *Encontros com a Civilização Brasileira* publicou no número 17 uma crítica à esquerda de Carlos Nelson, o texto de Adelmo Genro Filho "A democracia como valor operário e popular".

Nessa revista, o grupo Tempo Brasileiro foi representado por Carlos Henrique Escobar e, sobretudo, por Eginardo Pires. Escobar

---

534 MOTTA, Luiz Eduardo. *A época de ouro dos intelectuais vermelhos*: uma análise comparativa das revistas Tempo Brasileiro e Civilização Brasileira. 1994. (Dissertação de Mestrado UFRJ); e MOTTA, Luiz Eduardo. "Revista Civilização Brasileira (1965-1968): o espaço da resistência intelectual ao Estado autoritário". *Crítica y Emancipación*, vol. 5, 2011.

CAPÍTULO VI – A RECEPÇÃO DE ALTHUSSER NO BRASIL...

publicou no número 16 (1979) o texto "Da categoria de cultura: do aparelho cultural do Estado".[535] Já Eginardo publicou as resenhas dos livros *Posições 1*, de Althusser, na edição número 5 (1978), e *Tranformações do capitalismo*, de Manuel Castells, no número 25 (1980), e os artigos "Ideologia e Estado em Althusser: uma resposta" no número 5 (1978) – em que polemiza e rechaça as críticas de Fernando Henrique Cardoso ao texto de Althusser "Ideologia e aparelhos ideológicos de Estado" – e "Valor-trabalho e ideologia", no número 23 (1980), em que também fez uma crítica, mas dessa vez dirigida aos limites teóricos dos *Grundrisse* de Marx. Isso se deveu ao amplo interesse que essa obra despertou no marxismo ontológico/humanista que via nessa obra uma superioridade teórica ao próprio *O capital*.

Em termos de publicação de livros que trataram da obra de Althusser, ou fundamentados no marxismo althusseriano, com efeito, Escobar foi o intelectual brasileiro mais prolífico. Na década de 1970, Escobar publicou seis livros inspirados nas teses de Althusser: *Semeion: proposições para uma semiologia e uma linguística*;[536] *Psicanálise e ciência da história*;[537] *As ciências e a filosofia*;[538] *Epistemologia das ciências hoje*;[539] *Discursos, instituições e história*;[540] *Ciência da história e ideologia*.[541] *Psicanálise e ciência da história* foi uma coletânea com um prefácio de sua autoria já publicado na revista *Vozes*. *Semeion: proposições para uma semiologia*

---

535 ESCOBAR, Carlos Henrique. "Da categoria de cultura: do aparelho cultural do Estado". *Encontros com a Civilização Brasileira*, n° 16, 1979.

536 ESCOBAR, Carlos Henrique. *Semeion*: proposições para uma semiologia e uma linguística. Rio de Janeiro: Editora Rio, 1973.

537 ESCOBAR, Carlos Henrique. (Coord.). *Psicanálise e ciência da história*. Rio de Janeiro: Eldorado, 1974.

538 ESCOBAR, Carlos Henrique. *As ciências e a filosofia*. Rio de Janeiro: Imago, 1975.

539 ESCOBAR, Carlos Henrique. *Epistemologia das ciências hoje*. Rio de Janeiro: Pallas, 1975.

540 ESCOBAR, Carlos Henrique. *Discursos, instituições e história*. Rio de Janeiro: Editora Rio, 1975.

541 ESCOBAR, Carlos Henrique. *Ciência da história e ideologia*. Rio de Janeiro: Graal, 1978.

e uma linguística[542] foi um livro pioneiro no Brasil no que tange aos estudos sobre linguística, e da obra de Saussure. Tanto o *Epistemologia das ciências hoje* como o *Discursos, instituições e história* mesclam artigos inéditos com artigos publicados nas revistas citadas acima. *As ciências e a filosofia* e, principalmente, *Ciência da história e ideologia* são os livros mais conhecidos de Escobar nessa época: o primeiro sintetiza os principais aspectos da dialética marxista expostos nos trabalhos iniciais de Althusser sobre epistemologia. Nesse livro, Escobar condensa as contribuições de Althusser sobre os conceitos de prática teórica, problemática, corte epistemológico etc. O segundo livro é o mais amplo trabalho que até então tratara da contribuição do materialismo histórico (como a teoria dos modos de produção e das formações sociais) da escola althusseriana. Além de Althusser, Escobar também mobiliza os aportes conceituais de Balibar, Poulantzas, Bettelheim, Terray, Establet, Baudelot, entre outros, para a exposição dessa problemática.

Já Eginardo Pires publicou somente um livro nesse contexto, em 1979, um ano antes de seu falecimento, e foi resultado de sua pesquisa em seu mestrado na Unicamp, *Valor e acumulação,* editado pela Zahar editores. Esse livro aponta uma radical mudança na trajetória intelectual de Pires, que era do campo da filosofia (especialmente da epistemologia) e migrou para o da macroeconomia.[543] Essa mudança de objeto de pesquisa pode ser percebida pela ausência de textos de Pires na *Revista de Cultura Vozes*, e também pelo fato de não contribuir mais

---

542 Sobre esse livro de Escobar há um recente estudo de autoria de João Kogawa: *Linguística e marxismo: condições de emergência para uma teoria do discurso francesa no Brasil* publicado em 2015 pela Unifesp.

543 De acordo com o próprio Pires, no seu memorial, "com outros amigos, também preocupados com o desenraizamento intelectual a que nos levava nossa formação filosófica, participei de grupo de estudos sobre a 'realidade brasileira', onde líamos e discutíamos nossos economistas, historiadores e cientistas políticos. Paralelamente, impunha-se para mim a necessidade de evitar o risco da esterilidade e do diletantismo no próprio estudo da filosofia da ciência: era preciso combinar esse último com a formação sistemática e aprofundada numa determinada disciplina científica" (PIRES, Eginardo. *Ensaios Econômicos*. Rio de Janeiro: Achiamé, 1984, p. 14).

CAPÍTULO VI – A RECEPÇÃO DE ALTHUSSER NO BRASIL...

intelectualmente para a *Revista Tempo Brasileiro* desde quando iniciou o seu mestrado, em 1973.

Vejamos a seguir algumas das polêmicas do grupo Tempo Brasileiro com os adversários do marxismo althusseriano.

6.2 – As polêmicas inflamadas nas revistas culturais pelo grupo Tempo Brasileiro

Nesta seção farei uma exposição das principais polêmicas teóricas e políticas dos dois mais expressivos membros do grupo Tempo Brasileiro – Escobar e Pires – cujas posições foram bem demarcadas em relação àqueles que se opunham às teses da escola althusseriana, e em grande parte pertencia aos quadros acadêmicos da USP, ou era vinculada ao PCB. A escolha de Escobar e de Pires deve-se aos seguintes aspectos: Escobar por ter sido o mais prolífico membro do grupo tanto em termos de produção quanto também ao conjunto de questões, e de atores intelectuais envolvidos; Eginardo Pires por ter feito a crítica mais consistente (e sistemática) a um opositor à obra de Althusser, o sociólogo e ex-presidente da República Fernando Henrique Cardoso.

Os textos de Escobar não se centraram em nenhum artigo específico, ou mesmo a um autor[544] que tenha criticado diretamente a obra de Althusser. Entretanto os seus artigos desferiram duras críticas a Foucault, Lukács e Giannotti em diversas passagens de seus textos. Foucault, como visto acima, foi o principal alvo crítico em seus textos iniciais de epistemologia: desqualificava o pensador francês por não

---

[544] As únicas críticas centradas de Escobar não envolveram diretamente a obra de Althusser, vide os artigos ESCOBAR, Carlos Henrique. "Discurso científico, discurso ideológico". *In*: ROUANET, Sérgio (Coord.). *O homem e o discurso*: a arqueologia de Michel Foucault. Rio de Janeiro: Tempo Brasileiro, 1971 (dirigido a Foucault); e ESCOBAR, Carlos Henrique. "Resposta a Carpeaux: estruturalismo". *Revista Tempo Brasileiro*, nº 15-16, 1967.

LUIZ EDUARDO MOTTA

separar o discurso científico do ideológico, o que apontaria desvios idealistas em seus trabalhos iniciais como *As palavras e as coisas*:[545]

> A história foucaultiana – por insólita que pareça – oscila entre os extremos idealistas do tudo e do nada; dos discursos complexificados e da rigidez das *epistemes* (...). [N]osso objetivo com estas considerações críticas a Foucault pretende ilustrar a necessidade tanto de uma ciência dos discursos ideológicos quanto (e por isso mesmo) de uma teoria da ciência que em seu estatuto epistemológico é incompatível com as soluções até então apresentadas por Foucault.[546]

Essa posição crítica a Foucault ainda se manteria, mesmo com as mudanças operadas na obra do pensador francês quando ele começou a focar sobre a chamada "genealogia do poder", a partir de *Vigiar e punir*. No artigo "Da categoria de cultura: do aparelho cultural do Estado", Escobar critica essa dissolução do poder numa rede, haja vista que essa posição de Foucault imploradiria a relação de poder entre as classes sociais:

> Neste tipo de enfoque da questão do poder – do poder como *poder de classe* – nos chocamos imediatamente com as posições microfísicas do poder em Foucault. Acreditar, tal como admite Foucault, que o poder é o "tecido social" mesmo e por aí desvinculá-lo das classes e da luta de classes é estar a um passo de uma metafísica do poder que logo é também uma metafísica da história (...). Nem microfísica do social, nem substância (como, por exemplo, é o *desejo* para a direita freudiana de um Deleuze-Guattari), o poder é um efeito da luta de classes no Estado, nos dispositivos e no efeito ideológico de sujeito.[547]

---

[545] FOUCAULT, Michel. *As palavras e as coisas*. São Paulo: Martins Fontes, 1977.

[546] ESCOBAR, Carlos Henrique. "Discurso científico, discurso ideológico". *In*: ROUANET, Sérgio (Coord.). *O homem e o discurso*: a arqueologia de Michel Foucault. Rio de Janeiro: Tempo Brasileiro, 1971, pp. 68/69.

[547] ESCOBAR, Carlos Henrique. "Da categoria de cultura: do aparelho cultural do Estado". *Encontros com a Civilização Brasileira*, n° 16, 1979, p. 186.

CAPÍTULO VI – A RECEPÇÃO DE ALTHUSSER NO BRASIL...

A escolha de Lukács, enquanto alvo crítico de Escobar, deve-se ao fato do pensador húngaro ter sido uma das principais referências teóricas críticas à obra de Althusser no Brasil, e também por ser uma das principais influências teóricas aos intelectuais do PCB (especialmente Carlos Nelson Coutinho, Leandro Konder e José Paulo Netto). A crítica de Escobar a Lukács trata do idealismo presente na perspectiva onto-lógica e humanista centrada no trabalho, e que se diferencia da teoria dos modos de produção enfatizada pela escola althusseriana. No livro *As ciências e a filosofia*, Escobar destaca esse aspecto idealista de Lukács e a ausência do materialismo histórico na sua "ontologia" na seguinte passagem: "foi não ter compreendido isto – mas não somente isto, é verdade – que levou Lukács e outros a proporem ao marxismo uma *filosofia idealista* (filosofia da práxis) ao mesmo tempo que reduziam a ciência da história a um puro efeito de superestrutura".[548]

Nesse mesmo ano de 1975, Escobar também fez uma crítica ao idealismo de Lukács, e já não pelo prisma da epistemologia, mas também ao empregar o viés "sociológico" da escola althusseriana. Dessa vez o conceito de ideologia é definido enquanto prática social, e que ganhou notoriedade a partir do artigo de Althusser "Ideologia e aparelhos ideo-lógicos de Estado".[549] Escobar refuta a leitura negativa de Lukács da ideo-logia (entendida como "alienação"), de caráter essencialista ("recuperar a essência humana perdida pelo trabalho alienado"), além da concepção de sujeito centrado presente na teleologia lukacsiana. Segundo Escobar,

É a Lukács que cabe grande responsabilidade por esta corrente dissolvente do marxismo e para isso contribuíram suas teorias de

---

548 ESCOBAR, Carlos Henrique. *As ciências e a filosofia*. Rio de Janeiro: Imago, 1975, p. 81.

549 É verdade que em *Pour Marx* Althusser já definia a ideologia como uma prática, assim como a política e a economia; todavia, foi a partir do seu texto "Ideologia e aparelhos ideológicos de Estado", no qual introduz a problemática dos aparelhos ideológicos, que sistematiza mais a questão das distintas práticas ideológicas. Com efeito, esse texto de Althusser atingiu um grande público dos mais diversos campos de conhecimento e de pesquisa, como a pedagogia, as ciências sociais, o serviço social, o direito, ultrapassando assim o campo da filosofia.

"consciência de classe" e de "concepção de mundo". As nossas divergências com Lukács se aprofundam para muito além da questão da ideologia e chegam aos fundamentos epistemológicos que a sustentam como teoria desta instância (...). Com Lukács abandona-se a unidade marxista que caracteriza um modo de produção e uma formação social, que todos sabemos ser uma unidade de diversos níveis específicos, com determinação em última instância pelo econômico, por uma totalidade expressiva e, consequentemente (numa linha visivelmente hegeliana), esta totalidade se fará representar por uma instância central, isto é, uma instância "totalizante" que Lukács chama por "classe-sujeito da história". Essa classe-sujeito é portadora também de uma "concepção do mundo", concepção do mundo que é ao mesmo tempo a ideologia e a ciência, indicação da vontade-consciência que fez sua própria história (a práxis). A ideologia é o princípio de totalização de uma formação, o que nos conduz aqui à questão da identificação da ideologia e da ciência. Na posição de Lukács (e Korsh), a ideologia, como expressão do sujeito, engloba a ciência, ela é a consciência subjetiva do mundo no respaldo de uma "classe ascendente" que toma para si a totalidade de uma formação social. E, como esta ideologia da classe-sujeito-ascendente é universal (subjetividade universal), ela é também objetiva, isto é, "científica".[550]

Essa problemática do sujeito centrado/descentrado ainda estaria presente no texto de Escobar "Da categoria de cultura: do aparelho cultural do Estado", no qual polemiza com o poeta e ensaísta Ferreira Gullar, naquela época militante do PCB. Escobar critica Gullar[551] por ele separar o conceito de cultura da ideologia (o que inexiste na escola althusseriana), e por definir a ideologia no campo da consciência numa clara inspiração lukacsiana. Conforme escreve Escobar nesse artigo:

---

[550] ESCOBAR, Carlos Henrique. *Discursos, instituições e história*. Rio de Janeiro: Editora Rio, 1975, p. 19.

[551] Além de Ferreira Gullar, Escobar também teceu nesse artigo críticas a Roberto Schwarz e a Luiz Costa Lima.

CAPÍTULO VI – A RECEPÇÃO DE ALTHUSSER NO BRASIL...

Surpreendentemente, não bastaram para Ferreira Gullar – como ademais para Lukács e outros, pilotados por um Hegel de "olho piscado" – as descentralizações do "sujeito" na história, encarada como *contradições* em Marx, e as críticas e análises da "consciência" em Freud, revelando por aí sua dimensão imaginária, não central, nem dominante (...). Eis por que dizemos que o intelectual militante é confundido em Lukács – conforme uma tradição hegeliana – já que, para ele, o inlectual militante deve ser uma continuidade do intelectual burguês, ao contrário do que Lenin, Gramsci e Althusser propõem. Não se trata mais de uma Revolução como projeto de "consciência", isto é, de *ideias* do intelectual burguês-pequeno burguês (Lukács, Sartre, Marcuse etc.), mas das contradições sociais, das massas politizadas e do partido. A "consciência de classe" não é aquilo que o intelectual – como extensão do intelectual burguês – traz às massas, mas as massas politizadas e a Revolução como contradições sociais e o Partido como meio.[552]

José Arthur Giannotti também foi alvo de críticas por parte de Escobar, e uma das mais marcantes se encontra em seu artigo de 1979 "Quem tem medo de Louis Althusser?". Nesse artigo, Escobar desfere uma dura crítica a Giannotti e a Fernando Henrique Cardoso – e por tabela à Universidade de São Paulo (USP), ao Centro Brasileiro de Análise e Planejamento (Cebrap)[553] e ao PCB – pelo cerco e boicote que fizeram à escola althusseriana, além das posições políticas de caráter reformista e de defesa de um projeto socialdemocrata naquele contexto de transição política (início do governo Figueiredo):

> Nesse sentido, um posicionamento militante nos textos, declarações e políticas de um Fernando Henrique Cardoso e de um [José] Arthur Giannotti são conjunturalmente importantes, para não lembrar aqui a legião de discípulos teóricos e políticos que

---

552 ESCOBAR, Carlos Henrique. "Da categoria de cultura: do aparelho cultural do Estado". *Encontros com a Civilização Brasileira*, n° 16, 1979, pp. 190-198.

553 Tanto Giannotti quanto Fernando Henrique pertenciam à USP e foram fundadores do Cebrap, em 1969.

LUIZ EDUARDO MOTTA

estas duas figuras do oportunismo universitário granjearam. Os "pecados" do senhor A. Giannotti ultrapassam aquilo que chamaríamos os termos particulares de sua "química" teórica – ler Marx em Hegel e finalmente decretar a falência do marxismo – para se tornarem toda uma escola filosófico-epistemológica, em que o Cebrap inteiro e departamentos inteiros da USP se inspiram. Recentemente – digo em meados de 1978 –, Giannotti fez uma conferência na PUC do Rio de Janeiro em que ele dizia que *O capital* de Marx já não serve para nada, sobretudo não serve para a análise do capitalismo atual, visto que o mercado deixou de existir. Não é necessário entrar em considerações em torno das ilusões em que as novas formas de acumulação capitalista fizeram chegar Giannotti; o que nos interessa aqui é detectar a pressa com que ele – e centenas de outros – vivem decretando a falência da análise marxista e a eternidade do capital. Ao lado disso, é bom que se diga que – conforme, ademais, foi dito então ao próprio Giannotti – sua exposição de Marx é feita, paradoxalmente, em termos de "essência" e "fenômeno", o que por um certo ângulo substancializa suas posições políticas notoriamente bolorentas e liberais.[554]

Mas, antes desse artigo, Escobar já tinha dirigido uma contundente crítica a Giannotti em seu livro *As ciências e a filosofia*, pois já apontava esse viés reformista nas suas posições em relação à obra de Marx contidas no livro *Origens da dialética do trabalho,* ao defender a "dimensão humanista da luta de classes":

> Giannotti retoma com isso as preocupações de muitos "marxistas" hostis à luta de classes na medida em que se constitui em um estudioso e entusiasta de Hegel em Marx, e de um Marx como "filósofo menor" em Hegel. Ao contrário de Giannotti, Lukács, Merleau-Ponty, não é necessário ler Hegel para entender Marx, mas, pelo contrário, a leitura de Marx é a condição para a inteligibilidade de Hegel, como disseram Lenin e Althusser (...). Nós, aqui no Brasil, sabemos como esse esforço de confundir as

---

[554] "Quem tem medo de Louis Althusser?". *Achegas.net*, nº 44, 2011, p. 33.

CAPÍTULO VI – A RECEPÇÃO DE ALTHUSSER NO BRASIL...

problemáticas marxistas com a filosofia de Hegel vai além de um propósito apenas intelectual (...) ele foi e continua sendo o sustentáculo ideológico de uma política reformista. Esse esforço, por exemplo, no professor Giannotti, se une a um imobilismo político e consequente indiferença à luta de classe.[555]

Eginardo Pires, por sua vez, escreveu naquele contexto dos anos 70 a defesa mais ampla da obra de Althusser, ao dirigir uma crítica a Fernando Henrique Cardoso, que à época era a principal referência intelectual do campo da esquerda brasileira no período da ditadura. Fernando Henrique não somente representava ser um dos principais teóricos da chamada teoria da dependência, mas também enquanto opositor às teses althusserianas, em que demarcava as diferenças do entendimento da obra de Marx – oriundas do grupo Seminário de Marx, do qual foi um dos fundadores, ao lado de José Arthur Giannotti – da escola althusseriana. A "cruzada" de Fernando Henrique Cardoso e de seus seguidores contra Althusser tem início no artigo "Althusserianismo ou marxismo? A propósito do conceito de classes de Poulantzas", escrito em 1971. Percebe-se nesse texto um profundo desconhecimento da obra de Althusser quando Cardoso define de modo impreciso a distinção entre o materialismo dialético e o materialismo histórico, como afirma nessa passagem:

> O "materialismo dialético", por exemplo, passa a ser a teoria geral, "teoricamente produzida" – isto é, decorrente da "*práxis teórica*" –, de *todos* os modos de produção, cabendo-lhe ainda a especificação das "instâncias regionais", ou seja, da teoria econômica, da teoria das ideologias (?) e da teoria política, nos diversos modos de produção. O "materialismo histórico", por sua vez, vem a ser a ciência que explica a constituição e transformação das formações sociais concretas.[556]

---

[555] ESCOBAR, Carlos Henrique. *As ciências e a filosofia*. Rio de Janeiro: Imago, 1975, pp. 29-31.

[556] CARDOSO, Fernando Henrique. "Althusserianismo ou marxismo? A propósito do conceito de classes de Poulantzas". In: _____. *O modelo político brasileiro*. Rio

LUIZ EDUARDO MOTTA

Como bem observa Décio Saes, Fernando Henrique Cardoso mostra um completo desconhecimento desses conceitos tão centrais no marxismo althusseriano:

> Cardoso se equivoca ao atribuir a Althusser a definição do materialismo dialético como "a teoria geral de todos os modos de produção", bem como a definição do materialismo histórico como a "ciência que explica a constituição e transformação das formações sociais concretas" (...). [P]ara a corrente althusseriana, o modo de produção em geral, os modos de produção particulares e as formações sociais concretas constituem todos objetos da ciência marxista da História, em que coexistem diferentes níveis de abstração. Quanto ao materialismo dialético, ele está longe de constituir, na perspectiva althusseriana, uma teoria geral de todos os modos de produção.[557]

A nota 14 do artigo de Eginardo Pires "Ideologia e Estado em Althusser: uma resposta" também ressalta os limites de Fernando Henrique nesse artigo de 1978:

> A crítica filosófica de Cardoso, neste artigo, gira em torno de sua recusa a aceitar a distinção althusseriana (marxista) entre objeto real e objeto de conhecimento, contra a qual é invocada a categoria de "abstração real" (...). Recusar a distinção entre o objeto real e o objeto pensado (ou objeto de conhecimento) é recusar a distinção entre ideologia e ciência, é recusar também a existência e necessidade de uma atividade específica, o trabalho teórico, que tem como resultado a crítica das aparências ideológicas e o conhecimento científico.[558]

---

de Janeiro: Bertrand Brasil, 1993, pp. 106/107.

[557] SAES, Décio. "O impacto da teoria althusseriana da história na vida intelectual brasileira". *In*: MORAES, João Quartim de (Coord.). *História do marxismo no Brasil*. vol. 3, 2ª ed. Campinas: Unicamp, 2007, p. 70.

[558] PIRES, Eginardo. "Ideologia e Estado em Althusser: uma resposta". *Encontros com a Civilização Brasileira*, nº 6, Rio de Janeiro: Civilização Brasileira, 1978, p. 36.

CAPÍTULO VI – A RECEPÇÃO DE ALTHUSSER NO BRASIL...

Esse artigo de Pires, "Ideologia e Estado em Althusser: uma resposta", refuta diretamente o artigo de Fernando Henrique "Estado capitalista e marxismo", publicado em 1977 na revista *Estudos Cebrap*, nº 21. Nesse texto, Fernando Henrique faz uma análise de conjuntura sobre a transição política brasileira e define como Pacto de Dominação o que vem a ser o conjunto de alianças entre frações das classes dominantes, e seus vínculos com setores das classes subalternas que o pacto pode também englobar. Em linhas gerais, Eginardo concorda com a análise política de Cardoso embora discorde das críticas tecidas por ele a Gramsci e Althusser, embora paradoxalmente Cardoso concorde com muitas das definições conceituais desses autores de modo implícito, já que explicitamente demonstre o contrário.

Cito as seguintes passagens críticas de Fernando Henrique nesse artigo:

> Paradoxalmente, foi Althusser quem – a partir de algumas formulações de Gramsci sobre o papel das Ideologias – extremou a análise para mostrar o peso dos aparatos ideológicos. E foi tanto nessa direção que, sem o querer certamente, voltou ao idealismo e a uma visão antes totalitária do que a um liberalismo que alguns veem – a meu ver erradamente – nas análises gramscianas sobre o predomínio da Sociedade Civil e da Ideologia na história. Prestando sempre uma homenagem verbal à ideia de "luta de classes" e apresentando-se como mero comentador de Marx, Althusser propôs de fato uma visão radicalmente distinta do Estado.[559]

Noutra passagem em que aborda a distinção entre os AIE e os ARE, Cardoso afirma:

> O que para Althusser distingue o *Estado* de seus aparatos ideológicos é que estes são diversos e a Repressão Estatal é uniforme, e que enquanto o Estado funciona pela repressão, os aparatos

---

[559] CARDOSO, Fernando Henrique. "Estado capitalista e marxismo". *Estudos Cebrap*, nº 21, São Paulo: Cebrap, 1977, p. 15.

ideológicos convencem. O leitor fica naturalmente perplexo com o grau de indefinição dos termos: as diferenças entre o Aparato Repressivo de Estado e os Aparatos Ideológicos são tautológicas (um reprime e o outro convence, por definição), ou se baseiam em uma pluralidade (de ideologias) que se contrapõem a uma unidade (de coerção) (...). Frente a estas tendências, a corrente mais influente na reavaliação do tema do Estado talvez tenha sido aquela que, partindo de Althusser, tentou tomar em conta Gramsci e acabou por relegar o althusserianismo político a um merecido esquecimento.[560]

A resposta de Eginardo Pires a esse texto de Cardoso é bem ampla, só citarei algumas passagens mais marcantes nas quais ele desqualifica os argumentos de Cardoso. Inicialmente ele aponta seis proposições de Cardoso as quais em grande parte vão ao encontro, e não de encontro, às teses althusserianas, a exemplo da distinção do aparelho de Estado e do poder de Estado, da existência de contradições internas aos diferentes aparelhos de Estado (sociedade civil e Estado, para Cardoso) e da autonomia relativa do político (da prática política) em relação ao econômico.

Pires começa a desconstruir a "crítica" de Cardoso ao apontar o desconhecimento dele quanto ao significado da prática teórica na produção do conhecimento:

> A "crítica" de Cardoso resulta de sua incapacidade em compreender não só o significado dos textos de Althusser como também (o que é essencial para compreender este significado) a *dinâmica* destes textos, ou seja, seus efeitos. Esta incapacidade tem suas raízes, por sua vez, em um preconceito antiteórico muito difundido entre os nossos intelectuais de maior talento, preconceito antiteórico que chega às vezes ao ponto extremo de impedi-los de admitir que fazem teoria mesmo quando a fazem (e bem). Este preconceito se expressa sob a forma de diversas concepções

---

560 CARDOSO, Fernando Henrique. "Estado capitalista e marxismo". *Estudos Cebrap*, nº 21, São Paulo: Cebrap, 1977, pp. 16-20.

CAPÍTULO VI – A RECEPÇÃO DE ALTHUSSER NO BRASIL...

filosóficas equivocadas sobre a natureza do trabalho teórico e de seus resultados. A teoria não é um subproduto natural e automático das análises concretas, nem a síntese maravilhosa em que se condensa e se revela (no sentido religioso de "revelação") toda a complexa riqueza que nos é possível captar no mundo real. A teoria é um conjunto logicamente articulado de problemas e de respostas a estes problemas, que pela própria força de sua lógica, combinada com as exigências e as lições da prática não teórica, nos permite (com segurança) colocar e resolver incessantemente novos problemas. Desconhecendo o que Althusser nos ensina sobre a *abertura* característica das problemáticas científicas, Cardoso se impede de apreender o que constitui a *dinâmica* de uma teoria e, para começar, a da teoria do autor que serve de alvo a sua "crítica".[561]

A respeito da "ausência" da luta de classes no artigo de "Althusser, ideologia e aparelhos de Estado", Eginardo Pires responde de modo irônico:

Cardoso manifesta sua insatisfação pelo fato de que Althusser não fala da "luta de classes" tanto quanto ele, Cardoso, gostaria. Althusser presta, segundo ele, "uma homenagem verbal" à luta de classes e desenvolve sua análise distanciando-se de Marx. Uma pergunta: por que razão teria Althusser alguma necessidade de prestar "homenagens verbais" à luta de classes? Em uma passagem de gosto duvidoso que conclui uma nota de rodapé, Cardoso nos sugere, sem ser muito explícito, que Althusser teria alguma culpa a expiar a este respeito. Passemos adiante. Em *O capital* existem seções inteiras (a primeira para começar) em que Marx não diz uma palavra sobre a luta de classes. Fica com Cardoso o ônus da prova: demonstrar que estas seções são absolutamente inúteis do ponto de vista da luta de classes.[562]

---

561 PIRES, Eginardo. "Ideologia e Estado em Althusser: uma resposta". *Encontros com a Civilização Brasileira*, nº 6, Rio de Janeiro: Civilização Brasileira, 1978, p. 15.

562 PIRES, Eginardo. "Ideologia e Estado em Althusser: uma resposta". *Encontros com a Civilização Brasileira*, nº 6, Rio de Janeiro: Civilização Brasileira, 1978.

LUIZ EDUARDO MOTTA

Seguindo a crítica de Cardoso a Althusser, ele chega à conclusão de que a "sociedade civil" (AIE para Althusser) estaria tão diluída no Estado que, paradoxalmente, Althusser estaria "retornando" a Hegel numa concepção totalitária do Estado.[563] Pires refuta esse argumento ao destacar a importância dos conceitos de autonomia relativa das instâncias política, ideológica e econômica e, consequentemente, de suas práticas. Ademais, a determinação "em última instância" do econômico poria por terra a crítica de Cardoso sobre essa "absolutização do Estado" no artigo de Althusser, como também nos seus trabalhos precedentes. De acordo com Pires:

> Toda a sua operação "crítica" consiste, simplesmente, nisto: ele toma o texto de Althusser, *contra as afirmações explícitas do próprio Althusser*, como se este texto pretendesse conter uma teoria do processo de reprodução das relações de produção em seu conjunto. Como Althusser se limita a estudar o funcionamento dos aparelhos ideológicos e da Ideologia (considerada, digamos assim, "em si mesma", para um primeiro exame), o resultado não pode ser senão este: Althusser transformado em Hegel, dizendo-nos que o Estado e a Ideologia é que produzem a sociedade. Cardoso se agarra a um *pedaço* do discurso de Althusser (isto é: *despedaça-o*) para destruí-lo, assimilando-o a um filósofo do qual ele procura se diferenciar (...). [O] método de leitura proposto pelo próprio Althusser é bem mais exigente: ele impõe como requisito preliminar que se tome em consideração não só o conjunto do texto discutido, como também o conjunto da obra em que este texto se insere e ainda mais do que isto: o conjunto das obras dos outros autores dos quais o autor examinado pretende se distanciar em seu trabalho de crítica e elaboração teórica.[564]

Por fim, Cardoso criticaria a eternidade da ideologia por considerar que essa afirmativa de Althusser seria "anti-histórica", e essa

---

[563] CARDOSO, Fernando Henrique. "Estado capitalista e marxismo". *Estudos Cebrap*, nº 21, São Paulo: Cebrap, 1977, p. 16.

[564] PIRES, Eginardo. "Ideologia e Estado em Althusser: uma resposta". *Encontros com a Civilização Brasileira*, nº 6, Rio de Janeiro: Civilização Brasileira, 1978, p. 19.

CAPÍTULO VI – A RECEPÇÃO DE ALTHUSSER NO BRASIL...

concepção de ideologia implicaria em afirmar que sempre haveria uma "alienação" (o emprego dessa noção numa clara provocação a Althusser). Pires desconstrói essa afirmação no seguinte trecho:

> Ela é tão "anti-histórica" como a abertura daquele capítulo de *O capital* em que Marx trata do processo de trabalho em geral e enumera os elementos invariantes que participam necessariamente de qualquer processo de trabalho, qualquer que seja a forma historicamente determinada de organização social da produção. É tão "anti-histórica" que se refere a determinadas condições gerais de qualquer história possível e auxilia nossa inteligência da realidade histórica (...). A "inconsciência" insuperável suposta pela concepção de Althusser é da mesma ordem daquele "desconhecimento" necessário do sujeito que fala com relação à estrutura que apoia e torna possível a emissão de seu discurso. O emissor da mensagem (assim como o receptor) não pode ter consciência, *ao mesmo tempo em que emite*, do sistema de oposições fonéticas e semânticas que estrutura seu código, ou sua "língua". Se o sujeito humano existe *na linguagem* e em sua necessária *coexistência* com o outro, a *ausência* e a ocultação da estrutura aparecem assim como essenciais à existência da subjetividade, e não há nada que deva nos horrorizar diante da afirmação de que a "alienação" não se dissipa jamais, *neste sentido* que a faz idêntica ao *desconhecimento*.[565]

No fechamento de sua crítica à "crítica" de Cardoso a Althusser, Pires faz uma aplicação do próprio Althusser, i.e., de sua teoria da ideologia, e com toques da psicanálise freudo-lacaniana, ao discurso de Cardoso. Para Pires, Cardoso, em sua "crítica", reconhece em Althusser o "outro" que tenta desconstruir, mas subscreve inconscientemente muitas de suas contribuições teóricas:

---

[565] PIRES, Eginardo. "Ideologia e Estado em Althusser: uma resposta". *Encontros com a Civilização Brasileira*, nº 6, Rio de Janeiro: Civilização Brasileira, 1978, pp. 20/21.

LUIZ EDUARDO MOTTA

Nenhuma destas "críticas" resiste à análise. É chegado o momento de perguntar, portanto, pelas razões desta formidável confusão. Por que esta orgia de mau humor, esta ofensiva desleal contra a obra de um pensador que já mereceria um mínimo de respeito pela coerência e pela combatividade que ao longo dos anos tem demonstrado? Quando se examinam, em detalhe, os procedimentos da "crítica" de Cardoso (que, como se viu, consistem literalmente em *despedaçar* o autor criticado), verifica-se que eles revelam não só sua resistência em entender o conjunto do que Althusser nos diz, como também sua dificuldade (ou sua despreocupação) em enfrentar o problema real, que é o de *situar* sua obra dentro do contexto teórico e político em que ela surge e de se perguntar a que necessidade histórica ela responde (...). Cardoso estabelece uma relação antagônica com o autor discutido, mas quando submetemos a um exame mais minucioso as divergências enfaticamente proclamadas, verificamos que os dois não diferem tanto quanto se poderia pensar à primeira vista, quando se trata de formular asserções positivas sobre o funcionamento da sociedade (afinal de contas, o próprio Cardoso reivindica a sua filiação à mesma tradição de pensamento). O resultado deste exame revela que as diferenças (esquematizando um pouco) talvez possam se reduzir simplesmente à competência incomparavelmente maior de Althusser, quando o trabalho teórico consiste em analisar e criticar textos alheios. Esta dupla constatação me empurra, assim, em direção a uma última pergunta: ao invés das divergências (que certamente existem), não serão antes as *semelhanças* entre os dois autores que suscitam esta ânsia de *diferenciação* a qualquer preço? O que reforça minha inclinação a dar uma resposta afirmativa é a evidência de que Cardoso, pouco materialista, vê *em Althusser o sujeito,* diria mesmo o rival, ao invés de encarar objetivamente o *discurso althusseriano* em sua realidade *já histórica.*[566]

---

[566] PIRES, Eginardo. "Ideologia e Estado em Althusser: uma resposta". *Encontros com a Civilização Brasileira*, nº 6, Rio de Janeiro: Civilização Brasileira, 1978, pp. 21/22.

CAPÍTULO VI – A RECEPÇÃO DE ALTHUSSER NO BRASIL...

A última inserção do grupo althusseriano do RJ nesse contexto foi o prefácio escrito conjuntamente por Manoel Barros da Motta[567] e Severino Bezerra Cabral Filho para o livro *Posições 2*[568] de Althusser, cuja edição reproduz quase integralmente[569] os textos publicados pela edição francesa *Positions*, de 1976. O prefácio provocativo foi intitulado "Althusser: pedagogo político e estratega da teoria".

Nesse prefácio, Motta e Cabral Filho retomam algumas das críticas elencadas por Escobar e por Pires sobre a adversidade sistemática ao pensamento de Althusser na formação social brasileira, mas estendem essa oposição também presente nas organizações marxistas-leninistas calcadas pelo dogmatismo teórico, naquilo que Althusser apontava como "desvios stalinistas" no seio das organizações revolucionárias. Haveria, de acordo com Motta e Cabral Filho, uma dissociação nessas organizações da prática teórica da prática política, na medida em que a teoria só visaria à legitimação política da organização.[570]

No Brasil, isso soaria mais tenazmente pois o cerco a Althusser não se limitaria aos aparatos repressores e censores da direita, mas também a uma singular e persistente fusão do economicismo, do historicismo e do humanismo na formação ideológica do marxismo brasileiro. Segundo os autores:

> essa matriz teórico-política remonta à sólida dominação da vertente stalinista e pós-stalinista do marxismo da III Internacional.

---

567 Manoel Barros da Motta é doutor em Teoria Psicanalítica pela Universidade Federal do Rio de Janeiro e graduado em Filosofia pela mesma instituição. Fez o mestrado em Filosofia pela Universidade Gama Filho. É professor de Filosofia da Universidade Federal Rural do Rio de Janeiro desde 1975.

568 ALTHUSSER, Louis. *Posições 2*. Rio de Janeiro: Graal, 1980.

569 Essa edição não contém o texto "Soutence d'Amiens" que fora publicado no livro *Posições 1* de 1978, traduzido como "Sustentação de tese em Amiens". Ambos os livros organizados por Manoel Barros da Motta e Severino Bezerra Cabral Filho foram publicados pela editora Graal.

570 Cf. MOTTA, Manuel Barros da; CABRAL FILHO, Severino Bezerra. "Althusser, pedagogo e estratega da teoria". *In*: ALTHUSSER, Louis. *Posições 2*. Rio de Janeiro: Graal, 1980, p. 12.

Até mesmo os que, através da vertente ocidental do marxismo, tentaram escapar do dogmatismo stalinista permaneceram em larga medida no campo do historicismo e do humanismo.[571]

Os autores seguem discorrendo sobre a derrota da esquerda brasileira em 1964, e sobre a perseguição sofrida por intelectuais, acadêmicos ou não, de corte marxista ou nacionalista, pelo aparelho repressivo instalado no contexto da ditadura, e sua reação intelectual e política – armada ou não – cujas vidas ou atividades profissionais foram encerradas pela forte repressão que se seguiu ao golpe de 1964. E isso atingindo diretamente centros de produção intelectual, a exemplo do Iseb. Para Motta e Cabral Filho, a emergência de novas lutas nos anos 70 (políticas e sociais, em destaque o novo movimento sindical) apresentou novas questões na construção do movimento democrático em oposição à ditadura, e no repensar o conjunto dos aparatos estatais. Para isso seria indispensável ampliar o conhecimento do estado atual da teoria e da prática do marxismo, como também da crise por que passa o sistema imperialista e a crise do socialismo nas sociedades pós-revolucionárias.[572]

De acordo com Motta e Cabral F., o estado em que se encontrava a formação teórico-política-ideológica brasileira contribuiu de modo decisivo para que os ensaios de Althusser despertassem a hostilidade aberta, apoiada em argumentos falaciosos, de adversários vindos de diferentes regiões do espectro ideológico, na medida mesma em que, por outro lado, ocorria uma apropriação ampla e envergonhada de conceitos e noções pinçados dessas obras. Como afirmam Motta e Cabral F.:

> Em sua maioria eram posturas críticas que ignoravam os problemas, a história e a tendência principal da intervenção teórica e

---

[571] MOTTA, Manuel Barros da; CABRAL FILHO, Severino Bezerra. "Althusser, pedagogo e estratega da teoria". *In*: ALTHUSSER, Louis. *Posições 2*. Rio de Janeiro: Graal, 1980.

[572] MOTTA, Manuel Barros da; CABRAL FILHO, Severino Bezerra. "Althusser, pedagogo e estratega da teoria". *In*: ALTHUSSER, Louis. *Posições 2*. Rio de Janeiro: Graal, 1980, p. 14.

CAPÍTULO VI – A RECEPÇÃO DE ALTHUSSER NO BRASIL...

política de Althusser e fabricavam argumentos para supostamente demolir o autor. O resultado foi uma denegação teórica e uma hostilidade fundadas até certo ponto na ignorância. Sinal dessa hostilidade filosófica é o rótulo sempre renovado de Althusser, ora estruturalista ora como positivista.[573]

Há que ressaltar que esse prefácio de Motta e Cabral F. foi o primeiro, e exclusivo nesse contexto, a recorrer ao artigo até então inédito em português "O marxismo como teoria finita", de 1978. Ao tratarem da questão dos aparelhos ideológicos e repressivos de Estado (objeto publicado nesse livro em sua primeira tradução para o Brasil), os autores utilizaram as críticas de Althusser (apoiados na experiência da Revolução Cultural Chinesa e na intervenção de Mao Zedong naquela conjuntura) sobre a fusão do partido com o Estado e o enrijecimento burocrático do partido. Em seu comentário, a afirmação de Norberto Bobbio de que inexistiria uma teoria do Estado marxista, Althusser defende o afastamento do partido revolucionário dos aparelhos de Estado para funcionar como polo aglutinador de mobilizações constantes e fomentador constante de novas práticas políticas, na medida em que o partido está enraizado nas classes sociais e em suas lutas.

Numa crítica dirigida à ortodoxia dos marxistas-leninistas albaneses (representados por Enver Hoxha), Motta e Cabral F. afirmam:

> Como os demais membros da grande família filosófica stalinista e social-democrata (que guardam o mesmo apego ao evolucionismo e ao mecanicismo), os teóricos albaneses rejeitaram a concepção de Mao acerca da diferença entre contradição principal e secundária, ou seja, a tese da *superdeterminação*. O obstáculo teórico que resulta de uma concepção finalista e reducionista aparece como um efeito cegante nas análises do capitalismo contemporâneo, do imperialismo e dessas novas formas de sociedade que são os países do leste. Sem poder questionar a teoria clássica, esses

---

573 MOTTA, Manuel Barros da; CABRAL FILHO, Severino Bezerra. "Althusser, pedagogo e estrategia da teoria". *In*: ALTHUSSER, Louis. *Posições 2*. Rio de Janeiro: Graal, 1980, p. 15.

setores são levados a uma visão apologética e defensiva do partido, limitando o alcance teórico do marxismo e rebaixando-o a simples ideologia de Estado ou então colocando-o sempre a reboque de um Partido-Guia, que, menos do que um partido revolucionário, é o partido de um Estado-Guia.[574]

Apesar dos textos de Escobar, Pires, Motta e Cabral F. apontarem precisamente essa má vontade e desconhecimento da obra de Althusser por parte de seus "críticos" na década de 1970, essa tônica ainda se mantém nos dias de hoje por parte do marxismo brasileiro identificado com a perspectiva ontológica e economicista. Desse modo, a incompreensão e o dogmatismo têm sido a marca predominante de seus "críticos" que ainda permanecem desconhecendo a sua obra, e também sem o exercício da autocrítica, um elemento que por sinal sempre esteve presente na rica trajetória intelectual de Louis Althusser.

Conclusão

Vimos neste capítulo que o principal foco de divulgação do marxismo althusseriano foi a cidade do Rio de Janeiro, na segunda metade dos anos 60, por meio de um grupo de jovens intelectuais do campo da filosofia ligados ao marxismo. De fato, o marxismo althusseriano tornou-se conhecido no Brasil a partir da "onda estruturalista francesa" e, inicialmente, o grupo da Tempo Brasileiro não dissociava o pensamento de Althusser dessa corrente de pensamento, o que viria a ocorrer pouco tempo depois. Mas não há dúvidas quanto à presença desses pensadores franceses (Bachelard, Foucault, Lacan, Lévi-Strauss, Deleuze) nos trabalhos do grupo Tempo Brasileiro, e inclusive num momento posterior, a exemplo das duas coletâneas organizadas por Escobar nos anos 80 sobre Foucault e Deleuze. Também, como foi visto,

---

[574] MOTTA, Manuel Barros da; CABRAL FILHO, Severino Bezerra. "Althusser, pedagogo e estratega da teoria". *In*: ALTHUSSER, Louis. *Posições 2*. Rio de Janeiro: Graal, 1980, p. 27.

CAPÍTULO VI – A RECEPÇÃO DE ALTHUSSER NO BRASIL...

o grupo Tempo Brasileiro não se restringiu ao espaço da *Revista Tempo Brasileiro*, pois também o encontrou na *Revista de Cultura Vozes* e mesmo numa publicação que abrigava adversários do marxismo althusseriano, a revista *Encontros com a Civilização Brasileira*. O grupo Tempo Brasileiro, além de ter divulgado as teses do grupo althusseriano, também se deparou com uma forte oposição de certos setores intelectuais em geral vinculados à USP/Cebrap ou ao PCB, e fizeram uma "guerrilha" intelectual nos principais espaços de divulgação intelectual que eram as revistas culturais da época, demarcando uma posição política e teórica com os "críticos" da escola althusseriana. E foi por meio dessa "guerrilha" intelectual que o pensamento de Althusser conseguiu se firmar na formação social brasileira, apesar de toda essa oposição que se constituiu a seu pensamento, e que ainda continua em vigor nos dias atuais.

CAPÍTULO VII

MARXISMO E CIÊNCIAS SOCIAIS

Introdução

Neste ano de comemoração do bicentenário de Karl Marx, o seu nome ainda evoca polêmicas em torno da sua obra, especialmente entre aqueles que se debruçam diante de sua contribuição teórica. O campo teórico do marxismo tem vivenciado um intenso debate no qual tenta definir se, por um lado, o marxismo seria uma filosofia "crítica" (ou uma filosofia da práxis), enquanto, por outro, o marxismo seria entendido como uma ciência, i.e., a ciência social por excelência. A posição do presente artigo é a defesa dessa última perspectiva, por entender que as mudanças operadas na obra de Marx, especialmente a partir de 1845, no que concernem os rumos que a sua teoria tomou no decorrer dos anos seguintes, cada vez mais indicava a formação de uma nova ciência, e tendo como objeto o processo histórico e as suas mudanças a partir da luta de classes. Isso não significa afirmar de que não haja uma filosofia implícita,[575] ou que a

---

[575] Em seu texto "Sobre o trabalho teórico: dificuldades e recursos", Althusser afirma que "a filosofia marxista pode ser encontrada em *O capital* dado que está *nele praticada.*

filosofia marxista venha a se constituir a partir da sua obra,[576] mas pelo fato de que Marx renunciou depois de 1845 a qualquer trabalho de teor filosófico, se atendo ao conceito de modo de produção no qual trata as estruturas e práticas econômicas, políticas e ideológicas.

Portanto, pretendo ao longo deste capítulo apontar as guinadas e demarcações constituídas por Marx a partir de 1845 na formação da sua ciência da história (materialismo histórico) e que caraterizou a formação de um novo continente científico, no dizer de Louis Althusser.

Diremos que a filosofia marxista existe '*no estado prático*' em *O capital*; que está presente na prática teórica de *O capital*, muito precisamente na *maneira* de conceber o objeto de *O capital*; na maneira de colocar os seus problemas, na *maneira* de tratá-los e de resolvê-los" (ALTHUSSER, Louis. "Sobre o trabalho teórico: dificuldes e recursos". *In*: BARISON, Thiago (Coord.). *Teoria marxista e análise concreta*. São Paulo: Expressão Popular, 2017, p. 101).

576 Segundo Althusser em seu artigo "Teoria, prática teórica e formação teórica. Ideologia e luta ideológica", Marx, ao fundar essa ciência da história, fundou no mesmo ato outra disciplina científica: o materialismo dialético ou filosofia marxista. Contudo, há uma diferença entre ambas: ao passo que Marx pôde desenvolver amplamente o materialismo histórico, não teve tempo para fazer o mesmo com o materialismo dialético ou filosofia marxista. Como ele mesmo afirma, "o materialismo dialético ou filosofia marxista é uma disciplina distinta do materialismo histórico. A distinção entre essas duas disciplinas científicas repousa na distinção de seus objetos. O objeto do materialismo histórico é constituído pelos modos de produção, sua constituição e suas transformações. O objeto do materialismo dialético é constituído pelo que Engels chama 'a história do pensamento', ou pelo que Lenin chama de história 'da passagem da ignorância ao conhecimento', ou por aquilo que podemos chamar de história da produção dos conhecimentos, ou ainda a diferença histórica entre a ideologia e a ciência, a diferença específica da cientificidade, problemas todos que abrangem, grosso modo, o domínio chamado, na filosofia clássica, de teoria do conhecimento. Certamente, essa teoria não pode ser mais chamada, como era na filosofia idealista clássica, uma teoria das condições formais, intemporais do conhecimento, uma teoria do 'cogito' (Descartes, Husserl), uma teoria das formas *a priori* do espírito humano (Kant), ou uma teoria do saber absoluto (Hegel). Do ponto de vista marxista, essa teoria do conhecimento não pode ser senão uma teoria da história do conhecimento, isto é, das condições reais do processo de produção do conhecimento" (ALTHUSSER, Louis. "Sobre o trabalho teórico: dificuldes e recursos". *In*: BARISON, Thiago (Coord.). *Teoria marxista e análise concreta*. São Paulo: Expressão Popular, 2017, p. 34).

CAPÍTULO VII – MARXISMO E CIÊNCIAS SOCIAIS

7.1 – A formação de uma nova ciência: o materialismo histórico, ou a ciência da história

Em 1845, juntamente com Engels, Marx começou a elaborar as bases conceituais daquilo que viria a ser chamado de Materialismo Histórico, ou ciência da história tal como a define Althusser.[577] A produção dessa obra será "um verdadeiro ponto de não retorno em relação à problemática marxiana do período anterior", como diz precisamente Márcio Bilharinho Naves.[578] O que se segue a partir daí é uma sucessão de obras que trataram da estrutura econômica do capitalismo, e de análises de conjuntura, especialmente da formação social francesa. O retorno ao jovem Marx, e da problemática filosófica marcante nos seus textos iniciais, com uma forte influência do humanismo feuerbachiano, só retornará a partir dos anos 20, com o livro de Lukács, *História e consciência de classe*, e seguido pelas obras de Karl Korsh, *Marxismo e filosofia*, e mesmo de Sartre, *Crítica à razão dialética*. Numa pegada filosófica, mas não necessariamente num retorno às obras de juventude de Marx, temos Gramsci, com seus *Cadernos do cárcere*, e os trabalhos da Escola de Frankfurt, notadamente de Marcuse. Lukács, no final de sua vida, ainda viria a contribuir para essa posição do marxismo ser uma filosofia, em sua obra derradeira, *Ontologia do ser social*. O marxismo nessas concepções seria definido como um "método crítico" para Lukács, "uma filosofia da práxis" para Gramsci, uma "teoria crítica" para os frankfurtianos, ou uma "filosofia da nossa época", como quer Sartre. É importante lembrar que com o XX Congresso do PCUS, no qual se inicia o período da "desestalinização", houve a emergência de obras filosóficas que centralizavam o "humanismo" de Marx. Exemplo paradigmático disso foi o livro organizado por Erich Fromm, *Humanismo socialista,* de 1965, o qual continha textos de Herbert Marcuse, Ernest Bloch, Lucien Goldmann, Adam Schaff, Karel Kosik, Maximilien Rubel, Umberto Cerroni, Tom Bottomore, Della Volpe, Léopold

---

[577] ALTHUSSER, Louis. *Por Marx*. Campinas: Unicamp, 2015.

[578] NAVES, Márcio Bilharinho. *Marx, ciência e revolução*. São Paulo: Quartier Latin, 2008, p. 40.

Senghor, entre outros, versando sobre temas como humanismo, homem, liberdade, alienação e prática.

Essa revirada em direção à filosofia contrasta a ênfase do caráter científico do marxismo que havia durante Marx em vida, e também na II Internacional. O próprio Lenin em seu artigo "Karl Marx", de 1913, demarca esse aspecto científico, e revolucionário, do marxismo no campo do conhecimento e da política:

> As teorias anteriores não abarcavam precisamente a ação das massas da população, enquanto o materialismo histórico permite pela primeira vez estudar com precisão das ciências naturais as condições sociais da vida das massas e as modificações dessas condições (...). O marxismo deu o fio condutor que, neste labirinto, neste caos aparente, permite descobrir a existência de leis: a teoria da luta de classes. Só o estudo do conjunto das aspirações de todos os membros de uma sociedade ou de um grupo de sociedades permite definir, com uma precisão científica, o resultado destas aspirações (...). Marx exigia a ciência social para a análise objetiva da situação de cada classe no seio da sociedade moderna, em ligação com as condições do desenvolvimento de cada classe.[579]

Rosa Luxemburgo não faz por menos em sua histórica polêmica com Bernstein, quando realizou a sua crítica ao reformismo da ala direita do Partido Social Democrata Alemão – teve como base a defesa do "socialismo científico" em oposição às teses reformistas:

> Esperar que uma oposição ao socialismo científico, desde o início, exponha sua essência interior de maneira clara e nítida até as últimas consequências, que ela renegue a fundamentação teórica da social-democracia de maneira aberta e brusca, significaria subestimar o poder do socialismo científico.[580]

---

[579] LENIN, Vladimir Ilitch. *Karl Marx*. In: *Obras escolhidas*. vol. 1, Lisboa: Avante! 1977, pp. 12/13.

[580] LUXEMBURGO, Rosa. "Reforma social ou revolução?". In: LOUREIRO, Isabel. *Rosa Luxemburgo*: textos escolhidos. vol. 1. São Paulo: Unesp, 2011.

CAPÍTULO VII – MARXISMO E CIÊNCIAS SOCIAIS

Mao Zedong também segue os passos de Lenin e Rosa ao afirmar o caráter científico da teoria marxista, como bem destaca em seu texto *Sobre a contradição* nessa passagem:

> Somente quando, com a formação de forças produtivas gigantescas – a grande indústria –, surgiu o proletariado moderno é que os homens puderam chegar a uma compreensão completa e histórica do desenvolvimento histórico da sociedade e transformar os seus conhecimentos sobre a sociedade numa ciência, a ciência do marxismo.[581]

---

[581] TSÉ-TUNG, Mao. "Sobre a contradição". *In: Obras escolhidas.* vol. 1, São Paulo: Alfa Omega, 2011, p. 502. As obras dos dirigentes da II Internacional versavam sobre política, economia, sociologia. Podemos citar de Lenin *O desenvolvimento do capitalismo na Rússia, O que fazer?, Imperialismo, fase superior do capitalismo, O Estado e a revolução*; de Rosa Luxemburgo *Greve de massas, partidos e sindicatos, A acumulação do capital, A Revolução Russa*; de Bukharin *A economia mundial e o imperialismo, ABC do comunismo, Tratado do materialismo histórico*; de Kautsky cito *A questão agrária*. Kautsky ainda se aventurou no campo da filosofia ao escrever *Ética e concepção materialista da história*, enquanto Lenin escreveu *Materialismo e empirocriticismo* e o seu *Cadernos filosóficos*; este, embora ganhe *status* de "obra", na verdade é um conjunto de anotações, e que posteriormente foram desenvolvidas por Mao Zedong em seu texto *Sobre a contradição*. Também é importante destacar as contribuições de Evgeni Pachukanis nos anos 20 e 30 a respeito do direito e do Estado capitalista numa perspectiva claramente científica do marxismo. Nas décadas seguintes, importantes contribuições no campo das ciências sociais foram realizadas por pesquisadores marxistas como Eric Hobsbawn, Perry Anderson, Tom Bottomore, Ralph Milliband, Nicos Poulantzas, Roger Establet, Charles Bettelheim, Christian Baudelot, Bernard Eldman, Maria Turchetto, Marta Harnecker, Joachim Hirsch, Manuel Castells, Ernesto Laclau, Stuart Hall, Maurice Godelier, Emmanuel Terray, Gerard Cohen, John Elster, Bob Jessop etc. No Brasil, em que pese a importância dos trabalhos filosóficos de João Quartim de Moraes, José Arthur Giannotti, Carlos Henrique Escobar, Leandro Konder, Ruy Fausto, a maior parte da contribuição às pesquisas marxistas é originária do campo das ciências sociais, a exemplo dos trabalhos de Caio Prado Jr., Nelson Werneck Sodré, Jacob Gorender, Paul Singer, Décio Saes, Armando Boito Jr., Lúcio Flávio de Almeida, Luiz Pereira, Ruy Mauro Marini, Theotônio dos Santos, Vânia Bambirra, Heleieth Saffioti, Clóvis Moura, Manuel Maurício de Albuquerque, Luís Werneck Vianna, Fernando Henrique Cardoso, Maria Sylvia de Carvalho Franco.

LUIZ EDUARDO MOTTA

Voltando a 1845, em *A ideologia alemã*, Marx e Engels começam a estabelecer a formação de um novo léxico conceitual até então inexistente nos trabalhos anteriores. Noções e categorias filosóficas como homem, essência humana, natureza humana, alienação, trabalho alienado, desalienação, apropriação da sua essência (dos produtos do seu trabalho) pelo homem, homem total, homem genérico, indivíduo integralmente desenvolvido, sujeito-objeto, criação, criação do homem pelo homem, consciência, consciência moral, liberdade, ato, transcendência, subjetividade deixam – a partir de 1845 – de existir na obra de Marx, ou não terão mais a centralidade que obtiveram, a exemplo da categoria de alienação.[582] O que há a partir dessa descontinuidade em relação a seus trabalhos filosóficos é a emergência de conceitos como modos de produção, infraestrutura e superestrutura, forças produtivas e relações sociais de produção, Estado e ideologia, classes sociais, frações de classe, luta de classes, formação social, trabalho assalariado, mais-valia absoluta e relativa, pluralidade de determinações, ditadura do proletariado, bonapartismo etc.

Não obstante a obra *A ideologia alemã* tenha permanecido inédita até o início do século XX, Marx e Engels apontam esses sinais de mudanças conceituais que serão sistematizas no decorrer de seus trabalhos posteriores. Primeiramente, Marx demarca que o seu objetivo é constituir uma ciência, e não uma filosofia, para responder a questões para as quais a filosofia não tinha respostas. Como ele mesmo afirma:

---

582 Conforme observa Althusser, "a interpretação humanista do materialismo histórico (ciência marxista da história) declara, por exemplo, que a história é a produção do homem pelo homem, que a essência do homem é o trabalho, que o conceito de trabalho é o conceito base do materialismo histórico, que a história é a história da alienação do trabalho humano, que a revolução é a luta pela desalienação do trabalho humano e do mundo humano, que o comunismo é o reino da 'liberdade', da comunidade, da fraternidade, etc". (ALTHUSSER, Louis (*et al.*). *A polêmica sobre o humanismo*. Lisboa: Presença, s/d, p. 190). Também deve ser ressaltado que a categoria de alienação não está presente nos principais estudos político-históricos de Marx como o *Manifesto*, *As lutas de classes na França*, *O 18 Brumário*, *A guerra civil na França*, como também em *Crítica ao programa de Gotha*, na Introdução de 1857, no Prefácio de 1859, e na maioria dos estudos econômicos, salvo no rascunho dos *Grundrisse*, e no primeiro capítulo de *O capital*. Todavia, a categoria de alienação em *O capital* não ocupa um papel central, mas sim sobredeterminada pela produção.

300

CAPÍTULO VII – MARXISMO E CIÊNCIAS SOCIAIS

A crítica alemã, até em seus mais recentes esforços, não abandonou o terreno da filosofia. Longe de investigar seus pressupostos gerais-filosóficos, todo o conjunto de suas questões brotou do solo de um sistema filosófico determinado, o sistema hegeliano. Não apenas em suas respostas, mas já nas próprias perguntas havia uma mistificação.[583]

A filosofia estaria limitada por mistificações, nublada pelo desconhecimento do real. A moral, a religião, a metafísica e qualquer outra ideologia, bem como as formas de consciência a elas correspondentes, são privadas, aqui, da aparência de autonomia que até então possuíam. Como afirmam Marx e Engels:

> não têm história, nem desenvolvimento; mas os homens, ao desenvolverem sua produção e seu intercâmbio materiais, transformam também, com esta sua realidade, seu pensar e os produtos. Não é a consciência que determina a vida, mas a vida que determina a consciência.[584]

Marx é o precursor da chamada sociologia do conhecimento, disciplina que trata dos fenômenos ideológicos da sociedade, na qual a ideologia pode ser definida numa chave positiva, o que significa uma forma de conhecimento, ou negativa, quando denota uma forma de obstaculizar o conhecimento. E é nessa segunda perspectiva que Marx se insere. Contudo, Marx pouco tratou do conceito de ideologia no conjunto de sua obra, não lhe dando uma sistematicidade conceitual. O resultado disso foi a diversidade de interpretações desse conceito no marxismo. Se Gramsci deu uma acepção completamente positiva ao conceito de ideologia, Lenin – por sua vez – lhe conferiu tanto um significado positivo (ideologia revolucionária) quanto negativo (ideologia conservadora/reacionária). Já para Lukács a ideologia tem um

---

[583] MARX, Karl; ENGELS, Friedrich. *A ideologia alemã*. São Paulo: Boitempo, 2011, p. 83.

[584] MARX, Karl; ENGELS, Friedrich. *A ideologia alemã*. São Paulo: Boitempo, 2011, p. 94.

sentido negativo (a falsa consciência alienada), enquanto Althusser lhe atribui uma definição "neutra" (a ideologia é uma relação imaginária, inconsciente). De qualquer maneira, o marxismo deu à ideologia um sentido de uma prática social, seja reprodutora, seja transformadora.[585]

Marx confere uma materialidade à ideologia, pois a ideologia é um produto das relações sociais. É uma representação a qual os homens fazem de si mesmos. Como Marx e Engels afirmam,

> não se parte daquilo que os homens dizem, imaginam ou representam, tampouco dos homens pensados, imaginados e representados para, a partir daí, chegar aos homens de carne e osso; parte-se dos homens realmente ativos e, a partir de seu processo de vida real, expõe-se também o desenvolvimento dos reflexos ideológicos e dos ecos desse processo de vida.[586]

Marx, portanto, afirma que o conhecimento parte de pressupostos reais e não de ideias abstratas. Ou seja, parte-se do processo de desenvolvimento real, empiricamente observável e caótico, mas apreendido abstratamente por conceitos determinados. Daí ser necessário o processo de conhecimento científico (da prática teórica) para descortinar o pano com que a ideologia envolve os homens em suas relações materiais. Segundo Marx e Engels,

> ali onde termina a especulação, na vida real, começa também, portanto, a ciência real, positiva, a exposição da atividade prática, do processo prático de desenvolvimento dos homens (...). A filosofia autônoma perde, com a exposição da realidade, seu meio de existência.[587]

---

[585] Sobre o conceito de ideologia no pensamento marxista veja EAGLETON, Terry. *Ideologia*. São Paulo: Boitempo, 1997; e HALL, Stuart (et al.). *Da ideologia*. Rio de Janeiro: Zahar, 1983.

[586] MARX, Karl; ENGELS, Friedrich. *A ideologia alemã*. São Paulo: Boitempo, 2011, p. 94.

[587] MARX, Karl; ENGELS, Friedrich. *A ideologia alemã*. São Paulo: Boitempo, 2011, p. 95.

CAPÍTULO VII – MARXISMO E CIÊNCIAS SOCIAIS

A ratificação de que seu trabalho tinha um valor científico, e não filosófico, fica claramente demarcada na sua obra máxima, *O capital*. Ele mesmo situa essa obra no campo científico. Como ele mesmo afirma no prefácio da primeira edição, "todo julgamento da crítica científica será bem-vindo".[588] Marx deixa explícito que o seu escopo era fazer uma pesquisa científica ao definir claramente que o seu objeto de análise era o modo de produção capitalista, conceito central da sua teoria para a compreensão da luta de classes nas formações sociais capitalistas. Nessa passagem da primeira edição, afirma:

> o físico observa processos naturais seja onde eles aparecem mais nitidamente e menos turvados por influências perturbadoras, seja fazendo, se possível, experimentos sob condições que assegurem o transcurso puro do processo. O que eu, nesta obra, me proponho a pesquisar é o modo de produção capitalista e as suas relações correspondentes de produção e de circulação.[589]

Evidentemente que a sua ciência não é neutra: ela tem efeitos políticos e revolucionários ao tratar do modo de produção capitalista, e provar a forma de exploração por meio da mais-valia e de todo o sistema de produção correspondente ao capitalismo. Marx destaca que a sua pesquisa não é limitada como a pré-ciência burguesa, haja vista que a luta de classes assumia, tanto na prática teórica como nas demais práticas, formas cada vez mais explícitas e assustadoras. Longe de ser uma pesquisa desinteressada, de uma pesquisa imparcial, "entrou a má consciência e a má intenção apologética".[590]

---

[588] MARX, Karl. *O capital*. vol. 1, Rio de Janeiro: Civilização Brasileira, 2012, p. 14.

[589] MARX, Karl. *O capital*. vol. 1, Rio de Janeiro: Civilização Brasileira, 2012, p. 12.

[590] MARX, Karl. *O capital*. vol. 1, Rio de Janeiro: Civilização Brasileira, 2012, p. 17. A posição do jovem Marx é completamente diferente da da sua fase de maturidade. Para o jovem Marx, a exemplo da sua Introdução à *Crítica da filosofia de Hegel* (1844), em que afirma "a emancipação do alemão é a emancipação do homem. A cabeça dessa emancipação é a filosofia; seu coração, o proletariado. A filosofia só chegará a realizar-se mediante a abolição do proletariado, o qual não poderá abolir-se sem a realização da filosofia" (MARX, Karl. "Crítica del Derecho del Estado de Hegel".

Bukharin, em seu magistral trabalho *Tratado do materialismo histórico* – mais conhecido pelo público por seus críticos do que propriamente por leitura direta dessa prodigiosa síntese em que sistematiza os conceitos marxistas[591] –, afirma que a burguesia criou a sua própria ciência social, e a ciência do "proletariado" seria superior pelo fato de estudar os fenômenos da vida social de uma maneira mais larga e profunda, porque ela tem uma maior visão e observa coisas que a ciência social burguesa é incapaz de enxergar.[592]

Essa superioridade ressaltada por Bukharin deve-se ao marxismo não tratar os fenômenos sociais de forma fragmentada, ou seja, tratar a economia, a política, o direito, a ideologia como se fossem realidades separadas e autônomas. O marxismo entende os fenômenos sociais no seu todo. Por conseguinte, qualquer prática econômica, por mais que seja enfatizada numa situação específica, está, essa prática econômica, interligada às práticas políticas e ideológicas. O mesmo quando tratamos de fatos jurídicos. O direito expressa a ideologia dominante de um dado contexto histórico, e seus efeitos correspondem a sua articulação com a economia e política. Desse modo, o materialismo histórico, ou a ciência da história, não se reduz apenas a uma estrutura/prática da sociedade.

7.2 – A objetividade do processo histórico e a luta de classes

A ciência da história de Marx tem, com efeito, na obra *A ideologia alemã,* o seu ponto de partida, quando mostra que a partir da luta de classes o processo histórico altera, se transforma, em diferentes modos de produção, a partir de novas forças produtivas e de novas relações

---

In: _____. *Escritos de juventud.* México: Fondo de Cultura Econômica, 1982, p. 502).

[591] Vide as críticas de forte teor idealista de Lukács e a de Gramsci, esta certamente a crítica mais conhecida à obra de Bukharin.

[592] Cf. BUKHARIN. *Tratado do materialismo histórico.* Lisboa: Centro do Livro Brasileiro, [1921], pp. 10-13.

CAPÍTULO VII – MARXISMO E CIÊNCIAS SOCIAIS

sociais de produção. De forma aristotélica, Marx aponta que por meio das configurações e da complexificação da divisão social do trabalho, por meio das contradições e da luta de classes, o processo histórico vai sofrendo mudanças em suas formas de propriedade, passando por vários estágios, como o primitivo, o antigo, o feudal e o capitalista (Marx acrescentaria no Prefácio de 1859, o asiático). Em cada modo de produção haveria uma forma estatal, e uma ideologia correspondente à classe dominante. Contudo, não significa que haveria apenas um tipo de ideologia, mas que a ideologia dominante seria a da classe dominante, pois essa ideologia alude também, mesmo que de forma ilusória, a valores e interesses das classes dominadas. A ideologia dominante não aparece como uma forma exclusiva de uma classe, mas visa ser "universal" pois "fala para todos", a exemplo de noções como "liberdade", "igualdade", elementos centrais do discurso moderno burguês, ou "honra" e "fideli-dade" no período feudal. Por isso a ideologia revolucionária das classes dominadas representa a massa inteira da sociedade excluída pela classe dominante. Conforme Marx e Engels, "por isso a sua vitória serve, também, a muitos indivíduos de outras classes que não alcançaram a dominação, mas somente na medida em que essa vitória coloque agora esses indivíduos na condição de elevar-se à classe dominante".[593]

A sucessão dos modos de produção expostas por Marx no Prefácio de 1859, apesar de darem margem de interpretação de cunho etapista e mecanicista do processo histórico, não significou que essa questão fosse fechada e absoluta para Marx, como também para outros teóricos do marxismo, a exemplo de Althusser. O próprio Marx expõe isso em sua carta a Vera Zasulich, em 1875:

> Porque na Rússia, graças a uma combinação de circunstâncias únicas, a comuna rural, ainda estabelecida em escala nacional, pode se livrar gradualmente de suas características primitivas e se desenvolver diretamente como elemento de produção coletiva em escala nacional. É justamente graças à contemporaneidade

---

[593] MARX, Karl; ENGELS, Friedrich. *A ideologia alemã*. São Paulo: Boitempo, 2011, p. 49.

da produção capitalista que ela pode se apropriar de todas as conquistas positivas e isto sem passar por suas vicissitudes desagradáveis [...]. Falando em termos teóricos, a comuna rural russa pode, portanto, conservar-se desenvolvendo a sua base, a propriedade comum da terra, e eliminando o princípio da propriedade privada, igualmente implicado nela; ela pode tornar-se um ponto de partida direto do sistema econômico para o qual tende a sociedade moderna; ela pode trocar de pele sem precisar se suicidar; ela pode se apropriar dos frutos com que a produção capitalista se enriqueceu e à humanidade sem passar pelo regime capitalista, regime que, considerado exclusivamente do ponto de vista de sua duração possível, conta muito pouco na vida da sociedade.[594]

Cada formação tem o seu espaço e tempo histórico específico, com as suas contradições internas e particulares, mas articuladas evidentemente com as contradições de outras formações sociais externas, ainda que o primado seja das contradições internas. O tempo da economia não é o mesmo da ideologia, e tampouco o desta é o mesmo da política. Não obstante estejam articuladas enquanto estruturas e práticas, pois cada uma possui uma autonomia relativa, também as estruturas político-jurídica e ideológica não são meros reflexos da infraestrutura econômica, ou, mais especificamente, da contradição das forças produtivas e das relações de produção. Possuem uma gênese e contradições próprias.

Althusser faz uma importante observação a respeito dessa temporalidade e história própria das estruturas dos modos de produção:

a história da filosofia, por exemplo, não é uma história independente por direito divino: o direito dessa história a existir como história específica é determinado pelas relações de articulação, e, pois, de eficácia, relativas, existentes no interior do todo. A especificidade desses tempos e dessas histórias é portanto *diferencial*, dado que fundada nas relações diferenciais existentes

---

[594] MARX, Karl; ENGELS, Friedrich. *Lutas de classes na Rússia*. São Paulo: Boitempo, 2013, pp. 89-96.

CAPÍTULO VII – MARXISMO E CIÊNCIAS SOCIAIS

> no todo entre os diferentes níveis: o modo e o grau de *independência* de cada tempo e cada história são, pois, determinados com inevitabilidade pelo modo e grau de *dependência* de cada nível no conjunto das articulações do todo (...). Esse princípio é que fundamenta a possibilidade e a inevitabilidade de *histórias* diferentes que correspondem respectivamente a cada um desses "níveis". Esse princípio é que nos autoriza a falar de uma história das religiões, de uma história das ideologias, de uma história da filosofia, de uma história da arte, de uma história das ciências, sem jamais nos dispensar, mas, pelo contrário, nos impondo a obrigação de pensar a independência relativa de cada uma dessas histórias na dependência específica que articula os diferentes níveis uns com os outros no todo social.[595]

Há, com efeito, uma objetividade no processo histórico em Marx, o que o filia à perspectiva objetivista das ciências sociais, ao lado de Durkheim, Pareto, Mauss, Lévi-Strauss, Bourdieu, entre outros, a despeito de suas enormes diferenças teóricas. E isso o coloca numa posição adversa à perspectiva subjetivista das ciências sociais representadas por Weber, Simmel, Goffman, Garfinkel, Geertz etc., marcada pelas ações individuais e pela forma de consciência dos indivíduos em seu campo intersubjetivo.[596]

A famosa passagem de Marx em *O 18 Brumário de Luís Bonaparte*, de que "os homens fazem sua própria história, mas não a fazem como querem; não a fazem sob circunstâncias de sua escolha e sim sob aquelas com que se defrontam diretamente, legadas e transmitidas pelo passado",[597] expressa precisamente essa objetividade do processo histórico. Distintamente do pensamento moderno contratualista, cujo ponto

---

[595] ALTHUSSER, Louis (*et al.*). *Ler O capital*. vol. 2, Rio de Janeiro: Zahar, 1980, p. 40.

[596] A respeito dessa dualidade entre a objetividade e a subjetividade nas ciências sociais, veja ALEXANDER, Jeffrey. "O novo movimento teórico". *Revista Brasileira de Ciências Sociais*, vol. 2, n° 4, pp. 5-28, jun. 1987.

[597] MARX, Karl. *O 18 Brumário e Cartas a Kugelmann*. São Paulo: Paz e Terra, 2010, p. 21.

LUIZ EDUARDO MOTTA

de partida é o indivíduo para a formação da sociedade organizada, e constituída a partir da projeção racional dos interesses dos indivíduos, o indivíduo em Marx não é a causa, mas sim a consequência, o efeito determinado por esse processo objetivo. Isso significa dizer que não é mais o homem como ponto de partida para Marx, como o era durante a fase de sua juventude, mas sim a luta de classes.[598] Não as classes sociais por si mesmas, mas a luta e as contradições entre elas.

O jovem Marx tinha no homem a centralidade de sua análise. Como ele mesmo afirma na sua Introdução à *Crítica da filosofia de Hegel,* de 1844, "ser radical é atacar o problema pela raiz. E a raiz, para o homem, é o próprio homem".[599] Com a sua virada teórica, Marx abandona essa posição humanista[600] para se centrar na luta de classes, e na revolução proletária, e não mais na "emancipação humana geral".[601] Essa guinada teórica fica perceptível nessa passagem de *A ideologia alemã*: "indivíduos determinados, que são ativos na produção de determinada maneira, contraem entre si estas relações sociais e políticas determinadas".[602] O indivíduo deixa de ser "senhor de si" para ser definido como um epifenômeno, por ser determinado por um conjunto de relações sociais precedentes a sua existência, das quais ele não tem consciência.

Desse modo, Marx rompe com qualquer naturalização do indivíduo, como fora edificada pelo pensamento contratualista moderno. E mais ainda, sobre qualquer supremacia de corte social ou racial. Exemplar disso

---

598 Como destaca Marx em "Glosas marginais ao 'Tratado de economia política' de Adolfo Wagner". *Serviço Social em Revista*, vol. 13, n° 2, 2011, "meu método *analítico*, o qual não parte *do* ser humano mas do período da sociedade economicamente dado".

599 MARX, Karl. "Crítica del derecho del Estado de Hegel". *In*: _____. *Escritos de juventud*. México: Fondo de Cultura Econômica, 1982, p. 497.

600 Sobre a crítica ao humanismo de Marx e Engels, veja a parte III do *Manifesto comunista*.

601 MARX, Karl. "Crítica del derecho del Estado de Hegel". *In*: _____. *Escritos de juventud*. México: Fondo de Cultura Econômica, 1982, p. 499.

602 MARX, Karl; ENGELS, Friedrich. *A ideologia alemã*. São Paulo: Boitempo, 2011, p. 93.

CAPÍTULO VII – MARXISMO E CIÊNCIAS SOCIAIS

é o trecho do seu texto *Trabalho assalariado e capital,* de 1849: "um negro é um negro. Só em determinadas relações é que se torna escravo".[603] Isso significa afirmar, contrariamente ao pensamento liberal que ressaltava a superioridade civilizatória e racial para justificar a escravidão,[604] que para Marx a escravidão moderna surge no capitalismo devido à necessidade de uma mão de obra controlada nas colônias.

Essa problemática da objetividade e das determinações sobre os indivíduos ainda seria destacada por Marx em outros textos. Nos seus rascunhos, os *Grundrisse,* de 1858, Marx retoma essa afirmativa nessas passagens:

> Embora a totalidade desse movimento apareça agora como processo social, e ainda que os momentos singulares desse movimento partam dos desejos conscientes e dos fins particulares dos indivíduos, a totalidade desses processos aparece como uma conexão objetiva que emerge de maneira natural e espontânea; totalidade que, sem dúvida, resulta da interação dos indivíduos conscientes, mas que não está em sua consciência nem lhes está subsumida como totalidade (...). A relação social dos indivíduos entre si como poder autonomizado sobre os indivíduos, seja representado agora como poder natural, como acaso ou qualquer outra forma, é o resultado necessário do fato de que o ponto de partida não é o indivíduo social livre (...). [S]e esquece que, desde logo, o pressuposto do valor de troca, como fundamento objetivo da totalidade do sistema de produção, já encerra em si a coação sobre o indivíduo de que seu produto imediato não é um produto para ele, mas só devém para ele no processo social e tem de assumir essa forma universal e, todavia, exterior; que o indivíduo só tem existência social como produtor de valor de troca e que, por conseguinte, está totalmente determinado pela sociedade; que isso pressupõe, ademais, a divisão do trabalho

---

603 MARX, Karl. "Trabalho assalariado e capital". *In: Obras Escolhidas.* Lisboa: Avante!, 1982, p. 161.

604 TOCQUEVILLE, Alexis de. *A emancipação dos escravos.* Campinas: Papirus, 1994, pouco citado pelos seus seguidores acadêmicos.

etc., na qual o indivíduo já é posto em outras relações distintas daquelas de simples trocador etc. Que, portanto, o pressuposto não só de maneira alguma resulta da vontade e da natureza imediata do indivíduo, como é um pressuposto histórico e põe desde logo o indivíduo como determinado pela sociedade.[605]

Essa objetividade força os indivíduos a contraírem relações já constituídas. E isso independe da mera vontade individual. No célebre Prefácio de 1859, Marx volta a ratificar essa objetividade do processo histórico-social, em clara oposição ao pensamento liberal moderno, ou às correntes subjetivistas da sociologia: "na produção social da sua vida, os homens entram em determinadas relações necessárias, independentes da sua vontade, relações de produção que correspondem a uma determinada etapa do desenvolvimento das suas forças produtivas materiais".[606]

Esse conjunto de citações extraídas diretamente da obra de Marx em seu período de maturação e maturidade intelectual opõe-se a qualquer subjetivismo ou voluntarismo. Mas isso não quer dizer que a transformação da sociedade − de suas estruturas e práticas − será feita de forma mecânica. A transformação se dá pelas condições objetivas em meio às contradições das crises, com a organização dos setores dominados em confronto com o conjunto das frações burguesas hegemônicas do capital. A política e a ideologia são as práticas determinantes para derrocada do modo de produção capitalista. Não há uma concepção teleológica no marxismo: os sujeitos revolucionários − que ultrapassam a classe operária − emergem e são constituídos nas distintas formações sociais. O caso da Revolução Chinesa é paradigmático nesse aspecto. Foram, sobretudo, as massas camponesas que representaram os segmentos explorados da sociedade chinesa, numa formação social que estava aquém de ser definida enquanto capitalista.

---

[605] MARX, Karl. *Grundrisse*. São Paulo: Boitempo, 2011, pp. 144 e 190.

[606] MARX, Karl. "Prefácio à Contribuição à crítica da economia política". *In: Obras escolhidas*. vol. 1. Lisboa: Avante! 1982, p. 530.

CAPÍTULO VII – MARXISMO E CIÊNCIAS SOCIAIS

Não há "livre arbítrio", ou indeterminismo, como ressalta Bukharin em seu *Tratado de materialismo histórico*. As ações dos sujeitos são determinadas *a priori*, o que não significa mero reflexo mecânico. O que os movimenta são as lutas e as contradições, embora as determinações estejam presentes nesse campo de luta. O que é necessário destacar é a ação no plano inconsciente dos sujeitos em relação à percepção total dessas determinações. Bukharin faz uma precisa observação a respeito desse fato:

> Esta "independência da vontade dos homens" não significa que os acontecimentos da vida social ocorrem sem a participação dos homens, mas que o produto social desta vontade (destas vontades) numa sociedade desorganizada, e em presença duma evolução inconsciente, não concorda com os fins propostos por um grande número de homens e seguem muitas vezes caminho oposto.[607]

Bukharin retoma os argumentos de Engels em suas cartas a Bloch, de 1890, e a Borgius, em 1894. Nessas cartas, o teor é impressionante no tocante ao marxismo não ser reducionista, i.e., a economia não é a única determinação já que se articula com as outras determinações, política e ideológica. Daí a importância da afirmativa de Engels de que o econômico é "determinante em última instância". Essa pluralidade de determinações também abre espaço para eventos do acaso, aleatórios, acidentais,[608] ainda que estejam sobredeterminados pela contradição e determinação principal, mas que fogem de qualquer previsibilidade. Nessa passagem da sua carta a Bloch, Engels adverte sobre essa questão:

---

607 BUKHARIN. *Tratado do materialismo histórico*. Lisboa: Centro do Livro Brasileiro, [1921], p. 39.

608 Marx, em sua carta a Kugelmann em 17 de abril de 1871, expõe essa questão do acaso no processo histórico: "a história mundial seria na verdade muito fácil de fazer-se se a luta fosse empreendida apenas em condições nas quais as possibilidades fossem infalivelmente favoráveis. Seria, por outro lado, coisa muito mística se os 'acidentes' não desempenhassem papel algum. Esses acidentes mesmos caem naturalmente no curso geral do desenvolvimento e são compensados outra vez por novos acidentes" (MARX, Karl. *O 18 Brumário e Cartas a Kugelmann*. São Paulo: Paz e Terra, 2010, p. 312).

Segundo a concepção materialista da história, o momento *em última instância* determinante, na história, é a produção e reprodução da vida real. Nem Marx nem eu alguma vez afirmamos mais. Se agora alguém torce isso [afirmando] que o momento econômico é o *único* determinante, transforma aquela proposição numa frase que não diz nada, abstrata, absurda. A situação econômica é a base, mas os diversos momentos da superestrutura – formas políticas da luta de classes e seus resultados: constituições estabelecidas pela classe vitoriosa uma vez ganha a batalha etc., formas jurídicas e mesmo os reflexos de todas estas lutas reais no cérebro dos participantes, teorias políticas, jurídicas, filosóficas, visões religiosas e o seu ulterior desenvolvimento em sistemas de dogmas – exercem também a sua influência sobre o curso das lutas históricas e determinam em muitos casos preponderantemente *a forma* delas. Há uma ação recíproca de todos estes momentos, em que, finalmente, através de todo o conjunto infinito de casualidades (isto é, de coisas e eventos cuja conexão interna é entre eles tão remota ou é tão indemonstrável que nós a podemos considerar como não existente e a podemos negligenciar), o movimento econômico vem ao de cima como necessário (...). Nós fazemos a nossa história nós próprios, mas, em primeiro lugar, com pressupostos e condições muito determinados. Entre eles, os econômicos são finalmente os decisivos. Mas também os políticos etc., mesmo a tradição que assombra a cabeça dos homens desempenham um papel, se bem que não o decisivo.[609]

---

[609] MARX, Karl; ENGELS, Friedrich. "Carta a Joseph Bloch". *In: Obras escolhidas*. vol. 3, Lisboa: Avante! 1985, p. 547. Na sua carta a Borgius, de 25 de janeiro de 1894, Engels retoma as mesmas observações feitas a Bloch, destacando as ações recíprocas entre a infraestrutura e a superestrutura e a determinação do econômico em última instância. Também destaca que "os homens fazem a sua própria história, mas, até agora, não como uma vontade conjunta segundo uma vontade conjunta segundo um plano conjunto, nem mesmo numa sociedade dada, determinada, delimitada. Os seus esforços entrecruzam-se, precisamente por isso, em todas essas sociedades domina a necessidade, cujo complemento e forma de manifestação é a causalidade" (p. 566).

CAPÍTULO VII – MARXISMO E CIÊNCIAS SOCIAIS

Já Bukharin afirma que nenhum fenômeno é produto do acaso, i.e., sem causa. Todo acontecimento histórico, por mais acidental que nos pareça, é na realidade submetido a certas condições. Segundo Bukharin, entende-se por acaso histórico o fenômeno que tem lugar em virtude do entrecruzamento de várias séries de causas, das quais só teríamos o conhecimento de uma. Esse "acaso histórico" seria um fenômeno sem peso no encadeamento dos acontecimentos sociais. Não significa, porém, que não haveria influência dele, por mais "insignificante" que seja, na própria realidade, inclusive em desdobramentos posteriores. O que importa saber é qual a importância da modificação por ele provocada. De acordo com Bukharin,

> a nós, só interessa o resultado final, o fenômeno social, o que tem um caráter "típico" (...). Um caso isolado desempenha um papel insignificante. Ele não tem importância, mas se experimentarmos agrupar, em conjunto, um grande número de casos semelhantes, veremos imediatamente que o "acaso" começa a desaparecer. O papel e a significação de muitos casos, a sua ação comum, influem imediatamente sobre a evolução posterior.[610]

Apesar de Bukharin ter razão no que concerne às determinações terem o primado sobre as ações, há de pensar também que o conjunto das determinações – que são diversas –somadas às inúmeras contradições e práticas constituídas pelas estruturas, e práticas essas que são estruturadas (mas também estruturantes no tocante às transformações), criam uma margem de acaso e de eventos não previsíveis, como o deslocamento de uma fração do bloco no poder em direção às forças sociais contra hegemônicas. Por isso o processo histórico no marxismo é um "processo sem sujeito e nem fim", como afirma Althusser,[611] diferentemente de uma perspectiva teleológica na qual os sujeitos já estão "dados", pois

---

610 BUKHARIN. *Tratado do materialismo histórico*. Lisboa: Centro do Livro Brasileiro, [1921], p. 47.

611 ALTHUSSER, Louis. *Posições 1*. Rio de Janeiro: Graal, 1978, pp. 64/65.

é no processo contraditório movido pela luta de classes que os novos sujeitos emergem em meio às contradições e lutas.

Na seção seguinte vamos ver a questão da metodologia marxista.

7.3 – A questão do método

Embora seja um texto que só veio a ser publicado em 1903, a Introdução de 1857 não é um manuscrito e muito menos um conjunto de anotações. É um texto quase terminado, mas por razões expostas por Marx em seu Prefácio de 1859, não foi publicado em vida. Todavia, esse texto é a referência principal teórica de Marx no que concerne a seu método de análise e foi amplamente discutido e abordado por Lukács, Della Volpe e Althusser. E é por meio dele que conseguimos entender os diferentes graus de abstração conceitual elaborados por Marx. Ademais, nesse texto Marx destaca a questão das determinações sociais no processo histórico.

Primeiramente não existe um conceito geral no plano real. Se falarmos de produção em geral há um equívoco nessa afirmativa, pois há vários tipos de produção, e se falarmos de uma produção geral estamos nos referindo a um objeto abstrato. E, mesmo assim, essa universalidade tem de ser pensada em algo multiplamente articulado, separado em distintas determinações. E essas determinações podem, ou não, ter limitações históricas, ou seja, não são necessariamente correspondentes em todas as épocas. Embora haja elementos comuns, há variáveis que as distinguem. Marx cita o caso da linguagem: se as línguas mais desenvolvidas têm leis e determinações em comum com as menos desenvolvidas, a diferença desse universal e comum é precisamente o que constitui o seu desenvolvimento. Assim sendo, as determinações que valem para a produção em geral têm de ser corretamente isoladas de maneira que, além da unidade – decorrente do fato de que o sujeito, a humanidade, e o objeto, a natureza, serem os mesmos –, não seja esquecida a diferença essencial.

CAPÍTULO VII – MARXISMO E CIÊNCIAS SOCIAIS

Como destaca Marx, "se não existe uma produção em geral, também não pode haver produção geral. A produção é sempre um ramo particular da produção – por exemplo, a agricultura, a pecuária, a manufatura etc. – ou ela é totalidade".[612] E é nessa concepção de todo – ou "totalidade" – que Marx estabeleceu a sua ciência da história. Para tratarmos da produção, que é o momento determinante, temos de articular a produção com a distribuição, a troca e o consumo, haja vista que não há conceito isolado no marxismo. Continuando a análise de Marx, ele afirma mais adiante nesse texto que

> o resultado a que chegamos não é que a produção, a distribuição, a troca e o consumo são idênticos, mas que todos eles são elementos de uma totalidade, diferenças dentro de uma unidade (...). Uma [forma] determinada da produção determina, pois [formas] determinadas do consumo, da distribuição, da troca, assim como relações determinadas desses diferentes fatores entre si. A produção, sem dúvida, em sua forma unilateral, é também determinada por outros momentos; por exemplo, quando o mercado, isto é, a esfera da troca, se estende, a produção ganha em extensão e dividi-se mais profundamente.[613]

Há, portanto, uma interação entre esses distintos momentos; se a produção é a determinação principal, ela também é determinada pelos outros elementos desse todo. Nesse sentido, Marx reforça a questão de que não há uma determinação por via única: os elementos articulados se determinam mutuamente, não obstante a produção seja o principal aspecto determinante.

> A partir dessa definição do geral e do particular, e da pluralidade de determinações, Marx expõe o seu método de análise. Como ele mostra nesse texto, os conceitos marxistas não são produtos

---

612 MARX, Karl. "Prefácio à Contribuição à crítica da economia política". *In: Obras escolhidas*. vol. 1, Lisboa: Avante! 1982, p. 5.

613 MARX, Karl. "Prefácio à Contribuição à crítica da economia política". *In: Obras escolhidas*. vol. 1, Lisboa: Avante! 1982, pp. 13/14.

de uma coleta de dados empíricos, ao contrário, a teoria e os conceitos guiam a pesquisa empírica para a coleta de dados, a partir dos quais se poderá, ou não, reformular ou acrescentar novos elementos à teoria. E tampouco os conceitos se confundem com o real. Se o real tem o primado sobre a teoria – o real antecede e sucede a teoria e os conceitos –, Marx deixa claro que a produção do conhecimento, i.e., a produção conceitual é trabalhada em nível abstrato; o conceito apreende a realidade, mas *não é a realidade*, pois a elaboração conceitual é realizada no plano abstrato, *o concreto pensado não é o concreto real*. Isto significa dizer que se a realidade soa caótica, os conceitos científicos a ordenam em nível do pensamento. Se partirmos de um conceito simples, o ponto de chegada será um conceito mais elaborado e mais complexo.

Marx, nessa passagem que é uma das mais importantes e significativas desse texto, nos diz:

> o concreto é concreto porque é a síntese de muitas determinações, isto é, unidade do diverso. Por isso o concreto aparece no pensamento como processo da síntese, como resultado, não como ponto de partida, ainda que seja o ponto de partida efetivo e, portanto, também o ponto de partida também da intuição e da representação. No primeiro método, a representação plena volatiza-se em determinações abstratas; no segundo, as determinações abstratas conduzem à reprodução do concreto por meio do pensamento. Por isso é que Hegel caiu na ilusão de conceber o real como resultado do pensamento que se sintetiza em si, se aprofunda em si, e se move por si mesmo; enquanto que o método que consiste em elevar-se do abstrato ao concreto não é senão a maneira de proceder do pensamento para se apropriar do concreto, para reproduzi-lo como concreto pensado (...). [A] totalidade concreta como totalidade de pensamentos, como um concreto de pensamentos, é de fato um produto do pensar, do conceber; não é de modo nenhum o produto do conceito que pensa separado e acima da intuição e da representação, e engendra a si mesmo, mas da elaboração da intuição e da representação em conceitos. O todo, tal como aparece no cérebro como um

CAPÍTULO VII – MARXISMO E CIÊNCIAS SOCIAIS

todo de pensamentos, é um produto do cérebro pensante que se apropria do mundo do único modo que lhe é possível, modo que difere do modo artístico, religioso e prático-mental. O sujeito real permanece subsistindo, agora como antes, em sua autonomia fora do cérebro; isto é, na medida em que o cérebro não se comporta senão especulativamente, teoricamente. Por isso, também, no método teórico [da economia política], o sujeito – a sociedade – deve figurar sempre na representação como pressuposição.[614]

Isso demarca claramente a separação entre o concreto real e o concreto pensado. Há uma separação entre pensamento e o real, mas tendo o real o primado nessa relação, pois, como já afirmado, ele precede e sucede os conceitos científicos. O real, por intermédio de suas representações e intuições, dá os primeiros elementos pré-científicos (a ideologia) para a formação dos conceitos. E a criação de um conceito não incide diretamente no real, que continua como outrora. A mudança não vem da prática teórica, mas sim das práticas políticas e ideológicas.

Essa separação entre o pensamento e o real, e os distintos graus de abstração dos conceitos, apontam a diferença de tratamento conceitual em Marx quando distingue em suas pesquisas conceitos abstratos-formais dos conceitos concretos-reais. Essa distinção, embora esteja implícita em Marx, é Althusser quem a desenvolve em seu texto *Sobre o trabalho teórico*. O fato é que há uma nítida diferença de exposição de Marx quando trata do conceito de modo de produção capitalista, a exemplo de *O capital*, *Contribuição à crítica da economia política*, Prefácio, *Salário, preço e lucro*, em comparação a suas obras de análise histórica conjuntural, tendo como referências *As lutas de classes na França*, *O 18 Brumário de Luís Bonaparte* e *A guerra civil na França*. Enquanto em *O capital* a sua exposição mostra um alto grau de abstração, e tendo a Inglaterra como uma ilustração histórica da formação do modo de produção capitalista, comportando apenas três classes sociais, os proprietários de capital, os

---

[614] MARX, Karl. "Prefácio à contribuição à crítica da economia política". *In*: *Obras escolhidas*. vol. 1, Lisboa: Avante!, 1982, pp. 14/15.

LUIZ EDUARDO MOTTA

proprietários de terra e os assalariados,[615] em suas análises sobre as formações sociais concretas, como a França, o conceito de classes amplia-se. Encontramos, em primeiro lugar, a definição de frações de classe: não há uma burguesia homogênea, mas sim frações, sendo uma delas a fração dominante. E também há distinções entre os segmentos dominados e explorados pelas frações burguesas dominantes. Em *As lutas de classes na França* encontramos nesse conjunto de classes a burguesia industrial, a aristocracia financeira, burguesia financeira, aristocracia proprietária de terras, burguesia comercial, pequenos burgueses, camponeses, proletariado, lumpemproletariado. Esse mesmo conjunto de classes vai estar presente na sua análise sobre *O 18 Brumário de Luís Bonaparte*.

Isso significa afirmar que a análise de Marx – e do marxismo – segue em diferentes graus de abstração. Não existe um modo de produção puro no plano da realidade. O que há são as diferentes formações sociais,[616] compostas por distintos modos de produção. Numa formação social como a francesa no século XIX ainda havia resquícios de modos de produção precedentes. Quando Lenin tratou do *Desenvolvimento do capitalismo na Rússia*, sua análise – um verdadeiro paradigma da sociologia econômica – fez-se diante de uma formação social em que o capitalismo convivia com outros modos de produção. O mesmo se dá se observarmos a obra de Mao Zedong e a sua compreensão de que a formação social chinesa estava fazendo uma revolução, e que ao mesmo tempo em que superava o seu atraso feudal e asiático implantava uma revolução socialista e com aspectos da modernidade capitalista.

---

[615] Vide MARX, Karl. *O capital*. vol. 3 (1985, pp. 317/318), no capítulo inacabado sobre as classes sociais. Marx ainda inclui o que podemos definir como a pequena burguesia, ao citar os médicos e funcionários públicos, mas infelizmente o texto encerra exatamente nesse parágrafo.

[616] O marxismo opta em usar o conceito de formação social ao invés de "sociedade" para o entendimento de um espaço permeado de contradições antagônicas e de diferentes modos de produção; ou seja, cada formação social comporta diversas práticas e estruturas desiguais em termos temporais, e de peso em relação a sua determinação.

CAPÍTULO VII – MARXISMO E CIÊNCIAS SOCIAIS

A partir de uma análise de uma formação social complexa, com os elementos conceituais desenvolvidos dessa análise, é que se possibilita o entendimento das formações sociais menos complexas:

> a anatomia do homem é a chave da anatomia do macaco. O que nas espécies animais inferiores indica uma forma superior não pode, ao contrário, ser compreendido senão quando se conhece a forma superior. A economia burguesa fornece a chave da economia da antiguidade etc.[617]

Os conceitos não se situam na exposição sistemática de acordo com a sucessão histórica, mas sim interligados pelo aspecto lógico e histórico, constituindo cada qual uma perspectiva diferente do mesmo processo real. Um conceito – como o de moeda – ganha um peso distinto em termos de determinação no modo de produção capitalista se comparado com os modos de produção anteriores, devido a sua articulação com os conceitos oriundos do modo de produção capitalista.

Por isso se faz necessária uma distinção na prática teórica entre as análises abstratas formais, mesmo que nelas incidam efeitos políticos, a exemplo de textos como *Crítica ao programa de Gotha*, ou *O Estado e a revolução,* de Lenin, das obras que analisam casos concretos, ou de conjunturas específicas, como *As lutas de classes na França* e *Imperialismo, fase superior do capitalismo.* Também é importante frisar que enquanto os conceitos econômicos de Marx (ou de sua "sociologia" econômica) estavam plenamente desenvolvidos, tais quais os de forças produtivas e relações de produção, por outro lado conceitos como Estado, ideologia, classes sociais não estavam inteiramente desenvolvidos.

E é o que nos diz Althusser:

> Marx não "disse tudo", não só porque não teve tempo, mas porque "dizer tudo" não tem sentido para um sábio: só uma

---

[617] MARX, Karl. "Prefácio à Contribuição à crítica da economia política". *In*: *Obras escolhidas.* vol. 1, Lisboa: Avante! 1982, p. 17.

religião pode pretender "dizer tudo". Pelo contrário, uma teoria científica tem sempre, por definição, outras coisas a dizer, dado que só existe para descobrir nas suas próprias soluções tantos senão mais problemas do que resolve. Para definirmos determinados conceitos marxistas e as suas consequências, deveremos, portanto, extraí-los das obras de Marx e de seus sucessores, e prolongar-lhes os efeitos por meio de um trabalho complexo de elaboração e de produção teóricas.[618]

Por isso pode-se definir a teoria marxista como uma "problemática" aberta, ou seja, não é uma teoria fechada, pois abre caminho para definições de conceitos, ou mesmo a introdução de novos conceitos diante da complexa realidade permeada de contradições e variações constituídas pelo dinamismo da luta de classes.

Conclusão

Vimos neste capítulo que o marxismo se estabeleceu no campo do conhecimento enquanto a ciência social por excelência, por congregar diferentes campos do conhecimento, como a antropologia,[619] a ciência política, a economia, a história, a sociologia. O marxismo atua como um todo na produção do conhecimento, porque uma ação econômica não é pura já que comporta também aspectos ideológicos, jurídicos e políticos.

O ponto de partida disso, como foi dito anteriormente, é a obra *A ideologia alemã,* a qual produziu um corte epistemológico na obra de Marx, e com isso a emergência do marxismo enquanto um novo campo do conhecimento. Obviamente que essa guinada não resultou numa mudança conceitual imediata. Velhas noções sobreviveram, mas o seu

---

[618] ALTHUSSER, Louis. "Sobre o trabalho teórico: dificuldades e recursos". *In*: BARISON, Thiago (Coord.). *Teoria marxista e análise concreta.* São Paulo: Expressão Popular, 2017, p. 103.

[619] Referências nesse campo do conhecimento são os trabalhos de Maurice Godelier e de Emmanuel Terray.

CAPÍTULO VII – MARXISMO E CIÊNCIAS SOCIAIS

sentido original se perdeu diante do novo quadro conceitual, com o aparecimento de conceitos como modos de produção, forças produtivas, relações de produção, determinações, infraestrutura e superestrutura. Como afirma Althusser, "*A ideologia alemã* nos dá assim o espetáculo de conceitos aposentados recolocados em serviço enquanto os novos ainda estão em preparação".[620] Uma nova ciência revolucionária começa sempre de algum lugar, de um universo de conceitos e de palavras existentes, portanto histórica e teoricamente determinados; é em função de conceitos e de termos disponíveis que toda a teoria nova, mesmo revolucionária, deve encontrar com que pensar e exprimir a sua novidade radical.[621]

Isso torna o marxismo algo único naquilo que se autodenomina "ciências humanas", pois também, além de seu projeto teórico não fechado, com algumas questões em aberto, a sua inserção no mundo real se dá por meio das práticas políticas e ideológicas, e também faz desse campo de conhecimento uma teoria com efeitos transformadores e revolucionários.

---

[620] ALTHUSSER, Louis. *Por Marx*. Campinas: Editora Unicamp, 2015, p. 25.

[621] ALTHUSSER, Louis. "Sobre o trabalho teórico: dificuldades e recursos". *In*: BARISON, Thiago (Coord.). *Teoria marxista e análise concreta*. São Paulo: Expressão Popular, 2017, pp. 104/105.

CAPÍTULO VIII

SOBRE "QUEM TEM MEDO DE LOUIS ALTHUSSER?", DE CARLOS HENRIQUE ESCOBAR

"É necessário que se saiba, e mais do que isso, que se diga, que a 'Questão Althusser' não é dominante, entre nós, uma questão teórica mas sobretudo uma questão política". Essa frase que inicia o artigo de Carlos Henrique Escobar, publicado na revista *Leia Livros* em junho de 1979, expressa bem o contexto no qual a obra de Louis Althusser repercutiu na formação social brasileira entre a segunda metade dos anos 60 e o início dos anos 80. Nessa conjuntura, Althusser, juntamente com Gramsci, foi o filósofo marxista mais publicado no Brasil, além de ter sido o principal alvo de diversas análises contrárias, ou não, à sua teoria. O artigo de Escobar demarca explicitamente sobre quem e quais foram as instituições que se opuseram à obra de Althusser desde o início de sua inserção ao cenário intelectual brasileiro. Essa oposição encontrava-se tanto nos intelectuais vinculados ao PCB de matriz teórica lukacsiana, como Carlos Nelson Coutinho e Leandro Konder, como também em parte da intelectualidade paulista vinculada ao eixo USP-Cebrap, especialmente nos trabalhos de Fernando Henrique Cardoso e José Arthur Giannotti, ambos citados no texto de Escobar.

323

LUIZ EDUARDO MOTTA

Essa estigmatização intelectual e política por parte do Cebrap–USP não foi exclusiva a Althusser e a seus seguidores (Poulantzas, Balibar, Badiou etc.), mas também à corrente terceiro-mundista da teoria da dependência de Ruy Mauro Marini e Theotônio dos Santos. No entanto, é surpreendente nessa conjuntura entre o início e o fim da ditadura militar a ênfase crítica que se deu à teoria althusseriana por parte da intelectualidade de esquerda (e também de direita) em termos de publicação de artigos ou livros. Em oposição às teses de Althusser escreveram José Arthur Giannotti (*Contra Althusser*, 1968), Norma Bahia Pontes (*A situação de Althusser no pensamento contemporâneo*, 1968), Luciano Zajdsznajder (*Sobre Althusser*, 1970), Caio Prado Jr. (*O marxismo de Louis Althusser*, 1971), Fernando Henrique Cardoso (*Althusserianismo ou marxismo? A propósito do conceito de classes em Poulantzas*, 1971, e *Estado capitalista e marxismo*, 1977), Tarcísio Padilha (*Filosofia, ideologia e realidade brasileira*, 1971), Carlos Nelson Coutinho (*O estruturalismo e a miséria da razão*, 1972), Paulo Silveira (*Do lado da história*, 1977, e *Poulantzas e o marxismo*, 1984), Jacob Gorender (*O escravismo colonial*, 1978, e *O conceito de modo de produção e a pesquisa histórica*, 1980), Sergio Paulo Rouanet (*Imaginário e dominação*, 1978), Ruy Fausto (*Marx: lógica e política*, 1983), Pedro Celso Uchôa Cavalcanti (*Convite à leitura de Gramsci*, 1984), José Guilherme Merquior (*O marxismo ocidental*, 1986). Numa crítica menos acentuada, e até com um grau de simpatia, foram os trabalhos de Miriam Limoeiro (*Ideologia do desenvolvimento*, 1978) e José Guilhon Albuquerque (*Instituição e poder*, 1980, e *Althusser, a ideologia e as instituições*, 1983). Incluem-se também na lista dos textos críticos a Althusser os livros traduzidos de Raymond Aron (*De uma sagrada família a outra*, 1970), Michael Löwy (*Método dialético e teoria política*, 1978), Adolfo Sanchez Vásquez (*Ciência e revolução*, 1980), Edward P. Thompson (*A miséria da teoria*, 1981), e Leszek Kolakowski (*O espírito revolucionário e marxismo: utopia e antiutopia*, 1985), e o artigo de André Glucksman ("Um estruturalismo ventríloquo", 1970).

Antes de comentarmos o texto em questão é necessário que falemos sobre o seu autor, o filósofo e dramaturgo Carlos Henrique Escobar. Nascido em São Paulo no ano de 1933, o nome de Escobar esteve intensamente associado ao marxismo althusseriano nos anos 60 e 70. Foi de fato o seu principal disseminador nesse contexto, e teve como ponto de partida o

CAPÍTULO VIII – SOBRE "QUEM TEM MEDO DE...

seu artigo "De um marxismo com Marx", publicado no número 13/14 da *Revista Tempo Brasileiro,* em dezembro de 1966. Seguiram-se a esse artigo outros que, em maior ou menor grau, trataram de Althusser e de seus seguidores (Balibar, Pêcheaux, Establet, Poulantzas, Bethelheim, Terray etc.), além de livros que analisaram a contribuição de Althusser à teoria marxista e seu impacto na conjuntura política/intelectual. Em torno dele formou-se um grupo de intelectuais que se dedicaram a pesquisar a obra de Althusser, sobretudo em seu aspecto epistemológico, e em grande parte colaboradores da *Revista Tempo Brasileiro.* Nesse grupo constavam os nomes de Eginardo Pires, Alberto Coelho de Souza, Marco Aurélio Luz, Severino Bezerra Cabral Filho, Manoel Barros da Motta e o historiador Manuel Maurício de Albuquerque.

Nesse período – que vai de 1966 até 1979 – Escobar publicou o artigo "As leituras e a leitura prático-teórica", na coletânea *Epistemologia e teoria da ciência* pela editora Vozes, em 1971, e organizou quatro números monográficos da *Revista Tempo Brasileiro,* na qual abordou temas como Epistemologia (n° 28 e n° 30/31, 1972), As instituições e os discursos (n° 35, 1973), A história e os discursos (n° 36/37, 1974). Nesses números foram publicados juntamente artigos de sua autoria ("Uma filosofia dos discursos: uma ciência dos discursos ideológicos", no n° 30/31, e "As instituições e o poder", no n° 35), textos de Louis Althusser, Etienne Balibar, Thomas Herbert (pseudônimo de Michel Pêcheux), Georges Canguilhem, Roger Establet, Nicos Poulantzas, Michel Foucault, Felix Guatarri, Gaston Bachelard, Jacques Allan-Miller, Franco Basaglia, Ivan Illich, William Reich, Eugène Enriquez, Bernard Sichere, Cláudio Miranda e Luiz Eduardo Soares. Somando-se a esses artigos, Escobar publicou nesse contexto quatro livros: *Epistemologia das ciências hoje,*[622] *As ciências e a filosofia,*[623] *Discursos, instituições e história*[624] e o seu livro mais conhecido:

---

[622] ESCOBAR, Carlos Henrique. *Epistemologia das ciências hoje.* Rio de Janeiro: Pallas, 1975.

[623] ESCOBAR, Carlos Henrique. *As ciências e a filosofia.* Rio de Janeiro: Imago, 1975.

[624] ESCOBAR, Carlos Henrique. *Discursos, instituições e história.* Rio de Janeiro: Editora Rio, 1975.

LUIZ EDUARDO MOTTA

Ciência da história e ideologia,[625] em que mobilizou diversas questões e autores relacionados ao marxismo althusseriano. Seus últimos artigos influenciados por Althusser foram publicados em 1979: "Da categoria de cultura: do aparelho cultural do Estado", pela revista *Encontros com a Civilização Brasileira,* n° 16, no qual polemiza diretamente com Ferreira Gullar, Roberto Schwarz e Luiz Costa Lima sobre o conceito de ideologia em face do de cultura, e o artigo "Quem tem medo de Louis Althusser?".

De sua produção intelectual dessa fase também devem ser destacados os artigos publicados pela *Tempo Brasileiro,* que embora abordassem a problemática do método estruturalista e da semiótica, e incorporassem algumas das perspectivas da chamada corrente estruturalista (Lévi-Strauss, por exemplo), foram escritos sob influência de Althusser e de seus colaboradores: "Resposta a Carpeaux: estruturalismo", no n° 15/16,[626] "Comunicação e *fait divers*", no n° 19/20[627] e "Leituras de Saussure: proposições semiológicas", no n° 29,[628] e os livros *O método estruturalista,*[629] *Semeion: proposições para uma semiologia e uma linguística,*[630] *Psicanálise e ciência da história,*[631] *Semiologia e linguística hoje.*[632] Althusser ainda estaria presente em seus trabalhos posteriores a 1979, apesar de Escobar ter incorporado outras perspectivas filosóficas como Nietzsche, Foucault e Deleuze: a peça

---

[625] ESCOBAR, Carlos Henrique. *Ciência da história e ideologia.* Rio de Janeiro: Graal, 1978.

[626] ESCOBAR, Carlos Henrique. "Resposta a Carpeaux: estruturalismo". *Revista Tempo Brasileiro,* n° 15/16, 1967.

[627] ESCOBAR, Carlos Henrique. "Comunicação e fait divers". *Revista Tempo Brasileiro,* n° 19/20, 1968.

[628] ESCOBAR, Carlos Henrique. Leitura de Saussure: proposições semiológicas. *Revista Tempo Brasileiro,* Rio de Janeiro, n° 29, pp. 45-68, 1972.

[629] ESCOBAR, Carlos Henrique (Coord.). *O método estruturalista.* Rio de Janeiro: Zahar, 1967.

[630] ESCOBAR, Carlos Henrique. *Semeion:* proposições para uma semiologia e uma linguística. Rio de Janeiro: Editora Rio, 1973.

[631] ESCOBAR, Carlos Henrique (Coord.). *Psicanálise e ciência da história.* Rio de Janeiro: Eldorado, 1974.

[632] ESCOBAR, Carlos Henrique (Coord.). *Semiologia e linguística hoje.* Rio de Janeiro: Pallas, 1975.

CAPÍTULO VIII – SOBRE "QUEM TEM MEDO DE...

A tragédia de Althusser (Paixão do marxismo)[633], e nas obras *Marx trágico: o marxismo de Marx* (sua tese de doutorado),[634] e *Marx: filósofo da potência.*[635] É importante frisar que esses dois livros sobre Marx foram publicados numa direção oposta à onda neoliberal conservadora amplamente internalizada pelos aparatos universitários e na qual muitos intelectuais das áreas de ciências sociais, economia, filosofia e história anunciaram o fim do marxismo e do socialismo a partir da crise do "socialismo real" do Leste Europeu. Cristalizou-se uma hegemonia do pensamento liberal centrada nos direitos individuais e, no plano das pesquisas, a ênfase nos estudos de caso, de vida cotidiana e de pesquisas empíricas desprovidas de teoria, fundamentadas apenas nos fatos pesquisados e "revelados". Também devem ser citados na sua produção intelectual os livros *Michel Foucault: dossier,*[636] *Por que Nietzsche?,*[637] *Dossier Deleuze,*[638] *Nietzsche (dos companheiros)*[639] e *Zaratustra (o corpo e os povos da tragédia),*[640] e o seu último artigo publicado no Brasil, em 2008, "Direitos humanos. Com Marx"[641] pela revista *Psicologia Clínica.*

---

[633] Esse texto de 1983 antecipou-se à peça de Marcio Vianna exibida nos anos 90, inspirada na autobiografia de Althusser *O futuro dura muito tempo*, com Rubens Corrêa e Vanda Lacerda nos papéis de Louis e Helene Althusser.

[634] ESCOBAR, Carlos Henrique. *Marx trágico*: o marxismo de Marx. Rio de Janeiro: Taurus, 1993.

[635] ESCOBAR, Carlos Henrique. *Marx*: filósofo da potência. Rio de Janeiro: Taurus, 1996.

[636] ESCOBAR, Carlos Henrique (Coord.). *Michel Foucault*: dossier. Rio de Janeiro: Taurus, 1984.

[637] ESCOBAR, Carlos Henrique (Coord.). *Por que Nietzsche?*. Rio de Janeiro: Achiamé, 1985.

[638] ESCOBAR, Carlos Henrique (Coord.). *Dossier Deleuze*. Rio de Janeiro: Taurus, 1991.

[639] ESCOBAR, Carlos Henrique *Nietzsche* (dos companheiros). Rio de Janeiro: 7 Letras, 2000.

[640] ESCOBAR, Carlos Henrique. *Zaratustra* (o corpo e os povos da tragédia). Rio de Janeiro: 7 Letras, 2000.

[641] ESCOBAR, Carlos Henrique. "Direito humanos. Com Marx". *Psicologia Clínica*, Rio de Janeiro: PUC-RJ, 2008.

Não é o meu objetivo analisar as duas obras de Escobar sobre Marx, mas é necessário fazer uma breve observação sobre esses trabalhos, já que estão situados fora do contexto em que se empenhou em analisar e defender as teses de Althusser. É perceptível nesses dois livros uma aproximação que Escobar faz de Marx com Nietzsche, na oposição ao Iluminismo moderno, a sociedade capitalista e, sobretudo, na oposição à dialética hegeliana do *sujeito da história*. Embora Escobar, ainda que recorra a algumas teses de Althusser, como a contradição sobredeterminante e da ausência de um sujeito centrado e teleológico, tenha se afastado de outras posições defendidas inicialmente por Althusser, como a ênfase no papel da ciência na obra de Marx e também da definição do Materialismo Dialético enquanto teoria da produção de conhecimento das teorias regionais (história, sociologia, política, pedagogia etc.). Contudo, o interessante é que o seu reencontro com Althusser nessa fase coincide também com as mudanças operadas por Althusser na sua teoria. Essa mudança no seu pensamento teve como ponto inicial o artigo "O marxismo como teoria finita", de 1978, culminando no texto "A corrente subterrânea do materialismo do encontro", de 1982, aparentemente desconhecidos por Escobar, pois não são citados na bibliografia desses dois livros (sendo que o último texto era pouquíssimo conhecido no Brasil até a segunda metade dos anos 90). Há, de fato, um "acaso" nesse reencontro de Escobar com Althusser, já que ambos compartilhavam de uma posição semelhante: a filosofia de Marx é uma obra aberta, sujeita à emergência das novas questões, problemáticas e se caracteriza por um materialismo aleatório, do acaso, da contingência.

Essa virada na obra de Althusser fica clara na seguinte passagem do artigo "O marxismo como teoria finita", na qual afirma:

> A ideia que a teoria marxista é "finita" exclui totalmente a ideia de que ela seja uma teoria "fechada". Fechada é a filosofia da história, na qual está antecipadamente contido todo o curso da história. Somente uma teoria "finita" pode ser realmente "aberta" às tendências contraditórias que descobre na sociedade capitalista, e aberta ao seu devenir aleatório, aberta às imprevisíveis "surpresas" que sempre marcaram a história do movimento

CAPÍTULO VIII – SOBRE "QUEM TEM MEDO DE...

operário; aberta, portanto atenta, capaz de levar a sério e assumir *em tempo* a incorrigível imaginação da história.[642]

Em *A corrente subterrânea do materialismo do encontro*, Althusser explicita mais essa sua nova posição. Já não há mais ênfase, como nos seus textos iniciais, do papel da ciência da história do marxismo, mas sim do materialismo aleatório (do encontro), no qual Marx é uma das suas principais expressões, ao lado de Maquiavel, Hobbes, Spinoza, Rousseau, Heidegger e Derrida. Retomando a sua afirmação do processo sem sujeito e sem fim, Althusser agora afirma que:

> O primado do "nada" sobre qualquer "forma", e do *materialismo aleatório sobre qualquer formalismo* (...). Cada encontro é aleatório; não somente nas suas origens (nada garante um encontro), mas nos seus efeitos. Dito de outra maneira, cada encontro, embora tenha acontecido, poderia não ter acontecido, mas sua possível negação esclarece o sentido de seu ser aleatório. E todo encontro é aleatório em seus efeitos pelo fato de que nada nos elementos do encontro desenha, antes do encontro mesmo, os contorrnos e as determinações do ser que surgirá (...). Ou seja, em lugar de pensar a contingência como modalidade ou exceção da necessidade, é necessário pensar a necessidade como vir-a-ser necessário do encontro de contingentes.[643]

Escobar, por seu turno, vai ao encontro dessas novas afirmações de Althusser, embora trilhando por outras vias. Segundo ele:

---

[642] ALTHUSSER, Louis. *Solitude de Machiavel*. Paris, PUF, 1998, p. 65.

[643] ALTHUSSER, Louis. *Para um materialismo aleatório*. Madri: Arena Libros, 2002, pp. 58-60. Sobre a presença de um "projeto subterrâneo" no "projeto declarado" de Althusser, i.e., a existência de traços teóricos do chamado "último" Althusser nas suas obras iniciais desde o começo dos anos 60, coexistindo um pensamento *esotérico* com um pensamento *exotérico* na teoria althusseriana, veja o excelente livro de Emilio de Ípola, *Althusser, el infinito adiós*.

Partir do *acaso* é uma exigência materialista irrecusável. Senão, até mesmo a garantia de que temos com o pensamento e a vida (isso tudo que jamais separaremos), uma relação que se quer íntegra e sem perdão. Não houve nem haverá outro solo para o materialismo que não o acaso, pois esta filosofia (a de Marx) não é uma vocação ingênua da matéria ou da coisa. Só o materialismo vulgar se faz e participa dos debates em torno da matéria e do espírito tal como o idealismo pode invocar a seu favor o espírito, Deus, o Ser (...). Daí que quando eu me refiro a *aquilo de que se trata* estou pensando nesta filosofia do acaso e do pensamento pesado (o *factum*) que, sob formas diferentes, assegura uma crítica e uma política radical tanto a Marx quanto a Nietzsche. Digo, particularmente a Marx na forma da política comunista.[644]

Em seu trabalho posterior, *Marx: filósofo da potência*, Escobar retoma a sua tese do materialismo do acaso ao afirmar:

> Ao contrário da metafísica que junta em seus ideais (de dimensão transcendental) a natureza e a história, ou de Lévi-Strauss, que os resume no cérebro, Marx (e Nietzsche) coloca uma e outra numa intensidade como *problemática* aberta (o acaso e sua afirmação, como decisão e multiplicidade), nos deixando "livres" para formular uma política à deriva da necessidade e do *telos*.[645]

Retornando ao artigo em questão, "Quem tem medo de Louis Althusser?" – distintamente dos outros trabalhos de Escobar sobre o marxismo althusseriano, em que a análise teórica é o ponto central, esse texto trata, sobretudo, do impacto político das teses de Althusser na formação social brasileira durante o período da ditadura militar. As duas questões centrais de Escobar são:

---

[644] ESCOBAR, Carlos Henrique. *Marx trágico*: o marxismo de Marx. Rio de Janeiro: Taurus, 1993, pp. 8/9.

[645] ESCOBAR, Carlos Henrique. *Marx*: filósofo da potência. Rio de Janeiro: Taurus, 1996, p. 32.

CAPÍTULO VIII – SOBRE "QUEM TEM MEDO DE...

1) Tanto o marxismo acadêmico, predominantemente na USP e Cebrap, como os intelectuais militantes do PCB e inspirados em Lukács opuseram-se à perspectiva althusseriana, seja no aspecto teórico (na defesa da interpretação humanistas e/ou historicistas da obra de Marx) como no político, haja vista a posição de defesa da perspectiva revolucionária presente nos textos de Althusser e de seu grupo no cenário político dos anos 60/70; e

2) A incorporação dessas teses althusserianas por parte de alguns movimentos revolucionários que atuaram na guerrilha no Brasil. Começando pela última houve, com efeito, uma internalização de conceitos althusserianos por parte da esquerda revolucionária, particularmente pela Ação Popular (AP), como apontam Jacob Gorender[646] e Marcelo Ridenti[647] em análises posteriores ao texto de Escobar. A aproximação da AP com o marxismo althusseriano não foi fortuita, visto que Althusser era extremamente simpático ao pensamento de Mao Tsé-Tung (sobretudo ao texto *Sobre a contradição*) e entusiasta da Revolução Cultural Chinesa iniciada em 1966, além de defender intensivamente o marxismo-leninismo[648] que vinha em plena emergência com os movimentos

---

[646] GORENDER, Jacob. *Combate nas trevas*. São Paulo: Ática, 1987.

[647] RIDENTI, Marcelo. "Ação popular: cristianismo e marxismo". *In*: REIS FILHO, Daniel Aarão; RIDENTI, Marcelo (Coord.). *História do marxismo no Brasil*. vol. 5, Campinas: Unicamp, 2002.

[648] É atribuída a Louis Althusser a autoria de um artigo anônimo intitulado "Sur la Révolution Culturelle" publicado na revista *Cahiers marxistes-léninistes* no número de novembro/dezembro. Ademais, intelectuais próximos a Althusser se identificaram com o maoismo, a exemplo de Alain Badiou, Charles Bettelheim, Jacques Rancière e Nicos Poulantzas. Esse artigo está disponível no site da revista *Décalages* http://scholar.oxy.edu/cgi/viewcontent.cgi?article=1003&context=decalages. Também é necessário lembrar a carta de Louis Althusser endereçada a Règis Debray (publicada no livro deste *A crítica das armas* (1977) e também disponível na revista *Demarcaciones*, n° 3, abril de 2015 http://revistademarcaciones.cl/numero-3/), na qual faz uma crítica à generalização da estratégia foquista nas diferentes formações sociais da América Latina e de outras regiões do Terceiro Mundo. Além disso, há também a sua extensa correspondência com a jornalista e militante do PCI Maria Antonietta Macciocchi (*Lettere dall'interno del PCI a Louis Althusser*. Milão: Feltrenelli, 1969), que representava naquele contexto a ala esquerda (de tendência maoista) do partido.

LUIZ EDUARDO MOTTA

revolucionários do Terceiro Mundo. Sobre a primeira questão há outros aspectos relacionados que necessitam de análise.

De fato, Escobar tem razão ao afirmar que alguns intelectuais situados no eixo USP-Cebrap, representados, sobretudo, por José Arthur Giannotti e Fernando Henrique Cardoso, demarcaram uma intensa oposição à perspectiva althusseriana. Contudo, houve também em São Paulo uma expressiva assimilação e contribuição ao debate althusseriano por parte de alguns cientistas sociais. Isso fica evidenciado com as contribuições iniciais de João Quartim de Moraes e, principalmente, de Luiz Pereira (que era professor de Sociologia da USP) nos seus dois trabalhos: *Capitalismo: notas teóricas* e *Anotações sobre o capitalismo*, ambos de 1977. Além deles houve também a incorporação do marxismo althusseriano nos trabalhos de Décio Saes, Armando Boito Jr., Théo Santiago, Lúcio Flávio de Almeida, Márcio Bilharinho Naves e Robert Henry Srour na segunda metade dos anos 70 e início dos 80. Distintamente do grupo carioca, que se voltou mais para as questões epistemológicas apresentadas por Althusser, o grupo paulista direcionou a teoria do pensador francês e de seus seguidores (principalmente Nicos Poulantzas) para o campo de pesquisa da sociologia, da ciência política, da história e da pedagogia.[649]

No entanto, isso não invalida a crítica dirigida por Escobar a determinados intelectuais paulistas, situados no campo do marxismo, que tinham à época a hegemonia nos aparatos universitários[650] e mostraram

---

[649] É importante frisar que alguns dos seguidores de Althusser RJ foram buscando outros enfoques para além da discussão teórica e epistemológica, a exemplo do historiador Manoel Maurício de Albuquerque, em sua obra *Pequena história da formação social brasileira* (1981), e Eginardo Pires, que direcionou a contribuição teórica do marxismo althusseriano para o campo da economia política, como visto no seu livro *Valor e acumulação* (1979). Também se deve ressaltar que Eginardo Pires e Escobar fizeram importantes contribuições na segunda metade dos anos 70 no tocante à problemática relacionada à ideologia e aos aparelhos institucionais. Vide o artigo de Eginardo Pires "Ideologia e Estado em Althusser: uma resposta" (1978) e os dois livros de Escobar: *Discursos, instituições e história* (1975) e *Ciência da história e ideologia* (1978), e também o artigo "Da categoria de cultura: do aparelho cultural do Estado" (1979).

[650] Essa oposição e implicância ao marxismo de Althusser ainda se faz presente como se pode verificar na entrevista de José de Souza Martins (discípulo e ex-assessor

CAPÍTULO VIII – SOBRE "QUEM TEM MEDO DE...

desde o início uma forte oposição às teses do marxismo althusseriano,

de Fernando Henrique Cardoso) a Conrado Pires de Castro para a revista *Tempo Social*, vol. 22, n° 1, jun. 2010, intitulada "Luiz Pereira e sua circunstância". Nessa longa entrevista, Martins condena Luiz Pereira por ter incorporado o marxismo althusseriano, devido ao fato de ser "esquemático", "simplista", e por não conseguir analisar profundamente as contradições da sociedade. Além disso, associa o althusserianismo ao catolicismo progressista que estaria levando o MST a cometer equívocos políticos, como podemos ver nessa passagem: "a opção althusseriana no marxismo de retaguarda teórica, que, ao menos desde os anos de 70, vem informando os movimentos populares amparados na ação pastoral católica e, desde os anos 80, nas ações do MST – Movimento dos Trabalhadores Rurais Sem-Terra, nascido na Pastoral da Terra –, é uma opção que bem demonstra o abismo que separa a ideologia desses movimentos da práxis rica e potencialmente criativa neles contida. As dificuldades são maiores na conceituação cotidiana e direta dessa práxis por parte de seus próprios agentes e militantes. O althusserianismo encobre e empobrece as dimensões complexas e profundas da vivência dos pobres, empobrecendo, portanto, a consciência social potencialmente contida no modo cotidiano de experienciar a vida em condições de adversidade extrema" (p. 228). Se há algum autor filiado ao marxismo, e que tenha enfatizado o papel das contradições e a sua complexidade numa dada realidade concreta foi – sem dúvida – Althusser. Isso fica nítido na sua refutação às concepções monistas e reducionistas, pois para ele as contradições alteram e se deslocam durante as diversas conjunturas nas diferentes formações sociais. Além disso, Martins omite por completo os textos de Althusser que foram recentemente conhecidos como *Maquiavel e nós, Marx dentro de seus limites, Sobre a reprodução, As correntes subterrâneas do materialismo* etc., de grande densidade teórica. Também me parece extremamente impressionista a acusação de José de Souza Martins sobre a articulação do althusserianismo e a Teologia da Libertação, lembrando que nenhum dos althusserianos que participaram da *Tempo Brasileiro*, como também os que atuavam em São Paulo, estive ligado ao clero progressista antes e durante a aproximação que tiveram com a obra de Althusser. Diferentemente disso, a maioria identificava-se com a perspectiva marxista-leninista articulada com o maoismo, mas numa atuação independente da AP, ou mesmo do PCdoB. Essa associação é falsa, pois intenciona identificar o althusserianismo como um dogma religioso (uma ideologia), e contradiz de modo deturpado a posição de Althusser, já que este define o marxismo enquanto uma problemática (obra) aberta, em permanente mudança, pois incorpora constantemente as novas problemáticas teóricas. Ademais, é importante frisar que ele não defende uma posição teleológica do marxismo, haja vista que não há sujeito e nem processo: o sujeito se constitui de acordo com os múltiplos e adversos processos em curso. A "crítica" de Martins, além de distorcer a leitura que Althusser faz da obra de Marx, soa de forma acusatória de fundo conservador: "se difundiu [o marxismo althusseriano] no Brasil, mais entre comunistas e católicos de esquerda no Rio de Janeiro. Por intermédio das bases católicas, viria a ser a orientação ideológica de ponderáveis grupos do PT, radicada especialmente no MST, que adotaria uma discípula de Althusser, a chilena Martha Harnecker,

LUIZ EDUARDO MOTTA

já que se autodenominavam os "fiéis" intérpretes da leitura de O capital, respaldados pelos estudos realizados durante os Seminários de Marx, no início dos anos 60.[651] Somando-se a eles, também deve ser destacada a aversão ao marxismo althusseriano por parte de marxistas filiados à escola lukacsiana e de inspiração política eurocomunista, ligados ao PCB, como podemos verificar nos trabalhos de Leandro Konder e, sobretudo, de Carlos Nelson Coutinho. O que se deve destacar nessa crítica de Escobar a esses intelectuais é o fato de que os principais opositores da obra de Althusser (Giannotti e Cardoso) apresentaram-se efetivamente, no decorrer do tempo, como social-democratas completamente opostos a qualquer política de mudança radical na sociedade e no Estado, além de internalizarem durante o período de poder que exerceram nos aparatos estatais durante os anos 90 a perspectiva neoliberal promovida pelo Consenso de Washington, Banco Mundial e FMI. Romperam informalmente com Marx para adotarem, mesmo que en passant, ou sem assumir explicitamente, as premissas teóricas e políticas de neoliberais como Friedrich Hayek, James Buchanan e Kenneth Arrow.

Contudo, a relação intelectual de Escobar com Giannotti e os marxistas de São Paulo (pelo menos os dos Seminários de Marx) nem sempre foi conflitiva, como ele demonstrou em algumas passagens do seu artigo pioneiro sobre Althusser, "De um marxismo com Marx", escrito em 1966. Escobar reconhecia em Giannotti, na sua obra Origens

---

como referência teórica de sua prática" (MARTINS, José de Souza; CASTRO, Conrado Pires de. "Luiz Pereira e sua circunstância". Tempo Social, vol. 22, n° 1, 2010, p. 227). No entanto, a despeito dessa afirmação, não se encontra nenhum livro de Althusser no catálogo de publicação da editora Expressão Popular, que é dirigida pelo MST [somente em 2018, pela primeira vez, a Expressão Popular publicou um livro de Althusser, organizado por Thiago Barison]. Esse tipo de crítica desprovida de consistência teórica, e preconceituosa, confirma a denúncia de Escobar em relação a uma parte da intelectualidade uspiana (Giannotti, Cardoso e Martins) que se opôs (e ainda se opõe) ao marxismo de Althusser, motivada por posições ideologicamente conservadoras, ou, na melhor das hipóteses, reformistas.

[651] Além de Giannotti e Cardoso, participaram dos Seminários de Marx outros acadêmicos da USP como Octávio Ianni, Francisco Weffort, Paul Singer, Francisco de Oliveira, Michael Löwy, Emir Sader, Eder Sader, Ruth Cardoso, entre outros.

CAPÍTULO VIII – SOBRE "QUEM TEM MEDO DE...

da dialética do trabalho,[652] uma importante contribuição ao pensamento marxista, a exemplo da questão da descontinuidade teórica do Marx maduro em relação ao jovem Marx, e o somava às contribuições de Althusser, Della Volpe e Maurice Godelier a essa problemática. Também na nota 15 desse artigo, Escobar ressalta a importância dos marxistas da escola paulista na crítica ao conceito de burguesia nacional, que era amplamente empregado pelos intelectuais ligados ao Iseb, como também no discurso dos dirigentes do PCB.[653] Mas essa aproximação com Giannotti tinha sentido naquela conjuntura, visto que o próprio Giannotti declamava sobre as mudanças ocorridas na obra de Marx em relação à dialética hegeliana fazendo, desse modo, consonância com as posições de Althusser. O próprio Giannotti declara no seu prefácio de 1965:

> Muito a contragosto fazemos uma concessão à moda e nos dedicamos exclusivamente aos textos de juventude desse último autor. Nosso primeiro projeto compreendia um balanço geral da dialética marxista e foi somente no curso de nosso estudo, quando nos convencemos da radical oposição epistemológica entre os textos de juventude e os de maturidade, que nos decidimos a analisar a dialética primitiva, preparando o terreno para um livro posterior. De outra forma, se juntássemos num mesmo escrito a discussão dos dois procedimentos, a todo momento deveríamos recorrer a universos diferentes do discurso, criando uma confusão indecifrável.[654]

---

652 GIANNOTTI, José Arthur. *Origens da dialética do trabalho*: estudo sobre a lógica do jovem Marx. 2ª ed. Porto Alegre: L&PM, 1985.

653 "Não podemos deixar de reconhecer, na forma de possibilidades, o que poderia significar à prática política dos marxistas a elaboração da teoria (dialética) na forma em que pensa Althusser. No Brasil, com os trabalhos do grupo de São Paulo (Giannotti e outros) aos poucos aparecerão condições de toda ordem para se empreender uma crítica, e para se procurar uma saída ao oportunismo teórico e ao indiferentismo político em que caíram (com exceção dos jovens) os defensores (não importa por que, nem como) da 'burguesia nacional'" (ESCOBAR, Carlos Henrique. "De um marxismo com Marx". *Revista Tempo Brasileiro*, n° 13/19, 1967, p. 47).

654 GIANNOTTI, José Arthur. *Origens da dialética do trabalho*: estudo sobre a lógica do jovem Marx. 2ª ed. Porto Alegre: L&PM, 1985, p. 10.

LUIZ EDUARDO MOTTA

Essa relação amistosa de Giannotti[655] com as posições de Althusser (que é inclusive citado no livro para fundamentar o seu argumento sobre a impossibilidade da produção em geral, vide a página 198) foi rompida logo em seguida quando o filósofo da USP escreveu o artigo "Contra Althusser", cuja publicação no Brasil deu-se no ano de 1968. Embora o parágrafo inicial reconheça méritos da importância da pesquisa de Althusser e de "seus companheiros" por realizarem "sem dúvida o maior inventário feito do marxismo até hoje",[656] esse reconhecimento é desconstruído ao longo do artigo, e a conclusão de Giannotti não deixa dúvidas sobre isso: Althusser e seu grupo não se opuseram à corrente estruturalista francesa e endossaram a cultura positivista francesa.[657] Já no prefácio da segunda edição de *Origens da dialética do trabalho*, Giannotti rompe de vez com qualquer aproximação teórica com Althusser ao incorporar definitivamente a defesa e a recuperação da "dimensão humanista na luta de classe".[658] A resposta de Escobar a essa nova posição de Giannotti ficou bem expressa numa passagem de seu livro *As ciências e a filosofia*:

---

[655] Sobre a relação de Giannotti diante as posições teóricas de Althusser, veja o texto RODRIGUES, Lidiane Soares. "Giannotti contra Althusser: um caso de cosmopolitismo periférico (Brasil/San Pablo, 1967)". In: ARRIAGADA, Marcelo Rodrígues; STARCENBAUM, Marcelo (Coord.). *Lecturas de Althusser en América Latina*. Santiago: Editorial Doble Ciencia Limitada, 2017.

[656] GIANNOTTI, José Arthur. *Exercícios de Filosofia*. 3ª ed. Petrópolis: Vozes, 1980, p. 87.

[657] "Mas é impressionante que as ideias e o positivismo de Althusser e de seu grupo venham precisamente engrossar as águas do anti-historicismo que predomina nesse país [França]: estruturalistas, althusserianos ou existencialistas, cada um à sua maneira, trazem a História para a égide do psicologismo e justificam, desse modo, a desconfiança que todos temos atualmente contra esta enigmática noção" (GIANNOTTI, José Arthur. *Exercícios de Filosofia*. 3ª ed. Petrópolis: Vozes, 1980, p. 101).

[658] "Sempre pensei este livro como abertura para um estudo mais profundo da obra de maturidade de Marx (...). Mas o correr do tempo me ensinou, principalmente depois das peripécias do althusserianismo, que mais uma leitura de Marx, sem um diálogo com a trama das ciências sociais contemporâneas, era tarefa voltada ao formalismo oco (...). Nunca quis ler o jovem Marx como se sua verdade estivesse na maturidade; não tenho essa predileção pela velhice" (GIANNOTTI, José Arthur. *Origens da dialética do trabalho*: estudo sobre a lógica do jovem Marx. 2ª ed. Porto Alegre: L&PM, 1985).

CAPÍTULO VIII – SOBRE "QUEM TEM MEDO DE...

> Giannotti retoma com isso as preocupações de muitos "marxistas" hostis à luta de classes na medida em que se constitui em um estudioso e entusiasta de Hegel em Marx, e de um Marx como "filósofo menor" em Hegel. Ao contrário de Giannotti, Lukács, Merleau-Ponty, não é necessário ler Hegel para entender Marx, mas, pelo contrário, a leitura de Marx é a condição para a inteligibilidade de Hegel, como disseram Lenin e Althusser (...). Nós, aqui no Brasil, sabemos como esse esforço de confundir as problemáticas marxistas com a filosofia de Hegel vai além de um propósito apenas intelectual (...), ele foi e continua sendo o sustentáculo ideológico de uma política reformista. Esse esforço, por exemplo, no professor Giannotti, se une a um imobilismo político e consequente indiferença à luta de classe.[659]

A principal linha de demarcação entre a corrente althusseriana e seus críticos está explicitamente demarcada por Escobar: de um lado os que defendiam o processo revolucionário na direção da construção de um modelo societal e estatal socialista, do outro, aqueles que apreendiam na obra de Marx o seu cunho humanista, para fundamentarem a defesa de um processo reformista sem rupturas e descontinuidades com as instituições capitalistas, sob a égide da hegemonia burguesa na edificação desse projeto. De fato isso veio a ocorrer nos anos 90, quando Fernando Henrique Cardoso instituiu durante o seu governo "o fim da Era Vargas" e constituiu a social-democracia neoliberal que vinha se estabelecendo em solo europeu desde a década de 1980 e atingiu o seu ápice com a chamada "Terceira Via", a partir do fim do socialismo do Leste Europeu. Outro aspecto que não pode ser deixado de lado na crítica de Escobar aos marxistas reformistas e antialthusserianos é o fato de eles terem recorrido aos conceitos de Althusser sem lhe dar o devido crédito, em especial aos conceitos de autonomia relativa do Estado, de aparelhos de Estado (repressivo e ideológico) e da determinação em última instância do econômico.[660]

---

659 ESCOBAR, Carlos Henrique. *As ciências e a filosofia*. Rio de Janeiro: Imago, 1975, pp. 29-31.

660 Isso fica bem explícito na crítica de Eginardo Pires ("Ideologia e Estado em Althusser: uma resposta". *Encontros com a Civilização Brasileira*, nº 6, Rio de Janeiro: Civilização

LUIZ EDUARDO MOTTA

Já passados mais de quarenta anos desse artigo de Escobar, o cenário acadêmico piorou muito em relação àquele contexto. Se antes o marxismo reformista acadêmico predominava nos aparatos universitários no campo das ciências sociais, da filosofia e da história, a partir dos anos 90 qualquer corrente marxista (reformista ou revolucionária, humanista ou não humanista) estava estigmatizada pelos centros de excelência acadêmica, com a forte predominância do pensamento liberal. É um período marcado pela ascensão de Tocqueville, da teoria da Escolha Racional, do neoliberalismo "utópico" de Hayek e Nozick, do liberalismo reformista de Rawls e Bobbio, do neokantismo de Habermas, da história das mentalidades etc. em detrimento do pensamento democrático de Rousseau, das diversas correntes do marxismo e de perspectivas críticas como a de Michel Foucault, que foram marginalizadas pelo discurso acadêmico identificado com o "pensamento único", o liberalismo, que decretou o "fim da história" e dos conflitos sociais.

Mas uma lição que nos deixou Althusser, e os que estiveram próximos ao seu pensamento (como Poulantzas e o próprio Foucault), é a de que onde existe a reprodução das relações de poder sempre há a constituição de práticas de resistência a essa reprodução. A prova disso é que nos últimos vinte anos houve, no campo acadêmico brasileiro,[661] uma forte retomada

---

Brasileira, 1978) a Fernando Henrique Cardoso quando este, ao denegar a obra de Althusser, incorporou-a nas suas análises sobre os aparatos de Estado. Para Pires, Cardoso em sua "crítica" reconhece em Althusser o "outro" que tenta desconstruir, mas subscreve inconscientemente muitas de suas contribuições teóricas. Entretanto, como já apontara Escobar, no campo político a adversidade e diferença entre ambos são abissais.

[661] E também fora do Brasil, a exemplo dos trabalhos de Vittorio Morfino, Juan Domingos Sanchez, Jaime Ortega Reyna, Victor Hugo Pacheco Chávez, Natália Romé, Mariana de Gainza, Carolina Collazo, Pedro Karczmarczyk, Marcelo Starcenbaum, Marcelo Rodriguez Arriagada, Miguel Valderrama, Susana Draper, Natasha Gómez Velásquez, Paul Thomas, Antonio Negri, Peter Bratsis, Stanley Aronowitz, Gabriel Albiac, François Matheron, Warren Montag, Giorgos Fourtounis, Andrea Cavazzini, Matt Bonal, Luke Ferretter, Ben Brewster, Oliver Corpet, Gregory Elliot, Emilio de Ípola, Mikko Lahtinen, Pedro Fernandez Liria, Clyde W. Barrow, Yoshihiko Ichida, entre outros. Uma das principais manifestações dessa redescoberta da obra de Althusser é a revista *Décalages,* dirigida por Warren Montag e disponível no site http://scholar.oxy.edu/decalages/. Outra referência

CAPÍTULO VIII – SOBRE "QUEM TEM MEDO DE...

do pensamento marxista, e em especial da corrente althusseriana, a despeito de continuar marginalizada no mercado editorial brasileiro.[662] Destacam-se nessa nova leva os nomes de Adriano Codato, Alysson Mascaro, Alexandre Pimenta, Andréia Galvão, Ângela Lazagna, Augusto Cesar de Oliveira, Caio Bugiato, Danilo Martuscelli, Edemilson Paraná, Francisco Pereira de Farias, Juliana Magalhães, Luciano Cavini Martorano, Luiz Felipe Osório, Pedro Davoglio, Sávio Cavalcante, Sérgio Soares Braga, Tatiana Berringer, Thiago Barison e o autor do presente texto.

Para concluir, destaco uma passagem do artigo de Décio Saes sobre a recepção da teoria althusseriana no Brasil,[663] na qual ele ressalta o papel do grupo da *Tempo Brasileiro* liderado por Escobar e afirma que:

> o grupo althusseriano do Rio de Janeiro preencheu um papel preciso na história da luta de ideias no Brasil: a difusão do pensamento althusseriano em seu início e, a seguir, sua valorização no contexto de um "cerco" acadêmico, cuja arma principal era sua qualificação alternativa (quando não simultânea) como "positivista", 'estruturalista" ou "stalinista".[664]

---

internacional é a revista *Demarcaciones* – Revista Latino-Americana de Estudos Althusserianos criada pela Rede Althusseriana latino-americana.

662 É só verificarmos o catálogo das editoras que têm publicado material de teor marxista como Boitempo e Expressão Popular, entre outras. Uma das raras exceções é a revista *Crítica Marxista* produzida pelo Cemarx-Unicamp, que tem divulgado em diversos números artigos de (ou sobre) Althusser e Poulantzas. A revista *Outubro* publicou em 1998 o artigo inédito em português "O marxismo como teoria finita". Em relação a livros, apenas dois de Althusser foram traduzido para o português nos últimos dez anos: *Sobre a reprodução* (Vozes) e *Política e história: de Maquiavel a Marx* (Martins Fontes). [Nota do autor: Essa nota refere-se às publicações até o ano de 2011].

663 Deve-se também ressaltar que houve um conjunto de intelectuais que, embora não incorporassem o marxismo althusseriano no todo, recorreram a muitos de seus conceitos. Nesse grupo encontram-se os nomes de Moacir Palmeira, Aluízio Alves Filho, José Paulo Bandeira da Silveira, Carlos Estevam Martins, Miriam Limoeiro, Madel Therezinha Luz, José Augusto Guilhon Albuquerque e Gisálio Cerqueira Filho.

664 SAES, Décio. "O impacto da teoria althusseriana da história na vida intelectual brasileira". *In*: MORAES, João Quartim de (Coord.). *História do marxismo no Brasil*.

A importância de Carlos Henrique Escobar, como do seu grupo, foi fundamental para que novas sementes fossem plantadas, já que essa retomada do pensamento althusseriano é resultado direto dessa ação que encontrou diversas adversidades dentro e fora do marxismo. Resta-nos agora saber e combater, teórica e politicamente, quem ainda continua temendo o marxismo renovador de Louis Althusser.

vol. 3, 2ª ed. Campinas: Unicamp, 2007, p. 69.

REFERÊNCIAS BIBLIOGRÁFICAS

ABRAHÃO e SOUSA, Lucília Maria; GARCIA, Dantielli Assumpção. *Ler Althusser hoje*. São Carlos: Edufscar, 2017.

ALARCÓN, L. Felipe. "Cuestión de armas: en torno al diferendo Althusser-Poulantzas". *In*: BÓRQUEZ, Zeto; RODRÍGUEZ, Marcelo. *Louis Althusser: filiación y (re)comienzo*. Santiago: Universidad de Chile, 2010.

ALBUQUERQUE, José Augusto Guilhon. "Althusser, a ideologia e as instituições". *In*: ALTHUSSER, Louis. *Aparelhos ideológicos de Estado*. Rio de Janeiro: Graal, 1983.

ALBUQUERQUE, Manoel Maurício de. *Pequena história da formação social brasileira*. Rio de Janeiro: Graal, 1981.

ALEXANDER, Jeffrey. "O novo movimento teórico". *Revista Brasileira de Ciências Sociais*, vol. 2, n° 4, pp. 5-28, jun. 1987.

ALMEIDA, Lúcio Flávio de. "Althusserianismo e estudos sobre a ideologia nacional: notas sobre um desencontro". *Margem 4*, São Paulo: Educ, 1995.

_____. "Ideologia, ideologias, luta de classes: Althusser e os aparelhos ideológicos (de Estado)". *In*: PINHEIRO, Jair. *Ler Althusser*. Marília: Cultura Acadêmica, 2015.

_____. *Ideologia nacional e nacionalismo*. São Paulo: Educ, 1995.

_____. "Marxismo e nacionalismo: uma crítica à concepção staliniana da nação". *Teoria & Política*, n° 4. São Paulo: Brasil Debates, 1984.

ALTHUSSER, Louis. "Advertência aos leitores do livro I de O capital". *In*: MARX, Karl. *O capital*. São Paulo: Boitempo, 2013.

_____. *Aparelhos ideológicos de Estado*. Rio de Janeiro: Graal, 1983.

LUIZ EDUARDO MOTTA

_____. *A transformação da filosofia*: seguido de Marx e Lenin, perante Hegel. Lisboa: Estampa, 1981.

ALTHUSSER, Louis. "Cartas aos camaradas do Comitê Central do PCF". *Crítica Marxista*, n° 41, 2015.

_____. Écrits *philosophiques et politiques*. tome I, Paris: Stock, 1994.

_____. Écrits *philosophiques et politiques*. tome II, Paris: Stock, 1997.

_____. *Freud e Lacan, Marx e Freud*. Rio de Janeiro: Graal, 1985.

_____. *Initiation à la philosophie pour* lês non-*philosphes*. Paris: PUF, 2014.

_____. *La filosofia como arma de la revolución*. México: Pasado y Presente, 1977.

_____. "Letter to the central comittee of the PCF, 18 March 1966". *Historical Materialism*, n° 15, 2007.

_____. "Lettre a Merab". *In*: _____; (*et al.*). *Sur Althusser passages*. Paris: L'Harmattan, 1993.

_____. *Lo que no puede durar em el Partido Comunista*. Madri: Siglo XXI, 1979.

_____. *Marxismo segundo Althusser*. São Paulo: Sinal, 1967.

_____. *O 22° congresso*. Lisboa: Estampa, 1978.

_____. *O futuro dura muito tempo*: seguido de os fatos. São Paulo: Companhia das Letras, 1992.

_____. *Para um materialismo aleatório*. Madri: Arena Libros, 2002.

_____. *Por Marx*. Campinas: Editora Unicamp, 2015.

_____. *Posições 1*. Rio de Janeiro: Graal, 1978.

_____. *Posições 2*. Rio de Janeiro: Graal, 1980.

_____. *Positions*. Paris: Editions Sociales, 1976.

_____. *Pour Marx*. Paris: La Découverte, 1986.

_____. *Sobre a reprodução*. Petrópolis: Vozes, 1999.

_____. "Sobre o trabalho teórico: dificuldades e recursos". *In*: BARISON, Thiago (Coord.). *Teoria marxista e análise concreta*. São Paulo: Expressão Popular, 2017.

_____. *Solitude de Machiavel*. Paris: PUF, 1998.

_____. "Sur la genèse". *Décalages*, vol. 1, n° 2, 2012. Disponível em http://scholar.oxy.edu/decalages/.

_____. "Sur la pensée marxiste". *In*: _____; (*et al.*). *Sur Althusser passages*. Paris: L'Harmattan, 1993.

REFERÊNCIAS BIBLIOGRÁFICAS

_____. "Sur la révolution culturelle". *Décalages*, vol. 1, n° 1, 2012. Disponível em http://scholar.oxy.edu/decalages/.

ALTHUSSER, Louis (*et al.*). *A polêmica sobre o humanismo*. Lisboa: Presença, s/d.

_____. *Discutir el Estado*. México: Fólios, 1982.

_____. *Ler O capital*. 2 vols. Rio de Janeiro: Zahar, 1980.

ALTHUSSER, Louis; BADIOU, Alain. *Materialismo histórico e materialismo dialético*. São Paulo: Global, 1979.

ALTHUSSER, Louis; NAVARRO, Fernanda. *Filosofia y marxismo*. México: Siglo XXI, 1988.

ANDERSON, Perry. "As antinomias de Gramsci". *Crítica Marxista*, n° 1. São Paulo: Joruês, 1986.

_____. *Teoria, política e história*: um debate com E. P. Thompson. Campinas: Unicamp, 2018.

_____Considerações sobre o marxismo ocidental. Porto: Afrontamento, s/d.

BADIOU, Alain. *Compêndio de metapolítica*. Lisboa: Instituto Piaget, 1999.

_____. "La idea del comunismo". *In*: HOUNIE, Anália (Coord.). *Sobre la idea del comunismo*. Buenos Aires: Paidós, 2010.

_____. *L'hypothése communiste*. Paris: Ligne, 2009.

_____. *Théorie de la contradiction*. Paris: Maspero, 1975.

BADIOU, Alain; BALMÈS, François. *De l'ideologie*. Paris: Maspero, 1976.

BALIBAR, Étienne. *A filosofia de Marx*. Rio de Janeiro: Zahar, 1995.

_____. "A nouveau sur la contradiction". *In*: _____; (*et al.*) *Sur la dialectique*. Paris: Éditions Sociales, 1976.

_____. *Cinco estudos sobre o materialismo histórico*. 2 vols. Lisboa: Martins Fontes, 1975.

_____. *Escritos por Althusser*. Buenos Aires: Nueva Visión, 2004.

_____. *Iniciação à filosofia para os não filósofos*. São Paulo: Martins Fontes, 2019.

_____. *Sobre o conceito de ditadura do proletariado*. Lisboa: Moraes, 1976.

_____. "Sobre os conceitos fundamentais do materialismo histórico". *In*: ALTHUSSER, Louis (*et al.*). *Ler O capital*. Rio de Janeiro: Zahar, 1980.

BALIBAR, Étienne; MARCHEREY, Pierre. "Matérialisme dialectique". *In*: *Encyclopædia Universalis*. 1975.

LUIZ EDUARDO MOTTA

BANDEIRA da SILVEIRA, José Paulo (2000). *Política brasileira em extensão*: para além da sociedade civil. Rio de Janeiro: ed. do autor.

BARCIELA, Gonzalo. "Sobre parricídios y fidelidades: Ernesto Laclau y Alain Badiou, lectores de Althusser". *In*: CALETTI, Sergio; ROMÉ, Natalia (Coords.). *La intervención de Althusser*: revisiones y debates. Buenos Aires: Prometeo, 2011.

BARRET, Michèle. "Ideologia, política e hegemonia: de Gramsci a Laclau e Mouffe". *In*: ZIZEK, Slavoj (*et al*.). *Um mapa da ideologia*. Rio de Janeiro: Contraponto, 1996.

BERLINGUER, Enrico. *Democracia, valor universal*. Rio de Janeiro: Contraponto, 2009.

_____. *Do compromisso histórico ao eurocomunismo*. Lisboa: Antídoto, 1977.

BERNSTEIN, Eduard. *O socialismo evolucionário*. Rio de Janeiro: Zahar, 1997.

BETTELHEIM, Charles. *A luta de classes na União Soviética*. São Paulo: Paz e Terra, 1979.

_____. "Uma carta sobre o marxismo de Mao". *In*: ROSSANDA, Rossana (*et al*.). *Quem tem medo da China?*. Lisboa: Dom Quixote, s/d.

BIDET, Jacques. "À guisa de introdução: um convite a reler Althusser". *In*: ALTHUSSER, Louis. *Sobre a reprodução*. Petrópolis: Vozes, 1999.

BOBBIO, Norberto (*et al*.). *O marxismo e o Estado*. Rio de Janeiro, Graal, 1991.

BOITO JR., Armando. "Emancipação e revolução: crítica à leitura lukacsiana do jovem Marx". *Crítica Marxista*, n° 36. São Paulo: Unesp, 2012.

_____. *Estado, política e classes*. São Paulo: Unesp, 2007.

_____. *O golpe de 1954*: a burguesia contra o populismo. São Paulo: Brasiliense, 1982.

BORON, Atílio. *A coruja de Minerva*. Petrópolis: Vozes/Clacso, 2001.

_____. *Aristóteles em Macondo*. Rio de Janeiro: Pão e Rosas, 2011.

BOURDIN, Jean-Claude. "Présentation". *In*: *Althusser*: une lecture de Marx. Paris: PUF, 2008.

BOUTANG, Yann Moulier. *Louis Althusser*: une biographie. Paris: Grasset, 1992.

BRITO de OLIVEIRA, Marcos Alcyr. *Sujeito de direito e marxismo*: da crítica humanista à crítica anti-humanista. São Paulo: Alfa Omega, 2017.

BUKHARIN. *Tratado do materialismo histórico*. Lisboa: Centro do Livro Brasileiro, s/d.

REFERÊNCIAS BIBLIOGRÁFICAS

BURDMAN, Javier. "Distorción, transparencia y universalidade en la teoria de la ideologia". *In*: CALETTI, Sergio; ROMÉ, Natalia (Coord.). *La intervención de Althusser*: revisiones y debates. Buenos Aires: Prometeo, 2011.

CABRAL FILHO, Severino Bezerra. "Ciência da história". *In*: ESCOBAR, Carlos; PIRES, Eginardo (*et al.*). *Epistemologia e teoria da ciência*. Petrópolis: Vozes, 1971.

CALETTI, Sergio; ROMÉ, Natalia (Coords.). *La intervención de Althusser*. Revisiones y debates. Buenos Aires: Prometeo, 2011.

CALETTI, Sergio; ROMÉ, Natalia; SOSA, Martina (Coords.). *Lecturas de Althusser*: proyecciones de un campo problemático. Buenos Aires: Imago Mundi, 2011.

CARDOSO, Fernando Henrique. "Althusserianismo ou marxismo? A propósito do conceito de classes de Poulantzas". *In*: _____. *O modelo político brasileiro*. Rio de Janeiro: Bertrand Brasil, 1993.

_____. "Estado capitalista e marxismo". *Estudos Cebrap*, n° 21, São Paulo: Cebrap, 1977.

CARLINO, Fabrizio. "Crise do marxismo e stalinismo. Notas sobre algumas posições de Louis Althusser (1976-1978)". *Germinal*, vol. 2, n° 2, Londrina: UEL, 2010.

CARRILLO, Santiago. *"Eurocomunismo" e Estado*. São Paulo: Difel, 1978.

CARNOY, Martin. *Estado e teoria política*. São Paulo: Papirus, 1994.

CASSIN, Marcos. "Louis Althusser e o corte epistemológico no pensamento de Karl Marx e Friedrich Engels". *Novos temas*, n° 3. São Paulo: Instituto Caio Prado Jr., 2011.

CAVALCANTI, Pedro Celso Uchoa. "A Internacional Socialista vai à América Latina". *Encontros com a Civilização Brasileira*, n° 9. Rio de Janeiro: Civilização Brasileira, 1979.

CAVAZZINI, Andrea. *Crise du marxisme et critique de l'Etat*: le dernier combat d'Althusser (suivi de l'Etat, le marxisme, le communisme: um débat entre Althusser et Poulantzas). Paris: Le Clou Dans le Fer, 2009.

CODATO, Adriano; PERISSINOTO, Renato. *Marxismo como ciência social*. Curitiba: UFPR, 2011.

COLLAZO, Caroline. "Determinación y contingência". *In*: CALETTI, Sergio; ROMÉ, Natalia; SOSA, Martina. *Lecturas de Althusser*: proyecciones de un campo problemático. Buenos Aires: Imago Mundi, 2011.

DEBRAY, Règis. *A crítica das armas*. Lisboa: Seara Nova, 1977.

LUIZ EDUARDO MOTTA

DOMERGUE, Raymond. "O marxismo é um humanismo?" *In*: ALTHUSSER, Louis. *Marxismo segundo Althusser*. São Paulo: Sinal, 1967.

DOSSE, François. *História do Estruturalismo*. 2 vols. São Paulo: Editora Ensaio, 1994.

EAGLETON, Terry. *Ideologia*. São Paulo: Boitempo, 1997.

ENGELS, Friedrich. "A origem da família, da propriedade e do Estado". *In*: *Obras escolhidas*. vol. 3, Lisboa: Avante! 1985.

_____. "As guerras camponesas na Alemanha". *In*: _____. *A revolução antes da revolução*. São Paulo: Expressão Popular, 2010.

_____. "Carta a Joseph Bloch". *In*: *Obras escolhidas*. vol. 3, Lisboa: Avante! 1985.

_____. Introdução à edição de 1895 de *As lutas de classes na França de 1848 a 1850*, de Karl Marx. *In*: *Obras escolhidas*. vol. 1, Lisboa: Avante! 1982.

ESCOBAR, Carlos Henrique. "As leituras e a leitura prático-teórica". *In*: ESCOBAR, Carlos; PIRES, Eginardo (*et al.*). *Epistemologia e teoria da ciência*. Petrópolis: Vozes, 1971.

ESCOBAR, Carlos Henrique. Leitura de Saussure: proposições semiológicas. *Revista Tempo Brasileiro*, Rio de Janeiro, n° 29, pp. 45-68, 1972.

_____. "Discurso científico, discurso ideológico". *In*: ROUANET, Sérgio (Coord.). *O homem e o discurso*: a arqueologia de Michel Foucault. Rio de Janeiro: Tempo Brasileiro, 1971.

_____ *Marx trágico*: o marxismo de Marx. Rio de Janeiro: Taurus, 1993.

_____ *Marx, filósofo da potência*. Rio de Janeiro: Taurus, 1996.

_____. "Quem tem medo de Louis Althusser?". *Achegas.net*, n° 44, 2011.

EVANGELISTA, Walter José. "Althusser e a psicanálise". *In*: ALTHUSSER, Louis. *Freud e Lacan, Marx e Freud*. Rio de Janeiro: Graal, 1985.

FERRY, Luc; RENAUT, Alain. *Pensamento*, n° 68. São Paulo: Ensaio, 1988.

FOUCAULT, Michel. *As palavras e as coisas*. São Paulo: Martins Fontes, 1977.

FUKUYAMA, Francis. *The end of history and the last man*. Nova York: Penguin Books, 1992.

GARO, Isabelle. "La coupure impossible: l'idéologie en movement, entre philosophie et politique dans la pensée de Louis Althusser". *In*: BOURDIN, Jean-Claude. *Althusser: une lecture de Marx*. Paris: PUF, 2008.

GERRATANA, Valentino. "Althusser and stalinism". *New Left Review*, n° 101-102, 1977.

GIANNOTTI, José Arthur. *Exercícios de Filosofia*. 3ª ed. Petrópolis: Vozes, 1980.

REFERÊNCIAS BIBLIOGRÁFICAS

_____. *Origens da dialética do trabalho*: estudo sobre a lógica do jovem Marx. 2ª ed. Porto Alegre: L&PM, 1985.

GILLOT, Pascale. *Althusser y el psicoanálisis*. Buenos Aires: Nueva Visión, 2010.

GORENDER, Jacob. *Combate nas trevas*. São Paulo: Ática, 1987.

GRAMSCI, Antonio. *Concepção dialética da história*. Rio de Janeiro: Civilização Brasileira, 1981.

_____. *Maquiavel, a política e o Estado moderno*. Rio de Janeiro: Civilização Brasileira, 1980.

_____. *Os intelectuais e a organização da cultura*. Rio de Janeiro: Civilização Brasileira, 1982.

GUASTINI, Ricardo. "Sulla dialettica". *Rivista di Filosofia*, n° 1, 1975. HALL, Stuart. *Da diáspora*. Belo Horizonte: UFMG, 2003.

HALL, Stuart (*et al.*). *Da ideologia*. Rio de Janeiro: Zahar, 1983.

HOBBES, Thomas. *De cive*. Petrópolis: Vozes, 1993.

_____. *O Leviatã*. São Paulo: Abril, 1983.

HOXHA, Enver. *O eurocomunismo é anticomunismo*. São Paulo: Anita Garibaldi, 1983.

HOXHA, Enver (*et al.*). *O PTA e a luta contra o revisionismo*. Lisboa: Maria da Fonte, 1975.

INFRANCA, Antonino. "Coutinho y la via prusiana a la modernización". *De Raíz Diversa*, vol. 2, n° 4, julio–diciembre, 2015.

INGRAO, Pietro. *As massas e o poder*. Rio de Janeiro: Civilização Brasileira, 1980.

ÍPOLA, Emilio de. *Althusser, el infinito adiós*. Buenos Aires: Siglo XXI, 2007.

JESSOP, Bob. *Nicos Poulantzas*: marxist theory and political strategy. Nova York: St. Martin's Press, 1985.

KARSZ, Saul. *Théorie et politique*: Louis Althusser. Paris: Fayard, 1974.

KAUTSKY, Karl; LENIN, Vladimir Ilitch. *A ditadura do proletariado*: a revolução proletária e o renegado Kautsky. São Paulo: Ciências Humanas, 1979.

KOGAWA, João Marcos Mateus. "O projeto semiológico saussuriano e a recepção da análise do discurso no Brasil". *Linguagem: estudos e pesquisas*, vol. 17, n° 2, 2013.

KOLAKOWSKI, Leszek. *O espírito revolucionário e marxismo*: utopia e antiutopia. Brasília: UNB, 1985.

LUIZ EDUARDO MOTTA

KONDER, Leandro. *A questão da ideologia*. São Paulo: Companhia das Letras, 2002.

LACAN, Jacques. *Escritos*. Rio de Janeiro: Jahar, 1998.

LACLAU, Ernesto. *Debates y combates*. Buenos Aires: Fondo de Cultura Econômica, 2008.

_____. *Emancipação e diferença*. Rio de Janeiro: Eduerj, 2011.

_____. *La razón populista*. Buenos Aires: Fondo de Cultura Econômica, 2005.

_____. *Misticismo, retórica y política*. Buenos Aires: Fondo de Cultura Econômica, 2002.

_____. *Política e ideologia na teoria marxista*. São Paulo: Paz e Terra, 1979.

_____. "Populismo: que nos dice el nombre?" *In*: PANIZZA, Francisco (Coord.). *El populismo como espejo de la democracia*. Buenos Aires: Fondo de Cultura Econômica, 2009.

LACLAU, Ernesto; MOUFFE, Chantal. *Hegemonia y estrategia socialista*. Buenos Aires: Fondo de Cultura Econômica, 2010.

LEITE, Taylisi. *Crítica ao feminismo liberal*: valor-clivagem e marxismo feminista. *São Paulo*: Contracorrente, 2020.LENIN, Vladimir Ilitch. *Cadernos sobre a dialética de Hegel*. Rio de Janeiro: UFRJ, 2011.

_____. *En torno a la dialéctica*. Madri: Progreso, 1980.

_____. *Karl Marx. In*: *Obras escolhidas*. vol. 1, Lisboa: Avante! 1977.

_____. "O Estado e a revolução". *In*: *Obras escolhidas*. vol. 2, Lisboa: Avante! 1978.

_____. "O que fazer?". *In*: *Obras escolhidas*. vol. 1, Lisboa: Avante! 1977.

_____. *Quienes son los "amigos del pueblo"?*. México: Siglo XXI, 1979.

LÉVI-STRAUSS, Claude. *O pensamento selvagem*. Campinas: Papirus, 1989.

LEWIS, William. "Political philosophy of Ernesto Laclau and Chantal Mouffe: the under-theorization of overdetermination". *Studies in social and political thought*, 2005. Disponível em www.sussex.ac.uk/cspt/documents/11-1.pdf. Acessado em: 22.05.2012.

LIMOEIRO CARDOSO, Miriam. *Ideologia do desenvolvimento*: Brasil — JK-JQ. São Paulo: Paz e Terra, 1978.

LIRIA, Pedro F. "Regresso al 'campo de batalla'". *In*: ALTHUSSER, Louis. *Para un materialismo aleatorio*. Madri: Arena Libros, 2002.

LOCKE, John. *Dois tratados sobre o governo*. São Paulo: Martins Fontes, 1998.

REFERÊNCIAS BIBLIOGRÁFICAS

LOSURDO, Domenico. "Como nasceu e como morreu o 'marxismo ocidental'". *Estudos Sociológicos*, vol. 16, nº 30. Araraquara: Unesp, 2011.

_____. *Stalin, história crítica de uma lenda negra.* Rio de Janeiro: Revan, 2010.

LOUREIRO, Isabel. "Democracia e socialismo em Rosa Luxemburgo". *Crítica Marxista*, nº 4, 1997.

LOWYLÖWY, Michael. *Método dialético e teoria política.* São Paulo: Paz e Terra, 1978.

LUKÁCS, György. *Existencialismo ou marxismo?.* São Paulo: Senzala, 1967.

_____. *História e consciência de classe.* Porto: Editora Escorpião, 1974.

_____. *Para uma ontologia do ser social.* vol. 1, São Paulo: Boitempo, 2012.

LUQUES, João Pedro de Souza Barros Santoro. "Sobre os silêncios de Carlos Nelson Coutinho: uma defesa de Althusser". *Lutas sociais*, vol. 24, nº 45. São Paulo: NEILS, 2020. Disponível em https://revistas.pucsp.br/index.php/ls/article/view/53023/.

LUXEMBURGO, Rosa. "A Revolução Russa". *In*: LOUREIRO, Isabel. *Rosa Luxemburgo*: textos escolhidos. vol. 2, São Paulo: Unesp, 2011.

_____. "Reforma social ou revolução?". *In*: LOUREIRO, Isabel. *Rosa Luxemburgo*: textos escolhidos. vol. 1, São Paulo: Unesp, 2011.

LUZ, Marco Aurélio. "A sabedoria 'evolucionista' de M. McLuhan". *Tempo Brasileiro*, nº 23/24, Rio de Janeiro: Tempo Brasileiro, 1970.

_____. "Por uma nova filosofia". *In*: ESCOBAR, Carlos; PIRES, Eginardo (*et al.*). *Epistemologia e teoria da ciência.* Petrópolis: Vozes, 1971.

MACCIOCCHI, Maria Antonieta. *Lettere dall'interno del PCI a Louis Althusser.* Milão: Feltrenelli, 1969.

MAO TSÉ-TUNG. "A concepção dialética da unidade no seio do partido". *In*: *Obras escolhidas.* vol. 5, São Paulo: Alfa Omega, 2012.

_____. *A construção do socialismo.* Lisboa: Dom Quixote, 1975.

_____. "Da justa solução das contradições no seio do povo". *In*: *Obras escolhidas.* vol. 5, São Paulo: Alfa Omega, 2012.

_____. "Sobre a contradição". *In*: *Obras escolhidas.* vol. 1, São Paulo: Alfa Omega, 2011.

_____. "Sobre a prática". *In*: *Obras escolhidas.* vol. 1, São Paulo: Alfa Omega, 2011.

TSÉ-TUNG, Mao; ZIZEK, Slavoj. *Sobre a prática e a contradição.* Rio de Janeiro: Zahar, 2008.

MARTÍN, Pedro Benitez. "Thompson versus Althusser". *In*: CAMPO, Juan Pedro García del *et al.* "Leer a Althusser". *Er, revista de filosofía*, Espanha, 2004. (Monográfico de Er).

MARTINS, José de Souza; CASTRO, Conrado Pires de. "Luiz Pereira e sua circunstância". *Tempo Social*, vol. 22, n° 1, 2010.

MARTINS, Maurício Vieira. "O marxismo não é um historicismo: acertos e limites de uma tese althusseriana". *Crítica Marxista*, n° 34, 2012.

MARTORANO, Luciano Cavini. *Conselhos e democracia*: em busca da participação e da socialização. São Paulo: Expressão Popular, 2011.

MARTUSCELLI, Danilo. "Gramsci e Althusser como críticos de Maquiavel". *Revista de Sociologia e Política*, vol 16, Curitiba: UFPR, 2008.

MARX, Karl. *A guerra civil na França*. São Paulo: Boitempo, 2011.

_____. "As lutas de classes na França". *In*: *Obras escolhidas*. vol. 1, Lisboa: Avante! 1982.

_____. "Carta a Weydemeyer". *In*: *Obras escolhidas*. vol. 1, Lisboa: Avante! 1982.

_____. "Crítica del derecho del Estado de Hegel". *In*: _____. *Escritos de juventud*. México: Fondo de Cultura Econômica, 1982.

_____. *Crítica ao programa de Gotha*. São Paulo: Boitempo, 2012.

_____. "Glosas marginais ao 'Tratado de economia política' de Adolfo Wagner". *Serviço Social em Revista*, vol. 13, n° 2. Londrina: Universidade Estadual de Londrina, 2011.

_____. *Grundrisse*. São Paulo: Boitempo, 2011.

_____. "Manuscritos econômico-filosóficos de 1844". *In*: _____. *Escritos de juventud*. México: Fondo de Cultura Econômica, 1982.

_____. *O 18 Brumário e Cartas a Kugelmann*. São Paulo: Paz e Terra, 2010.

MARX, Karl; ENGELS, Friedrich. *Lutas de classes na Rússia*. São Paulo: Boitempo, 2013, pp. 89-96.

_____. *O capital*. vol. 1. Rio de Janeiro: Civilização Brasileira, 2012.

_____. "Prefácio à Contribuição à crítica da economia política". *In*: *Obras escolhidas*. vol. 1, Lisboa: Avante! 1982.

_____. "Sobre la cuestion judia". *In*: _____. *Escritos de juventud*. México: Fondo de Cultura Econômica, 1982.

MARX, Karl; ENGELS, Friedrich. *A ideologia alemã*. São Paulo: Boitempo, 2011.

_____. "Manifesto comunista". *In*: *Obras escolhidas*. vol. 1, Lisboa: Avante! 1982.

REFERÊNCIAS BIBLIOGRÁFICAS

MASCARO, Alysson; MORFINO, Vittorio. *Althusser e o materialismo aleatório*. São Paulo: Contracorrente, 2020.

MATOS, Luiz Fernando Frankin de; LAHUD, Michel. *Matei minha mulher* (o caso Althusser). São Paulo: Kairós, 1981.

MCDONOUGH, Roisín. "A ideologia como falsa consciência: Lukács". *In*: HALL, Stuart (*et al.*). *Da ideologia*. Rio de Janeiro: Zahar, 1983.

MENDONÇA, Antônio Sérgio. "Para ler Michel Foucault". *In*: ESCOBAR, Carlos; PIRES, Eginardo (*et al.*). *Epistemologia e teoria da ciência*. Petrópolis: Vozes, 1971.

MENDONÇA, Daniel; RODRIGUES, Léo Peixoto. "Em torno de Ernesto Laclau". *In*: MENDONÇA, Daniel; RODRIGUES, Léo Peixoto (Coord.). *Pós-estruturalismo e teoria do discurso*: em torno de Ernesto Laclau. Porto Alegre: Edipucrs, 2008.

MICHELS, Robert. *Sociologia dos partidos políticos*. Brasília: UnB, 1982.

MILLER, Jacques-Alain. "Ação da estrutura". *Revista Tempo Brasileiro*, n° 28, 1972.

MORFINO, Vittorio. "A causalidade estrutural em Althusser". *Lutas Sociais*, vol. 18, n° 33, pp. 102-116, São Paulo: NEILS, 2014.

_____. *El materialismo de Althusser*. Santiago: Palinodia, 2014.

MOTTA, Luiz Eduardo. *A época de ouro dos intelectuais vermelhos*: uma análise comparativa das revistas Tempo Brasileiro e Civilização Brasileira. 1994. Disponível em https://www.academia.edu/5878808/A_%C3%89POCA_DE_OURO_DOS_INTELECTUAIS_VERMELHOS_Uma_an%C3%A1lise_comparativa_das_Revistas_Tempo_Brasileiro_e_Civiliza%C3%A7%C3%A3o_Brasileira_-_1962-1968. (Dissertação de mestrado, IFCS/UFRJ).

_____. "Poulantzas e o direito". *Dados,* vol. 53, n° 2, Rio de Janeiro: Iuperj, 2010.

_____. "Revista Civilização Brasileira (1965-1968): o espaço da resistência intelectual ao Estado autoritário". *Crítica y Emancipación*, vol. 5, 2011.

MOTTA, Manuel Barros da; CABRAL FILHO, Severino Bezerra. "Althusser, pedagogo e estratega da teoria". *In*: ALTHUSSER, Louis. *Posições 2*. Rio de Janeiro: Graal, 1980.

NAVES, Márcio Bilharinho. *Mao, o processo da revolução*. São Paulo: Brasiliense, 2005.

_____. *Marx, ciência e revolução*. São Paulo: Quartier Latin, 2008.

NEGRI, Antonio. *La forma-Estado*. Madri: Akal, 2003.

_____. *Marx au-delá de Marx*. Paris: L'Harmattan, 1996.

_____. "Pour Althusser. Notes sur l'évolution de la pensée du dernier Althusser". *In*: _____; (*et al.*). *Sur Althusser passages*. Paris: L'Harmattan, 1993.

NEGRI, Antonio; HARDT, Michael. *O trabalho de Dioniso*: para a crítica ao Estado pós-moderno. Rio de Janeiro: Pazulin, 2004.

OLIVEIRA, Augusto Cesar de. "Razões 'humanas' para esquecer Louis Althusser". *Alceu*, vol. 5, n° 9. Rio de Janeiro: PUC, 2004.

PADILHA, Tarcísio. *Filosofia, ideologia e realidade brasileira*. Rio de Janeiro: CEA, 1971.

PASSOS, Marci Doria. *A dor que emudece*: a travessia clínica de Louis Althusser. Rio de Janeiro: Relume Dumará, 2006.

PÊCHEUX, Michel. *Semântica e discurso*. Campinas: Unicamp, 2010.

PIRES, Eginardo. "A teoria da produção de conhecimento". *In*: ESCOBAR, Carlos; PIRES, Eginardo (*et al.*). *Epistemologia e teoria da ciência*. Petrópolis: Vozes, 1971.

PIRES, Eginardo. *Ensaios Econômicos*. Rio de Janeiro: Achiamé, 1984.

_____. "Ideologia e Estado em Althusser: uma resposta". *Encontros com a Civilização Brasileira*, n° 6. Rio de Janeiro: Civilização Brasileira, 1978.

POULANTZAS, Nicos. *Fascismo e ditadura*. São Paulo: Martins Fontes, 1978.

_____. "Interview with Nicos Poulantzas". *In*: MARTIN, James (Coord.). *The Poulantzas reader*. Nova York: Verso, 2008.

_____. "Is there a crisis in marxism?". *In*: MARTIN, James (Coord.). *The Poulantzas reader*. Nova York: Verso, 2008.

_____. *L'Etat, le pouvoir et le socialisme*. Paris: Press Universitaires de France, 1978.

_____. "Note on the state and society". *In*: MARTIN, James (Coord.). *The Poulantzas reader*. Nova York: Verso, 2008.

_____. "O Estado, os movimentos sociais, o Partido". *Espaço e debates*, n° 9. São Paulo: Cortez, 1983.

_____. *Poder político e classes sociais*. São Paulo: Martins Fontes, 1977.

_____. *Sobre el Estado capitalista*. Barcelona: Editora Laia, 1974.

_____. "Une révolution copernicienne dans la politique". *In*: BUCI-GLUCKSMANN, Christinne (Coord.). *La gauche, le pouvoir, le socialisme*. Paris: PUF, 1983.

REFERÊNCIAS BIBLIOGRÁFICAS

POULANTZAS, Nicos; WEBER, Henri. "The state and the transition to socialism". *In*: MARTIN, James (Coord.). *The Poulantzas reader*. Nova York: Verso, 2008.

QUARTIM DE MORAES, João. "A grande virada de Lenin". *Crítica Marxista*, nº 34. São Paulo: Unicamp, 2012.

_____. "Contra a canonização da democracia". *Crítica Marxista*, nº 12, São Paulo: Boitempo, 2001.

_____. "Sobre as 'Origens da dialética do trabalho'". *Teoria e Prática*, nº 3, São Paulo, 1968.

RANCIÈRE, Jacques. *La leçon d'Althusser*. Paris: La Fabrique, 2011.

_____. *Sobre a teoria da ideologia*: a política de Althusser. Porto: Portucalense, 1971.

RIDENTI, Marcelo. "Ação popular: cristianismo e marxismo". *In*: REIS FILHO, Daniel Aarão; RIDENTI, Marcelo (Coords.). *História do marxismo no Brasil*. vol. 5, Campinas: Unicamp, 2002.

RODRIGUES, Lidiane Soares. "Giannotti contra Althusser: um caso de cosmopolitismo periférico (Brasil/San Pablo, 1967)". *In*: ARRIAGADA, Marcelo Rodrígues; STARCENBAUM, Marcelo (Coords.). *Lecturas de Althusser en América Latina*. Santiago: Doble Ciencia Limitada, 2017.

ROMÉ, Natalia. *La posición materalista*: el pensamiento de Louis Althusser entre la práctica teórica y la práctica política. La Plata: Edulp, 2015.

ROIES, Albert. *Lectura de Marx por Althusser*. Barcelona: Laia, 1974.

ROSSANDA, Rossana. "O marxismo de Mao". *In*: ROSSANDA, Rossana (*et al.*). *Quem tem medo da China?*. Lisboa: Dom Quixote, s/d.

ROUDINESCO, Elisabeth. *Filósofos da tormenta*: Canguilhem, Sartre, Foucault, Althusser, Deleuze e Derrida. Rio de Janeiro: Zahar, 2007.

ROUSSEAU, Jean Jacques. *Do contrato social*. São Paulo: Abril, 1978.

SAES, Décio. *A formação do Estado burguês no Brasil* (1888-1891). São Paulo: Paz e Terra, 1985.

_____. "O impacto da teoria althusseriana da história na vida intelectual brasileira". *In*: MORAES, João Quartim de (Coord.). *História do marxismo no Brasil*. vol. 3, 2ª ed. Campinas: Unicamp, 2007.

SALES JR., Ronaldo. "Laclau e Foucault: desconstrução e genealogia". *In*: MENDONÇA, Daniel; RODRIGUES, Léo Peixoto (Coord.). *Pós-estruturalismo e teoria do discurso*: em torno de Ernesto Laclau. Porto Alegre: Edipucrs, 2008.

SAMPEDRO, Francisco. "A teoria da ideologia em Althusser". *In*: NAVES, Márcio Bilharinho (Coord.). *Presença de Althusser*. Campinas: Unicamp, 2010.

SOSA, María Martina. "Discurso, política y sujeto: las huellas de la problemática althusseriana en la propuesta teórica de Ernesto Laclau". *In*: CALETTI, Sergio; ROMÉ, Natalia (Coords.). *La intervención de Althusser*: revisiones y debates. Buenos Aires: Prometeo, 2011.

SPINOZA, Baruch. *Ética*. São Paulo: Abril, 1983. (Os pensadores.)

STALIN, Josef. "O materialismo dialético e o materialismo histórico". *In*: NETTO, José Paulo (Coord.). *Stalin*. São Paulo: Ática, 1982.

_____. "Sobre marxismo na linguística". *Revista Problemas*, n° 28, 1950. Disponível em www.marxists.org/portugues/stalin/1950/06/20.htm. Acessado em 13.01.2012.

STARCENBAUM, Marcelo. "Althusserianismo e luta armada na Argentina: a experiência do *zaratismo*". *Lutas Sociais*, vol. 18, n° 33, São Paulo: NIELS, 2014.

_____. *Ciência y violência*: una lectura de Althusser em la nueva izquierda argentina. Buenos Aires, 2011. (II Jornadas Espectros de Althusser).

THERBORN, Göran. *The ideology of power and the power of ideology*. Londres: Verso, 1980.

THÉVENIN, Nicole-Édith. "O itinerário de Althusser". *In*: NAVES, Márcio Bilharinho (Coord.). *Presença de Althusser*. Campinas: Unicamp, 2010.

_____. *Revisonisme et philosophie de l'aliénation*. Paris: Christian Bourgois, 1977.

THOMPSON, Edward P. *A miséria da teoria*. Rio de Janeiro: Zahar, 1981.

TISESCU, Alessandra Devulsky. *Edelman*: althusserianismo, direito e política. São Paulo: Alfa Omega, 2011.

TOCQUEVILLE, Alexis de. *A emancipação dos escravos*. Campinas: Papirus, 1994.

VANZULLI, Marco. "Althusser sobre Lévi-Strauss e sobre o estatuto da antropologia cultural". *Campos – Revista de Antropologia Cultural*, vol. 6, n° 1-2, Paraná: UFPR, 2005.

VARGAS, Yves. "L'horreur dialectique (description d'un itinéraire)". *In*: BOURDIN, Jean-Claude (Coord.). *Althusser*: une lecture de Marx. Paris: PUF, 2008.

VICENT, Jean Marie (Coord.). *Contre Althusser*. Paris: Union Generale d'Editions, 1975.

REFERÊNCIAS BIBLIOGRÁFICAS

WEFFORT, Francisco. *O populismo na política brasileira*. Rio de Janeiro: Paz e Terra, 1978.

WOLFF, Rick. "A note on Althusser's importance for marxism today". *Rethinking marxism*, vol. 10, n° 3, 1998.

ZIZEK, Slavoj. "O espectro da ideologia". *In*: ZIZEK, Slavoj (*et al.*). *Um mapa da ideologia*. Rio de Janeiro: Contraponto, 1996.

BIBLIOGRAFIA SELECIONADA DA OBRA DE CARLOS HENRIQUE ESCOBAR

ESCOBAR, Carlos Henrique. *As ciências e a filosofia*. Rio de Janeiro: Imago, 1975.

_____. "As instituições e os discursos: as instituições e o poder". *Tempo Brasileiro*, n° 35, 1974.

_____. *Ciência da história e ideologia*. Rio de Janeiro: Graal, 1978.

_____. Comunicação e *fait divers*. *Revista Tempo Brasileiro*, n° 19/20, 1968.

_____. "Da categoria de cultura: do aparelho cultural do Estado". *Encontros com a Civilização Brasileira*, n° 16, 1979.

_____. "De um marxismo com Marx". *Revista Tempo Brasileiro*, n° 13/19, 1966/1967.

_____. *Direitos humanos*: com Marx. Rio de Janeiro: PUC-RJ, 2008.

_____. *Discursos, instituições e história*. Rio de Janeiro: Editora Rio, 1975.

_____ (Coord.). *Dossier Deleuze*. Rio de Janeiro: Taurus, 1991.

_____. *Epistemologia das ciências hoje*. Rio de Janeiro: Pallas, 1975.

_____. *Marx*: filósofo da potência. Rio de Janeiro: Taurus, 1996.

_____. *Marx trágico*: o marxismo de Marx. Rio de Janeiro: Taurus, 1993.

_____ (Coord.). *Michel Foucault*: dossier. Rio de Janeiro: Taurus, 1984.

_____. *Nietzsche* (dos companheiros). Rio de Janeiro: 7 Letras, 2000.

_____ (Coord.). *O método estruturalista*. Rio de Janeiro: Zahar, 1967.

_____ (Coord.). *Por que Nietzsche?* Rio de Janeiro: Achiamé, 1985.

_____ (Coord.). *Psicanálise e ciência da história*. Rio de Janeiro: Eldorado, 1974.

_____. "Resposta a Carpeaux: estruturalismo". *Revista Tempo Brasileiro*, n° 15-16, 1967.

LUIZ EDUARDO MOTTA

_____. *Semeion*: proposições para uma semiologia e uma linguística. Rio de Janeiro: Editora Rio, 1973.

_____ (Coord.). *Semiologia e linguística hoje*. Rio de Janeiro: Pallas, 1975.

_____. "Uma filosofia dos discursos: uma ciência dos discursos ideológicos". *Epistemologia, Revista Tempo Brasileiro*, 1973.

_____. *Zaratustra* (o corpo e os povos da tragédia). Rio de Janeiro: 7 Letras, 2000.

ESCOBAR, Carlos Henrique; PIRES, Eginardo (*et al.*). *Epistemologia e teoria da ciência*. Petrópolis: Vozes, 1971.

NOTAS

NOTAS

NOTAS

A Editora Contracorrente se preocupa com todos os detalhes de suas obras! Aos curiosos, informamos que este livro foi impresso no mês de dezembro de 2021, em papel Pólen Soft 80g, pela Gráfica Grafilar.